BENEATH THE SURFACE
슬픈 수족관

일러두기

- 본문의 이탤릭체 작은 글씨는 모두 옮긴이 주입니다. 저자의 부연 설명인 경우 괄호로 처리했습니다.
- 원서에서는 범고래(학명 *Orcinus orca*)를 주로 영어 killer whale 또는 orca를 사용했고, whale도 병용하고 있으나, 한국어판에서는 모두 '범고래'로 통일했습니다.
- 원서에서는 범고래에 인격을 부여하여 he나 she 같은 인칭을 사용하고 있어서, 번역문도 저자의 의도를 충실하게 반영해 표현했습니다.
- 고유명사인 SeaWorld는 외국어표기법에 따르지 않고 발음나는대로 '씨월드'라 표기했습니다. 다큐멘터리 〈Blackfish〉의 경우도 한국에 소개될 때 사용된 한글 제목인 〈블랙피쉬〉로 표기했습니다.

슬픈 수족관

감금 범고래는
왜 조련사를 죽였을까

지은이
존 하그로브
하워드 추아이언

옮긴이
오필선

목수책방
木水冊房

© Melissa Hargrove

한국어판 독자에게

이 책은 2015년 3월 처음 출간되었다. 씨월드SeaWorld, 그리고 씨월드가 감금 범고래를 기반으로 만든 사업 모델에 맞서 싸움이 막 진행되던 때였다. 감금 범고래의 수석 조련사로서 인생의 적지 않은 시간을 보낸 후, 나는 범고래의 감금 행위를 끝내려는 사람들과 힘을 모았다. 씨월드를 향한 대중의 적대감은 2013년 1월 선댄스영화제에서 처음 상영된 탐사 다큐멘터리 〈블랙피쉬Blackfish〉로 촉발되어 이내 거대한 파도를 일으켰고, 이 책의 성공과 책에 쏟아진 호평으로 그 거대한 파도의 힘은 더욱 커졌다.

동료 활동가들과 내가 중요한 싸움에서 대승을 거두면서 씨월드는 기업이 가장 중시하는 부분, 바로 수익에 타격을 입었다. 2017년 말, 씨월드는 역대 최저치 주가를 기록하며 그해 2억240만 달러라는 막대한 순손실을 공시했다. 그런 추세는 계속 이어져 2018년 첫 3개월 동안에만 6280만 달러의 순손실을 기록했다. 한편, 테마파크의 존재 이유나 다름없는 방문객 수도 매년 감소세를 보이더니 2017년에는 전년 대비 120만 명이나 감소했다. 2018년 7월, 씨월드는 또 다른 타격을 입었다. 영국의 거대 여행사 토머스 쿡Thomas Cook이 씨월드의 미국 내 공원과 스페인령 테네리페섬Tenerife, Canary Islands의 제휴사로로 파르케Loro Parque 동물원이 포함된 여행 패키지 상품 판매를 중단한다고 발표한 것이다. 토머스 쿡은 18개월에 걸친 광범위한 심사 결과, 씨월드가 자사의 동물 복지 정책을 충족하지 못했다고 이유를 밝혔다.

씨월드는 이어 증권사기 명목으로 증권거래위원회에 수백만 달러에 이르는 벌금을 물게 되었다. 씨월드가 주주들에게 범고래 감금 반대 운동이 회사 순익에 영향을 주지 않는다고 해놓고 최고위층에서는 공모를 벌인 사실이 사내 개인 통신망을 통해 드러났기 때문이다. 부사장 여럿과 최고 경영자는 범고래 감금 때문에 발생한 논란의 막대한 부정적 영향력을 인지하고도 그 사실을 어떻게 속일지 모의했다. 훨씬 더 심각한 일도 벌어졌다. 미국 법무부가 사면초가에 몰린 씨월드를 상대로 2년에 걸쳐 형사 소송을 진행한 것이다. 증권거래위원회가 씨월드와 전 최고 경영자 짐 애치슨Jim Atchison, 전 부사장 프레드 제이콥스Fred Jacobs에게 500만 달러가 넘는 벌금을 부과한 후에야 이 소송은 종결되었다. 이 때문에 씨월드는 이익을 빼앗긴 주주들이 제기한 집단 소송에서 8000만 달러 이상을 물어야 했다.

씨월드 샌디에이고의 본거지인 캘리포니아에서 우리는 역사에 기록될 만한 법의 통과라는 성과를 이루어 냈다. 주 의회가 '캘리포니아범고래보호법California Orca Protection Act'을 통과시킨 것이다. 2016년 4월, 나는 AB2140으로 알려진 그 법의 원안을 지지하여 캘리포니아주 의회에서 전문가로서 다시 한번 증언을 했다. 우리는 12대 1의 표결로 씨월드를 물리쳤고, 불과 몇 개월 후에 캘리포니아 주지사가 법안에 서명하여 효력이 발휘되면서 씨월드는 만신창이가 되었다. 자사 소유의 범고래가 가장 많이 모여 있는 캘리포니아에서 씨월드는 법에 따라 번식 프로그램을 끝내야 했으며, 여기에는 비인간적인 인공수정도 포함되었다. 그 결과 씨월드는 감금 범고래나 그 유전물질을 더 이상 주 경계 밖으로 수출할 수 없게 되었으며, 중동과 아시아의 기업들과 제휴하여 이 범고래들을 이용해 현지에서 씨월드를 운영하려던 계획은 수포로 돌아갔다. 번식 프로그램의 종료로 범고래 감금이 허용되는 비도덕적이고 비윤리적인 시대도 끝나야 한다는 명분도 확실해졌다. 현재 캘리포니아의 감금 범고래의 경우 비인간적이고 야만적이며 자연법칙에 반하는, 어머니와 자식을 이별시키는 관행도 중단되었다. 하지만 유괴나 다름없는 이별을 겪은 범고래들의 행동에 고스란히 드러나듯 그들은 영구히 남는 심각한 정신적 외상을 입었다.

    프랑스에서는 모든 범고래와 돌고래의 출산은 물론 감금 행위를 금지하는 획기적인 법이 통과되었으나, 세부 조항이 발단이 되어 결정이 뒤집혔다. 이제 법을 다시 통과시키기 위한 싸움이 시작되었다. 현재까지 씨월드와 프랑스는 여전히 범고래를 소유한 채 이제 독자들이 이 책에서 확인하게 될 열악한 환경에 그들을 계속 가두고 있다. 이토록 크고 아름다운 생명들과 함께했던 나로서는 그들이 여전히 감옥에 갇혀 지내는 현실에 대한 심정을 말로 표현할 길이 없다. 이 책이 처음 출간된 2015년 3월 이후에도, 나와 함께 지낸 범고래들에게는 끔찍한 일이 계속 벌어졌다. 그들의 운명을 전하기에 앞서 나는 이 책에서 그들의 사연과 내가 그들을 사랑하는 이유를, 그들을 위해 싸운 이유를, 그들에 관한 기억을 남겨 두려는 이유를 들려 드리고자 한다.

2022. 12.
존 하그로브

한국어판 독자에게 전하는
마지막 소식

"여호와여 주께서 하신 일이 어찌 그리 많은지요. … 거기에는 크고 넓은 바다가 있고 그 속에는 … 생물이 무수하니이다 … 주께서 지으신 고래성경에는 리워야단Leviathan으로 되어 있으며, 이 구절에서는 고래나 거대한 해양 동물을 의미한다고 해석된다가 그 속에서 노나이다."

- 시편 104편 중에서

책의 내용을 마지막으로 갱신한 2015년 말, 나는 얼마 전 태평양에서 자유로이 노니는 야생의 범고래들을 처음으로 목격한 감격이 채 가시지 않은 상태였다. 당시 나는 씨월드의 감금 범고래들이 처한 상태를 세상에 즉각 알리기 위해 온갖 노력을 기울이고 있었다. 연방정부 측 감정인으로서, 그리고 얼마 후 법제화되어 역사에 기록될 캘리포니아 주의 법을 지지하는 감정인으로서 증인석에 올라 씨월드에 맞서느라 몇 해에 걸쳐 고단한 시기를 보내고 있었다. 그런 배경이 있었기에 태평양에서 목격한 그 광경은 일대 장관을 넘어 벅차오르는 감정으로 가슴에 사무쳤다.

씨월드는 자사 공원의 범고래가 야생 범고래와 같은 수준의 수명을 누린다고 여전히 주장한다. 야생의 범고래는 남성의 경우 50세 내지 60세를 무난히 넘기며, 여성은 80세에서 100세까지 사는 것으로 알려져 있다. 그런데 2017년 1월, 틸리쿰Tilikum이 35세의 나이로 죽었다. 2017년 8월에는 내가 그토록 사랑했던 타카라Takara의 어머니, 카사트카Kasatka가 불과 40세의 나이에 죽었다. 그녀의 손녀이자 타카라의 딸 키아라Kyara는 태어난 지 불과 석 달 만에 감염과 폐렴으로 죽었다. 이제는 감금 범고래의 번식이 법으로 금지되었지만 타카라는 그 입법을 위한 싸움에서 우리가 승리를 거두기 전 이미 키아라를 임신한 상태였다. 씨월드에서 태어난 범고래 다섯 명命이 2019년 12월부터 2022년 11월 사이 또다시 너무 이른 나이에 숨졌다. 그 다섯 가운데 나이 30세를 채운 것은 단 한 명에 불과했다. 나머지 범고래 넷은 6세에서 20세 사이의 나이에 목숨을 잃었다.

틸리쿰은 생사의 고비를 여러 차례 오갔다. 다큐멘터리 〈블랙피쉬〉 때문에 얻은 그의 유명세로 씨월드는 그의 죽음을 간단히 묻고 넘어갈 수 없었다. 그들이 밝힌 공식 사인은 폐렴이었다. 그러나 폐렴이라는 질병으로 그가 얻은 정신적 학대의 세월을 덮을 수는 없었다. 일생에 걸친 감금은 그를 사실상 미치도록 몰아가고 살기를 드러낼 정도까지 변화시켰다. 그의 생명을 완전히 끊어 버린 것이 폐렴일지는 몰라도,

죽음의 진짜 원인을 찾자면 시간을 거슬러 그가 사로잡힌 그날, 비좁은 공간에 갇혀 살아야 했던 그날, 씨월드가 강제로 인공수정 프로그램을 가동하며 그의 존엄을 앗아간 그날로 돌아가야 한다.

카사트카는 씨월드 역사상 처음이자 유일하게 안락사한 범고래가 되었다. 씨월드는 그것이 인도적인 조치였다고 주장한다. 그러나 안락사에 이르기까지 그녀가 겪어야 했던 고통은 수년간 누적된 방치의 결과였으며, 씨월드는 이 또한 인정하지 않고 있다. 죽기 마지막 몇 달 전, 세균성·진균성 병변으로 보이는 광범위한 증상이 카사트카의 얼굴과 온몸을 뒤덮고 생식기 부위에까지 번졌다. 나는 언론에 그녀의 상태를 폭로하는 데 성공했지만, 씨월드는 그녀의 외모를 감추기에 급급해 기자들이 직접 살피는 것을 한사코 거부했다. 또 카사트카는 건강하며, 병을 앓고 있는 것처럼 보이지만 오랜 시간 폐 감염 치료 때문에 생긴 부작용에 불과하다며 나의 주장을 일축했다. "항생제의 영향으로 피부에 변화가 생겼을 가능성이 있습니다"라는 것이 씨월드의 공식 입장이었다.

내가 씨월드의 수석 조련사로 지내던 시절부터 2012년 8월에 사직할 때도 카사트카는 폐에 문제가 있었기 때문에 나도 그녀의 폐 질환에 관해서는 들어 아는 내용이 있었다. 그녀는 2008년부터 그 문제로 치료를 받아 왔다. 카사트카가 병을 앓고 있었고 매일 약물 처방을 받고 있었음에도 불구하고 씨월드는 2011년에도 여전히 그녀를 인공수정으로 임신시켰다. 무려 17개월에서 18개월이나 걸리는 임신을 강제로 시키고 그렇지 않아도 아픈 범고래가 고단하기 그지없는 임신기를 겪도록 한 것이다. 내가 이 사실을 폭로했으니 씨월드의 홍보 성명은 결국 헛발질로 드러나고 말았다. 그나마 남아 있던, 세균과 감염에 저항할 면역력을 무너뜨린 요인이 무엇이든 있다면 그것은 필시 그녀의 보호자라 자처한 이들이 저지른 야만적 행위일 것이다. 가장 위풍당당하고 지배적이었던 범고래, 감히 함께 일할 수 있는 최고의 특권을 내게 허락한 그 범고래가 맞이하기에는 참으로 가혹한 죽음이었다.

씨월드는 정부가 명시한 허가요건을 무시하다가 틸리쿰과 카사트카, 키아라의 부검 결과와 병력 기록을 제출하라는 소송에 직면했다. 세 명 모두 2017년 한 해에, 그것도 일곱 달 사이에 죽었다. 그러나 씨월드는 납득하기 어려운 판결로 소송에 승리하여 그들의 죽음에 관한 기록 제출을 거부하고 있다.

2022년 12월 기준으로 씨월드가 여태껏 소유해 온 범고래는 모두 68명이다. 그 가운데 45명이 죽었는데 사산이나 유산은 포함되지 않은 수치다. 사산이나 유산을 제외하고도 씨월드가 지금껏 소유한 범고래의 65퍼센트 이상이 죽었다는 말이다. 모두 질병과 부상으로 죽었다. 나이가 들어 죽은 감금 범고래는 아직 없다. 남아 있는 범고래가 조금이나마 존엄을 누리고, 이런 일을 한 인간들이 속죄를 받으며 살 수 있는 방도는 현재로서는 바다쉼터sanctuary, 위급하거나 고통스러운 환경에 놓여 있던 동물이나 야생으로 돌아가기 힘든 상황의 동물을 보호하기 위한 구역 조성이 최선이다. 물론 그것도 적임자가 참여해 제대로 수행해야만 가능한 일이다. 그렇게만 된다면 그들은 지금 삶은 비교조차 될 수 없는 환경에서 살 수 있을 것이다. 그런데 그런 기회를 누릴 수 있는 시간은 점점 줄어들고 있다. 이 모든 범고래는 포획된 그날부터, 감금된 몸으로 태어난 그날부터, 자기 삶을 빼앗을 권리도 없고 저지른 모든 일에 책임져야 마땅한 사람들에게 삶을 도둑맞고 영영 빼앗기고 말았다. 이 모든 문제가 어떻게 귀결되더라도 그 진실은 변하지 않을 것이다.

2022. 12.
존 하그로브

그 오랜 세월 나와 연을 맺고
함께 헤엄칠 특권을 안겨 준 범고래들,
모든 것을 아낌없이 내어준 범고래들에게
특히 나를 그토록 일깨워 주고
내가 가장 사랑한 타카라에게

씨월드 샌안토니오에서
타카라를 안고 입 맞추는 모습
(2012).
ⓒ Daniel

―――――――― 차례 ――――――――

한국어판 독자에게 5

한국어판의 독자에게 전하는 마지막 소식 9

프롤로그 18

괴물과 인간 32

씨월드가 구축한 환상 51

범고래 조련사 되기 76

보살핌과 길들임 116

범고래 엘레지 134

범고래의 자연사와
자연스럽지 않은 역사 164

나의 보물 타카라 196

새끼 낳는 기계, 인공수정의 목적 218

범고래의 탈선, 그리고 틸리쿰 241

믿음을 잃다 288

전향 317

에필로그 358

감금 범고래의 미래 341

저자 후기 364

감사의 말 374

참고문헌 384

역자 후기 386

찾아보기 393

프롤로그

프레야Freya는 내가 가르쳐 준 신호는 모조리 따르기를 거부하고 있었다. 내가 원하는 걸 몰라서 그러는 것 같지는 않았다. 그저 협조하기를 거부하며, 내가 쥐고 있는 생선도 전혀 탐내지 않았다. 그녀는 머리로 내 몸통을 들이받고는 굳게 다문 입으로 나를 밀고 나갔다. 거의 3.2톤에 육박하는 이 범고래의 근육이 나를 수조 한가운데로 몰아갔으며, 그럴수록 나는 수조 주변부의 안전지대에서 점점 멀어졌다.

    나는 생선을 떨어뜨렸다. 평소 같으면 프레야에게 보상으로 주어질 음식이 수조 바닥으로 가라앉았다. 그와 동시에 프레야에게서 벗어날 요량으로 나는 자유로워진 손과 몸을 움직였다. 그러나 소용없었다. 프레야는 노련한 축구 선수처럼 내 동작을 빈틈없이 막아 냈고, 나는 영락없이 그녀에게 놀아나는 축구공이나 마찬가지였다. 프레야는 입을 꾹 다문 채 머리 앞부분의 돌기 같은 부리rostrum로 자기가 원하는 위치, 바로 수조 한가운데로 나를 밀고 나갔다. 단단한 무대에서 가장 멀리 떨어진 곳, 수조 가장자리에서 사색이 되어 이 모습을 지켜보는 조련사들의 도움이 미치지 못하는 곳으로. 프레야는 돌연 미끄러지듯 가라앉아 수면 아래서 제비를 돌더니 이내 내 시야에서 사라져 버렸다.

그 순간도 오래가지 않았다. 그녀는 서서히 나에게 접근해 왔다. 의도가 다분한 속도였다. 그러고는 비스듬히 누워 내 몸 왼편을 마치 더듬듯이 지나갔다. 가슴, 배, 생식기, 그리고 꼬리를 이루는 거대한 지느러미가 차례로 내 몸을 스쳐 지나갔다. 프레야가 갑자기 멈추었다. 오른쪽 꼬리지느러미는 물 밑에 감춘 채. 왼쪽 꼬리지느러미는 물 밖으로 삐져나와 있었다. 내 머리와는 고작 한두 걸음밖에 안 되는 거리였다. 그 지느러미로 내 얼굴을 후려친다면? 그런 일이 벌어진다면, 그 힘과 무게는 내 목을 부러뜨려 죽이고도 남을 만큼 엄청난 것이었다. 그러나 그녀는 나를 좀 더 갖고 놀기로 작정한 듯 내 얼굴 주위를 소용돌이치며 맴돌았다. 잔뜩 긴장해 부릅뜬 눈이 시퍼렇게 부풀어 있었다.

겉으로는 태연한 척했지만, 두려움에 사로잡힌 나의 심장은 평소보다 빠르게 고동쳤고 프레야의 과민한 청각이 그것을 감지하고 있으리라는 사실을 나는 알고 있었다. 프레야는 모든 신호를 거듭 무시했다. 수조의 반대편으로 주의를 끌기 위해 물 밖에 있는 조련사들이 수중으로 보내는 다섯 마디 비상 신호음도 소용없었다. 그럴수록 내 혈관을 도는 피의 흐름은 빨라질 뿐이었다. 나는 프레야의 손바닥 위에 있는 셈이었고, 내 목숨은 전적으로 그녀의 마음에 달려 있었다. 그래도 그녀가 나와 다른 조련사들의 요구에 응할지 모른다는 실낱같은 희망이 보이기를 간절히 기대했다. 하지만 프레야는 장난이 아니었다. 부릅

뜬 두 눈에는 화난 기운이 역력했고, 검푸른 동공 주위로 붉은 핏줄이 드러났다. 그녀의 등 근육은 경직되어 있었다. 나는 그녀가 내보내는 음향을 감지했다. 곧 드러날 공격성을 암시하는 전조였다.

프레야는 내 앞에서 약 1미터가량 가라앉았다. 물이 탁했지만, 한낮이라 내가 떠 있는 곳에서 그녀의 존재를 알아볼 수 있었다. 프레야가 물속에 있어도 나는 계속 그녀와 눈을 마주쳤다.

곧 무슨 일이 벌어질지 머릿속에 그려졌다. 나는 두려운 내색을 최대한 감추고 가장 가까운 땅에 있는 조련사에게 응급 구조사를 대기시키라고 말했다.

바로 그때, 내 밑으로 물이 빨려 들어가는 게 느껴졌다. 프레야가 빙그르르 몸을 돌리더니 마침내 입을 벌리고 말았다. 나는 진공청소기 같은 흡입력에 버티지 못하고 빨려 들어갔고, 설상가상으로 프레야는 나를 향해 움직였다. 잠수복 한 겹 아래 엉덩이뼈에 그녀의 이가 느껴졌다. 나의 몸통 한가운데가 그녀의 턱에 통째로 물렸다. 개의 입에 물린 나뭇가지처럼 힘 조절이 조금만 어긋나기라도 하면 뚝 부러질 처지였다. 이해를 돕자면, 이제껏 잡힌 가장 큰 백상아리의 무게가 2.3톤가량이었고 프레야의 무게는 그보다 0.9톤 정도나 더 나갔다.

그녀는 나를 물속으로 끌고 내려갔지만, 내 몸에 구멍을 내고 싶지는 않았는지 조여 물었던 턱의 힘을 빼고 나를 풀어 주었다. 나는 다시 수면에 뜬 채 그녀와 마주했다. 나는 두 손으로 그녀를 잡았지만, 그녀는 다시 밑으로 가라앉으며 몸통을 굴렸다. 프레야는 다시 다가와 턱 사이에 나를 물고 또다시 끌고 내려갔다가 풀어 주었다. 그 틈에 나는 다시 수면으로 떠올랐다. 이런 짓이 반복되어 놀이처럼 굳어질 수도 있겠다는 생각이 들었다. 일찍이 번지수를 잘못 찾아 수조에 내려앉은 새들을 범고래들이 이런 식으로 갖고 노는 장면을 본 적이 있었다. 심지어 새가 아닌 조련사를 대상으로 한 적도 있었다. 프레야는 나를 풀어 주었다가 다시 끌고 내려가는 짓을 되풀이하다가 마침내 내가 물속에서 의식을 잃게 할 속셈으로 돌아올 것이다. 하지만 나는 결코 이렇게 죽지는 않으리라 다짐하며 정신을 가다듬었다.

    나는 수면에 떠서 냉정을 유지한 채, 땅에 있던 조련사에게 다시 한번 비상 소환 신호음을 보내라고 요청했다. 원래 응급 사태를 대비해 마련된 것이지만, 범고래들이 모든 동작을 멈추고 물에 있는 조련사를 내버려 둔 채 땅에 있는 조련사를 찾아가도록 고안된 신호였다. 이 신호를 받으면 범고래는 수조의 가장자리에서 머리를 내밀고 다음 지시를 기다리기로 되어 있었다. 앞서 이 신호음을 내보냈을 때만 해도 프레야는 말을 듣지 않았다. 그러나 이번에는 따르기로 한 모양이었다. 나는 조련사에게 호루라기 불 준비를 하고 한 손은 물속에 넣어 두라고 지시했다. 프레야는 이 호루라기 소리를 지시에 잘 따르고 있다는 신호로 인식할 것이며, 물속에 넣은 조련사의 손은 나에게 다시 향하지 말고 수조 가장자리에서 기다리라는 강력한 메시지로 받아들일 것이다. 이것은 범고래의 행동을 고무시키는 행동주의식 자극이었다. 나는 프레야가 이들 신호에 제대로 반응하면 즉시 보상할 수 있도록 조련사에게 생선 양동이를 옆에 두라고 했다. 범고래들은 이런 보상 절차를 알아차리고 열광한다. 그래서 우리는 범고래들이 호루라기 소리를 보상의 전조로 인식하고 인간의 손은 주의를 기울여야 한다는 상징으로 떠올리도록 길들였다. 이번에는 프레야가 먹이를 받아들였다. 마침내 아량을 베풀어 보상을 받아들이기로 한 것이다.

나는 그녀의 눈을 계속 들여다보았다. 여전히 부풀어 오른 두 눈은 공격 행동이 임박했음을 알리는 징조가 분명했다. 프레야는 수조 가장자리로 방향을 돌려 땅 위의 조련사를 향해 가면서도 내 눈에서 시선을 떼지 않았다. 범고래의 시視근육은 몸이 어느 곳으로 향하든 원하는 모든 방향을 볼 수 있는 구조라 뒤를 보는 것도 가능하다.

사건은 아직 마무리되지 않았다. 프레야는 상을 포식하고 있지만 나를 단념할 마음이 여전히 없었다. 내가 안전한 곳으로 헤엄쳐 나갈 낌새라도 보이면, 당장 몸을 돌려 범고래 특유의 가공할 만한 순발력으로 순식간에 나를 따라잡고는 다시 잡아챌 것이다. 내가 달아나려고 했다는 사실에 크게 성이 날 것이다. 상황이 그렇게 틀어지고 나면 그나마 나를 갖고 노는 것도 이제 끝이다.

나는 도박을 해 보기로 했다. 무대에 있는 조련사에게 프레야가 나를 향하도록 손으로 가리키라고 요청했다. 이것은 범고래들이 훈련 초기에 배우는 기본 신호다. "미쳤어?" 조련사는 못 믿겠다는 듯이 되물었다. 나는 프레야를 당장 내게 보내라고 소리쳤다. 타이밍이 생명이었다. 프레야가 잘 행동한 대가로 보상을 받는 것이며 이 일이 자기에게 만족스러운 방향으로 흘러간다는 기분이 남아 있는 순간에 맞추어 다시 돌아가라는 지시를 재빨리 내리지 않으면, 프레야는 다시 공격적으로 돌변할 것이었다. 그녀가 다시 그 상태로 돌아가기로 작정한다면, 그 행동의 강도는 내가 빠져나올 수 없을 만큼 나빠질 가능성이 짙었다. 나는 그녀가 내게 무슨 짓을 할 수 있는지 너무도 잘 알고 있었다. 나는 빠져나갈 의사가 없다는 뜻을 분명히 밝히기 위해 수조 한가운데로 헤엄쳐 갔다.

프레야는 조련사의 지시에 따라 다시 내게로 왔다. 이제는 차분해진 모습이었다. 전에 가르쳐 준 세 가지 간단한 행동을 마치라고 지시하자 그녀는 완벽하게 수행했다. 이어서 예전에 배운 대로 내 지시에 따라 나를 밀고 물을 가르며 나아갔다. 나는 그녀의 머리 밑에 내 몸통을 두어 두 팔로 아래턱부터 부리를 감싸고, 두 발은 가슴지느러미 flipper에 얹었다. 그녀는 다른 조련사가 양동이를 들고 기다리고 있는 수조 가장자리까지 나를 밀고 갔다. 나는 가장자리에 도착하자마자 발을 딛고 올라 즉시 생선 7킬로그램이 담긴 양동이를 받아 프레야의 입에 털어 넣었다. 내게 협조하고, 나를 풀어 주고, 가슴에 태워 주는 동작 pec-push을 잘 수행해 다시 땅에 데려다준 행동에 대한 보상이었다. 이 사건은 15분이 채 걸리지 않았다. 나는 수조의 물을 돌아보며 자칫 스물일곱의 나이에 비명횡사할 수도 있었던 순간을 떠올렸다. 나의 두 다리는 떨리고 있었다.

'두려움과 경이.' 범고래들과 내가 맺은 관계의 핵심에는 이 두 감정이 얽혀 있다. 프레야와 있었던 그 사건 이후 10년 넘는 세월이 지났다. 그 전후로도 나는 많은 범고래를 만나 두려움과 경이가 교차하는 경험을 쌓아 왔다. 이런 경험은 내가 평생 원하던 것이기도 했다. 범고래는 내 열정의 화신이었다.

2012년 범고래 조련사라는 경력에 마침표를 찍을 즈음, 나는 세상에서 가장 노련한 범고래 조련사의 위치에 있었다. 나는 스무 살이던 1993년 씨월드 샌안토니오에서 수습직으로 일을 시작해, 2년 뒤 샌디에이고에 있는 씨월드 최고 시설의 조련사로 승격되었다. 2001년부터 2003년까지는 프랑스 남부에서 지내며 인간과 수중작업을 한 적이 전혀 없는 범고래 조련에 도전했다. 이후 5년은 나의 열정을 다른 분야에 접목하며 보내다가 2008년 3월에 씨월드 샌안토니오로 돌아와 내가 가장 열망한 이 일을 그만둔 2012년 8월까지 있었다.

나는 범고래 스무 마리와 일했으며 그중 열일곱은 20년에 걸쳐 함께 물속을 헤엄치며 지냈다. 그들 대부분은 아직 살아 있다. 나는 카리스마 넘치고 복잡한 이 생명들을 사랑했다. 나는 그들을 그저 동물로 여기지 않는다. 범고래는 우리와 같은 존재다. 그리고 이 범고래들이 나의 삶에 끼친 영향은 나와 인연 있는 사람들 이상으로 깊다. 뉴질랜드 바다의 범고래를 오랜 세월 연구해 온 잉그리드 비서Ingrid Visser 박사는 "범고래에 관해 물어볼 것이 있다면, 사람에 대해 물어본다고 상상해야 한다"고 내게 말했다. 그녀는 돌아오는 답의 내용이 종종 놀라울 정도로 사람의 경우와 흡사할 것이라고 설명했다.

　　범고래와 수영하고 작업하기 위해서는 특별한 신체 조건을 갖추어야 한다. 나는 그에 맞는 최상의 몸 상태를 만들기 위해 각고의 노력을 기울였으며, 그 결과 짧지 않은 시간 동안 범고래와 지낼 수 있는 특권을 누릴 수 있었다. 나는 그들과 함께했던 기억을 소중히 간직할 것이다. 영원히. 그것은 씨월드 최고의 범고래 조련사라는 위치에 오른 모든 이와 내가 공유하는 정서다. 우리는 범고래와 함께한 작업과 공연에 진심을 다했으며, 우리가 하는 일이 범고래에게 최선의 결과를 가져온다고 굳게 믿었다. 우리의 삶은 범고래의 감정에 닿을 수 있다고 느낄 만큼 한데 얽혀 있었다. 거기에는 우리만의 특별한 언어가 있었다. 우리는 불완전하지만 정밀한 소통체계를 개발해 그들과 소통해 왔다. 그것은 행동주의 심리학에 근거한 소통체계로 씨월드 샤무 스타디움의 쇼를 보러 온 관객 수천 명 앞에서 범고래가 연기하도록 조건화하는 수단이었다. 우리 말고는 지구상의 어느 누구도 범고래의 마음을 읽기는커녕 읽는 척조차 할 수 없다. 하지만 우리는 해냈다. 그래서 우리는 모두 그것이 얼마나 큰 특권인지 알고 있었다. 그런 특권은 다름 아닌 범고래 스스로 우리에게 베푼 것이기 때문이다. 우리를 받아들일지 아니면 우리를 내칠지 결정하는 것은 그날 하루 감금 범고래 각자의 선택에 달려 있었다.

　　우리는 적은 수지만 형제자매같이 끈끈한 집단이었다. 씨월드가 존재한 반세기 동안의 어느 시기를 따져 보아도 그 이름이 붙은 세 개의 테마파크를 통틀어 최고 수준의 조련사는 겨우 스무 명에 불과할 것이다. 우리는 범고래와 보낸 시간 못지않게 함께 많은 시간을 보냈다. 그 오랜 시간 동안 남보다 앞서가기 위해 경쟁할 때도 있었지만, 우리가 보살피는 범고래를 위해 협업하는 관계였다. 나는 과학자가 아니다. 이 책에서 나는 범고래의 자연사自然史, 즉 야생 범고래의 삶도 탐구하겠지만, 씨월드에서 그들을 가르쳐 무대에 선보인 조련사들의 눈에 담긴 그들의 삶을 이야기할 것이다. 우리는 그들과 함께 헤엄쳤다. 그들이 건강히 지내도록 보살폈다. 그들의 출산을 지켜보았다. 그들의 고통을 바라보았다. 그들과 함께 아파했다. 우리는 그들의 눈을 들여다보며 그 안에 깃든 영혼을 어렴풋이 느꼈다. 기쁨을 맛볼 때도 있었지만 때로는 끔찍한 광경을 목격하기도 했다.

2010년 2월 24일 이후로 씨월드의 조련사는 수조 안에 입수하여 범고래와 함께 공연하는 것이 금지되었다. 그날은 우리의 작은 집단에서 가장 능숙하고 노련한 조련사 돈 브랜쇼Dawn Brancheau가 씨월드 올랜도의 5.4톤에 육박하는 수컷 범고래 틸리쿰에게 죽임을 당한 날이다. 이 끔찍하고 비극적인 사건은 2013년 다큐멘터리 〈블랙피쉬〉에서 집중 조명을 받았다.〈블랙피쉬〉는 2013년 선댄스영화제에서 처음 상영되어 큰 주목을 받았으며, 같은 해 제10회 서울국제환경영화제에서 관객상을 받았다. 돈 브랜쇼의 죽음 직후 씨월드는 세 테마파크에 조치를 내려, 사망 사고가 일어난 플로리다주 올랜도 말고도 텍사스주 샌안토니오, 그리고 셋 중 최고 시설을 갖춘 캘리포니아주 샌디에이고에서 조련사들을 물 밖으로 내보냈다. 곧, 직장 안전을 관리·감독하는 연방 기관인 직업안전위생관리국OSHA, Occupational Safety and Health Administration이 안전 수칙 위반을 이유로 씨월드를 소환해, 처벌을 피하려면 돈과 틸리쿰의 경우처럼 조련사와 범고래를 가까이 붙여 놓지 말라고 지시했다. 사실 돈이 공격을 받았을 당시 그녀는 틸리쿰과 물에 있지도 않았다. OSHA의 2010년 8월 소환에서는 씨월드 올랜도가 안전 수칙을 '고의로' 위반했다는 이유를 들어, "조련사들이 물리적 방벽이나 덱 시설, 산소 공급 장치, 기타 기술적·관리적 통제 수단을 통해 보호받지 못하면 … 범고래와 하는 작업을 금지하는 조치가 내려질 것"이라 언급했다.

물에 들어간다는 것은 조련사와 범고래와의 관계를 완성하는 필수 요소였으며, 샤무 스타디움에서 펼쳐지는 대중 공연의 핵심이었다. 그러나 씨월드는 2014년, 4년에 걸쳐 OSHA와 법정 소송을 하는 과정에서 자진하여 조련사들을 범고래 수조에서 철수시킨 후, 조련사들이 다시는 '수중공연waterwork'을 하지 않게 하는 안을 마지못해 수용했다. 범고래와 하는 모든 상호작용은 수조 가장자리에서 하는 물밖공연dry-work이 아니면 수조 돌출부의 물이 아주 얕은 곳에서나 가능해졌다. 조련사들은 사실상 발이 묶이고 말았다.

그 일로 물에 들어가지 못하게 된 씨월드의 전 동료들과 함께, 나는 범고래와 물속에서 공연했다고 말할 수 있는 인간 세대의 마지막 일원이라고 할 수 있을 것이다. 그만큼 역사적으로 드물고 한정된 집단의 일원이었다는 사실을 떠올리면 상반되는 감정이 차오른다. 나는 그 순간이 즐거웠고 범고래들도 그랬다. 그것은 범고래들이 사로잡혀 지내는 상태에서 그나마 할 수 있는 일이었다. 그러나 감추어진 배경을 들추어내면 불편한 진실이 드러난다. 우리가 겪은 일은 탐욕스러운 기업 경영의 일부에 불과했으며 범고래와 그들의 조련사들 모두 착취의 희생양이었기 때문이다.

씨월드는 범고래를 바다의 판다로 포장하는 홍보 전략을 구사했다. 꼭 껴안고 싶은 마음이 들 만큼 매력적이어서 돈벌이에 유리한 이미지를 만들고는 범고래의 복잡한 특성과 감금 생활 때문에 발생하는 부작용은 사람들이 눈치채지 못하게 했다. 무시무시한 바다 괴물로 여겨지던 동물은 대중 홍보 활동과 엔터테인먼트의 세계에서 길들여져 고분고분해지고, 가족적 분위기의 무대에 어울리는 연기자로 변신했다. 그러나 무대의 막후에서 드러난 기업 이데올로기는 홍보의 이미지와는 정반대인 그야말로 모순투성이였다. 감정이라고는 찾아볼 수 없으며 냉정하고 철저히 영리에 따라 움직이는 것이 바로 기업이었다. 기업 경영진의 눈에 동물은 행동주의적 신호에 반응하도록 훈련받은 대로 수행하는 대상이며, 여기에는 심리학에 근거한 반복적 강화의 원리가 작용한다. 씨월드는 소속 조련사들에게는 다음과 같은 공식 지침을 내렸는데, 이것은 마치 교리와도 같이 강력했다. "동물에게 인간과 같은 속성을 투영하지 말 것. 동물에게 인간적 감정을 품지 말 것". 범고래를 아끼는 것까지는 좋다. 그러나 일에 감정이 개입해서는 안 된다는 것이다. 범고래는 회사의 장부에 있는 자산이다. 물론 대체 불가한 자산이지만 결국 회계의 대상일 뿐이다.

　　나는 범고래에게 더 크고 깊은 무언가가 있다고 믿는다. 범고래가 내 눈을 바라볼 때마다, 나는 그 안에서 반짝이는 지능을 보았고 그의, 그녀의 감정을 느꼈다. 그 안에서 그들 고유의 종種을 아우르는 신화적 힘에 견줄 만한 존재를, 가까워질 것 같으면서도 인간의 탐지 범위를 넘는 의식을 감지했다. 그들은 강력하게 끌어당기면서도 헤아릴 수 없는 존재였다.

　　범고래는 이제 나에게는 기억으로만 남아 있다. 내가 가진 것이라고는 범고래와 함께한 삶이 담긴 사진과 영상뿐이다. 나는 2012년 8월에 씨월드를 그만두었다. 오랜 시간 위험한 직업에 종사한 결과 내 몸은 고통에 신음하는 만신창이가 되고 말았다. 몸이 더 이상 버티지 못했기에 그 일을 계속할 수 없었다. 그러나 나는 이미 지적 개종의 전기를 맞이한 상태였다. 어린 시절부터 나는 씨월드의 충성스러운 하인이었고, 자연보호의 미덕을 전파하기 위해 종의 경계를 초월해 상호작용한다는 이 기업의 미래상을 신봉해 왔다. 그토록 오랜 시간 범고래의 삶에 관여했다는 것은 분명 감격스러운 경험이었으나, 내가 범고래의 삶을 살아야 한다면, 그건 바로 지옥일 거라는 각성의 순간이 마침내 찾아왔다. 간수가 아무리 친절하다 해도 갇혀 지내는 삶이 달라지는 것은 아니다.

　　한편, 나의 동료들은 한층 복잡한 관계로 남아 있다. 조련사라는 이력에 마침표를 찍고 씨월드에 비판적인 목소리를 내기 시작하면서,

나는 씨월드에 남아 일을 계속하던 조련사 친구 대부분을 잃었다. 나는 그들이 처한 난처한 상황과 그들이 내게 등 돌린 이유를 이해한다. 내 목소리를 내기로 결심하기까지 오랜 시간이 걸렸다. 그것은 쉽지 않은 결정이었다. 씨월드는 법조계, 정치계, 언론계에 두루 강력한 연줄이 있는 공룡이다. 이 거대 기업에 맞서려면 철저히 고립되고 무력해지는 꼴을 감수해야 한다. 탈선한 범고래의 올가미에 걸려들더라도 그 눈을 바라보면 다시 상황을 수습할 수 있다는 희망이 여전히 남아 있다. 그러나 씨월드라는 기업에는 들여다볼 영혼조차 없다.

이제 나는 함께 지낸 범고래가 있는 해양테마파크에 결코 들어갈 수 없다. 미국에 있는 세 군데의 씨월드와 씨월드가 운영에 관여하는 스페인의 테마파크, 내가 두 해 동안 일했으며 씨월드라는 수십억 달러 가치의 테마파크 제국과 손잡은 프랑스의 시설 모두 그렇다. 그것은 씨월드가 범고래에게 잘못을 저질렀다는 확신 때문만은 아니다. 물론 그것이 지금 나의 믿음이기는 하나, 감정의 거리를 극복하기 힘들다는 인식이 나를 가로막고 있다. 그들 테마파크에 들어간다 해도 나는 진정 범고래의 곁에 다가가지 못할 것이다. 나는 육체적으로나 영적으로나 그들과 매우 가까웠다. 현재 씨월드 소유의 범고래 서른 마리 가운데 열둘과 함께 지냈으며, 그중 열 마리와 수중공연을 펼쳤다. 그들의 삶과 아무 관계 없다는 듯이 관객으로 돌아가 그들이 쇼 무대에 오르는 모습을 보는 것은 차마 견디기 어려울 만큼 고통스러운 일이다.

내가 소년기에 품었던 꿈은 마치 동화책의 이야기처럼, 어쩌면 흡사 마법처럼 이루어졌다. 이윽고 나는 그 황홀한 꿈이 이야기의 일부에 불과하며, 더 큰 이야기는 나 자신에게나 범고래들에게나 오히려 악몽에 가깝다는 사실을 깨달았다. 나는 결국 범고래들을 잃고 말았다. 그들은 더 이상 내 삶에 함께하지 않으며 그것이 나의 마음을 아프게 한다. 그러나 얻은 것도 있다. 나는 새로운 행로를 찾았으며 그 길은 시간이 지날수록 선명하게 드러난다. 나는 범고래들을 기억할 것이며 그 기억을 독자 여러분과 공유하고 싶다. 내가 겪고 배운 것을 독자 여러분도 알게 되어 범고래들을 구하는 길에 동참하기를 바라는 마음이다.

괴물과 인간

눈앞에서 처음으로 범고래를 본 여섯 살짜리 소년에게는 무슨 일이 벌어질까?

부모님과 떠난 첫 씨월드 올랜도 여행에서 나는 아름다운 동시에 치명적인 범고래의 매력에 압도당해 즉시 넋을 잃고 말았다. 범고래는 거대한 덩치와 달리 날렵하고 매끄럽고 날카로운 이가 달린 킬러였다. 하지만 물속에 함께 있는 조련사에게는 상냥하고 다정했다. 조련사, 그들은 보통 사람들과 달랐다. 범고래에 비하면 보잘것없는 크기였지만 그들의 모습에서 흡사 신과도 같은 오라를 느낄 수 있었다. 그들이 범고래와 공연하며 만들어 내는 조화로운 모습에는 거의 초자연적인 힘이 있었다. 나도 그 힘이 갖고 싶었다. 단지 범고래만을 원한 건 아니었다. 나도 범고래를 길들이는 그들의 일원이 되고 싶었다.

1980년의 그 여름날, 그토록 강렬한 영감에 사로잡힌 사람이 나뿐만은 아니었을 것이다. 씨월드의 관객석에서 조련사와 범고래가 펼치는 묘기에 환호하며 박수를 보내는 사람이 적어도 5000명은 되었다.

샤무 스타디움에서는 인간과 범고래 두 종의 근육이 물속에서 빚어내는 환상의 조합으로 장관이 연출되고 있었다. 범고래와 조련사가 수조의 물을 가르고 공중으로 솟구치며 곡예를 펼쳤다. 나는 일찍이 그런 광경을 본 적이 없었다.

당시 나는 일곱 살에서 불과 몇 주가 부족한 나이였지만 조련사와 범고래가 함께 등장하는 순간부터 그 세계의 일부가 되고 싶었다. 범고래에게 말을 걸 수 있으며 그들의 대답을 알아들을 수 있는 기적의 일꾼들, 범고래의 강력한 턱, 등지느러미와 지느러미발, 그리고 세차게 내리쳐 수조 밖으로 물을 끼얹는 거대한 꼬리지느러미도 두려워하지 않는 저 소수정예 집단의 일원이 되고 싶었다. 범고래의 삶에 깊숙이 관여하는 저 선택 받은 소수의 일원이 되고 싶었다.

나는 그날이 오기를 꿈꾸기 시작했다. 나 말고도 그런 환상에 젖은 사람이 분명 관객 중에도 있었을 것이다. 그러나 나는 반드시 꿈을 이루고야 말겠다는 확신에 차 있었다.

나는 여름 방학이 되면 부모님과 함께 긴 자동차 여행을 떠나곤 했다. 그리고 1980년, 어머니와 양아버지는 올랜도행을 결정했다. 우리는 비행기를 타고 다닐 만큼 형편이 넉넉하지 않았으므로 텍사스주 동부의 강어귀에 있는 집에서 미국 테마파크의 수도 올랜도까지 거의 1500킬로미터에 이르는 거리를 차로 이동했다. 두 곳의 차이는 드라마에서나 볼 수 있을 만큼 극명했다. 단조롭고 평평한 습지대인 텍사스주 오렌지와는 달리 올랜도는 월트디즈니월드의 신데렐라성과 단단한 거대 골프공 모양의 에프콧EPCOT센터로 상징되는 화려한 건축이 극치를 이루는 곳이었다. 그리고 씨월드도 거기에 있었다.

처음에 나의 주의를 끈 것은 돌고래였다. 돌고래를 쓰다듬을 수 있는 수조에서 부모님이 나를 떼어 내지 못할 정도였다. 오랜 시간을 기다려 돌고래들을 어루만졌던 나는 그 경험이 얼마나 심오했던지 여전히 그때를 기억하고 있다. 그러나 돌고래에 쏠렸던 나의 마음은 이내 훨씬 큰 존재에 빠져들고 만다.

우리는 샤무 스타디움으로 향하는 관객의 행렬에 합류했다. 이 범고래 전용 원형 극장은 씨월드 올랜도 최대의 동물 공연장으로 돌고래나 바다사자, 해달의 공연장보다 훨씬 거대했다. 오렌지 전체 인구의 3분의 1이나 되는 관객석 한가운데에서 나의 시각과 감정은 눈 앞에 펼쳐지는 장관에 완전히 압도당했다. 마술사의 감쪽같은 몸짓에 순식간에 빨려 들어가듯이, 나는 범고래들이 조련사의 신호를 따르는 광경에 홀리고 말았다. 범고래들은 그들의 인간 동료가 내는 물 때리기 신호에 따라 움직였다. 내 눈에는 성경에 나오는 기적과도 같았다.

그 첫 쇼를 보고 나서 나는 씨월드의 일원이 되기 위한 유세를 벌이기 시작했고, 부모님도 내가 궁금한 점을 해소할 수 있도록 조련사들에게 데려가 주었다. 그때부터 매년 나는 씨월드에 가자고 졸라 댔다. 올랜도가 아니라도 1988년에 개장한 자회사가 있는 샌안토니오도 상관없었다. 씨월드를 찾아 쇼를 보고 나면, 조련사들을 쫓아다니며 그들이 그 일을 맡기 위해 무엇을 했는지, 내가 그들 같은 조련사가 되려면 무엇을 해야 하는지 캐물었다.

씨월드가 샌안토니오에 개장하고부터는 씨월드에 가는 날이 더 늘어났다. 나는 항상 동물 행동과 관련하여 조련사들에게 물어볼 전문적인 질문을 꼼꼼히 적어 챙겨 갔다. 하지만 어떤 관객의 질문은 의도가 좋더라도 어줍기 짝이 없다는 점을 지금처럼 그때도 이미 알고 있었다. 나도 그런 질문들을 받곤 한다. "도대체 어떻게 하면 저 상어들을 부릴 수 있는 거죠?"라거나 "저 녀석들은 물속에서 채소를 어떻게 받아먹나요?" 같은 질문이 그렇다. 그때 내가 던진 질문이 그 정도까지 무지하지는 않았지만 꽤 많기도 했던 나의 질문은 조련사들을 분명 귀찮게 하고도 남았을 것이다.

열두 살이 되자, 나는 2년간 이어지는 편지 쓰기 운동에 돌입했다. 씨월드의 조련사와 관리자, 심지어 경영진에게 조언과 안내를 구하는 장문의 편지를 보내기 시작한 것이다. 딱히 무엇을 더 바라고 보낸 건 아니었다. 단지 내 꿈을 이루어야 한다는 마음뿐이었다.

생각해 보면 나는 이미 어렸을 때부터 텍사스주 오렌지에서 벗어날 방법을 찾고 있었던 것일지도 모른다. 게다가 세상에서 가장 크고 아름다운 해양 포식자와 함께 물살을 가르는 삶으로 향하는 탈출이라니. 이보다 더 거대한 환상이 과연 있었을까?

오렌지는 딱히 대단할 게 없는 동네였다. 일요일에는 기독교 남침

례회에 소속된 교회 한 곳을 다닌다. 심심하면 삼륜이나 사륜 오토바이를 타고 숲을 누빈다. 진흙탕 경주에도 나가곤 한다. 어떤 선택을 하든, 보통은 숲을 끼고 하게 되어 있다.

주민들이 어김없이 열광하는 것이 하나 있었는데, 바로 지역 두 고등학교 간 풋볼 대항전이었다. 리틀사이프러스 모리스빌과 웨스트오렌지 스타크가 벌이는 라이벌전. 사촌 누나 트레이시는 응원전에 나설 때마다 내가 졸졸 따라다닌 사실을 아직도 기억한다. 이 경쟁 구도에는 사실 추한 배경이 깔려 있었다. 리틀사이프러스는 백인 학교이고 웨스트오렌지는 거의 흑인 학교에 가까웠다. 1980년대 우리 읍내만 하더라도 두 인종은 여전히 분리된 채 지내며 풋볼을 매개로 부딪힐 때만 모였다. 그 자리에 스포츠판의 광기와 편견이 한데 모이니 온갖 지독한 기운이 넘쳤다. 그렇지만 오렌지는 불과 30여킬로미터 떨어진 바이도에 비하면 아무것도 아니었다. 그 동네는 쿠클럭스클랜Ku Klux Klan, 일명 KKK단이 1980년대에도 버젓이 행진하는 곳이었으며, 같은 시기에 흑인 가족이 바이도의 공공 주택으로 이사라도 하면 그들을 맞이하는 것은 KKK단의 상징인 불타는 십자가였다.

범고래는 비록 위험하다고는 해도 어떤 인간들보다는 훨씬 매력적인 동물이었다.

우리 가족이 씨월드 올랜도로 향한 첫 여행에서 돌아오자마자, 나는 범고래에 관한 읽을거리라면 가리지 않고 손에 넣었다. 마침 집에는

《브리태니커 백과사전》한 질이 있어서 거기에 실린 범고래와 고래, 돌고래 항목을 샅샅이 찾아 공부했다. 하지만 그마저 읽을거리가 많지는 않았다. 돌고래 관련 내용이 두 쪽 정도 있을 뿐이었다. 학술적으로 범고래는 돌고래과(고래가 속한 고래목의 하위 범주)의 가장 큰 동물이지만 조련사는 물론 과학자 대부분이 범고래를 그냥 고래라 부른다. 어쨌든 백과사전은 내가 흡족할 만큼 충분하지 않았다. 그래도 나는 그 얼마 되지 않는 내용을 읽고 또 읽어서, 결국 그 부분만 너덜너덜해져 거의 떨어져 나갈 정도였다.

그보다 몇 년 전인 1977년에 〈오르카orca〉라는 영화가 극장에서 상영되었다. 인간에게 짝과 새끼를 잃은 후 항구의 배들을 마구잡이로 부수며 복수하는 수컷 범고래의 이야기였다. 나는 어느 해 여름 우리 가족의 씨월드 여행 후 이 영화를 비디오 가게에서 찾아 몇 번이고 돌려보았다. 나는 언제나 범고래를 응원하는 쪽이었다. 그러나 〈오르카〉는 이상하게도 끌어당기는 매력이 크지 않았는데, 인간과 범고래가 반목한다는 설정이 분명 그런 영향을 끼쳤을 것이다.

나는 영화를 아주 좋아했다. 달린 이모는 처음으로 VCR을 샀을 때 내가 얼마나 들떴는지 기억한다. 이모는 우리 가족과 친척을 통틀어 이 신문물을 처음 들여놓은 사람이다. 나는 이모 집에서 잘 수 있는 주말이 오기만을 기다렸고, 마침내 주말이 오면 영화를 열 편이나 빌려 오기도 했다.

내게 가장 울림이 깊었던 영화는 돌고래와 프리다이버의 관계를 그린 뤼크 베송Luc Besson의 1988년 작품 〈그랑블루The Big Blue〉였다. 영화 속 주인공은 프리다이버로 스쿠버 장비 없이 한 번의 호흡으로 바다 깊은 곳까지 내려갈 수 있는 전문 다이버다. 나는 장마르크 바Jean-marc Barr가 연기한 주인공 자크 마욜처럼 되고 싶었다. 그는 돌고래와 바다를 향한 사랑이 큰 나머지 이 해양 포유동물과 같은 특성을 자기에게 이입한다. 결국 주인공은 연이은 다이빙 대회에 참가하며 가장 친한 친구이자 막상막하의 경쟁자와 대결을 벌이지만, 친구의 죽음이라는 비극을 맞이한다. 그 여파로 주인공은 자신이 시름시름 죽어 가고 있음을 알게 된다. 고뇌하는 마욜은 로재나 아켓Rosanna Arquette이 연기한 연인과의 인간적 사랑을 포기한 채 자신도 깊은 바다로 돌아가 소멸하는 길을 택한다. 그가 바닷속 망각의 심연으로 내려가자 돌고래 한 마리가 나타나 그의 영혼을 안식처로 인도한다. 이 영화를 어찌나 많이 보았는지 나중에는 비디오테이프가 끊어질 정도였다.

두 작품은 앞으로 펼쳐질 내 삶을 소소하지만 구체적으로 예언하는 영화였다. 〈오르카〉에 출연한 '스턴트' 범고래 중 하나인 코르키Corky는 장차 내가 씨월드에서 조련사로 도약할 때 함께 물을 타게 되는 첫 번째 범고래가 된다. 〈그랑블루〉로 말하자면, 이 영화의 많은 장면이 프랑스의 앙티브Antibes에 있는 마린랜드Marineland에서 촬영되었다. 내가 범고래 조련 프로그램 책임자의 지위를 수락해 2001년에 옮겨간 곳이 바로 마린랜드였다.

나는 손에 잡히지 않던 범고래 관련 지식을 천천히 흡수해 갔다.

사실과 허구와 전설 모두. 범고래의 학명인 '오르키누스 오르카Orcinus orca'는 고전과 현대 문학을 막론하고 괴물을 암시하는 의미의 단어를 떠올리게 한다. 고전으로 가면 고대 로마 지하세계의 신 오르쿠스orcus 와 이어지고, 현대 문학으로 가면 J. R. R. 톨킨의 소설에 등장하는 덩치 큰 고블린 종족 오크orcs가 떠오른다. 예로부터 작가들은 닥치는 대로 먹어 치우는 범고래의 식성을 두고 만족을 모르고 덮치는 죽음에 은유적으로 빗대곤 했다. 떼로 몰려들어 자기 덩치보다 큰 고래를 잔인하게 물어뜯는 이미지에 그런 속성이 집약적으로 담겨 있다. 북아메리카에서 범고래는 늑대인간의 다른 모습으로 여겨졌다. 원주민은 추운 겨울을 나기 위해 물범에 의존했고, 그들을 물범에게 인도하기 위해 늑대의 영혼이 범고래로 변신한 것이라 믿었다. 마치 따뜻한 철에 그들을 사슴에게 데려다주는 늑대처럼. 양 반구에서 범고래가 등장하는 신화에는 '괴물monster'이라는 단어의 의미에 그 어원에서부터 부합하는 실마리가 있었다. 그 어원 격인 이탈리아어 '모스트라레mostrare'는 보여 주거나 나타낸다는 뜻으로 실제로는 가르친다는 뜻에 가깝다. 인간은 범고래 특유의 힘과 지능에 경탄하며 20세기 즈음이 되면 결국 자연과 소원해지고 마는 자기 종에게 삶과 죽음의 우주적 교훈을 가르쳐 주기를 기대했던 것이다.

문헌과 대중문화에서 범고래에 관한 재미있는 사실을 찾을 수는 있었다. 그러나 나는 내 질문에 대한 진짜 해답을 찾을 수 있는 곳은 오직 한

군데밖에 없다고 믿었다. 그곳은 다름 아닌 씨월드였다. 나는 씨월드의 몇몇 관계자에게 꾸준히 편지를 보내 조련사가 되기 위한 조건이 무엇인지 물었다. 연례행사가 되다시피 한 씨월드 여행 때도 그 모든 성가신 일을 멈추지 않았다. 처음 씨월드 올랜도로 시작한 여행은 몇 년 후 개장한 씨월드 샌안토니오로 이어졌으며, 나는 공연이 끝나면 조련사를 만나기 위해 줄을 서서 기다렸다가 편지와 똑같은 질문을 퍼붓곤 했다.

1985년 어느 날, 나는 그토록 원하던 소상한 답변을 받았다. 기운을 북돋우면서도 기를 죽이는 내용이었다. 씨월드 올랜도의 동물 조련 책임자로 있는 댄 블라스코Dan Blasko가 친절하게도 답장을 보내 주었다. 조직에서 그렇게 높은 직책을 맡은 사람이 친히 시간을 들여 내게 편지를 썼다는 사실에 처음에는 어안이 벙벙했다. 하지만 그의 답변을 읽고 나는 이내 망연자실해졌다. 그의 어조는 분명 정중했지만 딱히 격려하는 투는 아니었다. 그는 채용할 수 있는 자리는 거의 없고 지원자는 너무 많아 다른 분야의 일을 찾아 대비하는 편이 좋겠다고 말했다. 내가 꿈에 그리던 일을 십중팔구 하지 못하게 될 것이라는 대목에서는 예를 다하면서도 매우 단호했다. 친절하지만 현실적인 그의 말은 무언가를 간절히 원하기만 해도 이루어질 것이라는 나의 부푼 환상을 바늘처럼 콕콕 찌르고 있었다.

하지만 블라스코는 자신이 생각하기에 씨월드 조련사에 적합한 지원자가 되기 위해 이력서에 갖추어야 할 모든 조건을 세심히 안내해 주기도 했다. 그러자면 심리학이나 해양 생물학 학위, 스쿠버 자격, 공개 연설 경험, 그리고 동물 복지 단체에서 수행한 자원봉사 경력이 필요했다. 그중에서도 가장 중요한 것은 수영 테스트 통과였다. 이것은 영화 속 프리다이버만큼이나 강력한 폐 기능이 요구되는 혹독한 테스트였다. 블라스코의 솔직한 설명에 나의 희망은 산산조각이 나고도 남았지만, 언젠가 때가 오고 씨월드에서 조련사를 모집하면 그 자리를 꿰찰 수 있도록 그가 추려 준 요구 조건을 갖추겠다고, 아니 뛰어넘고야 말겠다고 굳게 다짐했다.

어렸을 때부터 지금까지 물은 언제나 내가 사는 세계의 일부이며, 내 삶에 희비가 극명하게 갈리는 분기점을 만들기도 한다. 심지어 아주 어린 나이에 나는 이미 물이 주기도 하고 빼앗기도 한다는 사실을 알고 있었다.

물은 어머니의 목숨을 거의 앗아갈 뻔했다. 어머니가 거의 목숨을 잃을 뻔한 그 사고는 내가 겨우 네 살 때 일어났다. 하지만 사고의 기억은 매우 강렬하게 남아 나는 범고래에 빠져들기 전부터 수영을 해야겠다고, 물속에서도 끄떡없고 편안해져 일상처럼 익숙해질 정도로 잘 해야겠다고 마음먹었다.

배 타기를 좋아한 양아버지는 배를 무서워하는 어머니를 설득해 같이 물에 다녔다. 어느 주말, 두 사람은 오렌지에서 그리 멀지 않고 루이지애나주 경계에 붙어 있는 서빈강을 여행하며 모터가 달린 작은 알루미늄 보트를 타고 시간을 보냈다. 갑자기 큰 배가 옆을 지나며 거친

항적을 일으킨 바람에 보트가 전복되어 두 사람은 물에 빠지고 말았다. 모터에 비상 멈춤 장치가 없어 보트는 사람도 없는데 저 혼자 수면을 빙빙 돌기 시작했다. 주황색 구명조끼를 입은 어머니가 막 떠오르던 참에 모터에 달린 프로펠러가 어머니의 가슴에 부딪혔다. 구명조끼는 축복이자 저주였다. 그것이 없었다면 어머니의 흉부는 갈기갈기 찢어지고 말았을 것이다. 두꺼운 구명조끼 덕에 그런 일은 일어나지 않았다. 하지만 곧 프로펠러에 단단히 말려 들어가기 시작했다. 어머니는 구명조끼에서 빠져나오지 못하고 물속에 갇혀 허우적거렸다.

그 사이, 이 사고를 일으킨 배가 돌아와 필사적으로 어머니를 찾는 양아버지를 도왔다. 사고 몇 년 후 어머니는 그들이 자기 이름을 외치는 소리가 들렸다고 회상했다. 목격자의 증언에 따르면 어머니는 족히 2분가량이나 물속에 잠겨 있었다. 어머니는 결국 가까스로 빠져나왔다. 다행히도 구명조끼의 끈이 모터에 단단히 말려들어 미친 듯이 회전하던 프로펠러가 멈추었다. 어머니는 타박상과 흉부조직 외상으로 병원에 실려 갔다. 내가 어머니를 만났을 때는 껴안을 수조차 없는 상태였다.

그때 나는 아주 어린 나이였지만 그 사고의 심각성을 인식하고 있었다. 사실 그 사고가 있기 전부터도 나는 물이 너무 좋아서 욕조에 몸을 완전히 담그고는 숨 참는 연습을 할 정도였다. 이미 수영 강습을 받고 있었고 이제 그 사고를 겪고 났으니 더 열심히 해야 할 이유가 생겼다.

세월이 흘러, 내가 씨월드에서 조련사 경력을 착실히 쌓고 물에서 하는 생활도 순조롭게 이어갈 즈음, 희비의 분기점이 다시 나의 가족을 덮쳤다. 나에게는 열 살 위 사촌 형 존 캐럴이 있었다. 나는 텍사스주 빅 시킷Big Thicket의 외가댁 회동에서 자주 만난 그를 늘 우러러보곤 했다. 가족들은 그냥 존이라 부르지 않고 가운데 이름까지 붙여 존 캐럴이라 불렀다. 그게 남부 스타일이다.

    존 캐럴은 친구와 함께 멕시코만으로 낚시 여행을 갔다가 폭풍 한가운데에서 방향을 잃고 돌풍에 휘말려 바다에 빠지고 말았다. 둘은 구명조끼를 입고 있었지만, 아이스박스 두 개를 서로 묶어 붙잡고 떠 있었다. 그렇게 표류한 채로 밤을 지새우다 찾아온 저체온증 때문에 둘은 의식을 잃지 않기 위해 필사적으로 버텼다. 그렇게 바다 위를 떠다니다가 원유시추선이 보이자, 존 캐럴의 친구는 그곳까지 가 구조를 요청할 테니 아이스박스에 매달려 버티라는 말을 남기고 헤엄쳐 갔다. 그러나 도중에 시추선까지 가기에는 너무 힘이 빠졌다는 사실을 깨닫고 다시 돌아왔다. 돌아와 보니 존 캐럴은 보이지 않았다. 구조 관계자는 그가 의식을 잃은 사이 구명조끼에서 빠져나와 가라앉은 것으로 추정했다. 친구는 수색을 벌이던 해안 경비대에 구조되었다.

씨월드 연례 여행은 계속 이어졌다. 이제는 씨월드의 모든 조련사를 알았고, 열네 살 즈음이 되자 그 가운데 두 명은 그 재능과 기질을 닮고 싶을 만큼 우상으로 섬겼다.

    그중 한 명인 애니타 레니헌Anita Lenihan은 내게 늘 많은 시간을 내주었다. 그녀는 씨월드 제국의 특급 공원인 씨월드 샌디에이고 출신이었다. 자신에 관해서는 물론 씨월드의 조련사가 되려면 어떤 요건을 갖추어야 하는지 과장 없이 솔직하게 알려 주었다. 범고래 공연이 끝나고 내가 그 조련사들을 만나기 위해 기다리고 있으면 언제나 말을 걸어 주었다. 그녀는 범고래가 아닌 바다사자 담당이었는데도 나는 그녀의 말에 곧잘 귀를 기울였다. 따지고 보면 그녀는 씨월드의 수석 조련사였기에 내게는 귀한 정보원이었다. 그녀는 결코 포장해 말하는 법이 없었다. 씨월드에 새로 지원해 실기 능력을 평가받아야 한다면 자기는 수영 테스트를 절대 통과하지 못할 것이라는 이야기도 했다. 모든 명성은 샤무 스타디움의 조련사에게 돌아간다는 사실을 알고 있음에도 그녀는 바다사자와 일하는 것만으로도 만족했다. 동물을 가까이서 돌볼 때도 공연이 진행되는 무대에 있을 때도 그들과 호흡하는 실력이 대단했다. 꼬마인 내가 그녀를 성가시게 한 지 수년의 세월이 흐르고 난 뒤 나는 샌안토니오의 수습 조련사가 되어 애니타와 일하게 된다. 애니타를 향한 나의 신뢰는 조금도 변하지 않았으며 오히려 더 강해졌다.

    씨월드에서 만난 또 다른 우상은 애니타와 성향이 정반대인 인물이었다. 그는 마크 맥휴Mark McHugh라는 조련사로 샤무 스타디움의 스타였다. 그의 몸놀림과 쇼맨십에 의문을 품는 사람은 아무도 없었으니, 그는 겉으로 보기에 슈퍼 히어로처럼 돋보였다. 훗날 그와 샌안토니오에서 일하게 되었을 때 나는 그가 일부 스타들처럼 까다롭고 괴팍하며 직원의 두려움을 끄집어내 지휘하는 스타일이라는 사실을 알게 되었다. 그는 공연이 끝나고 만나기를 애원하는 순진한 꼬마에게는 야박하게 대하는 법이 없었다. 하지만 나에게는 시간을 내주지 않았다. 그는 애니타의 자기 비하에 견줄 만큼 자기 과시적이었다. 대장처럼 굴었으며, 그의 의견은 씨월드에서 직급이 훨씬 높은 경영진의 목소리보다 더 영향력이 클 정도였다. 하지만 그가 권위를 과시하며 무대를 주름잡는 모습을 보면 그의 힘과 카리스마를 부인할 수 없었으며, 그의 어떤 면은 따라 하고 싶을 정도였다.

청소년기에 접어들자, 가뜩이나 보수적인 텍사스의 동네에 살면서 나의 정체성을 받아들여야 하는 시기를 맞이했다. 나는 게이라는 사실에 눈뜨고 나서 오렌지와 연을 끊어야 할 때라고 생각했다. 나는 도망치듯 집을 떠나 휴스턴으로 향하는 버스에 올랐다.

비록 아는 사람이라고는 아무도 없는 낯선 도시였지만 내 삶을 잘 꾸려 나가야 한다고 굳게 다짐했다. 당시 나는 무일푼의 신세였고 지내야 할 곳도 마땅치 않았다. 때는 1990년대 초였고 에이즈로 죽어 가는 남성 동성애자는 여전히 급증하는 반면 효과적인 치료책은 아직 없던 시절이었다. 그러나 나는 운이 좋았다. 휴스턴에서 나를 이끌어 주고 인도하는 게이 친구들을 만났다. 그들이 없었다면 내 꿈을 좇으며 살지 못했을 것이다. 나는 때를 잘못 만나 나쁜 사람들의 제물이 될 뻔한 이들에게 내가 받은 호의를 돌려주는 것으로 보답했다. 때로는 일부 나이 든 남자들이 어리고 순진한 데다가 자신의 성적 지향을 어렵게나마 받아들이려 하는 사람을 그의 취약점을 이용해 돈을 미끼로 꼬이기도 한다. 이들 역시 괴물이나 마찬가지다. 그런 환경에서는 빠르게 큰다. 나는 이내 세상 물정에 훤해졌다.

나는 휴스턴에서 지내면서 씨월드의 조련사가 되기 위해 필요한 모든 일을 목록에서 하나씩 지워 나갔다. 먼저 스쿠버 자격을 갖추었다. 그리고 댄 블라스코의 조언대로 심리학을 전공하기 위해 휴스턴대학교에 등록했다. 수업은 모두 야간 강좌로 들으며 낮에 일했다. 여기에 수상 구조원으로 일하며 추가로 돈을 모았다.

주말에는 좌초해양포유동물네트워크Marine Mammal Stranding Network에서 자원봉사를 하기 위해 갤버스턴까지 차를 몰고 가 해변에 밀려온 동물의 구조를 도왔다. 여기에는 가슴 아픈 고역이 따랐으며, 특히 내가 보조한 시체 해부에는 참으로 애끓는 사연이 있었다. 어미 돌고래 한 마리와 그 새끼가 자망에 걸렸다. 자망은 물속에 수직으로 쳐 좋은 그물로 그 아래에 달린 봉돌이 그물을 잡아당긴다. 그들의 집이자 피난처였던 바다가 갑자기 그들을 위협하는 환경이 되고 말았다. 어미는 산소가 부족해져서 새끼와 같이 즉시 수면으로 나오지 않으면 익사하고 말 것이라는 사실을 알았다. 어미는 죽을힘을 다해 물속 깊이 내려가 바다 밑바닥까지 쇄도했다. 그물 밑으로 들어가 자식을 안전히 물 밖으로 들어 올리기 위해서였다. 그러나 그 모든 노력도 소용이 없었고, 어미와 새끼는 죽고 말았다. 새끼의 위에서 신선한 모유가 나왔다. 어미는 죽는 순간까지 새끼에게 젖을 먹이고 있었던 것이다. 어미의 입에서 나온 진흙은 그물에서 빠져나오기 위해 필사적으로 바닥의 흙을 파낸 증거였다.

　　나는 수영 훈련을 계속했다. 수영 테스트 중에는 숨 한 번에 수조 바닥까지 잠수해 내려가야 하는 종목도 있었다. 영화 〈그랑블루〉에서 묘사된 것만큼 대단한 잠수는 아니었다. 하지만 수조의 깊이가 돌고래 스타디움이 약 8미터, 샤무 스타디움이 12미터나 되었다. 수영을 잘하고 다이빙 보드에서 뛰어내리는 것만으로는 물속 깊이 내려가 머무르는 요령을 익히지 못한다.

　　나는 수영 테스트의 잠수 영역에 대비하기 위해 종종 멕시코만에서 제트스키를 타고 물속으로 뛰어들어 내 능력으로 닿을 수 있는 가장 깊은 곳까지 내려갔다. 9미터가 조금 넘는 깊이였다. 매번 물속에 들어갈 때마다 바닥의 진흙을 한 움큼 집어 들고나오는 것을 목표로 했다. 그것이 바닥에 닿았다는 증거였다. 물속으로 깊이 들어갈수록 압력이 커지며 폐가 압축되어 산소 유지 능력은 점점 줄어든다.

　　내가 훗날 이 길을 가고 또 시간이 흘러 샤무 스타디움에서 범고래들과 물을 가르는 날이 왔을 때, 그 정도 깊이까지 반복해서 잠수한 효과를 비로소 알게 되었다. 깊은 물에 자주 들어갈수록 고막이 더 유연해지는 것이다. 대체로 조련사들은 물속 깊이 들어갈 때 고막을 압력평형 상태로 만들기 위해 손가락 사이에 코를 끼워 막아야 했다. 나는 운이 좋게도 그런 수고를 할 필요가 없었다. 나는 고막이 저절로 압력을 맞추는 느낌이 들었다. 나는 굳이 애쓰지 않아도 수월하게 압력

평형 상태로 만들 수 있었다.

언제 있을지 모를 씨월드의 채용 공고에 대비해 그 조건에 맞추기 위한 모든 준비 작업을 해 두었어도, 다음 4년 동안은 대학 공부를 차근차근 마치겠다는 계획을 세웠다. 학위는 필수적이었다. 아니 적어도 블라스코는 그렇게 말했다. 그런 와중에 기대하지 않았던 일이 일어났다. 내가 사람들을 성가시게 하면서까지 벌였던 그 모든 일이 결실을 맺었다.

1993년, 씨월드 샌안토니오에 수습 조련사 자리가 하나 나자, 경영진은 수석 조련사들에게 마땅한 사람이 있는지 물어보았다. "우리한테 물어보러 오는 그 꼬맹이 있잖아." 몇 명이 나를 떠올리고는 내가 모든 조건에 부합한다고 알려 준 것이다. 그중 한 명이 내게 연락을 해 왔다. 예상보다 일찍 기회가 찾아왔다. 아직 대학의 '대'자에도 미치지 못한 상태였지만, 나는 이 기회를 그냥 흘려보낼 수 없었다.

씨월드의 동물훈련부서에 지원한 사람은 나 말고 더 있었다. 지원자는 스물일곱 명. 모두 스쿠버 자격 소지자로, 9월에 시행된 수영 테스트에 나타났다.

테스트는 돌고래 스타디움에서 치러졌다. 그곳의 수온이 샤무 스타디움보다 높다고는 해도 섭씨 15도로 여전히 오싹했으며, 집 뒤뜰에 세우는 흔한 수영장에 비하면 훨씬 차가웠다. 지원자들은 먼저 숨을 참고 수중 38미터 거리를 수영해야 했으며, 이어서 약 8미터 깊이의 물속으로 뛰어들어 수조 바닥에 있는 무게추를 회수해야 했다. 바닥까지 다이빙하거나 잠영을 하는 동안 때 이르게 수면 위로 나오지 않는 것이 관건이었다. 그런가 하면 자유형으로 헤엄쳐 제한 시간 안에 들어와야 하는 종목도 있었다.

 수영 테스트가 있던 당일, 일어나 보니 급성 부비동염이 찾아왔다. 추측해 보자면 멕시코만에서 너무 많이 연습한 대가였을 것이다. 물속 깊이 다이빙할 때 그렇게 코가 막힌다면 위험할 수 있다. 염증이 심해질 수 있고, 압력평형 상태에 이르기 어려우니 고막에 천공이 생길 수도 있기 때문이다. 내 경력이 시작도 전에 끝장날 수도 있는 상황이었다. 이미 차오른 스트레스 수치를 낮추는 데 도움 될 게 조금도 없었다. 하지만 나는 이 기회를 날려 버리느니 차라리 테스트를 치르다 죽고 말겠다는 각오를 다졌다.

 나를 포함해 단 세 명이 최종 단계까지 올라갔다. 이제 샤무쇼의 스타 마크 맥휴를 포함한 최고의 조련사들이 진행하는 일련의 인터뷰를 통과해야 한다. 최후의 세 명은 무대 위 존재감과 관객 앞에서 마이크에 대고 말할 수 있는 자신감을 증명해 내야 했다. 게다가 심사위원은 우리의 다이빙 자세를 꼼꼼하게 살펴볼 것이다.

 모든 테스트가 끝난 후 그들은 우리를 집으로 보내며 기다리라고 했다. 최종 결정이 나오기까지는 한 달이 걸렸다. 기다리는 그 시간은 참으로 고통스러웠다. 아무런 소식 없이 첫 주가 지나자 나는 떨어진 게 틀림없고, 그래서 그들이 굳이 연락할 수고도 들이지 않는 것이겠거니 생각했다. 그러다 마침내 씨월드 인사과에서 전화가 왔다. 최종 지원자 세 명 가운데 수습 조련사 한 명을 선발했으며 그게 바로 나라는 것이었다! 드디어 나의 오랜 꿈이 이루어지는 순간이었다. 이제 정말 씨월드의 조련사가 되는 것이었다.

씨월드가 구축한 환상

씨월드가 전설적인 기업으로 역사에 남으리라는 점은 분명하다. 1965년 설립 이후, 이 테마파크는 특유의 현대적 신화로 포장한 매혹적인 모델을 만들어 미국과 전 세계에 내놓았다. 바로 동물과 인류가 조화로이 사는 세상이다. 역사를 통틀어 수많은 문화에서 꿈꾸던 낙원이 마침내 씨월드 세계관에 도래한다.

자연과 어우러진 세계를 꿈꾸는 사람들에게 씨월드는 선지자 이사야가 예언한 평화로운 왕국이 되기에 족함이 없었을 것이다. 다만 그 왕국에서는 이리와 양이 같이 뛰노는 대신 지구상에서 가장 위험한 두 종의 최상위 포식자 '오르키누스 오르카'와 '호모 사피엔스'가 함께 헤엄치고 어울려 놀았다. 그렇다고는 해도 세상을 창조한 신의 뜻은 변함없었을 것이다. 조금이라도 의심이 든다면, 씨월드 샌디에이고나 샌안토니오, 혹은 올랜도의 샤무 스타디움에서 열리는 쇼의 표를 사기만 하면 되었다. 그러면 눈앞에서 펼쳐지는 기적을 똑똑히 목격할 수 있었다. 씨월드의 수습 조련사로 고용된 이후, 이종간 완벽한 공존이라는 그 신화가 유지되고 촉진되도록 보조하는 것이 나의 일이었다.

나는 씨월드의 독실한 신자로서 봉사했다. 그리고 씨월드의 교리에 설령 모순이 있더라도 웬만하면 내가 속한 물의 세계관을 기꺼이 믿기로 했다. 사업이든 종교든 성공적인 조직이 다 그렇듯이, 씨월드도 그 존재의 핵심에는 일종의 신학을 집대성한 나름의 경전이 있었다.

그리하여 태초에 샤무가 계시니라요한복음 1장 1절 "태초에 말씀이 계시니라"라는 문장을 패러디 한 것.

샤무Shamu는 해양테마파크에서 여신처럼 추앙받는 범고래의 시조 격이다. 1965년 후반에 등장해 관광객의 상상력을 사로잡더니 씨월드 최초의 슈퍼스타로 거듭났다. 샤무는 씨월드의 동물 컬렉션에 오른 최초의 범고래이며, 마치 불멸의 존재라도 되는 것처럼 그 이름이 계승되고 있다. 모든 범고래 쇼는 샤무가 중심이었다. 쇼의 절정을 장식하는 범고래는 모두 샤무라 불렸으며, 주역 범고래와 함께 출연하는 범고래는 아기 샤무나 손자 샤무, 또는 증손자 샤무라는 식으로 넘어갔다. 샤무는 결코 죽지 않았다. 적어도 이름만은.

진짜 샤무는 1971년에 죽었다. 그러나 그녀를 기려 이름 지은 스타디움의 무대에 주역으로 등장하는 모든 범고래는 샤무라 불리게 된다. 씨월드 입장에서는 샤무의 기억이 비길 데 없는 전설처럼 살아남도록 해야 했으며, 그래서 우리가 범고래들에게 실제로 지어 준 이름은 오랫동안 비밀이었다. 대중은 타카라의 이름이 타카라인지, 별명이 티키Tiki인지 결코 알 수 없었다. 하물며 그 어미의 이름이 카사트카라는 사실도 알 리 없었다. 우리가 코르키라 부르는 범고래가 영화 〈오르카〉에 카메오로 출연한 바로 그 동물이라는 사실도 마찬가지다. 키이트Keet가 누군지, 울리세스Ulises, 카티나Katina가 누군지 아는 사람은 거의 없었다. 씨월드에서 샤무의 판타지를 계속 이어 가야 할 필요를 느꼈기 때문이다. 그렇게 샤무는 영원한 흠모의 대상으로 남았다.

씨월드는 모든 테마파크가 그렇듯 낙원 같은 세계를 꿈꾸며 세워졌을지 모르지만, 지상낙원인 에덴동산에도 옳고 그름을 말하는 선과 악의 도덕 이야기가 들어 있기 마련이다.

진짜 샤무는 인간이 쇼에 등장시킬 목적으로 작정하고 야생에서 포획한 최초의 범고래였다. 샤무 이전에 세 마리 범고래가 어딘가에서 대중 앞에 모습을 드러내기는 했으나, 그들은 어망에 걸려들었거나, 죽이려 던진 작살을 맞고도 살아남았거나, 병든 상태에서 인간의 수중에 들어온 녀석들이었다. 그들은 1960년대 중반에 북아메리카의 태평양 해안에 점점이 흩어진 수족관이나 영세한 해양테마파크에 전시되었다.

그 셋 가운데 인기가 가장 많았던 범고래는 1965년 6월, 캐나다 브리티시컬럼비아에 있는 나무Namu라는 소도시 연안에 헤엄쳐 들어왔다가 연어잡이 그물에 걸려든 수컷이었다. 어부들은 8000달러를 받고 그를 테드 그리핀Ted Griffin이라는 사람에게 넘겼다. 시애틀의 수족관 사장이었던 그는 범고래를 잡아 함께 수영한다는 오랜 꿈에 젖어 있었다. 훗날 그리핀은 반세기에 걸친 범고래 공연 산업의 기틀을 다진 핵심 인물이 된다. 그는 이 범고래가 발견된 해안 소도시의 이름을 따 그 범고래를 '나무'라 불렀다.

그때까지만 해도 사람들은 범고래를 매우 위험한 동물로 여겼다. 그러나 모비 돌Moby Doll이라는 포획 범고래의 짧았던 삶과 죽음이 그 모든 것을 바꾸어 놓았다. 수컷인 모비 돌이 작살에 맞아 포획당할 때만 해도 사람들은 암컷이겠거니 생각했다. 모비 돌이 죽지 않고 살아남을 것이라 예상한 사람은 애초에 아무도 없었다. 모비 돌의 포획은 밴쿠버 수족관이 범고래의 실물 크기 모형을 제작하려는 계획에서 비롯되었다. 1964년 7월 16일, 수족관 측은 모형의 본을 뜨기 위해 사냥꾼을 고용해 범고래를 죽이고 그 시체를 가져오도록 했다. 조각가 샘 뷰릭Sam Burich이 지역 신문에 작살로 사냥하던 상황을 자세히 설명했다. "그놈이 내 눈을 노려보기에 나도 똑바로 쳐다보았지요. 그리고는 작살을 그냥 꽂아 버렸어요." 상처 입은 범고래가 두 시간 넘게 고통에 몸부림치는 동안, 같은 무리의 가족들은 모비 돌이 숨을 쉴 수 있도록 계속해서 수면으로 밀어 올렸다. 뷰릭이 작은 보트에서 모비 돌의 명줄을 끊기 위해 소총을 몇 발이나 발사해도 죽지 않았다고 신문은 전했다. 그들은 이 범고래를 죽이지 못하자 산 채로 잡아 왔다. 작살로 입은 상처에서 다소 회복한 모비 돌은 살인고래killer whale라는 악명이 무색하게 범고래가 사람과 잘 어울리며 심지어는 길들일 수도 있음을 보여 주었다. 모비 돌이라는 이름도 소설 《모비 딕》에 등장하는 광포한 고래의 이미지 대신 인형doll처럼 친근하고 귀여운 이미지를 만들기 위해 지은 것이다. 그러나 모비 돌은 그리 오래 살지 못했다. 잡혀 온 지 석 달이 안 되어 피부병이 번졌고, 폐에 치명적인 곰팡이 감염이 생겼다. 그는 포획 상태에서 겨우 87일 살다가 죽었다.

그리핀은 벼락같은 사업 수완을 발휘해 범고래가 사람과 잘 지낼 수 있다는 발견을 사업 모델에 적용했다. 나무를 캐나다에서 수송해 온 지 한 달이 채 되지 않아, 그는 자기 소유의 시애틀 수족관에서 나무와 헤엄을 쳤다. 그는 나무가 등장하는 영화도 만들어 '킬러'라는 이미지를 덩치 큰 얼룩무늬 돌고래라는 친근한 이미지로 탈바꿈시켰다. 동시에 범고래는 돌고래과에서 가장 큰 종으로 분류되고 당시 텔레비전에 나오던 스타 돌고래와도 같은 계통이라는 사실을 미국 대중에게 주입했다. 사랑스러운 돌고래가 인간 가족과 친구로 지내며 영웅적인 활약을 펼친다는 내용의 〈플리퍼Flipper〉가 NBC 방송의 전파를 타고 대박을 터뜨리던 시절이었다. 그리핀의 전략에 힘입어 한때 공포의 대상이었던 범고래도 서서히 사랑스러운 존재로 인식되기 시작했다. 포악하기 그지없다는 누명을 곧이 믿은 미군이 범고래를 북대서양 해군기지의 잠재적 위협으로 간주하고 무참히 학살했다는 측면에서 보면 공교롭게도 이러한 이미지 변화에는 반길 만한 여지도 있었다.

나무의 행동이 주목을 받고 인기가 올라가자 그리핀의 수족관으로 관객이 몰려들었다. 그렇게 해서 그리핀은 범고래 포획 사업에 뛰어들었다. 그의 다음 사냥감인 어린 암컷 범고래는 1965년 10월 31일 퓨젓사운드Puget Sound에서 잡혔다. 나무의 짝이라는 상상이 입혀져 이 암컷 범고래에는 샤무라는 이름이 붙었다. 그리핀은 즉시 샤무를 대여했고 결국 개장한 지 1년 된 어느 테마파크에 팔아넘겼다. 캘리포니아주 샌디에이고의 태평양 해안에 있는 미션베이에 위치한 그곳은 다름 아닌 씨월드였다.

    해양테마파크는 1930년대 후반부터 미국에 등장했다. 그중 일부에서 1950년대에 돌고래쇼를 내세우기 시작했다. 1960년대 초로 접어들자 씨월드의 창업자들은 1955년 애너하임에 개장한 디즈니랜드급의 규모로 관객 앞에서 연기하는 해양 포유동물 쇼를 구상했다. 투자은행가인 밀턴 셰드Milton Shedd와 다른 세 명의 동업자가 미션베이 내 대규모 토지 재산 조사를 담당한 샌디에이고 공무원에게 공상처럼 보이는 테마파크 조성을 제안했다. 언론인 코너 프리더스도프Conor Friedersdorf가 묘사한 원안에는 관객이 조명으로 환한 거대 수족관을 들여다볼 수 있는 지하 원형 극장이 있었다. 여기에 스쿠버 장비를 갖춘 다이버가 수족관 유리 뒤에 숨어 있는 바다의 경이와 이국적이면서도 때로는 공포를 자아내는 해양 생물의 견본을 드러낸다는 계획이었다. 원형의 석호lagoon, 해안에 형성된 사주로 바다와 격리되어 형성된 호수나 늪도 조성해 관객이 그 주위에 둘러앉아 식사와 함께 코끼리물범, 바다코끼리, 파일럿고래 그리고 군인처럼 행진하도록 훈련받은 펭귄들의 쇼를 즐기도록 할 계획이었다.

    1964년 3월 21일 씨월드가 개장했을 때, 적어도 건축상으로는 그 제안의 상당 부분이 구현되었다. 씨월드에는 수중익선선체 밑에 날개가 있어 고속으로 달릴 때 선체가 물 위로 떠오르는 형태의 선박 유람을 비롯해 여러 오락거리도 들어섰다. 셰드의 야망이 점점 커지면서 그 동업자들도 더 큰 수익이 나기를 기대했다. 프리더스도프가 전하는 이야기로는 씨월드의 창업자 셰드는 돈줄이 되어 줄 잠재적 투자자들에게 이렇게 말하고 다녔다. "대중이 해양 환경에 점점 매료되고 호기심도 갈수록 커지는 상황에서 씨월드 투자야말로 이 시류에 함께할 수 있는 수단입니다." 바꾸어 말하면 셰드의 사업 모델이 성공하려면 씨월드는 해양 동물을 향한 관광객의 호기심과 우려를 촉진해야 한다는 것이며, 여기에서 환경보호론과 자본주의가 완벽한 균형을 이루고 있다. 씨월드의 공동 창업자 가운데에는 고래 분야 최고의 전문가도 한 명 있었다. 범고래 감금에 반대하는 비영리 단체인 오르카네트워크Orca Network의 하워드 개릿Howard Garrett은 이렇게 증언한다. "해양 포유동물의 감금 때문에 발생하는 결과나 관람 수입을 목적으로 그들을 소유하는 행위의 윤리성에 비난이 쏟아졌습니다. 켄 노리스Ken Norris 박사는 씨월드에 그런 비난에 대한 면죄부를 주고 과학적 권위라는 궁극의 오라를 입힌 인물입니다. 지향점이 완전히 갈라져 그와 결별한 1976년 이후 오랫동안 씨월드는 그가 확립한 교육과 보존이라는 기조를 작동원리의 토대로 홍보해 오고 있습니다."

씨월드의 전환을 이끌 스타가 도착하려면 아직 1년이나 더 기다려야 했지만, 씨월드는 개장 첫해에만 방문객 40만 명을 끌어들였다. 샤무는 1965년 12월 20일 극적인 항공 수송을 거쳐 도착했다. 범고래가 묘기를 부린다는 발상은 뿌리칠 수 없기도 하거니와 신의 한 수이기도 했다. 씨월드는 이 전설적인 바다 괴수를 중심으로 실로 엄청난 성공 신화를 써 내려갔다. 씨월드의 역사가 반세기에 가까워지면서 세 군데 각각의 씨월드는 매년 400만 명의 방문객을 끌어모으고 있다.

오늘날까지 씨월드 방문객의 발길을 가장 멈추게 하는 것은 샤무 스타디움에서 펼쳐지는 쇼다. 최초의 범고래 스타를 등장시키기 위해 조성된 바로 그곳에서 쇼가 펼쳐진다. 쇼에는 한 차례 중요한 변화가 있었다. 2010년 2월 조련사 돈 브랜쇼가 사망한 이후, 조련사들은 더는 공연 도중 범고래와 물에 들어갈 수 없게 되었다. 사실 수십 년을 거치는 동안 무대가 더 화려해지기는 했어도 쇼의 기본 구성과 줄거리는 비슷하다. 경이감을 자아내기 위해 설계된 쇼의 도입 단계에서 스타 조련사가 표현하는 인간은 범고래라는 존재를 발견하고 그들의 힘과 크기, 그리고 더 중요하게는 이 포유동물이 사람과 가까워지고 싶어 표출하는 의지와 열망에 경외심을 가지는 존재다. 범고래가 등장할 때 멋진 음악이 울려 퍼지는데, 이때 범고래가 조련사의 신호에 답하여 공중으로 솟구치고 물을 끼얹으며 기술과 몸놀림을 과시하면 관객은 더욱 강렬한 경이감에 휩싸인다. 25분에서 30분가량 쇼가 이어지는 동안, 조련사의 지시에 범고래가 몇 개의 막을 완수한다. 이로써 둘이 마음과 힘을 모을 수 있으며, 또 그 관계가 얼마나 온화하고 사랑스러운지 입증되고 감동은 깊어진다. 조련사는 범고래와 애정 어린 관계를 맺고 있는 것처럼 보이며, 범고래는 인간 동료와 함께하는 놀이를 즐기는 것으로 보인다. 세 번째 단계이자 대단원에서는 가장 화려한 수중공연이 펼쳐진다. 물 위로 솟구쳐 수면을 철썩 때리며 떨어지는 브리칭breeches, 활 모양 솟구치기bows, 숨이 멎을 듯한 공중 선회. 모두 인간 조련사의 명령으로 나오는 동작이다. 관객도 이 관계에 동참하고 있다고 느낄 수 있도록 수조 밖에서 물세례를 맞아 젖게 한다. 하지만 범고래와 함께 물에 들어갔던 조련사들은 범고래와의 접촉이 제한되고 수중공연이 금지되면서 쇼의 흥미가 예전만 못하다고 느낀다. 그러나 씨월드 측이 다른 형태의 동물 공연과 시설 내 다양한 오락 거리를 홍보해도 샤무 쇼와 범고래는 씨월드에서 여전히 관심이 가장 크게 집중되는 대상으로 남아 있다.

내가 참여한 첫 공연을 아직도 기억한다. 나는 이제 막 수습 조련사로 고용되었고, 부모님은 나를 보려고 오렌지에서 오고 있었다. 자신들이 여름마다 데려간 바로 그 공연에 드디어 내가 등장하게 되었으니 얼마나 뿌듯했을까. 당시 갓 스무 살을 넘긴 나의 몸은 훗날에 비하면 탄탄한 근육질 몸매와는 거리가 멀었다. 잠수복이 너무 크고 헐렁해서 불편할 정도였다. 하지만 내가 느낀 성취감에 비하면 아무것도 아니었다. 내가 입은 그것은 샤무 스타디움에서만 입을 수 있는 잠수복이었기 때문이다.

내가 쇼의 이름값에 어울릴 만한 일을 한 것은 아니었다. 마이크 앞에서 간단한 대사 한두 줄을 읊었다. "신사 숙녀 여러분, 샤무 스타디움에 오신 걸 환영합니다." 그 외에는 조련사들이 범고래에게 보상으로 줄 생선을 양동이에 가득 채워 수조 주변에 준비해 두거나, 범고래를 부리는 조련사의 요청에 따라 범고래가 나오고 들어갈 수 있도록 출입문을 여닫는 것이 나의 주된 임무였다. 나는 그 황홀했던 순간을, 내가 황홀하다고 느꼈던 그 순간을 만족하며 받아들였다. 실제 하는 일이 무엇이든, 관객들은 나도 범고래와 일하는 조련사라고 생각했을 것이다.

그날 나의 주요 역할은 감시원spotter이었다. 나는 쇼가 펼쳐지는 수조를 향해 돌출된 얕은 턱에 대기하며 물속에서 벌어지는 일을 주시했다. 쇼가 진행되는 동안 조련사가 범고래와 물속에 있을 때, 감시원은 수조의 긴 양측 돌출부에 무릎을 꿇고 앉아 그의 동태를 살핀다. 그러다 돌발 상황이 일어나면 수신호나 구두 신호로 소통하고, 물속에 있는 조련사와 스타디움의 다른 위치에 있는 노련한 조련사 사이에서 경보를 전달한다.

수습 조련사였기 때문에 범고래 주위에서 벌어지는 일이나 그것이 범고래에게 어떤 영향을 끼칠지 해석하는 것은 나의 역할이 아니었으며, 실제로 내 능력 밖의 일이었다. 수습 조련사는 범고래를 부리는 두 조련사 사이의 소통을 매개하는 역할에만 철저히 집중했다. 하지만 조련사들에게 정보를 전달하는 수습 조련사의 역할은 중요한 것이었다. 그래야만 사소해 보이는 일이라도 불상사로 이어지기 전에 그들이 알아차릴 수 있기 때문이다. 가령 관객석에서 수조 안으로 던진 물건 하나로 큰 사건이 터질 수도 있었다. 수 톤이나 나가는 범고래가 5000

명 관객 앞에서 자신의 불행한 삶을 드러낼 때 발생할 수 있는 모든 돌발 상황을 염두에 두고 범고래가 얼마나 짜증스러운 기색을 보이는지 살피는 일은 중요했다.

　　범고래들은 항상 면밀한 감시하에 놓여 있었다. 그때 나는 인간과 짐승의 완벽한 조화라는 이상이 깨질 수 있다는 사실을 감지하기 위한 단서를 일찍이 발견했어야 했다.

범고래와 인간이 사이좋게 산다는 씨월드가 만들어 낸 멋진 신화로 말하자면, 그 관계라는 것이 그리 단순하지 않다. 환상에 가려진 역사적 진실은 가혹하니 말이다.

　　나무가 캐나다 연안의 그물에 걸려들었을 때, 같은 무리의 가족들은 그를 둘러싸고 빼내려 안간힘을 썼다. 그리핀이 나무를 보트가 끄는 가두리에 가두어 시애틀로 데려오는 동안에도 같은 무리의 범고래들이 그를 에워싸며 따라왔지만, 나무를 빼낼 수는 없었다. 당시 현장에 있던 사람의 증언에 따르면 나무는 새된 비명과 울음소리를 내보냈다. 마침내 수컷으로 추정되는 덩치 큰 범고래들이 거의 떠나 버리고 세 마리만이 곁을 지켰다. 성숙한 암컷과 어린 암컷 두 마리. 그들은 아마도 나무의 어미와 누이들이었으리라. 그들은 할 수 있는 한 오래도록 나무의 곁에 머물렀다. 결국 그들도 나무를 도저히 구할 수 없음을 알고 떠나야만 했다.

　　나무는 잡혀 오고 나서 1년을 버티지 못했다. 세균성 감염으로 고통받다가 그리핀의 시애틀 수족관 벽에 머리를 세게 들이받았다. 그는 그렇게 익사했다. 이에 관해 그가 탈출을 시도하다 그리되었다는 설명이 있는가 하면, 병세가 나빠지면서 착란이 일어나 그런 것이라는 분석도 있다.

    그리핀은 마음이 찢어졌다. 그리고 수십 년이 지나도록 나무를 사무치게 그리워한다고 기자들에게 말하고 다녔다. 그래놓고는 범고래 사냥을 계속했으며 그 과정에서 폭발물을 터뜨려 그물을 쳐 둔 곳으로 몰아넣기까지 했다. 포획 과정에서 범고래 여러 마리가 죽었으며, 새끼를 떼어 놓기 쉽도록 어미를 죽이는 일도 서슴지 않았다. 씨월드 측이 이제 초창기 범고래를 획득한 방식에 공식적으로 유감을 표하며 그들은 잔인한 포획의 희생양이라고 애도하고 있다고는 해도, 그리핀이 씨월드의 초창기에 동물을 제공해 수익을 올리게 했다는 사실에는 의심의 여지가 없다. 그 초창기 동물 가운데 씨월드의 모든 쇼에서 갈채와 함께 기리는 이름의 주인도 포함되어 있었다.

    샤무의 삶은 행복과는 거리가 멀었다. 그녀를 씨월드에 넘긴 것은 나무와 같이 두고 보니 사이가 좋지 않더라는 것이 그리핀의 해명이었다. 샤무도 잡혀 온 당시의 충격에서 회복하는 중이었다. 그리핀은 포획 과정에서 어미를 작살로 꽂아 죽였고, 샤무는 그 광경을 목격하고 말았다.

    1971년 4월 19일, 씨월드는 홍보 사진 촬영에 샤무를 비키니 차림의 모델과 함께 등장시키기로 결정한다. 씨월드의 직원이기도 했던 모델은 샤무의 등에 세 번 올라탈 예정이었다. 그러나 두 번째 시도에서 샤무가 성가신 기색을 보이기 시작했다. 세 번째 시도에서 샤무가 명령에 따르기를 거부하며 혼란스러워 하는가 싶더니 결국 모델이 물에 빠졌다. 샤무는 모델의 몸통 아래와 사지를 수차례 물어뜯으며 내놓지 않으려고 했다. 모델은 간신히 살았지만 100바늘 이상을 꿰맨 후 한동안 병원 신세를 져야 했다. 그녀의 몸에 평생 사라지지 않을 흉터가 남았다. 이어진 소송에서 씨월드가 제출한 자료로 샤무가 전에도 두 사람을 물었으며 그중에는 조련사까지 있었다는 사실이 밝혀졌으나, 모델은 아무런 주의도 받지 못했다.

  샤무는 쇼에서 퇴출당하고 사건이 일어난 지 넉 달 후에 죽었다. 사인은 호르몬 불균형으로 인한 자궁축농증이었다. 이 병에 걸리면 자궁내막에 세균이 침투해 패혈증을 일으킨다. 바다에 사는 범고래라면 거의 감염되지 않는 병이었다.

  이 모든 일은 씨월드의 공공연한 비밀이었다. 거기서 일한 사람이라면 모두가 아는 내력이었으나 이 일을 입 밖에 내는 사람은 거의 없었다. 한마디로 불편한 진실이자 가문의 치부나 마찬가지였다. 그럼에도 샤무라는 이름은 씨월드를 대표하는 쇼로 계속 이어지고 있다. 죽을 당시 겨우 아홉 살 꼬마에 불과했던 샤무는 사로잡힌 범고래로만 남지 않고 하나의 브랜드로 자리 잡았다.

수습 조련사로 고용되었다는 것은 범고래에 더 가까워질 것이라는 말이기도 했다. 그렇다고 범고래 조련도 당연히 하게 된다는 말은 아니었다. 그래도 나는 운이 좋은 편이라고 생각했다. 수습 조련사에게는 어느 스타디움에 배정되리라는 보장도 없었다. 수습으로 들어와 범고래 근처에는 가 보지도 못하고 조련사 경력을 마칠지도 모르는 일이었다. 씨월드 경영진이 조련사의 능력을 따져 어디에 배정할지 결정하고 회사에 가장 유리한 방향으로 조련사의 근무 방식도 지시했다. 오로지 샤무 스타디움만 바라보았건만 결국 돌고래 스타디움이나 바다사자 스타디움에 모든 경력을 바치고 떠난 수많은 조련사를 나는 알고 있다.

나는 샤무 스타디움의 조건에 맞추기 위해 전부터 대비해 왔다. 매일 체육관에 다니며 역기를 들어 올렸다. 기대한 것보다는 여전히 헐렁했지만, 잠수복을 입고 나면 그 효과를 확인할 수 있었다. 어리다고 해서 문제될 것은 없었다. 잘 챙겨 먹고 꾸준히 운동했다. 샤무 스타디움에서 일하고 싶다면 수줍어하거나 소심한 모습을 보여서는 안 된다. 수동적이어도 안 된다. 내가 하고 싶은 일이 있다면 사람들이 알게 해야 한다. 그들이 찾는 선택지에 부합하는 기술, 그러니까 동물 조련 분야의 전문성과 신체 능력이 있음을 보여 주어야 한다.

그런 노력은 틀림없이 효과가 있었다. 1993년, 스물을 넘긴 지 채 두 달도 되지 않았을 무렵, 나는 샌안토니오의 수습직을 맡았을 뿐 아니라 곧바로 샤무 스타디움에 배정되었다. 나는 날아갈 듯 기뻤다. 기대했던 것보다 훨씬 빨리 내 꿈에 다가가고 있었다. 대학교도 그만두었다. 어쨌든 이 일에 지원하려면 학위가 필수라고 생각해 등록했던 것이니까. 이제 나는 몸 바쳐 일할 준비가 되어 있었다.

어린 지망생이던 시절에는 조련사들을 만날 때마다 "씨월드에 들어가려면"이라는 질문 말고도, 샤무 스타디움에서 일하려면 어떻게 해야 하는지 극성스럽게 물었다. 나는 다른 조련사들이 몇 살부터 씨월드에 들어가기를 꿈꾸기 시작했는지, 그러기 위해 어떤 노력을 기울였는지 항상 궁금해하며 종종 내 경우와 비교하곤 했다. 가끔은 씨월드에서 지낸 경력이 꽤 오래되었는데도 샤무 스타디움 무대에 오르지 않은 조련사들을 만나면 놀라기도 했다. 왜 그들은 범고래와 공연하고 싶은 마음이 들지 않았을까? 샤무 스타디움에 요구되는 훨씬 어려운 수영 테스트를 치르지 않았거나 통과할 수 없다고 생각한 사람도 있었다. 그런가 하면 샤무 스타디움에서 일해봐야 골치만 아플 뿐, 즐겁지 않아서라는 사람도 있었다. 범고래를 무서워한 사람도 있었다. 나는 그런 마음을 이해할 수가 없었다. 나는 내 모든 움직임이 감시받고 자칫 목숨이 위태로울 수도 있다는 사실을 알았지만, 오히려 그런 압력에 이끌렸다.

샤무 스타디움에서 일할 자격을 공식적으로 얻으려면, 이미 수습 조련사인 나조차도 다른 수영 테스트를 통과해야 했다. 이번 테스트는 바로 샤무 스타디움에서 진행되며, 그곳의 수온은 섭씨 9도에서 11도 사이로 훨씬 낮았다. 자칫 범고래에게 해로울 수 있는 세균의 번식을 막으려는 조치였다. 돌고래 스타디움보다 4도 내지 5도 정도 낮은 온도였으며, 이미 보통의 수조보다 6도에서 9도나 낮았다. 그 정도로 낮은 수온에서는 산소 부족에 저온까지 겹쳐 의식을 잃는, 이른바 얕은 물

실신shallow water blackout을 겪기도 하며, 심하면 목숨을 잃기까지 한다. 이 테스트가 더 어려운 이유는 8미터 깊이의 돌고래 스타디움이 아니라 샤무 스타디움 전면 공연 수조의 바닥까지 내려가 무게추를 회수해야 하는데, 그 깊이가 12미터에 이르기 때문이다. 한편, 1회 호흡으로 수면 아래에서 수영해야 하는 거리는 약 43미터에 달했는데, 돌고래 스타디움의 수조에서 요구되는 것보다 약 5미터나 더 길었다. 바로 이어서 자유형으로 76미터 거리를 제한 시간 안에 들어와야 했다. 그리고 수면 위로 높이 돌출된 턱을 잡고 물속에서 몸을 끌어 올려 지면에 올라 상체 근력도 있음을 증명해야 했다. 이 모든 과정을 10분 안에 마쳐야 했다. 그러나 나는 자신 있었다. 테스트 자체는 걱정거리가 되지 않았다. 오히려 그보다 두어 주 전에 맞닥뜨린 지극히 사적인 문제가 더 고민이었다.

출근 첫날, 나는 씨월드 샌안토니오에 모습을 드러냈다. 인사과에서 볼일을 마치고 나오는데 하얀색 쉐보레 트럭이 멈추어 서더니 나를 태우고 주 스타디움으로 데려갔다. 나는 차를 모는 사람을 알아보고는 깜짝 놀랐다. 내 어린 시절의 우상이자 이제는 샤무 스타디움의 총책임자인 마크 맥휴였다. 그는 매우 격려하는 어조로 내가 처음 치른 수영 테스트에서 놀라운 기술과 운동 능력을 선보였다고 칭찬했다. 그 말에 나는 자부심과 자신감이 크게 치솟았다. 이제 겨우 첫날인데 일이 술술 풀리는구나, 나는 그렇게 생각했다.

그런데 대화 도중 맥휴가 무심코 꺼낸 말이 마음에 걸렸다. "하마

터면 자네를 뽑지 않는 쪽에 표를 던질 뻔했네. 자네가 게이인 것 같았거든."

  나는 잠자코 있었지만 급소를 걷어차인 기분이었다. 그것도 직장 상사이자 오랫동안 영웅으로 떠받들던 사람에게. 가슴이 아팠다. 평생을 바쳐 준비한 직장에서 쫓겨날까 갑자기 두려워졌다. 샤무 스타디움에서 치러질 수영 테스트는 큰 어려움 없이 통과할 거라 예상했다. 꾸준히 준비해 왔기 때문이다. 하지만 맥휴의 그 말 한마디에 이 일을 시작한 이후 처음으로 위기감이 몰려왔다. 나는 어떻게 처신해야 할지 빠르게 결정해야 했다. 나의 중요한 자아 하나를 수면 아래에, 옷장 속에 다시 숨겨야 했다. 전혀 예상하지 못한 일이었다. 그러나 나는 범고래와 함께 일할 수만 있다면 무엇이든 감수할 준비가 되어 있었다.

샤무 스타디움으로 배정이 되었다고는 해도, 범고래를 만지거나 어떤 식으로든 그들과 상호작용하는 것은 아직 허용되지 않았다. 당연히 범고래와 물속에 같이 있을 수도 없었다. 수습 조련사가 수조 가장자리에 가까이 있으면 수석 조련사도 반드시 근처에 있어야 했다. 범고래가 수조 주변부로 쉽게 튀어나와 누구든 잡아챌 수 있기 때문이다. 특정 장소에 생선이 담긴 양동이를 준비할 때도 수석 조련사의 시야 안에 있어야 했다. 그래도 이제껏 그 어느 때보다 더 범고래와 가까워졌다. 나와 범고래의 거리가 이렇게나 가깝다는 생각이 들자 전에는 미처 알아채지 못했던 사실이 눈에 들어왔다. 또 씨월드가 이 거대한 해양 스타를 살아 있게 하고 건강해 보이도록 움직이는 구조도 알 수 있었다. 이 모든 상황을 깨닫고 나는 전율에 휩싸였다.

일을 배정받고 나서 처음으로 본 범고래는 코타르Kotar였다. 당시 샌안토니오에 있던 다섯 마리 범고래 중에 가장 큰 녀석이었다. 3.6톤에 이르는 거대한 덩치 덕에 한눈에 알아볼 수 있었다. 올랜도에 있는 틸리쿰은 5.5톤에 육박했으며, 샌디에이고에 있는 울리세스는 자라서 이제 거의 4.5톤이 되었는데, 세 군데 씨월드를 통틀어 코타르보다 더 큰 범고래는 이 둘밖에 없었다. 샌디에이고에 있는 암컷 코르키가 3.7톤으로 코타르와 거의 비슷한 덩치였다.

하지만 코타르 같은 놀라운 생명의 표본에도 문제점이 한두 개가 아니었다. 한 가지 예로, 그의 등지느러미는 심하게 구부러져 있었다. 씨월드의 다 큰 수컷 범고래는 모두 이런 특징을 나누어 가졌다. 나는 그 원인이 감금 생활이라는 사실을 곧 알아차렸다. 범고래가 수조의 수면에 가만히 떠 있으면 등지느러미는 그 길이와 무게를 지지해 줄 만한 수단이 없어 구부러지고 만다. 이런 현상은 열기가 심한 텍사스주 샌안토니오와 플로리다주 올랜도에서 훨씬 두드러졌다. 감금 범고래는 햇볕에 바짝 타들어 가며 화상과 탈수로 고통받는다. 야생의 범고래는 완전히 물속에 잠긴 상태로 꽤 많은 시간을 보낸다. 씨월드의 수조가 인간 중심의 척도로는 클지 모르나 바다의 범고래가 누리는 넓이와 깊이에는 결코 미치지 못한다. 솟아오른 돛과 흡사해 수컷 범고래의 상징과도 같은 등지느러미는 야생에 있을 때보다 감금 상태에서 공기와 햇볕에 더 자주 노출된다.

수습 조련사에 불과한 나의 눈에도 범고래는 정말 부서지기 쉬운 존재로 보였다. 하지만 그런 관찰을 하며 나는 오히려 그들을 보살피려는 노력을 갑절로 기울였다. 인간이 이 장대한 생명체를 해양테마파크에서 보게 해서 야생의 종 보존에 기여할 것이라 공언한 씨월드의 사명을 나는 진심으로 믿었기 때문이다. 씨월드는 대중이 직접 보고 나면 종의 가치를 인식하고 보존의 노력을 기울일 것이라는 근거도 덧붙였다.

그들은 간호사가 하는 것처럼 개별 범고래의 행동 패턴을 관찰하고 기록해 씨월드 측이 관리하는 상세한 문서에 남기라고 가르쳤다. 나는 특정 시간이 되면 하루에도 몇 번씩, 말 그대로 범고래의 모든 호흡을 관찰했다. 범고래는 1분에 한 번 주기로 숨을 쉰다. 만약 특별히 고된 동작을 하게 되면, 얼마나 많은 힘을 쏟느냐에 따라 1분에 두세 번 숨 쉴 수도 있다. 평소와 다름없더라도 예상해 둔 시나리오에 따라 대처가 달라진다. 호흡이 비정상적으로 빨아지면 건강에 이상이 있다는 조짐일 수 있다. 어느 범고래에 비정상으로 짐작되는 징후가 보이면 즉시 관리자에게 알리게 되어 있다. 그러면 우리는 5분의 간격을 두고 다시 범고래의 호흡을 관찰하고, 이 범고래와 다른 범고래들 사이의 관계에 특이 사항이 없는지 짚었다. 호흡 속도가 여전히 정상치보다 높으면 수의사를 부르고, 호흡 횟수 기록과 관찰을 계속했다.

하루에 여러 번, 5분 주기로 범고래 각각의 호흡을 세는 일은 중요한 일과였다. 먹이 준비 업무도 마찬가지였다. 감금 동물의 생명 유지에 기울여야 하는 그 엄청난 노력 중에서도 이 일이 나에게는 중요한 입문

과정이었다. 먹이 준비라는 말이 너무 전문적으로 들릴 수도 있지만, 내가 한 일은 양동이 하나 가득 생선 채우기였다.

    범고래 한 마리가 하루에 대략 70~140킬로그램의 생선을 먹어 치운다. 엄청난 양의 생선이 꽁꽁 얼어붙은 채 씨월드로 끊임없이 조달된다. 수습을 포함한 조련사들이 청어, 고등어, 빙어, 연어, 그리고 샌디에이고의 경우 오징어가 섞인 생선에 물을 흘려보내며 밤새 해동시킨다. 범고래마다 정해진 식단이 있어서 양동이에는 각각의 생선을 적정한 비율로 담아야 한다. 그런 다음 양동이 무게를 재고 얼음을 가득 채워 생선이 상하지 않도록 냉장 보관했다. 훈련 시간이나 쇼가 시작되면, 수습 조련사는 14킬로그램이나 나가는 양동이를 양손에 들고 수조 가장자리를 옮겨 다니며 자기가 따라붙기로 한 조련사 곁에 그림자처럼 대기했다. 조련사가 원하는 때 범고래에게 보상할 수 있도록 생선은 항상 준비되어 있어야 했다.

    쇼나 훈련 시간이 끝나도 양동이 부대의 고생은 계속 이어졌다(1년 중 하루에 선보이는 쇼의 횟수가 적은 시기가 있었는데, 그 시기에도 범고래가 학습을 받는 내내 하루치 생선을 먹을 수 있도록 했다). 생선 비늘과 우리가 '토사물gack'이라 부르는 찌꺼기가 들러붙지 않도록 스테인리스 재질의 양동이를 박박 긁고 깨끗이 닦아 내야 했다. 으깨진 생선과 오징어 조각이 뭉친 이 찌꺼기를 그냥 두면 세균이 살기 좋은 오물 덩어리가 되기 때문이다. 깨끗하지 않은 양동이에 벌레가 끓으면 그 때문에 범고래가 죽을 수도 있다. 들러붙은 비늘 하나도 문질러 떼어 내야 했다. 양동이를 표백해 말리기 위해 내걸어 두면 관리자들이 일일이 검사했다.

오래지 않아 씨월드 샌안토니오에 들어왔다는 흥분이 가시고 단조로운 일과에 파묻혔다. 어느 날 밤, 양동이 세척이 끝나 지친 몸으로 앉아 있는데 불현듯 이런 생각이 들었다. '내가 이러자고 수영 테스트를 본 거야? 고작 양동이에 생선이나 채우고 얼음이나 붓자고?' 샤무 스타디움 팀의 일원이 되었지만 이따위 시시하면서도 고된 노동을 하게 되리라고는 미처 예상하지 못했다. 스쿠버 장비를 갖추고 수조를 청소하거나 만에 하나 범고래가 삼킬 수도 있는 이물질을 찾는 일도 늘 해야 하는데 이것도 수습 조련사들의 몫이었다.

그러나 그 지루하면서도 고된 일상이 실은 믿기지 않을 만큼 중요한 일이었다. 야생의 범고래라면 바다에서 먹이를 찾겠지만, 씨월드에는 범고래 무리가 쫓아다니며 배를 채울 어류 떼가 없다. 감금 범고래들은 그런 자유도 없이 오로지 씨월드의 결정에 목숨이 달려 있었다.

당시 우리는 씨월드 샌안토니오의 범고래 다섯 마리를 먹이기 위해 하루 450킬로그램의 생선을 거든히 손질했다. 그리고 매주 그들이 최적의 상태를 유지하도록 무게를 확인했다. 세 군데 씨월드마다 범고래가 미끄러져 올라오도록 훈련하는 얕은 수조 몇 개를 무대 뒤에 배치했는데, 그중 하나에 대형 스테인리스 저울이 설치되어 있다. 범고래는 커다란 꼬리나 가슴지느러미를 바닥에 늘어뜨리지 않고 저울에 정확히 오를 수 있어야 한다. 범고래 몸의 일부가 물에 닿기라도 하면, 디지털 측정 수치의 정확성이 떨어진다. 정확한 측정은 상당히 중요했다.

어느 범고래의 무게가 크게 늘거나 줄면, 하루 기준치 먹이에서 특정 생선의 비율을 줄이거나 늘리는 식으로 식단을 조절했다. 청어와 고등어, 빙어와 연어 모두 칼로리양이 달라서 범고래의 목표 체중을 맞추는 데 필요한 조치에 따라 혼합량을 달리하곤 했다. 범고래의 먹이 섭취량을 정하는 기준은 늘 변했다. 범고래의 식단을 정할 때 고려하는 요소는 나이, 1년 중 시기, 활동의 수준과 임신 여부였다. 연체동물은 수분 함량이 높기 때문에, 샌디에이고에서는 범고래의 수분 공급을 고려하여 오징어도 식단에 넣었다. 범고래들은 적정 수준의 체중을 유지하더라도 대개는 오징어에 질색했다. 범고래가 오징어도 받아먹도록 하자면 훈련이 필요했다.

조련사들은 소위 '식사 예절'도 가르쳤다. 범고래들은 머리를 내밀어 수조 벽 위에 턱을 올린 자세를 유지하고 먹이로 장난하지 않도록 배워야 했다. 범고래의 무게가 너무 나가면 입에 물이 가득 고일 정도로 머리가 내려가 입에 넣어 준 생선이 바닥으로 떨어지는 일도 있었다. 그것이 때로는 범고래가 조련사의 통제에서 벗어나(우리가 쪼개짐 splitting이라 부르는 행동으로) 생선을 가지고 놀기 위해 물속으로 들어가는 원인이 되기도 했다. 식사 자리에서 배가 고프지 않아 음식을 먹는 대신 집어 들고 장난하는 아이의 행동이 꼭 그렇다. 무겁거나 과체중인 범고래는 식욕이 없거나 먹이에 관심이 떨어지는 모습을 보인다.

신참의 지위에서 느끼기에도 범고래에 관해 배우는 일은 참으로 흥미로웠지만, 수습이 겪어야 하는 고된 노동은 실망스러웠다. 시급 6

달러와 의료보험 보장 없는 대우도 마찬가지였다. 하지만 그런 열악한 조건 때문에 오히려 승진해야겠다는 동기가 강해졌다.

샌안토니오는 세 군데 씨월드 가운데 가장 최근에 지어졌다. 차지하는 면적도 가장 컸다. 올랜도 씨월드는 샤무쇼에서 관객의 이목을 끌고 그들이 즐거워할 수 있도록 치밀하게 운영하는 것으로 인정받았다. 그러나 샌안토니오와 올랜도 모두 가장 오래된 샌디에이고의 명성에는 미치지 못했다.

샌디에이고의 범고래 공연은 선보일 수 있는 목록이 매우 풍성하고 범고래의 동작에 적용되는 기준도 높아서, 정확성과 난이도 측면에서 보자면 다른 곳보다 엄격했다. 그런 노력 때문에 이곳의 범고래들은 몸 상태가 더 좋고 공연에 더 적극적으로 참여했다. 가령 타카라는 활 모양 솟구치기에 60회라는 기록을 남길 정도로 정력적이고 자발적이었다. 샌안토니오에서는 주어진 시간 안에 연속으로 네다섯 번 이상 시킬 수만 있어도 운이 좋은 것이었다!

야심만만한 수습 조련사로서 나는 끊임없이 다른 곳의 사정을 캐물었고 샌디에이고에서 하는 방식을 전해 듣고는 감탄했다. 국제해양동물조련사협회International Marine Animal Trainers Association에서는 매년 범고래가 새로 선보인 동작 가운데 최고를 선정해 시상하곤 했으며, 최고 신기술이나 최고 기준 같은 분야의 상은 늘 샌디에이고의 차지였다. 최고 기준상의 경우 가장 높은 기록에 수여되었다. 이를테면 가장 빠르게 헤엄친다거나, 활 모양 솟구치기를 가장 많이 한다거나, 수면 위로 솟구친 높이가 아주 높은 범고래에게 상이 돌아갔다. 범고래에게 적용되는 가장 창의적이고 이제껏 선보인 적 없는 동작에 관한 한 씨월드 샌디에이고는 항상 정상에 있었다. 이것은 샌디에이고 측이 행동 과학 분야에 가장 정통하다는 증거이기도 했다. 샌안토니오와 올랜도의 경영진도 샌디에이고의 조련사들이 행동 과학의 원리를 적용하는 데 있어 가장 뛰어나다고 인정할 정도였다. 달리 말해 그들이 "행동적 측면에서 가장 강하고", 그곳의 범고래들이 선보이는 동작의 기준이 가장 높으며, 공연의 내용도 가장 다양하게 갖추었다는 뜻이었다. 나는 조련사로 크려면 캘리포니아로 가야겠다고 마음을 먹었다.

샌안토니오는 씨월드에서 가장 나중에 개장했지만 샌디에이고와 올랜도에 투입된 만큼의 물자가 돌아가지는 않았다. 조련사들은 부족함 속에서 자기 역할을 해내야 했다. 하지만 샌안토니오가 가장 앞서는 부분도 없지는 않았다. 세 군데 모두에서 일해 본 경험으로 보았을 때 샌안토니오의 시설이 가장 청결했다. 범고래의 먹이를 준비하는 생선실에서 얼룩 한 점 찾아볼 수 없었다. 청소한 양동이에는 달라붙은 비늘이 하나도 없었다. 얼음 채우기도 부족함이 없었다. 범고래를 보살피고 먹이를 조달하는 영역만큼은 샌안토니오가 독보적이었다. 그러나 다른 분야로 눈을 돌리면 샌디에이고에 미치지 못했다.

마침내 다시 한번 기회가 찾아왔다. 샌안토니오에서 근무를 시작한 두 번째 해에, 관리자 한 명이 샌디에이고에 준조련사급의 자리가 났다고 알려 주었다. 수습 조련사 바로 위의 지위였다. 고위직 임원 몇 명과 전화 면접을 하고 그곳의 자리를 약속받았다. 이제껏 내가 알았던 모든 것은 텍사스의 범위 안에 있었다. 이제 나는 씨월드의 고향, 밝게 빛나는 캘리포니아로 향했다. 이후 조련사이자 한 인간인 나를 영구히 빚어 준, 내 인생의 새 막이 막 시작되려는 순간이었다.

범고래 조련사 되기

샌디에이고에 와서 나는 서핑 보드를 샀다. 캘리포니아의 환상적인 해변 이야기를 들어본 사람이라면 다 그렇듯이 나도 그곳에 살려면 서핑 정도는 배워야겠다고 생각했다. 그러나 서핑은 좀처럼 몸에 익지 않았다. 샌디에이고의 범고래들과 물속에서 작업을 시작하고 나니 더욱 그랬다. 일터에 가면 범고래의 등에 올라탈 수 있는데 굳이 파도 한번 타보겠다고 이른 아침 여섯 시에 일어날 필요는 없었다. 그렇게 할 수 있는 스포츠는 아무 데도 없다. 내가 아는 한 그렇게 할 수 있는 직업도 이 일 말고는 확실히 없다.

  1995년, 샌디에이고에 도착했다. 우쭐한 마음에 어깨에 힘도 들어간 상태였다. 여섯 살부터 갈망해 온 꿈을 마침내 이루었으니 그럴 만도 했다. 샌디에이고의 시설은 그 위상과 우수성에서 디즈니랜드와 동급이라 해도 무방했다. 양키스의 팬이 아니라면 질색하겠지만, 씨월드 샌디에이고는 해양테마파크 판 양키 스타디움이었다.

  모든 물건이 담긴 이사용 트레일러를 낡은 흰색 마즈다 트럭에 매달고 혼자 몰아서 왔다. 노잣돈이 부족해 모텔에도 묵지 못하고 샌안토니오에서부터 무려 스물다섯 시간을 운전했다. 하지만 말할 수 없을 정도로 행복했다. 급여도 올랐다. 1993년 수습으로 시작했던 나의 시급은 6.05달러에서 10.5달러로 올랐다. 마침내 도착하고 나니 샌디에이고의 눈부신 아름다움이 실감 나지 않았다. 구름 한 점 없는 하늘과 습하지 않은 공기, 이곳 특유의 줄지어 선 야자나무가 나를 사로잡았다. 보수적인 샌안토니오에서와 달리 캘리포니아에서는 게이로 당당히 살 수 있다는 사실에 마음은 더욱 들떴다.

씨월드에 도착하자 나는 더 큰 황홀경에 빠졌다. 직원 주차장에 들어서는 순간, 샌디에이고만 위로 퍼시픽 비치와 이어지는 다리가 한눈에 들어왔다. 그리고 나는 꿈의 일터, 샤무 스타디움 앞에 섰다.

첫날 오리엔테이션을 마친 후, 범고래들을 보면서 점심시간을 보냈다. 샌디에이고의 샤무 스타디움은 샌안토니오와 올랜도의 같은 시설보다 규모가 더 크다. 샌안토니오의 4500명보다 많은 6500명을 수용한다. 범고래의 수도 당시 다섯 마리였던 샌안토니오보다 많은 여섯 마리였다. 샌디에이고의 범고래들은 덩치도 더 크고 인상이 강렬했다. 스물두 살의 나이에 텍사스의 끈적한 열기에서 벗어나 시원한 공기를 만끽하며 서 있는데, 내 눈에 들어온 범고래의 모습에 나는 다시 꼬마 시절로 돌아간 것처럼 넋을 놓고 말았다. 내가 스타디움에 들어섰을 때는 훈련 시간이 마무리될 무렵이었다. 조련사들이 범고래들을 불러 모아 수조 가장자리 위로 턱을 걸치도록 지시하는 광경을 보니 전율이 일었다. 로빈 시츠Robin Sheets, 리사 휴굴리Lisa Hugueley, 켄 '피티' 피터스Ken 'Petey' Peters, 그리고 커티스 리먼Curtis Lehman. 장차 나의 경력에 영향을 줄 바로 그 사람들이 거기에 있었다. 내가 그토록 되고자 했던 바로 그 사람들이었다.

그날은 앞으로 바다사자, 바다코끼리, 그리고 해달과 함께 일하며 배우게 될 두 해의 시작을 알리는 날이었다. 이후에 나는 샤무 스타디움으로 옮겼고 승진하여 씨월드 범고래 조련사 잠수복을 입기 시작했다. 그리고 드디어 범고래와 물속에 들어가는 날이 왔을 때, 로빈과 리사, 피티와 커티스는 각자의 스타일과 책에서는 결코 찾을 수 없는 전문적 지혜를 동원하여, 범고래와 일하는 노하우를 자세히 가르쳐 주었다. 그들의 가르침으로 나는 인생 최고의 묘기를 익혔다.

그들에게서 배운 묘기 중 가장 신나면서도 위험한 것이 하이드로 도약hydro hop이었다. 범고래와 펼치는 묘기 중에서도 가장 어렵고 위험하다는 이 동작은 샤무 스타디움에서 가장 노련한 조련사만이 익힐 수 있다. 기본적으로 조련사는 범고래의 방향을 잡아 수조 바닥까지 내려간 다음 수면을 향해 부상한다. 그 지점에서 조련사와 범고래가 물 밖으로 터질 듯이 솟구쳐 오르고, 범고래는 조련사를 공중으로 날려 보낸다. 물속으로 완벽하게 입수해야 이 묘기가 완성되며, 범고래 위로 떨어지거나 부딪히면 안 된다. 범고래의 몸집에 따라 공중 9미터 정도는 쉽게 오를 수 있다. 10미터 다이빙 플랫폼에 육박하는 높이다. 한 치의 실수라도 있으면 그 결과는 치명적이다. 내 경력을 통틀어 하이드로 도약과 로켓 도약rocket hop을 1000번도 넘게 했지만, 장담컨대 이보다 더 큰 희열감은 어디서도 맛볼 수 없다. 단, 모든 게 제대로 되었을 때 그렇다는 이야기다.

나는 하이드로 도약을 감당할 수 있을 만한 지위에 오르기 전부터 이에 대비해 왔다. 샌디에이고에 와서는 서던캘리포니아대학교의 다이빙팀 감독 밑에서 훈련했다. 높이에 적응하고 정확한 자세로 다이빙하기 위해 5미터와 10미터 플랫폼에서 뛰어내렸다. 그 시절부터 감독에게 말했다. "아마도 10개월쯤 있으면 이 동작을 범고래들하고 하고 있을 거예요. 지금 바로 잘할 수 있게 해 주는 방법을 익히고 싶어요." 매우 자신만만했던 나는 내가 원하는 것은 이룰 수 있을 것이라 확신했다. 젊고 아직 순진한 시절이었다.

범고래마다 다 다르겠지만, 범고래와 하이드로 도약을 할 수 있을 즈음에는 이미 여러 달 혹은 몇 년에 걸쳐 함께 호흡을 맞추어 왔어야 한다. 조련사들이 균형을 잡을 때, 그리고 누르는 힘을 조절해 범고래에게 신호를 보낼 때 주로 사용하는 우세발이 있다. 우세발이 돌출한 범고래 부리 위에 정확하게 자리 잡아야 미끄러지지 않는다. 이 작업에 특화된 신발은 없다. 고작 까만 양말이 전부인데 그마저도 반질거리고 유리 표면처럼 미끈한 범고래의 피부를 꽉 잡아 줄 만한 접지력이 없다 (조련사들이 스쿠버용 덧신 같은 신발을 신던 시기도 있었지만, 양말만 못했다).

나는 드물게도 왼발잡이다. 다른 조련사들은 대부분 오른발잡이였다. 조련사는 몸의 무게 중심과 위치를 바꾸어 범고래를 움직인다. 원하는 속도를 지시할 때 조련사는 발을 이용한다. 두 발을 범고래 위에 굳게 딛고 있으면 보통 속도로 움직이라는 신호다. 한 발을 늘어뜨리고 살짝 누르듯이 세 번 두드리면 범고래는 이제 빨리 움직일 때라는 걸 알아차린다. 마치 파워 스티어링으로 방향을 바꾸는 느낌이지만, 실제 움직이는 것은 자동차가 아니라 범고래이고 운전대는 조련사의 몸이라는 게 다를 뿐이다.

물속에서 배가 수조 바닥을 향하도록 누운 채 발을 범고래의 부리에 대고 있으면, 범고래가 '발바닥 밀기 foot push'라는 동작으로 나를 밀어 앞으로 나아간다. 범고래는 나의 자세를 매우 잘 포착해서 내가 하늘을 향해 등을 젖히고 양팔을 벌린 채 전진하듯 가슴을 펴는 순간, 물속 깊이 들어가야 할 때라는 걸 알아차린다. 그러면 나는 발바닥이 밀려 수조 아래로 들어간다. 나는 범고래가 될 수 있는 한 멀리 나아가도록 지시하는데, 샌디에이고에서는 11미터, 샌안토니오에서는 12미터나 나간다. 범고래가 비스듬히 내려갈 때 나의 머리는 수조 바닥의 배수구를 향한다. 무게 수 톤에 달하는 범고래에 밀려 나가는 속도는 실로 엄청나다.

내려갈 때 조련사가 받는 물의 힘은 무시무시하다. 그 힘은 물리적인 동시에 청각적이다. 귀로 전해지는 소리도 압도적이다. 그 힘에 온화함이라고는 찾아볼 수 없다. 몸을 세차게 조이는 압력이 느껴진다. 귀로도 물의 에너지가 느껴진다. 그리고 때때로 이런 생각이 뇌리를 스

친다. '만약 내가 이걸 해내지 못한다면? 다치면 어쩌지?'

그러나 물의 힘이 몸을 조이자마자 그런 불안은 머릿속을 떠돌 겨를도 없이 휩쓸려 사라지고 만다. 이제 조련사의 몸은 머리부터 깊은 수조 바닥을 향해 내려가고 있기 때문이다. 조련사는 둘이 위로 향하는 순간을 계산해 수조 안 정확한 곳에 자리 잡아야 한다. 미처 그러지 못해 수조 유리벽이나 무대에 너무 가까워지기라도 하면 다이빙은 뼈가 산산조각이 나는 참사로 끝나고 만다. 작은 실수도 가차 없는 결과로 이어진다. 목뼈나 등뼈에 골절을 당하거나 갖은 부상 끝에 경력을 마감한 조련사들이 떠오른다. 이내 아드레날린이 온몸에 퍼지고 앞으로 일어날 상황에 대한 예상과 두려움이 겹치며 머리털 끝이 곤두선다. 원하지 않더라도 이런 일은 일어나고 있다. 사고를 피할 길은 없다.

다시 발끝으로 주의를 집중해야 할 순간이다. 우세발은 정확한 위치에 자리 잡고 있어야 하며 그렇지 않으면 발이 미끄러져 장애를 초래하는 결과로 이어진다. 내려갈 때는 혹독한 수압에 몸이 조여들고, 올라갈 때는 쇄도하는 기차 같은 힘을 온몸에 받는다. 얼굴과 눈이 염도 높은 물을 거스르는 탓에 한 치 앞도 볼 수 없다. 광포한 수중음이 마치 대규모 액션 영화의 음향효과를 연상시킨다. 지하철 승강장에 서 있는 당신의 머리 바로 위로 열차가 지나가고 천정이 흔들리는 장면을 상상하면 알 수 있다. 그밖에 들리는 소리는 아무것도 없다. 내가 할 수 있는 상황 묘사는 이게 최선이다.

조련사는 예상했던 것보다 빠르게 공중으로 솟아오른다. 이제 모든 것이 타이밍에 달렸다. 범고래가 조련사를 날려 보내는 동시에 조련사도 범고래의 부리를 딛고 날아간다. 조련사가 허공에서 호를 그리며 날고 범고래는 입수한다. 둘은 다시 수면으로 돌아간다.

  수면 위로 솟아오르기 전 범고래의 부리를 딛지 않고 가슴을 안는 것만 다른 로켓 도약과 더불어 하이드로 도약은 샤무 스타디움의 쇼에서 범고래와 조련사가 엮어 내는 상호작용의 정점에 있다. 수십 년의 세월, 여러 세대를 이어 온 조련사들이 기울인 각고의 노력과 정밀 작업의 성과는 이 두 동작에서 최고조에 이른다. 씨월드 제국의 주민으로 살아온 수십 마리 범고래들, 그중 이제는 많은 범고래가 죽고 없지만, 그들도 이 절정의 동작을 완성한 주역이다. 인간과 고래가 물속에서 어우러질 수 있었던 그 놀라운 시절의 일부가 된 것은 나에게 행운이었다. 그러나 조련사로 또 인간으로 성장하면서 나는 이 모든 장관이 실은 얄팍한 동기 위에 차곡차곡 쌓아 올린 결과였다는 사실에 눈 뜨게 되었다. 이후 비극적 사건이 발생하면서 하이드로 도약과 같은 동작은 점차 사라졌다. 지금 내가 묘사한, 환희와 위험이 교차하는 묘기는 이제 조련사들의 공연 목록에서 지워지고 없다. 지난 시절 나의 활동을 돌아보면 크나큰 향수에 사무치지만, 여기서 깨우친 지혜도 크다.

  나는 인간과 범고래의 멋진 협연을 가능케 한 창의적 노력이 사람들에게서 잊히지 않기를 바란다. 한때 우리가 범고래와 물속에서 어울리는 능력이 있었다는 사실이 잊히지 않기를, 우리가 그들을 탐구하며 축적한 마법 같은 지식이 잊히지 않기를, 그리고 우리가 그들의 마음을 움직여 함께 일했다는 사실이 잊히지 않기를 바란다.

 그렇다면, 범고래 훈련은 과연 어떻게 시작하는 것일까?

 가장 먼저 물을 철썩 때려 주는 것으로 시작한다.

물 때리기는 호출 신호다. 그 신호에 반응하도록 범고래를 훈련하는 것이 씨월드 쇼라는 복잡한 안무를 구성하는 수천 가지 작은 단계와 행동의 출발점이다. 그 과정에 범고래가 조련사의 호루라기 소리를 정확히 행동했다는 신호로 인식하고 이에 상응하는 강화가 이루어지면서 그 수많은 동작을 익히는 것이다. 범고래가 조련사에게 가는 법을 먼저 익혀야 조련사와 함께 작업할 수 있다. 범고래의 지각 능력은 매우 뛰어나 물 밖에 있는 조련사를 두고 누가 누구인지 분간할 수 있으며, 수조 둘레에 낯선 사람이 있어도 알아챈다. 원하는 것을 얻으려면 누구 마음에 들어야 하는지도 알고 편애도 하기 때문에 범고래에게 잘 보이는 것이 좋다. 범고래도 조련사와 함께 일하려면 조련사가 어떤 사람이고 그가 왜 자기에게 중요한지 깨달아야 한다.

 조련사와 범고래는 둘의 한계를 인지해 빈번히 타협과 호혜적 행동을 하며 단단한 관계를 만들어야 한다. 이미 많은 동작을 익힌 어른 범고래라도 마찬가지다. 조련사만 범고래를 아는 것이 아니라 범고래도 조련사를 파악한다. 가령, 범고래는 인간이 물속에서 숨을 참고 얼마나 오래 버틸 수 있는지 알아차리고 종종 거기에 맞춘다. 무엇보다 범고래는 어느 특정 조련사를 단순히 생선이라는 보상을 주는 관계로만 여기지 않고 자기 삶에 긍정적인 역할을 하는 사람으로 이해해야 한다. 범고래 조련에 쉬운 것이라고는 없다. 인내심이 필요하다. 범고래가 그 관계를 전적으로 받아들이게 해야 한다.

범고래들이 물 때리기에 모여드는 것은 얼핏 간단해 보이지만 훈련된 행동이다. 더욱이 이것은 첫 단계에 불과하다. 훈련과 조건화와 연상 과정을 거치면서, 조련사와 그의 손은 범고래의 눈에는 동물의 행동을 유도할 때 사용하는 도구인 장대로 연장된 것처럼 보일 수 있다. 더 나아가 범고래는 조련사가 물속에 던지는 작은 얼음 조각에도 반응할 수 있다. 얼음이 떨어져 잔물결이 번진 지점이 전 같으면 조련사가 물을 때린 위치가 되는 것이다. 조련사는 정적正的 강화를 적용하여 범고래의 행동을 자신이 원하는 대로 유도한다. 쉽게 말해, 조련사가 원하는 행동이 나오면 먹이를 비롯해 범고래가 좋아할 만한 것이 동반된다. 목표한 행동에 시각, 촉각, 청각 자극 등 조련사가 임의로 정한 신호와 짝을 지을 수도 있다. 신중하게 서서히 단계를 올리면, 조련사가 정한 어떤 신호로도 범고래가 훈련받은 행동을 하도록 유도할 수 있을 것이다.

이처럼 점진적으로 목표 행동에 가까워지는 훈련 과정에서 범고래는 어김없이 목표를 향해 한 단계씩 올라가며, 조련사는 이 과정 내내 범고래가 보인 올바른 동작을 심리적으로 강화한다. 이때 항상은 아니더라도 대개는 먹이를 강화물로 준다. 쉬운 말로 '보상'이라 불리는 강화물도 범고래가 좋아하는 성향에 따라 다양하게 적용할 수 있다. 동물마다 개성이 있으므로, 뛰어난 조련사는 각각의 범고래가 보상으로 받아들이는 대상을 잘 찾아낸다.

조련사와 범고래 사이에 협력 관계가 만들어질 즈음, 이 둘이 주고받는 신호는 단순히 조련사가 원하는 행동을 범고래가 하도록 하는 매개에 그치지 않는다. 이를테면 물 밖으로 솟구치며 선회하고 활 모양으로 튀어 오르고 수조 둘레를 빠르게 헤엄치도록 하려면 신호가 필요하지만, 이 신호라는 것이 범고래의 영혼을 들여다보는 관문이 되기도 한다. 그들의 태곳적 지능을 헤아릴 수 있는 방편이 되는 것이다.

샤무 스타디움의 수습 조련사는 두 해에 걸친 훈련 과정을 성공적으로 이수해야 행동주의 심리학의 원리를 완전히 이해했다고 볼 수 있다. 그렇게 두 해를 보냈다 해도 범고래와 물속에 들어갈 수 있기까지 시간이 더 필요하고, 그 후로도 몇 년은 더 지내야 범고래와 그 모든 것을 할 수 있다.

조련사가 익혀야 할 기술적 정보가 매우 많아서 그 모든 것을 결코 이해하지 못하겠다는 생각이 들 때도 있다. 그러나 열심히 일하며 다른 조련사들의 작업을 계속 관찰하다 보면 지식도 늘고 어렵기만 하던 이론도 점차 이해할 수 있게 된다. 그렇게 될 때까지 수습 조련사는 범고래와 상호작용할 수 없다. 심지어 수조 유리 벽의 주위로 생선이 그득한 양동이를 나르다 자기를 갈망하듯 쳐다보는 범고래와 마주치더라도 그럴 수 없다. 정확히는 생선을 바라보는 것이겠지만 결코 그럴 수 없다. 인간과 범고래의 상호작용 하나하나가 원치 않는 행동을 강화할 수 있기 때문이다. 조련사들은 이 점을 수습 조련사들에게 두고두고 상기시키곤 했다. 바로 곁에 있는 범고래와 교감을 피하기란 몹시 어려운 일이었지만, 범고래가 해서는 안 되는 일로 보상받는다고 인식하게끔 할 수는 없는 노릇이었다.

    범고래는 기회를 엿보는 습성이 있어서, 매일 같이 대할 일 없는 사람이나 조련사가 등장할 때 일어나는 상황을 잘 이용한다. 그들은 수습 조련사가 누구인지, 적어도 권한이 적은 사람이 누구인지 알아채고 빈틈을 노릴 수 있는데, 종종 심술궂게 굴기도 한다. 어느 날 밤, 타카라와 나는 쇼 내내 함께 출연해 내가 그녀의 등에 올라타는 것으로 쇼를 마무리한 후 스타디움 후면의 대기 수조로 향했다. 수습 조련사 한 명이 수조에 타카라를 가두려고 그곳에서 기다리고 있었다. 타카라는 평온해 보였으며 뒤에서 문이 닫히는 동안, 내 앞에서 수조 언저리 위에 턱을 올려두고 있었다. 문에 사슬을 채우고 단단히 걸어 잠그려면 수습 조련사는 자기가 서 있는 출입구의 맞은편으로 건너가야 했다. 이 젊은 여성이 큰 걸음으로 문 위를 가로지르는 찰나, 타카라가 나의 통제에서 빠져나와 버렸다. 타카라는 몸을 돌려 2톤이 훌쩍 넘는 덩치로 아직 잠기지 않은 문을 들이받았다. 그 충격에 수습 조련사는 크게 휘청거리며 문에서 발이 완전히 떨어지고 말았다. 다행히도 상체 힘이 좋아서 난간을 꽉 붙잡아 수조에 떨어지지 않고 버틸 수 있었다. 타카라는 일이 자기 마음대로 돌아가지 않았다는 사실을 깨닫고 바로 내 앞으로 돌아와 다시 수조 언저리 위에 턱을 들어 올렸다. 그것도 아무일 없었다는 듯이 태연하게. 그러나 수습 조련사는 눈물을 글썽거렸다. 그 사건은 기회를 잘 포착하는 포식자의 본성을 제대로 보여 주는 - 그리고 범고래가 마음만 먹으면 비뚤어졌다가도 다시 원래 모습으로 돌아올 수 있음을 보여 주는 - 본보기다. 타카라가 나와는 계속 유지하고 싶은 관계가 있었던 반면, 문을 건너던 그 수습 조련사와는 접점이 없었던 것이다. 만약 타카라의 의도대로 수습 조련사가 수조에 빠졌다면, 과연 무슨 일이 벌어졌을지는 상상조차 하기 싫다.

씨월드 샌디에이고로 이직하면서 범고래와 직접 접촉하며 일하는 것을 꿈꾸던 나는 크나큰 경력 단절을 겪어야 했다. 하지만 범고래와 일할 자격을 갖추려면 행동주의 심리학의 기초를 먼저 배워야 했고, 이론만으로는 불완전해서 경험을 통해 익혀야 했다. 그리고 바다사자, 바다코끼리와 일하면서 내가 그 일에 충분한 지식과 경험을 쌓았음을 윗사람들에게 입증해야 했다. 동물 조련의 원리와 기본적인 요령만 아는 게 아니라, 그들을 과감하게 지휘해 관객에게 깊은 인상을 남길 수 있다는 점도 보여 주어야 했다. 윗사람들이 내게 기대하는 것을 제대로 할 수 있을 뿐만 아니라 그 이상도 해 낼 수완이 있다고 확신시키는 것도 나의 과제였다. 동물은 종마다 기이한 습성이 있어서 각각의 동물이 저마다의 방식으로 나의 인내심을 시험한다. 나의 경우 바다사자와 바다코끼리에게서 값진 배움을 얻었다.

생선 양동이를 전담하다가 바로 범고래의 등에 올라탈 수는 없다. 몸무게가 3.5톤이 훌쩍 넘는 데다가 자기보다 더 오래 살고 똑똑한 범고래의 수조 속으로 뛰어드는 것은 더욱 안될 일이다. 범고래처럼 거대하고 위험한 포식 동물을 대하기에 앞서 더 작은 다른 동물을 직접 다루어 보는 경험이 필수적이다. 물론 거의 230킬로그램에 육박하는 바다사자도 결코 만만한 상대는 아니다. 녀석들은 커다란 송곳니에 체중도 상당한 것이 토실토실하고 느릿느릿한 물범보다 훨씬 크고 위압적이다. 기분이 안 좋을 때는 성마른 성격을 드러내 그 크고 날카로운 송곳니로 심하게 물어뜯기까지 한다.

바다코끼리는 그보다 훨씬 거대해서 무게가 450킬로그램에 달한다. 내가 샌디에이고에 갔을 때는 바다코끼리와 수중공연을 선보이는 것이 금지된 상태였다. 그보다 10년 전에 한 녀석이 아마 장난이거나 공격하려는 마음에 조련사를 와락 덮치고는 물속에서 꽤 오랫동안 붙들고 늘어져 조련사가 익사할 뻔한 사고가 있었기 때문이다(이 일의 진상을 아는 사람은 아무도 없는 것 같았다). 나는 우리가 바다코끼리와 다시 물속에 들어갈 수 있다고, 또 그래야 한다고 믿어 허가를 요청하기로 마음먹었다. 여기에는 버거운 절차가 있었다. 씨월드에서 막강한 권한을 행사하는 행동심의위원회BRC, Behavioral Review Committee 앞에서 나의 입장을 설득해야 했다. BRC는 씨월드의 훈련 정책을 감독하고 조련사들의 모든 활동에 일일이 간여하는 기구다. 나는 만에 하나 누군가 미끄러져 수조에 빠져 바다코끼리가 붙잡고 늘어지는 사건의 피해를 다시 입지 않으려면, 오히려 바다코끼리가 조련사들과 물속에 같이 있는 상황에 둔감해져야 한다고 설득했다. 그들도 나의 설명에 수긍했다. 그렇게 해서 나는 갓 스물셋을 넘긴 나이에 위험하다고 금지된 행동을 되살린 조련사로 씨월드의 기록에 남았다. 씨월드가 샤무 스타디움에 세울 조련사에게 바라던 과감성과 선견이 바로 그런 것이었다.

바다사자와 바다코끼리 덕에 나는 더욱 까다로운 기술을 익혔으며, 나날이 풍부한 실제 경험을 쌓은 후에도 나는 이 점에 감사했다. 이들도 저마다 개성이 있어서 조련사는 동물 각자의 개성에 따라 맞춤식으로 관계를 만들어야 했다. 이들을 대하는 요령이 생기면서 각자의 머릿속이 어떻게 돌아가는지 감으로 알 수 있게 되었다. 2년이 채 되지 않아 나는 동물이 어떻게 행동할지 직감적으로 판단할 수 있는 수준에 이르렀다.

나는 바다사자 스타디움에서 약 2년에 걸쳐 내게 주어진 일을 해냈다. 단순히 일만 했다기보다는 나의 일을 즐겼으며, 함께 일한 동물들을 아꼈다. 그러나 시간이 지나면서 이들이 감금 생활의 영향으로 고통받는 모습이 눈에 들어오기 시작했다. 자연 서식지인 모래 해변에서 살아야 할 이 동물들은 딱딱한 콘크리트 위에서 지내며 공연을 하느라 관절염을 앓고, 염소 처리된 염수에서 헤엄쳐야 하고 그 물마저 낡은 여과 시설을 거치다 보니 눈이 멀었다. 이곳의 시설은 1960년대 이후 거의 변하지 않았다. 그 후 오랜 시간이 흐르고 나서야 나는 이때 주목한 사실의 심각성을 인식하게 된다. 하지만 당시에는 그저 나이 들고 세월이 흐르면서 겪을 수밖에 없는 일이겠거니 생각하는 정도였다. 씨월드가 공언한 사명에 의구심을 품는 수준에는 아직 이르지 못한 상태였다.

바다사자 스타디움에서는 뛰어난 조련사들 곁에서 일했다. 그레그 스트라이커Greg Streicher와 타샤 보그든Tasha Bogden, 그리고 돈 오첸Dawn Otjen. 나는 그들의 기술을 보며 많은 것을 배웠다. 그들의 동물 사랑, 그들이 동물과 선하고 단단한 관계를 만드는 과정도 확인했다. 비록 샤무 스타디움은 아니었지만 그래도 행복했다. 조련사의 기술 완성과 성공에 필수적인 행동주의 심리학, 내가 그 이론과 실제의 기초를 다진 곳도 바로 여기였다. 씨월드 샌디에이고가 샌안토니오보다 훨씬 단단한 이론과 경험적 토대 위에 운영되고 있다는 사실은 바다사자 스타디움에서도 뚜렷이 드러났다. 샌디에이고의 조련사들은 정확한 행동에 초점을 두고 꼼꼼하게 챙겼으며 그 효과는 동물들의 수행 과정에서 드러났다. 결과적으로, 샌디에이고 범고래의 공연 목록이 훨씬 다양하고, 그 우수성이나 기준이라 할 동작의 난이도 역시 다른 곳보다 월등히 높은 수준을 나타냈다.

이곳에서 만난 허큘리스Hercules라는 바다사자는 내게 가장 멋진 경험을 안겨 준 녀석이다. 해군 소속으로 훈련받다가 잉여 신세가 된 이 녀석을 씨월드가 데려왔다. 해군 시절, 허큘리스는 해저 폭발물 처리를 목적으로 수면 아래 수십 미터까지 내려가 표식을 붙이는 훈련을 받았다. 그런데 어느 날부턴가 일정한 수심 아래로는 내려가지 않으려고 했다. 죽어도 하기 싫다는 듯이 버틸 정도였다. 허큘리스의 이용 가치가 사라지자 해군은 그를 씨월드에 넘겼다. 허큘리스를 씨월드로 데려오기 전부터, 조련사들은 그와 관계를 만들어 두어야 했다. 나와 동료 조련사 한 명이 해군에 가서 허큘리스와 익숙해지는 역할에 선발되었다. 우리는 허큘리스를 여러 차례에 걸쳐 찾아갔으며, 우리가 도착하면 그는 배운 대로 해군의 고무보트에 올라 함께 바다로 나가서 몇 가지 행동을 익혔다. 씨월드 샌디에이고는 마침내 그를 데려와 쇼에 올리기 위한 훈련을 시켰다. 쇼에 오른 경험이 없는 동물을 가르친다는 것은 기회이자 시험이기도 했다.

내가 이곳의 일에 몰두한 것과는 별개로, 바다사자 스타디움에서 일하는 사람이라면 내가 일단 정조련사의 직급에 오르면 샤무 스타디움으로 가려고 한다는 사실을 다 알고 있었다. 그 지위에 올라야만 범고래를 실제로 움직이는 높은 수준의 활동을 시작할 수 있다. 범고래와 수중공연을 펼칠 수 있는 자격도 그 지위에 올라야만 얻는다. 나는 한정된 시간 내에서 정조련사로 승급하기 위해서 할 수 있는 모든 것을 했다. 나 말고도 그 지위에 오르고자 애쓰는 사람들이 있어서 목표로 향하는 길은 점점 좁아지는 형편이었다. 씨월드 경영진은 평균 한두 해마다 조련사들을 샤무 스타디움으로 전근시켰기 때문에, 샤무 스타디움 희망자 목록에는 내 위로도 많은 조련사가 있었다.

바다사자 스타디움에서 일하며 무려 10년을 기다리고도 범고래와 일할 기회를 결코 얻지 못한 조련사도 있었다. 하지만, 모든 조련사가 샤무 스타디움에 서고 싶어 하는 것은 아니라는 사실을 확인할 때마다 나는 거듭 놀라곤 했다. 그런 사람 두어 명과 일해 보았는데, 모두 행동주의를 구현하는 데 뛰어났으나 바다사자 스타디움에서 일하는 것으로 만족했다. 어쨌든 범고래와 일한다는 것은 내가 결국 해냈음을 입증하는 증거이자 어렸을 때부터 나 자신, 그리고 가족과 친구들 앞에서 공언한 약속을 지켰다는 증거이기도 했다.

다시 운이 따라 주었다. 범고래 조련사 두어 명이 같은 시기 돌연 씨월드를 떠나는 바람에 갑자기 샤무 스타디움에 자리가 났다. 나는 근 10여 년 동안, 바다사자 스타디움에서 돌고래 스타디움을 거치지 않고 곧장 범고래 수조로 이동한 극소수 조련사 가운데 한 명이었다. 그들을 제외하면 범고래 조련사는 거의 예외 없이 돌고래 스타디움을 먼저 거쳐야 했다. 바다사자 스타디움에서 발휘한 나의 실력에 경영진이 깊은 인상을 받은 모양이었다.

절친이자 룸메이트로 돌고래 스타디움에서 일했던 웬디 라미레스 Wendy Ramirez도 나와 같은 시기에 샤무 스타디움으로 옮겼다. 우리는 같은 또래였고 나는 텍사스 출신, 그녀는 오클라호마 출신으로 자라 온 환경도 비슷했다. 친구와 함께 샤무 스타디움으로 옮기게 되어 기뻤다. 마치 새로 옮긴 학교에 가는 것처럼 두근거렸다. 일터에 들어설 때 친구와 함께한다는 것은 좋은 일이었다. 샤무 스타디움에서 익혀야 할 지식과 실습량은 무시무시할 정도로 많았다. 그러나 우리는 서로에게 힘이 되어 주었다. 여기는 크나큰 위험이 도사리고 있는 곳이기도 했다. 범고래를 향한 애정과는 별개로 몸무게가 수 톤이나 나가는 동물과 함께 지내며 우리는 스스로 험난한 곳으로 들어가고 있다는 사실도 알고 있었다. 하지만 우리는 좋은 친구로 서로의 지지자가 되어 주었다. 악전고

투하듯 보내는 날이 많다 보니 힘든 상황을 겪어 보지 못한 사람도 샤무 스타디움에 오면 정말 빨리 강심장이 될 수 있겠다는 생각이 들었다.

야생 범고래는 가족과 무리 내에서 자기 위치를 알고 있다. 흔히 말하는 서열 개념이 있다. 그러나 해양테마파크에서 그와 같은 위계 구조는 억눌리면서도 과대해진다. 내 경험으로 보았을 때 감금 범고래는 육중한 덩치 안에 감수성과 눈치는 물론 지능과 감정이 한데 모인 집합체다. 시선을 독차지하는 프리마돈나 같아서 늘 관심에 굶주려 있고 조련사가 다른 범고래와 어울리면 질투를 느낀다. 바다사자는 성마르게 군다고는 해도 바다의 최상위 포식자는 아니다. 바다에서 범고래를 먹이 삼아 사냥할 수 있는 존재는 없다. 범고래도 자기가 피라미드의 꼭대기에 있다는 것을 안다.

바다사자와 바다코끼리부터 시작하는 실질적인 이유는 그들이 비록 몸집이 크더라도 그나마 인간의 규모에 훨씬 가깝기 때문이다. 그들과의 작업은 훨씬 홀가분한 편이었다. 바다사자가 성질을 부리고 심지어 물기까지 한들 그 때문에 죽지는 않는다. 하지만 범고래가 공격적으로 돌변해 조련사에게 감정을 퍼붓기로 작정한다면, 참변이 일어날 가능성은 걷잡을 수 없이 커진다.

조련사가 휴가를 간다든가 해서 자리를 비우면 복귀하자마자 바로 범고래와 함께 물에 들어갈 수 없었다. 존중하는 마음으로 일부러 거리를 두는, 말하자면 경원敬遠하는 기간을 보내게 되어 있었다. 그렇게 거리를 두면서 조련사는 수조에 다시 들어가지 않고도 떠난 적이 없었다는 듯이 범고래에게 넉넉히 관심을 주었다. 그것은 범고래가 조련사를 잊어버렸을까 봐 그러는 것이 아니다. 범고래가 조련사를 영영 잊는 일은 아마도 없을 것이다.

항상 배운 대로 된다는 보장은 없다. 동물 조련을 관리하는 부서에는 전문 서적에 나오는 용어며, 심리학 이론과 행동주의 원리를 달달 외우는 직원이 몇 명 있었다. 그런 사람들조차도 동물을 직접 상대할 때면 배운 내용이 척척 들어맞지 않았다. 동물은 사람을 대하면서 끊임없이 변한다. 범고래는 바로 눈앞의 환경에서 어떤 일이 벌어지거나, 지침서에 정리된 단순한 시나리오에는 없는 갖가지 자극이 끼어들 경우, 여기에 반응해 이따금 모순적이기도 한 결정을 내린다. 조련사는 수시로 변하는 환경에서 '자유로운 영혼'의 동물과 마주하여 행동주의적 판단을 내리는 것이다. 그러자면 동물과 함께 있는 상황을 가늠하여 필요시에는 행동주의적 판단을 수정해 상황에 맞출 수도 있어야 한다. 조련사는 자칫 범고래의 관심을 끌 수 있는 갖가지 요인을 경계해야 한다.

내가 씨월드에서 알아야 하는 거의 모든 것은 다른 조련사들에게서 배웠다. 그것은 한 세대에서 다음 세대로 전승되는 지식이다. 우리는 여기에 과학적 운치를 입히고자 행동주의적 지식으로 간주하기를 더 좋아한다. 그러다 보니 우리가 훈련 계획을 세우면서 하는 작업은 공학적 순서도나 화학 반응의 도식을 작성하는 것만큼이나 꼼꼼하고 복잡하다. 그러나 막상 그렇게 돌아갈 때면, 가끔은 과학이라기보다 마법에 가깝다고 느꼈다.

조련사로서 우리는 행동주의 원리를 신봉했다. 동물에게 한 가지 '재주'나 행동을 서서히 차례차례 가르치고, 공연 시간이 돌아오면 그들이 수행하는 하나의 행위로 이어 붙일 수 있다고 믿었다. 그런 원리는 몇 번이고 기능하는 것으로 판명되었고, 그렇게 해서 과학이라는 광채를 띠게 되었다. 행동주의의 뒤에는 실제적인 결과와 강력한 철학이 따르기 때문에 나의 경험에 비추어 보았을 때 행동 대신 '재주'라는 단어를 쓰는 것은 여전히 불가능에 가깝다고 판단한다. 범고래의 행동이 재주로 인식되는 것은 공연 구성의 본질에도 어긋난다.

훈련의 각 단계는 범고래에 다가가기 오래전부터 치밀하고 꼼꼼하게 계획된다. 우리는 훈련이 성공이라 판정받기 위해 갖추어야 할 기준을 정했다. 이를테면 공중으로 얼마나 높이 솟구쳐야 하고, 수면 위로 머리를 내밀도록 지시할 때 범고래가 어디를 보게 해야 하는지 기준을 명시한다. 훈련 자체의 진행도 철저히 계획해서, 조련사가 미리 염두에 두어야 할 사항도 일일이 정했다. 조련사가 어디에 서 있어야 하는지, 손은 어디에 두어야 하는지, 시선은 어디에 두어야 하는지, 범고래에게 이동해야 할 수조를 알리려면 손짓은 어떻게 해야 하는지 등등 그 항목은 매우 세세하다. 범고래는 눈치가 아주 빨라 어떤 행동을 지시할 때는 신경 쓸 필요 없다고 여길 수 있는 신호를 보내지 않도록 주의해야 한다. 가령, 범고래는 양동이에 생선이 있는지 없는지, 더 나아가 조련사가 보상으로 줄 먹잇감이 있는지 없는지에 따라 그의 지시가 따를 만한 것인지 판단할 수 있다. 그러므로 범고래 앞에서 하나 남은 양동이를 흔들어 그 안이 비었다는 사실을 들키면 안 된다.

끈기를 가지고 개별 범고래를 자세히 이해하고 나면, 범고래가 거의 무엇이든 할 수 있도록 훈련할 수 있다. 수조로 날아 들어온 갈매기를 범고래들이 자꾸 쫓아다니며 죽였을 때가 그렇다. 우리는 먼저, 그들이 죽인 갈매기의 시체를 건져 가져오도록 했으며, 그다음에는 죽인 새를 찢지 말도록 가르쳤다. 그렇게 해서 범고래들이 갈매기를 덮치려는 순간에 우리가 제때 도착하면, 마침내 갈매기를 포기하고 온전히 내버려 두게 할 수 있었다.

조련사로서 나는 연예인처럼 그려지는 게 결코 달갑지 않았다. 그래서 샤무쇼 중간에 조련사가 율동을 펼치도록 요구하는 씨월드의 방침이 불쾌했다. 나는 우리가 범고래에게서 한시도 눈을 떼면 안 된다는 입장이었다. 하지만 가장 뛰어난 조련사에게는 예술적 수완도 따라다닌다는 점을 부인할 수는 없다. 씨월드에서 벌어지는 모든 행위는 여러 가지 행동이 모여 만들어진다. 가장 단순한 행위조차 그렇다. 그것들을 함께 엮는 것이 바로 예술이다. 나는 몇 번이고 내가 가장 좋아하는 동료들의 비디오를 보며 연구했다. 영상 속 그들은 그 어려운 작업을 해낼 뿐만 아니라 수많은 신호를 연결해 중단 없이 원활하게 이어지는 하나의 공연으로 엮을 수 있는 사람들이었다.

범고래는 부지런히 지시를 따른다. 그리고 처음 배운 것이 깊이 스며들고 훈련 과정에서 생길 수 있는 실책도 배어든다. 그들을 자칫 잘못된 방향으로 이끌기라도 하면, 그 실수는 돌이키기 어렵다. 이미 내린 지시를 되돌리려 하다가 오히려 그들의 성질을 돋우기만 할 뿐이다. 그래서 새로운 행동을 가르치는 단계마다 꼼꼼히 계획을 세우고 신중하게 실행해야 한다. 내가 가장 아낀 타카라의 어미이며, 샌디에이고와 샌안토니오 두 곳에서 나와 같이 일했던 카사트카는 조련사의 잘못에는 사정을 봐주는 일이 없었다. 조련사의 실수로 동작을 해내지 못하기라도 하면 카사트카는 그 대가를 치르게 했다. 카사트카말고도 타카라, 오키드orkid처럼 몇몇 범고래는 정말 가차 없이 굴어서 그들을 특히 물속에서 다루는 일은 가장 노련한 조련사들만 담당했다.

    수중공연을 선보이기 위해서는 가장 노련한 조련사들도 팀을 꾸려 움직이며, 그들도 통상 세 마리까지만 담당한다. 범고래라는 동물이 워낙 까다롭고 욕구도 유별나서 그 정도만으로도 이미 버겁다. 그렇더라도 카사트카를 담당한 팀은 항상 그녀에게 더 많은 시간과 관심을 쏟아야 했다. 카사트카는 자기의 지위를 지키려는 우두머리 격의 암컷으로, 수중공연을 펼칠 때는 씨월드에서 가장 위험한 범고래로 통했기 때문이다. 나도 카사트카에게 우리의 관계가 단단하며 서로 신뢰하는 사이라는 것을 확인시키기 위해 상당히 많은 시간 동안 그녀에게 공을 들여야 했다.

    운이 좋게도 내가 샌디에이고에서 처음으로 맡은 범고래는 코르키였다. 이전에 영화 〈오르카〉에 대역으로 출연한 경력 덕에 코르키는 대단한 정도까지는 아니지만 제법 유명했다. 그녀는 기운이 넘치는 성격이라 늘 속도를 높여 움직이곤 했다. 내가 조련사이기는 했으나, 따지고 보면 코르키가 나를 조련한 셈이다. 그래서 나는 항상 나를 받아 준 그녀의 참을성에 고마움을 느낀다. 무게 3.7톤의 코르키는 거의 서른 가까운 나이에, 감금 상태의 전 세계 범고래를 통틀어 가장 큰 암컷으로, 여러모로 역대 최고였다.

코르키는 기존의 모든 기술을 이미 알고 있었다. 또 신참 조련사들과 작업한 경험도 풍부했던 만큼 그들을 자기 나름의 방식으로 대했다. 바로 다정한 태도였다. 코르키는 자기 몸에 손을 대는 모양에서부터 조련사에게 자신감이 있는지 없는지 알아채는 것처럼 보였다. 이제 새로 자격을 얻은 조련사가 코르키의 몸에 올라 하이드로 도약을 하면, 그녀는 불과 6미터 정도만 데리고 내려가 멈추었다가 다시 위로 향하며 조련사를 수면 위로 상냥하게 던지는 식으로 동작을 마무리했다.

코르키는 아마도 자기 몸에 닿는 손이나 발의 단단한 감촉을 느껴, 혹은 자세를 보고 조련사의 자신감을 감지한 후에야 수면 아래 11미터에 이르는 수조 바닥까지 데려갔다. 그 지점에서 거대한 꼬리지느러미로 물을 힘차게 걷어차며 놀라운 속도로 상승해 극적인 몸짓과 함께 수면 위로 솟구쳤다. 그렇게 둘은 공중으로 솟아올랐다. 코르키는 조련사를 돋보이게 할 줄 알았다.

조련사는 우리가 구성한 심리적 강화물의 조합 때문에 범고래가 시킨 대로 행동한다고 믿게끔 세뇌된다. 여기서 강화의 기본은 바로 먹이다. 이 같은 비정한 관점은 행동주의라는 교리에서 유래한다. 행동주의에서는 관찰하고 정량화할 수 있는 자극으로부터 끄집어낸 행동의 수행이 중요하다고 단정한다. 상상의 영역에 머문 채 아직 과학의 주제로 온전히 자리 잡지 않은 범고래의 심리는 이러한 유물론적 관점에서 당연히 배제된다. 조련사와 범고래가 단계를 넓혀 가며 부단히 연습하고 먹이를 비롯한 여러 수단으로 강화하는 과정이 없다면, 씨월드에서 펼쳐지는 장관은 불가능할 것이라는 이야기다.

 그러나 뛰어난 조련사라면 범고래의 행동을 헤아리기 위해 그 심리를 들여다볼 줄 알아야 한다. 미숙한 조련사에게 주의를 기울인 코르키의 행동은 학습 없이 터득한 것이다. 자기의 움직임을 조절한 코르키의 행동은 인간의 시각에서 보자면 초보자에게 '친절'을 베푼 것으로밖에 풀이할 수밖에 없다. 그런 행동이 눈에 보이는 보상에서 나온 것일까? 사람이 아닐지라도 코르키에게 존재하는 '인성'의 오묘한 작용이라고 해야 할까?

 똑같이 행동하지 않는 다른 범고래들을 대해 본 경험으로 나는 코르키에게서 이런 자질을 알아볼 수 있었다. 이곳저곳 많이 옮겨 다닌 키이트만 해도 코르키와는 달랐다. 키이트는 생의 대부분을 샌안토니오에서 살다가 2000년에 폐쇄된 씨월드의 오하이오 시설에서 잠깐 지내고 지금은 샌디에이고에 있다. 코르키처럼 그도 '학습자' 유형의 범고래였다. 다만 조건화가 잘못되었다는 것이 문제였다. 초보 조련사들이 그와 작업을 하곤 했으나 경험이 부족해 종종 대충대충 하거나 낮은 기준에 맞추는 태도를 강화하기도 했다. 그 결과 키이트는 게으름에 젖었다. 잘했다는 기준에 조금 미달할 정도로, 티 나지 않게 그럭저럭 일하고는 완전하지 않은 결과에 대해 보상으로 먹이를 받아먹은 것이다. 동작이 조금만 틀리거나 한 치만 벗어나도 처참한 결과로 이어질 수 있는 해양테마파크 무대에서 정확하지 않다는 것은 좋게 볼 수 없는 일이었다. 나도 그런 일의 대가를 치렀다.

하이드로 도약을 마무리하면서 웬만한 범고래는 조련사와 충돌하지 않으려고 거의 본능적으로 방향을 달리해 입수한다. 그러나 2009년 샌안토니오의 저녁 쇼에서 키이트는 그렇게 움직이지 않았다. 다시 물속으로 들어갈 때 녀석의 3.4톤이나 하는 덩치가 내 척추 한가운데를 뚫어 버릴 듯 강타했다. 부딪힌 순간 등에서 빠직하고 갈라지는 소리가 났다. 척추 지압사가 등뼈를 비틀 때 나는 그런 소리였다. 순간 머릿속이 하얘지고 말았다.

여전히 물속에 있으면서, 나는 두 손으로 그를 더듬으며 턱이 완전히 닫혀 있는지 확인했다. 나를 무대 위로 데려가라는 신호로 그의 부리를 감아쥐었다. 그의 등에 올라 떠오르면서도 내가 다시 움직일 수 있을지 확신할 수 없었다. 다행히도 몸은 제대로 움직였다. 그러나 등이 뻑뻑하다 싶더니 시간이 갈수록 점점 뻐근하게 조여왔다. 쇼를 마치고 나는 다른 조련사에게 잠수복의 지퍼를 내려 등을 봐 달라고 부탁했다. 척추 위에는 이미 동그라미 모양이 남아 있었다. 녀석의 부리 끝에 찍힌 자국이었다. 흡사 누군가 척추뼈 위에 커다란 유리잔을 엎어 놓고 따라 그린 것 같았다.

척추에 금이 갔을 수도 있다는 생각에 다음 날 씨월드 의사에게 갔더니 그 정도까지는 아니었다. 하지만 그 무렵에 나는 씨월드에서 일한 지 10년을 넘긴 때였고, 나의 몸은 이미 군데군데 삐걱거리고 있었다. 설상가상으로 키이트와 충돌하기 전에 이미 다른 곳에 타격을 입은 상태였다(그때 말고도 다른 조련사가 물속에 있는 나를 보지 못하고 그 위치에서 키이트에게 브리칭을 시키는 바람에 우리 둘은 거의 재앙에 가까운 수준으로 부딪힐 뻔했다. 나는 가까스로 위기에서 벗어날 수 있었다. 아슬아슬한 순간이었다).

수중공연에 들어가는 조련사들은 늘 범고래와 충돌할 위험에 노출되어 있었다. 키이트가 공격할 마음이 있어서 그런 게 아니라는 사실은 알고 있었다. 단지 게으르고, 오랜 시간 잘못된 강화를 받아 온 탓에 주의를 기울이지 못했을 뿐이다. 범고래가 삐뚤어지기로 마음먹는다면, 해치려는 의도에서 그런다는 것에는 의심할 여지가 없다.

조련사들은 늘 '브리지bridge'일종의 보상 예고 신호에 관해 이야기를 나눈다. 조련사들 사이에서는 전문 용어나 다름없는 말이다. 그러나 브리지라는 말에는 시적인 여운도 있다. 씨월드에서 범고래와 더불어 하루하루를 보내는 우리 같은 사람들에게 브리지는 범고래가 특정 행동을 지시하는 신호에 따라 정확히 반응하고 그 대가로 생선, 쓰다듬는 손길, 혹은 범고래가 좋아하는 그 어떤 것으로든 보상받기까지, 그 사이의 틈을 연결하는 다리가 된다. 범고래에게 '다리를 놓는' 방법은 다양하다. 그중 알아보기 가장 쉬운 것은 조련사가 목에 두른 호루라기 소리다. 하지만 어루만지는 행위 같은 촉각적 브리지나, 손으로 가리키거나 손을 들어 올리는 시각적 브리지로 주의를 끄는 것도 가능하다. 수중에 설치된 컴퓨터 발신 '비상'음도 브리지에 이용된다. 이 경우 범고래의 행동을 인정하고 보상을 줄 것이라는 신호음이 된다. 그러면 범고래는 신호를 따라 조련사에게 돌아온다. 범고래는 촉각의 성격을 띤 것이라면 무엇이든, 심지어 조련사의 입맞춤 같이 두드러지지 않는 행위조차 '브리지'로 풀이하곤 한다. 범고래는 자기가 제대로 행동했고 그에 따라 '다리'가 놓이고 보상을 받게 된 것이라 이해한다.

조련사에게 브리지를 상징하는 물건은 목에 두른 호루라기다. 호루라기는 도구이기도 하지만 지위를 드러내는 표시이며 조련사가 권한을 인정받는 수준에 올랐다는 징표다. 전 세계를 통틀어 범고래를 다룰 줄 알고 또 그 행동을 읽을 줄 아는 소수정예의 일원이 될 자격을 증명하는 물건이다. 나의 첫 호루라기는 샌안토니오에서 수습으로 일을 시작할 때 받은 것이다. 하지만 당시에는 곧바로 범고래와 작업할 만큼 지위가 높지 않았기 때문에 그것의 진짜 의미는 입사 신고식을 치른 대가로 받은 것에 불과했다. 정작 내가 가장 소중히 여기는 호루라기는 샌디에이고에서 받은 것이다. 내가 행동주의 과학의 원리와 실제에 심취하고 범고래들과 교감하며 그 결과를 확인하던 시기였다. 축하의 자리도 없었고, 누군가 상자 하나를 건네주며 말한 게 전부였다. "이게 너의 브리지야."

범고래 스타디움 세 곳을 넘나드는 이력에서, 내가 간직한 호루라기는 두 개다. 호루라기는 생사가 걸린 순간에서 벗어나는 데 도움이 되었다. 호루라기 소리는 브리지를 구현하여 범고래에게는 '잘했다'고 인정받는 순간을 함축하기 때문이다. 범고래가 목에 건 호루라기를 잡아채 물속으로 끌어당길 위험이 늘 있었으므로(그리고 실제로 그런 일이 일어나기도 했으므로) 목에 건 줄에 힘주어 당기면 끊어지는 고무링을 연결하고 여기에 호루라기를 달았다. 범고래가 잡아채는 힘이라면 고무링은 끊어지게 되어 있고, 조련사도 물속으로 딸려 들어가는 일은 생기지 않는다.

호루라기와 줄, 그리고 고무링이 결합하여 일종의 묵주 같은 구실을 한다. 범고래와 함께 있을 때 죽음의 순간이 갑작스럽게 들이닥칠 수도 있음을 은근히 일깨우기 때문이다.

먹이가 필요한 범고래에게 생선은 항상 주요한 보상 거리가 된다. 범고래는 인간이 먹이의 유일한 공급원이라는 사실을 알기 때문에 범고래에게 조련사는 언제나 권위 있는 실세다. 그러나 범고래는 고등어나 연어 같은 먹이 이상의 것도 이해하고 받아들인다.

샌디에이고는 보상이라는 훈련 철학에 있어 먹이 이상을 내다본 선구자였다. 그곳의 조련사들은 범고래의 도전 의식을 끌어올릴 수 있다고 믿었으며, 범고래는 확실히 도전에 응할 지능이 있는 동물이었다. 우리는 범고래가 도전에 응하도록 내버려 두었다. 씨월드 샌안토니오에서도 때때로 쓰다듬기나 놀이시간 같은 2차적 강화 수단을 동원하곤 했으나 샌디에이고의 수준에 미치거나 그와 동일한 철학적 배경에서 하는 것은 아니었다. 우리는 범고래의 행동을 강화하기 위해 먹이를 주지 않고도 훈련하는 것이 가능할 뿐 아니라 바람직하다고 배웠다. 샌디에이고에서는 수중공연에 따르는 훈련이나 쇼를 진행하는 동안 생선으로 강화하지 않고도 범고래와 주기적으로 교감했다. 샌안토니오에서는 상상도 할 수 없는 일이었다.

샌디에이고에서는 먹이에 즉각적으로 쏠리던 초점을 거두었다. 그러자 범고래가 조련사와 맺는 관계의 중요성이 부각되고, 범고래가 모든 훈련 상황에 보상받는다 여겨 적극적으로 움직이게 하는 조련사의 능력도 중요해졌다. 초점을 달리하니 관계는 더 높은 수준에 올랐다. 물론, 비상사태가 벌어지면 바로 대응할 수 있도록 생선이 든 양동이도 항상 준비해 두었다.

물질적 보상이 더 이상 행동 강화의 유일한 수단 구실을 못하게 되니, 범고래는 어쩔 수 없이 더 머리를 써 조련사에게서도 복잡한 자극의 연결고리를 찾아야 했다. 그런 과정이 있었기에 씨월드에서 범고래의 존재가 더욱 두드러졌다고 나는 믿는다. 우리는 놀이시간도 강화 작용에 끌어들였고, 그러자 범고래들이 보상으로 받아들이는 범위도 넓어져 조련사와 그들 서로 간의 신체적 교감도 보상으로 여겼다. 이렇게 강화 수단을 다양하게 적용하자 범고래들은 더욱 적극성을 띠고 조련사에게도 많은 관심을 드러냈다.

다른 시설의 경험 많은 조련사들도 샌디에이고의 철학을 알고는 있었으나 여기에 동의하지 않는 사람들이 많았다. 세 군데 공원 모두 씨월드라는 단일 기업의 계열사였지만 나름의 경영 방식이 있어서 범고래 훈련의 접근 방식이나 스타일을 달리했다. 씨월드 샌안토니오는 주요 강화물, 즉 생선 없이 범고래와 교감하여 위험 수준을 높이는 것에 동의하지 않았다. 반면, 샌디에이고 측에서는 그렇게 해야 범고래와 맺는 관계가 단단해지고, 그렇게 해야 더 안전하다고 조련사를 교육했다.

놀이시간과 조련사와 나누는 교감은 그 자체로 보상이다. 행동주의 용어로 먹이 이외의 보상은 2차적 강화로 분류된다. 그러나 2차적이라고 해서 중요하지 않다는 의미는 아니다. 타카라는 자기가 가장 좋아하는 2차적 보상을 해 달라고 조르곤 했다. 조련사가 자기의 혀를 문지르고 가볍게 두드리는 걸 좋아했으며, 나에게도 자기 혀를 잡고 흔들어 달라며 졸랐다. 타카라는 내가 입안 깊숙한 구석의 위턱과 아래턱이 만나는 곳을 어루만지면 좋아했다. 생선보다 이것을 더 즐기는 것처럼 보일 정도였다. 때때로 동작을 완벽하게 해내고 나면, 타카라는 거대한 가슴지느러미발 한쪽을 들어 올리고 붙잡아 달라는 신호를 보냈다. 내가 잡으면 타카라는 그 지느러미발이 달린 쪽을 들어 올리고 내가 떨어질 때까지 움직였다. 그러고는 다시 내게 돌아와 반대쪽 지느러미발을 들어 올려 내가 그것을 잡으면 수조 한 바퀴를 또 돌았다. 타카라의 어미인 카사트카도 똑같은 동작을 좋아했다. 우리는 범고래들이 저마다 좋아하는 보상을 해 달라고 조르면 유연하게 받아 주면서 움직일 동기를 불어넣었다. 그럴 때면 범고래들이 내지르는 발성으로 그들이 얼마나 즐거운지 확인할 수 있었다.

놀이는 범고래의 깊은 욕구를 충족시키는 데 다소 도움이 되었다. 나는 당시에도 감금되어 지내는 그들의 삶이 얼마나 지겹고 단조로운지 느낄 수 있었다. 저녁이 되면, 샤무 스타디움의 모든 수조를 다닐 자유도 없이 보통은 한두 곳으로 제한된 공간에 둥둥 떠 지내는 게 그들의 일상이었다. 그곳에서 거의 꼼짝할 수 없는 상태로 다음 날 훈련이나 쇼가 시작될 때까지 기다려야 했다. 에너지 넘치고 호기심이 강하기 마련인 어린 범고래들도 반복되는 공연과 판에 박힌 일상으로 점철된 자기 운명을 마침내 깨닫고 절망 속에 침잠하는 것을 느낄 수 있었다. 그런 면에서 뛰어난 조련사의 일은 범고래의 삶에 최대한 낙이 이어지도록 하는 것이기도 했다. 먹이를 바라고 공연하는 신세일지언정, 매번 연어와 고등어만 받아먹어야 한다면 어찌 행복할 수 있을까? 삶은 닭 가슴살로만 매 끼니를 때우는 사람의 심정이 그와 같을 것이다.

나는 강화 수단이 훨씬 다양하면 범고래의 동기도 올라간다는 사실을 그들과 지낸 경험에서 확인했다. 놀이와 평범하지 않은 교감 활동을 범고래 훈련과 강화 과정에 포함한 데에는 그럴 만한 경험적 근거가 있다. 양동이에 가득 채운 먹이로 늘 보상받아 온 범고래와 있는 상황에서 보상으로 줄 생선이 떨어지고 하필 돌발 사태가 발생한다면 어떻게 될까? 이 조련사는 범고래 앞에서 내세울 힘도 없이 꼼짝할 수 없는 처지가 되고 만다. 그런 상황에 대비해서라도 범고래가 먹이에만 매달리지 않도록 훈련해야 한다. 그렇게 해서 범고래가 양동이 속 먹이에 주의를 쏟지 않을 때도 실은 더욱 느긋할 수 있도록 습관을 들이는 것이다. 이때야말로 조련사와 범고래가 맺는 관계의 질이 드러나는 순간이다. 심리적 강화는 다양한 형태를 띨 수 있다. 타카라는 조련사가 수조 둘레를 따라 자기 꼬리지느러미를 잡아끄는 걸 좋아했다. 조련사로서는 등골이 휘는 일이기는 했어도, 타카라의 발성에서 한껏 신난 기분을 읽을 수 있었다. 범고래라는 동물도 애정을 느낄 수 있으며, 받은 애정만큼 돌려줄 수 있다.

수중공연이 사람들의 기억에서 완전히 사라진 기예가 되기 전에, 그것이 완성되기까지 어떤 과정을 거치는지 기록으로 남기고자 한다. 범고래 조련사가 샤무 스타디움에 남아 있으려면 세 단계에 걸쳐 점점 복잡해지는 기술을 물에서 펼칠 수 있어야 했다. 단계마다 씨월드 범고래에 대한 깊은 통찰이 따랐다.

    행동심의위원회BRC는 범고래와 함께 물에 들어가는 사람을 선정할 최종 결정권을 쥐고 있었다. 샤무 스타디움에서 일할 자격을 얻은 조련사라도 위원회 측으로부터 수중공연을 해도 좋다는 승인을 받는 지위까지 오르지 못하기도 했다. 샌디에이고에서는 위원회가 매우 엄격하여 어느 조련사가 어느 범고래와 물에 들어가도 되는지 일일이 규정했다. 위원회는 수중공연을 세 단계로 구분했다. 1단계는 가장 기본적인 동작으로 구성되며, 2단계는 무대 오르기haul-out, 보통 기각류 동물이 육지 위로 떼를 지어 몰리는 현상을 가리키나, 여기서는 물을 나와 무대에 오르는 동작을 의미한다, 범고래 등에 올라타기, 스파이홉spy hop 응용 동작범고래가 물 밖으로 몸을 내밀어 거의 수직으로 설 때 껴안고, 그 위에 앉거나 서는 동작, 스파이홉은 고래가 물 밖을 내다보기 위해 마치 물속에서 선 듯한 자세로 고개를 내미는 행동을 말한다 등이 포함된다. 2단계 동작까지 완수하지 못하면 조련사는 공연할 수 없었다.

1단계와 2단계를 완벽히 숙달했다는 것을 증명해 보이고 나서야 쇼의 간판이라 할 수 있는 하이드로 도약과 로켓 도약을 선보일 수 있었다. 신체 단련이 동작 수행의 관건이었다. 샤무 스타디움에 들어왔다고 해서 모두가 3단계에 이르는 것은 아니었다. 실제로는 3단계까지 간 사람이 드물었다. 그리고 그 단계까지 이르지 못하면 결국 샤무 스타디움에서 짐을 싸야 했다.

조련사들은 각 단계를 마치고 다음 단계로 나아가면서, 저마다 고유의 스타일과 전략을 개발했다. 어떤 기술을 두고는 동료들과 의견이 맞지 않기도 했다. 나는 범고래들과 새로운 동작을 익히는 과정에서 그들에게 문제 거리를 던져 주고는 그들이 해결하도록 맡겨 보는 식으로 훈련 과제의 해결책을 찾고 싶었다. 다양한 방식을 가미하기 위해 가끔 길고 짧은 활동을 끼워 넣는 것도 잊지 않았지만, 그런 식으로 진행한 시간은 기껏해야 10~12분을 넘기지 않았다.

나의 스타일은 보살핌에 가까웠다. 그리고 내가 그들 편이라는 것을 보이고자 했다. 공연 도중 범고래에서 심상치 않은 조짐이 보이면, 나는 음악은 음악대로 흘러가게 두고 범고래가 쇼를 계속하라고 재촉하는 일은 피했다. 그저 함께 어울려 수영하며, 발로 배를 문질러 주곤 했다. 내가 그럴 때마다 연예공연 부서의 직원들은 내가 쇼의 진행을 늦춘다며 투덜거렸다. 그러면 나도 범고래를 보살필 의무가 있다고 호통치며 맞섰다. 그들은 항상 이런 식이었다. "존, 부서 간 협조도 신경 써야 할 것 아니야." 나는 그런 말이나 연예공연 부서의 단속은 개의치 않았다. 나에게는 범고래가 우선이었다.

뛰어난 조련사는 강화의 유형에 늘 변화를 준다. 범고래는 믿기지 않을 만큼 똑똑해서 조련사가 제대로 된 보상을 하기 위해 정성을 쏟는지 신경 쓴다. 쇼가 끝나기가 무섭게 범고래를 무대 후면 수조로 가라 다그치고 눈길을 마주치는 애정도 없이 무심하게 생선을 입에 던져 주면, 범고래도 조련사가 자기를 성의 없이 대한다고 느낀다. 그리고 그 일을 기억해 둔다. 나는 늘 한 번이라도 더 쓰다듬어 주고 눈을 들여다보며 고마운 마음을 전하려고 했다. 그런 사소한 행동에서 차이가 났다. 조련사와 범고래의 관계를 높은 차원으로 끌어올리는 것은 바로 이런 자잘하지만 세심한 행동이다. 나는 범고래와 사이가 돈독할수록, 범고래의 마음이 상한 상황에서 지켜 줄 보호막도 두터워진다고 믿고 늘 그렇게 가르쳤다. 이런 관계가 만들어지면 범고래의 공격성을 예방하거나 그런 상황에서 무사히 빠져나오는 데 보탬이 되기도 한다. 물론 그 관계가 아무리 강하다 한들 범고래가 탈선하지 않는다는 보장은 없다. 씨월드의 역사를 돌아보기만 해도 범고래의 행동은 결코 완전히 예측할 수 없다는 사실이 드러나고 만다. 공격성은 말할 것도 없다.

씨월드 샌디에이고의 샤무쇼에서
코르키의 가슴지느러미에 올라타기를 하고 있는 나.
ⓒ Melissa Hargrove

씨월드 샌디에이고에서
샤무쇼를 펼치는 코르키와 나.
ⓒ Melissa Hargrove

씨월드 샌디에이고에서
샤무쇼를 펼치는 코르키와 나.
ⓒ Melissa Hargrove

씨월드 샌디에이고에서 샤무쇼를 하던 중 3.7톤이 넘는 코르키가
나를 빠른 속도로 무대 위에 밀어내 부상을 입었다.
ⓒ 다큐멘터리 〈블랙피쉬〉(2013)의 한 장면

© Melissa Hargrove

씨월드 샌디에이고의 샤무쇼에서 코르키와 함께
스파이홉 올라서기(왼쪽)와 로켓 도약(오른쪽)을 하는 모습.
© Melissa Hargrove

보살핌과 길들임

범고래는 어떻게 잠을 잘까?

씨월드에서는 범고래들이 밤에 편히 지낼 수 있도록 길들였다. 모두 모으거나 홀로 있게끔 조합을 바꾸는 식이었다. 씨월드의 범고래는 보통 수면에 떠서 꼼짝하지 않고 잠을 잔다. 그러나 코르키는 달랐다. 야생의 바다가 고향인 코르키는 숨을 쉬고 나서 수면 아래로 내려가 3분이나 5분 남짓 있다가 떠올라 다시 숨 쉬곤 했다.

우리는 그걸 잠이라고 하지만, 인간의 잠과 아주 똑같지는 않다. 인간은 잠자리에 들면 의식이 사라진다. 하지만 범고래는 잠잘 때 뇌의 반만 활동을 멈춘다. 해양 포유동물이 바다에서 숨을 쉬고 혹시라도 도사리고 있는 여러 위협에 대비하려면 의식이 남아 있어야 하기 때문이다. 감금 상태에서 가만히 뜬 채로 잠이 든 범고래도 누군가 주위에서 서성거리면 알아차린다. 범고래는 주위 환경에서 무슨 일이 벌어질까 항상 신경이 곤두서 있다.

씨월드의 세 군데 공원은 범고래의 수면 관리에 대해서도 저마다 방침이 다르다. 올랜도에서는 보통 공연을 같이하는 범고래들끼리 모아 재웠다. 샌안토니오에서는 거의 매일 밤 모든 범고래를 모아 잠을 재웠다. 샌디에이고에서는 잠자는 개체의 조합을 자주 바꾸어서, 모든 범고래를 한곳에 모아 재우기도 하고 또 서로 관계를 트고 다양한 장소에 익숙해지도록 뒤섞어 여러 수조에 나누어 재우기도 했다. 때로는 같이 지내는 무리에서 서서히 떼어 놓고 혼자 자는 연습을 시키기도 했다.

샌디에이고에서 수면 조합을 다양하게 바꾼 근거는 실제 경험에서 나온 것이었다. 그렇게 하면 다른 누구와 짝을 맞추어 수조를 옮기더라도, 때로는 혼자 자야 하더라도 범고래는 스트레스 없이 따르고 느긋하게 지낼 수 있었다. 혼자 자는 연습이 없던 범고래는 함께 지내던 짝들과 돌연 떨어져야 하는 상황이 괴로울 것이다. 정신적 고통은 불만을 키우고 더 많은 문제의 원인이 될 뿐이다. 범고래가 다른 공원으로 옮겨진다든가 해서 혼자 먼 길을 떠나야 하는 상황도 있었다.

그러나 범고래는 사회성이 강한 동물이기 때문에 혼자 자게 하는 훈련에는 큰 공이 들어간다. 범고래가 적적한 생활에 익숙해지도록 하려면 한 번에 반걸음씩, 함께 지내던 범고래와 자는 시간을 조금씩 줄여 나간 다음에야 완전히 떼어 놓을 수 있었다. 그렇게 해서 범고래는 마침내 혼자서도 편하게 지낼 수 있게 된다. 범고래에 따라 이런 상황에 더 잘 적응하는 범고래가 있는가 하면, 익숙한 무리와 분리되어 생기는 불안 탓에 수심 가득한 발성을 내는 범고래가 있기도 했다.

범고래는 얼마나 자야 할까? 씨월드는 임의로 정한 수칙을 세 군데 샤무 스타디움에 두루 적용해, 범고래가 꼬박 여덟 시간은 어둠 속에서 지내도록 일정을 짜고 그 시간 동안 수면을 방해하는 어떤 소리도 나지 않도록 했다. 주위에서 벌어지는 공사는 모두 중단해야 하고 연예 공연 부서가 무대에 올리려는 쇼의 예행 연습도 멈추었다. 범고래들에게 여덟 시간을 보장하기 위해 매일 밤 특정 시간이 되면 불을 끄라는 지시도 내려졌다. 내가 다시 씨월드로 복귀하여 샌안토니오에서 일할 때 수석 조련사인 나에게는 스타디움의 시설이 필요한 누구든 가리지 않고 조명을 끄라고 요구할 권한이 있었다. 가끔 공사 현장의 인부나 그보다 더 잦게는 연예공연 부서에서 범고래의 취침이 방해받는 것도 아랑곳하지 않고 완강히 버텼다. 그 때문에 심심치 않게 시비가 붙곤 했다.

  나는 누구든 내 뜻을 거스르고자 하는 사람에게는 그 상황의 책임자가 그들이 아님을 알게 했다. 그럴 권한이 있는 사람은 나였다. 이 같은 특수 상황에서는 범고래를 보호한다는 내부 규정이 있었다. 범고래 편에서 보면 쇼가 항상 열려야 할 필요는 없었다. 그들에게도 잠잘 시간을 주어야 한다. 씨월드 조차도 그 점을 인정하여 연예공연 부서와 다툼이 생기면 변함없이 내 편을 들었다. 따지고 보면, 씨월드가 25억 달러 가치의 기업이 된 것은 반짝이는 의상과 현란한 율동 때문이 아니었다. 씨월드는 감금 범고래의 등에 올라타 일으켜 세운 기업이었다.

  씨월드의 이념이 담긴 선전 문구에 그들이 데리고 있는 동물은 "인간의 보살핌 아래" 혜택을 보고 있다는 구절이 나온다. 그리고 방문객이 보기에 공원 자체의 외관도 선전 문구대로라고 느낄 만한 인상을 풍긴다. 여기에는 씨월드 수조의 크기가 거대한 것도 한몫한다. 그러나 이것은 어디까지나 인간의 기준에서 거대할 뿐이다. 샌디에이고는 여과 시설 포함, 연결된 수조들이 약 2350만 리터의 물을 수용하는 규모이며, 이것은 올림픽 규격 수영장 열 개 크기와 맞먹는다. 샌안토니오는 1700만여 리터, 올랜도는 2230만 리터를 훌쩍 넘는 규모다. 그러나 이 모든 물의 양은 범고래의 자연 서식지인 바다에 비하면 물 한 방울에도 미치지 못한다. 이것은 마치 범고래를 욕조에 가둔 것과 같아서 주식회사 씨월드의 이윤 추구에 부합할 목적으로 범고래를 인간 중심의 척도에 맞추어 구겨 넣은 꼴이다.

쇼가 진행되는 대형 수조로 이어지는 길목이기도 하고 범고래의 상태를 살피는 용도로도 쓰이는 얕은 전이 구간을 의료용 수조라 하는데, 이곳의 깊이는 웬만한 도시 체육관의 연습용 풀보다 겨우 1미터 정도 더 깊은 2.4미터에 불과하다. 범고래는 의료용 수조에서 수월하게 기동할 수 없다. 그런데도 씨월드의 쇼비즈니스 전문가들은 이곳을 샤무쇼의 대기 장소로 쓰도록 조련사에게 강요해 왔다. 인간으로 치면 병원 대기실에 꼼짝없이 갇힌 모양새다. 게다가 그 대기실이라는 것이 천장 없는 벽장과도 같아 뜨거운 태양 아래 머리를 드러낼 수밖에 없다. 범고래는 주기적으로 그 수조에서 공연 전 15분, 공연 중 30분, 때로는 공연 후 15분까지 기다려야 한다. 그동안 거대한 등지느러미가 바짝 마르는 위험에 노출되면서 말이다. 그것은 어쩌다 한번 드물게 일어나는 일이 아니다. 매일 일곱 차례, 매회 평균 25분에서 30분 소요되는 쇼가 열리며, 일곱 차례 쇼에 모두 등장하는 범고래도 있다. 공연 때문에 대기하지 않더라도, 수조 둘레에 자리한 '샤무와 함께 식사를'이라는 식당에 등장하기 위해 의료용 수조에서 대기할 수도 있다. 이 식당은 식사하면서 범고래가 수영하는 모습을 지켜볼 수 있는 곳이다. 나는 한 마리 이상의 범고래가 의료용 수조에서 한 번에 몇 시간이나 갇혀 있던 모습을 주기적으로 목격했다. 나는 그런 일을 멈추기 위해 싸웠다. 사장에게 이메일을 보내 동물복지법Animal Welfare Act상의 문제를 제기하고 얕은 의료용 수조에 범고래를 억지로 집어 넣는 행위의 적법성을 따지기도 했다. 이 일은 씨월드 경영진의 심기를 건드렸고 나는 그 싸움에서 패하고 말았다.

인간은 바다를 복제할 능력이 없다. 현재 씨월드가 소유한 서른 마리 범고래는 해양테마파크라는 작은 세계의 삶을 견뎌야 한다. 씨월드는 모순투성이 제국이다. 수조의 화학 처리된 물만 해도 바닷물보다 깨끗하지만, 범고래가 본래 지내야 할 자연환경에는 결코 미치지 못한다. 어디 그뿐인가. 관객에게는 신나게 뛰노는 것처럼 보이지만 자유롭게 헤엄칠 만큼 넉넉한 공간이 없기 때문에 범고래는 운동 부족에 시달린다. 갇힌 범고래는 조용한 절망과 극도의 권태 속에서 삶을 보낸다. 범고래와 인간 모두에게 치명적일 수 있는 권태 속에서.

범고래는 그저 잘 따라 주는 것뿐이다. 그들의 지능과 감정은 인간 이상은 아니더라도 그에 못지않게 변덕스럽다. 범고래와 호흡이 찰떡같이 맞기를 바란다면 조련사는 범고래의 감정 변화에 예민하게 대응할 수 있어야 한다. 그들의 감정, 그리고 주위 사정에 반응하는 예리한 감성과 범고래들 간의 복잡한 관계에 주의를 기울이지 않는다면 언제고 치명적인 상황에 놓일 수 있다.

　프레야와 맞닥뜨린 그 섬뜩한 사건, 내 경력에서 범고래의 공격성에 실로 무기력하게 끌려다닌 처음이자 유일한 그 일만 해도 몇 가지 상황 때문에 촉발된 것이었다. 그 일이 일어난 곳은 프랑스 남부, 앙티브의 마린랜드였다. 당시 나는 씨월드 샌디에이고의 수석급 지위에 오른 후, 다시 오기 힘든 해외 업무를 맡아 2001년부터 그곳의 범고래들과 작업 중이었다. 프레야의 행동을 이해할 수 있는 열쇠 가운데 하나는 그녀의 아들인 발렌타인Valentine과의 관계다. 발, 우리는 간단히 그렇게 불렀다. 둘의 사이는 인간사회의 엄마와 아들이라면 예상되는 그런 상호작용과는 사뭇 달랐다. 그것은 사회적 지배성으로 풀이된다. 따라서 조련사는 범고래 가족의 행동 방식을 이해하려면 그들의 사회적 구조에 주의를 기울여야 한다.

　내가 출근해 물속에 같이 있던 당시 발은 겨우 여섯 살 꼬마였다. 감금 상태에서 태어났다고는 해도 발은 거대한 덩치에 인상적인 머리 모양을 하고 있었고, 당시까지만 해도 크고 곧게 솟은 등지느러미가 두드러져 멋진 자태를 뽐냈다. 프레야는 1982년 아이슬란드 연안에서 사로잡혔으며, 당시 나이는 고작 한두 살에 불과했다. 프레야는 단단한 벽과 얕은 콘크리트 수조에 갇히지 않고 자유의 몸으로 하루 수백 킬로미터의 물살을 가르며 산다는 게 어떤 것인지 잊지 않았으리라.

프레야는 암컷이었다. 이것은 프레야가 다른 수컷 범고래보다 사회적 서열이 높다는 말이기도 했다. 범고래의 사회는 가모장제다. 이런 사회 구조에서는 가족 무리의 모든 범고래를 거느리는 힘이 지배적 암컷에게 있다. 나의 관찰과 경험으로는 해양테마파크에서 그런 두드러진 지위는 의지와 힘이 강한 범고래에게 돌아간다. 지배적인 암컷 범고래에게 "싫다" 하고도 무사하기를 바랄 수는 없다. 그녀의 지위에 따르는 권리와 특권을 부정해서도 안 된다.

프레야가 내게 대들기 바로 전에, 나는 스타디움의 후면 수조에서 발과 함께 훈련하고 있었다. 프레야는 인접한 수조에 있었는데 그곳으로 통하는 문이 닫혀 있어 우리는 갈라진 상태였다. 어린 아들은 내가 가르치는 행동을 빠르게 익힐 정도로 훈련 성과가 매우 좋아서 나는 보상으로 놀이 시간을 주기로 했다. 내가 발과 함께 놀이 시간을 보내는데 우리를 뚫어지게 쳐다보는 프레야의 시선을 감지했다. 나는 프레야가 그 광경을 즐기는 것이겠거니 생각해 놀이에 끼워 주기로 했다. 그렇게 하면 발과도 소통하게 될 것이니, 그 둘이 대중 앞에서 함께 공연하도록 적응시킨다는 우리의 큰 그림에 잘 맞으리라. 엄마와 아들은 그 점에서 불화를 겪는 중이었다.

나는 발에게 발바닥 밀기를 지시해 프레야가 있는 수조의 문을 향해 나를 밀어내도록 했다. 나는 문 위에서 프레야를 어루만지며 생선을 주었다. 그것은 일찍이 그녀에게 가르친 신호로 우리 둘이 곧 행동을 주고받기 시작할 거라는 의미였다. 그러고는 문을 사이에 두고 발

쪽에서 그와 함께 헤엄을 쳤다. 이것은 프레야와 내가 무엇을 하든 발도 같이 할 것이라는 신호였다. 나는 발과 함께 수영하다가 프레야를 어루만지고 먹이 주는 행동을 반복적으로 이어 갔다.

    그런 과정의 일부로, 나는 발과 거리를 두고 수영하며 특정 행동을 시키거나 그저 같이 놀아 주기도 했다. 동시에 부리로 발바닥 밀기를 시켜 조종하거나 나를 가슴에 품고 가는 식으로 프레야가 있는 수조의 문까지 갔다가 돌아오도록 주문했다. 또는 발이 수조 주변을 따라 나를 데리고 다닐 때 등에 올라타 문에 있는 엄마에게 가까이 가도록 하기도 했다. 이 모든 일은 내가 바라는 행동을 프레야가 거부감 없이 받아들이게 하려는 시도였다. 프레야가 우리 둘과 같이 움직여 주기를 바랐던 것이다.

    프레야가 마음을 내어 줄 준비가 되었다는 판단이 서자, 나는 그녀가 있는 수조로 입수했다. 수면 위로 떠오르며 물 밖에 있던 조련사에게 생선 몇 마리를 던져 달라고 했다. 프레야가 내게 다가오면 즉시 보상하기 위해서였다. 바로 그 순간에 일이 터진 것이다.

    아찔했던 사건에서 간신히 빠져나와 당시 상황을 분석하다가 나는 프레야가 불만에 차 있었다는 사실을 깨달았다. 자기는 철장 문 뒤에서 속이 부글부글 끓고 있는데 발이 크나큰 관심을 받고 있으니 단단히 화가 났던 것이다. 프레야는 결국 지배적 위치의 범고래였던 것이다. 그보다 앞선 훈련 시간에도 프레야가 발과 함께 공연하도록 시켜 보면 프레야는 발을 앞지르려 하고 우위에 서기 위해 그를 물속에 처박곤 했다. 어느 조련사가 단독으로 다른 범고래와 놀 때 마침 자기가 끼지 못하면 시샘하기도 했다. 혹시라도 그 둘이 같은 수조에 있게 되면 조련사의 관심을 독차지하기 위해 다른 한 녀석의 위로 올라 밀어내기까지 했다. 일단 그런 정황을 이해하고 나서 세력이 약한 다른 범고래들과 함께 프레야를 훈련할 때면 나는 그녀에게 적절한 수준의 관심을 기울였다. 단지 생선 몇 마리 던져 주고 한번 만져 주는 것이 아닌 그 이상의 진짜 행동을 주고받았다. 프레야도 내가 자기뿐만이 아니라 다른 범고래들과도 일한다는 사실을 받아들이게 되었다. 그러나 그런 관계에는 끊임없는 유지·보수가 필요했다.

프레야는 시험대 같은 존재였다. 자기 서열을 일깨우려는 듯 늘 일을 때려치우고 때로는 아주 하찮은 일에도 트집을 잡았다. 그러나 내가 그녀와 맞닥뜨린 그 사건, 내 경력에서 가장 두드러지고 심각했던 공격성을 경험한 그 일 이후, 우리는 함께 일하려면 어떻게 해야 하는지 서로 잘 이해하게 되었다. 혹자는 내가 프레야를 조련했다고 말할지도 모르겠다. 하지만 그건 나를 너무 후하게 쳐 준 말이다. 정확히 말하자면 프레야가 자기를 제대로 대하는 방법을 내게 확실히 일깨워 준 셈이다. 일단 그런 관계가 만들어지자 괴물 같던 프레야도 내게 천사처럼 굴었다. 그러나 이제는 알고 있다. 괴물과 천사는 한 몸에 깃든 두 개의 자아라는 것을.

먹이는 씨월드의 감금 범고래는 가질 수 없는, 인간만이 쥐고 있는 무기다. 범고래도 그 점을 안다. 씨월드 측은 범고래가 샤무 스타디움의 공연에 선보이는 동작을 수행하면 강화하고 보상하는 수단으로 먹이를 이용한다고 말한다. 동물의 몸에 고통을 주어 벌하는 일은 절대 없다고 주장한다. 고분고분하지 않거나 빨리 배우지 못해서 먹이를 주지 않는 일은 결코 없다고도 주장한다. 몸에 고통을 주지 않는다는 말은 맞다. 정신 차리게 한다고 범고래에게 고통을 주는 일은 인간의 신체 조건으로 보아 불가능하기 때문이다. 효과도 없을 것이다. 갈고리 달린 꼬챙이로 콕콕 찌르며 훈련시키는 코끼리 조련사의 경우 땅에서 이동할 수 있고 자기 발로 민첩하게 움직일 수 있다는 이점이 있다. 그러나 범고래를 체벌한다면 설 곳은커녕 만약의 경우 도망갈 곳이 없다. 범고래와 물속에 있는 상황에서는 범고래가 모든 패를 쥐고 있는 셈이다.

그러나 씨월드의 범고래는 먹이 때문에 인간에 완전히 의존할 수밖에 없는 압도적인 현실에 묶여 있다. 범고래는 받아먹는 먹이에서 영양분 말고도 수분까지 채운다. 거대 해상 포유류는 생존에 필요한 물을 얻어야 한다고 '마시지' 않는다. 그들이 먹는 생선에 함유된 물을 흡수하여 수분을 채울 수 있을 뿐이다. 음식을 주지 않는 일이 일상적이지는 않더라도 언제고 그런 일이 벌어질 수 있음을 범고래는 너무도 잘 알고 있다.

씨월드 측은 온종일 어떻게 행동했는지에 상관없이 모든 동물이 그들에게 가야 할 먹이를 전부 받아먹는다고 주장한다. 이것은 거짓말이다. 씨월드는 먹이를 주지 않는 행위는 과거에나 가능했던 관행이라고 대중이 믿기를 바란다. 현실은 그렇지 않아서 내가 사직한 2012년 8월에도 그런 일이 버젓이 일어났다. 나는 하루치 먹이 정량이 보통 81킬로그램에서 113킬로그램에 이르는 범고래들에게 겨우 27킬로그램 정도까지 먹이를 제한하기도 했다는 사실을 알고 있다. 기록을 들추어 보면 이런 일이 어쩌다 하루에 그치는 비정상적인 일이 아니라는 게 드러난다. 그런 일은 몇 날, 몇 주에 걸쳐 여러 범고래를 대상으로 벌어졌다. 그런 일을 당한 범고래는 체중 유지에 맞추어 계산한 먹이를 1주일 내내 정량껏 먹지 못했다.

먹이 제한이 용납되는 상황은 기껏해야 두어 가지 경우뿐이다. 건강 문제나 의료적 조치가 필요한 상황이 여기에 해당한다. 조련사가 수차례에 걸쳐 먹이를 주어도 범고래가 먹기를 거부하는 경우도 있다. 그러나 기록에는 그런 상황 때문에 먹이를 제한했다는 증거가 없다. 그보다는 행동상의 이유, 즉 범고래가 씨월드의 기대대로 움직이도록 본때를 보이려 먹이를 주지 않은 것이다.

내가 지금 말하는 박탈 행위는 보복에 가깝고 알지 못하는 사이 해를 입히는 효과도 한층 강하다. 조련사들은 씨월드의 정책에 따라 범고래가 매일 먹어야 하는 생선의 양을 줄이는 행위에 동조해 왔으며 줄인 양은 때로 정량의 3분의 2 이상이나 된다. 범고래에게 자기의 생계를 책임지는 자가 누구인지 단단히 일러 주기 위해서다. 그런 일이 흔히 벌어지지는 않으나 그 결과는 일관성 없이 들쭉날쭉하다. 그러나 협조하는 편이 이로울 것이라는 점을 범고래에게 각인시키기 위해 조련사들이 행사하는 여러 선택지 가운데 하나였던 것은 맞다. 씨월드 측은 범고래의 생활과 건강, 수시로 변하는 심리 상태를 꼼꼼히 기록하기 때문에, 조련사가 정한 기준대로 행동하도록 생선을 주지 않은 기록도 남겨 놓고 있다. 하지만 그와 같은 '행동 수정' 조치는 관객에게 잔인한 인상을 남기기 때문에 밖으로 새어 나가지 않았다. 쇼의 주인공이 말을 듣게 하려고 굶긴다는 이야기가 퍼지면 사업에 좋을 게 없다. 그러나 그런 일은 벌어지고 있다. 나 또한 상부의 요구대로 그런 조치를 실행한 가해자였다.

그 상황을 인간에 대입하면 떠오르는 가장 유사한 시설이 감옥이다. 수감자는 간수와 감옥 시스템에 전적으로 의존한다. 살기 위해 꼭 필요한 조건, 바로 음식과 물을 그들이 제공하기 때문이다. 범고래를 사랑하고 그들에게 책임을 느끼는 조련사에게는 끔찍하고 우울하기 짝이 없는 비유다. 그건 또 왜 그럴까? 수감자 신세인 범고래가 다른 간수를 제쳐 두고 특정 간수를 따른다 해도 그 또한 결국 그들을 억압하는 체제의 일부인 간수이기 때문이다. 당신이 수감자의 입장이 되어 어느 특정 간수를 진심으로 좋아하더라도, 그리고 그 간수 역시 당신을 진심으로 아끼더라도 당신이 감옥에 갇혀 있다는 사실이 변하는 것은 아니다.

범고래가 공격성을 드러내면 항상은 아니더라도 대개 눈에 띄는 징조가 있다. 범고래의 등 근육이 경직되거나, 눈이 휘둥그레지고 불편한 기색이 역력할 때, 평소와 다른 발성을 감지할 때가 그렇다. 범고래가 고

개를 떨구거나 시선을 피할 때, 조련사에게서 거리를 두려고 할 때는 긴장을 늦추지 말아야 한다. 수컷의 발기도 자칫 공격성 사건으로 돌변할 조짐이 되기도 한다. 이는 성적 욕구가 해소되지 않은 결과이며, 감금 상태의 범고래에게서 상당히 자주 일어나는 일이다.

그러나 공격적 행동이 임박했음을 알리는 그 외의 조짐은 포착하기 어려울 수 있다. 씨월드가 그나마 잘한 점이라면, 단지 범고래의 건강 여부만 주시하는 데 그치지 않고 혹여나 조련사에게 위험할 수 있는 증세가 임박하지 않았는지 감지할 수 있을 정도로 인간과 범고래의 접촉을 빈틈없이 기록했다는 것이다. 프레야가 아들 발에게 '시샘'을 낸 사건에서 볼 수 있듯이, 범고래는 단지 당면한 어느 순간을 계기로 발생한 일이 아니더라도 과거의 사건이나 되풀이되는 이력 탓에 공격적으로 돌변하기도 한다.

조련사는 모든 것을 보고하게 되어 있다. 활동을 시작하기 위해 범고래들을 불러 모으는 매 순간부터 범고래에게 먹이를 주는 단순한 일도 빠짐없이 기록으로 남겼다. 평소와 다른 점이 혹시라도 있었다면 상호작용이 얼마나 이어졌는지, 조련사가 요구한 행동을 얼마나 잘 수행했는지, 정확한 수행과 부정확한 행동은 얼마나 되는지 꼼꼼하게 기록해야 했다. 어느 조련사가 범고래를 훈련했는가? 먹이를 얼마나 주었는가? 당시 약물 처방은 있었는가? 범고래에게서 혹시 공격 행위나 병세와 관련된 두드러진 징후가 보였는가? 어느 범고래가 다른 범고래들과 갈등을 빚고 있다고 추측할 만한 징후가 있었는가? 이 상황은 실제로는 훨씬 복잡한 양상을 띠지만, 익숙한 말로 표현하자면 다툼이라 할 수 있다. 이것은 언제든 공격성으로 바뀔 가능성을 보여 주는 신호다. 범고래가 잘 먹었는가, 혹은 먹는 데 시간이 걸렸는가, 또는 먹이를 거부했는가? 범고래와 하는 상호작용이 학습이나 훈련 시간, 쇼, 놀이 또는 관계 맺기 시간, 운동 등의 일부였는지, 아니면 소변 샘플 채취나 치과 진료, 수의과 진료 같은 소위 '관리'에 해당하는지도 기록해야 한다(조련사가 범고래와 나누는 상호작용은 대체로 관리husbandry, 운동exercise, 학습learning, 놀이play, 관계relationship, 쇼show로 구분되고 각 활동의 머리글자를 따서 헬프알에스HELPRS라고 한다). 우리는 범고래의 반응 완성도를 0(가장 미흡)에서 5(완벽)까지의 등급으로 매겼다. 어느 범고래가 훈련 기간이나 쇼에서 보인 동작이 시원찮으면, 평가 결과는 그 범고래와 작업해도 좋다고 승인받은 모든 조련사에게도 전해졌다. 미흡한 행동이 거듭된다는 것은 그 범고래에게 무슨 일이, 어쩌면 건강과 관련한 문제가 벌어지고 있다는 징후일 수도 있다.

되풀이되는 행동 양식을 잘 살펴보면 도움이 되었다. 그러나 공원에 있는 어느 범고래와 다른 범고래들 간의 역동은 빠르게 변하기도 하거니와 공격성을 부추기는 원인이 될 수도 있다. 모두에게 안전한 작업 여건을 유지하기 위해 조련사들은 늘 바짝 경계해야 했다. 범고래들 사이의 사회적 역동은 끊임없이 변했다. 범고래가 잘 어울려 지내고 못 지내고는 불과 몇 분 간격으로 달라질 수도 있는 문제였다. 기본적으로 현장에는 수습 조련사가 항시 대기하면서 노련한 조련사가 수조 가장자리에 없을 때 범고래를 주시했다. 내가 처음 이 일을 시작했을 때만 해도 수습 조련사와 정조련사는 계속 범고래를 감시하기 위해 오후 4시에서 자정까지, 자정에서 오전 8시까지 교대로 돌아가며 근무했다. 그러다가 내가 일을 그만둘 즈음에는 경비원이 밤 근무를 도맡아 했다. 이때 수습 조련사의 임무는 범고래 간 성 활동을 목격하거나 다툼이 벌어지면 수석 조련사나 상부에 경보를 보내는 것이었다. 그런 행동이 쇼에 등장시킬 범고래의 구성에도 영향을 끼칠 수 있기 때문이다.

때때로 범고래는 훈련 참여를 거부하거나 부름에 응하지 않으려 하곤 했다. 그것이 만약 지배적 암컷이라면 나머지 범고래들에게도 마찬가지로 협조하지 않으려는 경향이 심심찮게 나타나곤 했다. 지배적 암컷의 영향력은 씨월드의 범고래 전체 무리를 막아 세울 만큼 엄청났다. 세력이 약한 범고래들은 감히 조련사에게 협조하여 지배적 암컷에게 갈퀴질 당할 위험을 무릅쓰려 하지 않았다. 갈퀴질, 그것은 범고래의 이에 깊이 긁히거나 베이는 일이며, 한번 당하고 나면 마치 갈퀴로 살을 긁힌 듯한 상처가 남았다. 때로는 범고래를 괴롭히는 집단 내 문제가 일어나면 범고래들에게 해결할 시간을 주는 것 말고는 딱히 할 수 있는 일이 없었다. 그 일을 손보려 밀어붙이려다가는 자칫 공격 사건으로 이어질 여지를 남길 뿐이었다. 평화와 안전을 위해서 쇼가 예정대로 진행되지 않을 때도 있었다.

범고래에게 다양한 방식으로 보상을 주는 샌디에이고에서는 1년 평균 두 차례꼴로 쇼가 취소되는 정도였다. 그러나 샌안토니오의 경우

매주 한 번꼴로 쇼가 취소되던 시기도 있었다.

조련사의 일은 몹시 고되었다. 그렇다고 해서 조련사가 잡일을 하지 않아도 되는 것은 아니었다. 지위 구분 없이 누구나 자기 몫의 양동이를 얼룩 하나 없이 깔끔히 긁어내야 했다. 한편, 조련사가 되면 많게는 하루 일곱 차례나 샤무쇼에 참여했다. 내 생애에서 그보다 행복하거나 뿌듯했던 시절은 없었다.

그러나 깨달아야 할 것이 더 - 그중 많은 부분은 고통스러울 정도로 - 남아 있었으며, 가장 중요한 교훈은 삶의 변화를 가져올 만한 의미가 있었다. 조련사들은 범고래의 생활 환경에 의구심을 품고 답답해하기도 했다. 우리는 범고래의 행동을 주시하는 면에서 씨월드가 얼마나 부지런하고 꼼꼼한지 알고 있었으므로 그것을 씨월드가 범고래를 아끼는 증거라고 마음속에 새겨 두었다. 기업 씨월드를 향한 믿음이 흔들릴 때마다 해양테마파크의 신조를 다시금 상기했다. 종의 보존이라는 대의大義를 위해서는 그럴 수 있다고.

조련사 대부분에게는 이 일이야말로 꿈에 그리던 직업이었다. 우리는 결코 잘 나가는 배를 흔들지 않으리라 다짐했다. 급여도, 위험도 문제 삼지 않기로 했다. 우리는 함께 일하는 범고래를 사랑했다. 물론 그러기로 한 것은 두려움 탓이기도 했다. 씨월드의 환경을 입 밖에 내면 경영진이 우리를 범고래와 떨어뜨려 놓을까, 바다사자나 돌고래 스타디움, 심지어 조류 스타디움으로 보낼까 하는 우려 때문이었다. 그런

곳에서 일하기를 바란 사람에게는 좋은 일일 수도 있겠다. 그러나 특히 새들과 일하는 것은 내가 꿈꾸던 일이 아니었으며 그것은 샤무 스타디움의 많은 동료에게도 마찬가지였다. 게다가 그보다 더 나쁜 상황, 자칫하면 오랫동안 꿈꾸어 온 일터에서 완전히 쫓겨나는 일도 예상할 수 있었다. 우리는 대중 앞에서는 믿음을 지키는 것 같았지만, 사적인 자리에서는 의심과 염려를 털어놓았다.

나는 씨월드의 범고래들을 매우 사랑한다. 그러나 내가 의혹에 관해서도 목소리를 내야 한다고 깨닫게 된 것은 그것이 단순한 의혹 이상이었기 때문이다. 샌디에이고와 샌안토니오에서 경력의 정점에 오르고 보니 범고래가 얼마나 약한 존재이며 그들을 건강하게 지내게 하려면 얼마나 많은 보살핌이 필요한지 새삼 눈에 들어왔다. 하지만 해양 테마파크에서 오랜 세월을 보내고 나서야 범고래들이 행복한 것도 잘 적응하는 것도 아니었으며, 하물며 잘 크는 것도 결코 아니라는 사실이 눈에 들어왔다.

범고래가 공격적으로 돌변할 것에 대비해 그 행동을 그토록 주의 깊게 살핀 데에는 그들이 갇혀 지내는 여건에 분명 뭔가 잘못된 점이 있기 때문이었다. 자연에서 생활하는 범고래가 인간에게 해를 끼치지 않는데, 갇혀 지내는 그들의 상태를 그토록 경계해야 하는 이유는 무엇인가? 범고래의 공격성을 염려해야 하는 이유는 무엇인가?

씨월드의 스타들을 훈련하면서 나는 또 다른 자각에 이르렀다. 범고래가 쇼에 오를 마음이 생기는 것은 두 가지 이유가 있어서였다.

우선 쇼에 오르면 먹이라는 보상을 받을 기회가 더 많이 생겼고, 또 하나는 끔찍하리만치 단조로운 감금 생활에서 일시적으로나마 탈출할 수 있어서였다. 그들의 삶은 권태 그 자체였다.

그들이 쇼에 오른 것은 그 외에는 딱히 할 것이 없기 때문이었다. 그들은 공원에 유배된 죄수였으며 쇼가 끝나면 비좁기 짝이 없는 - 때로는 겨우 2.5미터 깊이에도 못 미치는 - 수조로 돌아가야 하는 신세였다. 그 좁은 곳에서 철문이 쩔그렁 울리도록 들이받으며 사무치는 좌절감을 삭일 뿐이었다. 나는 이 모진 상황을 누그러뜨리고자 내 재량껏 훈련 시간을 재미있고 색다르게 운영했다. 이 거대한 존재들이 씨월드의 수백만 관객을 사로잡는 마법을 펼칠 수 있도록 사기를 띄우고자 했다.

활동 시간을 가능하면 다양하고 색다르게 운영해 범고래에게 잠시나마 위안을 찾아주는 것. 모든 조련사가 범고래와 나눈 상호작용의 목표는 그런 것이었다. 그러나 그 모든 노력에도 불구하고 우리 조련사들은 아무리 노력해도, 활동 시간을 아무리 다채롭게 꾸려도 소용없다는 것을 알고 있었다. 그 모든 시간이 끝나자마자 범고래들은 자기 존재를 가두는 껍질로 곧장 되돌아가 꽉 막힌 수조 안에서 미동도 없이 떠 있어야 했다. 그 안에서 단조로운 감금 생활을 곱씹다가 마침내 미쳐 버릴 듯한 권태에 빠져들고 말았다. 씨월드의 마술은 언제나 그렇듯이 이 모진 현실에 단단히 뿌리를 내리고 있었다.

범고래 엘레지

성경 속 리워야단은 종종 고래로 묘사된다. 신이 창조한 가장 거대한 피조물, 너무도 거대한 이 고래를 어쩌면 이겨 낼 수 있겠다고 생각하는 인간에게 성경은 조소를 보낸다. "그것이 네게 살려 달라고 애원할 것 같으냐? 그것이 네게 자비를 베풀어 달라고 빌 것 같으냐? 그것이 너와 언약을 맺기라도 하여, 영원히 네 종이 되겠다고 약속이라도 할 것 같으냐?"욥기 41장 3-4절 그러나 씨월드를 비롯해 세계의 해양테마파크는 범고래의 몸으로 체화된 이 리워야단을 사로잡았고, 바다 최강의 포식자는 자포자기하는 가여운 죄수로 전락하고 말았다.

씨월드 샌디에이고와 올랜도의 식당 '샤무와 함께 식사를'을 찾은 방문객은 수조에 난 창으로 물속의 범고래를 볼 수 있다(샌안토니오에는 안을 들여다볼 수 있는 수조가 없다). 이곳에서는 조련사가 아닌 일반인도 거대한 범고래를 코앞에서 볼 수 있다. 투명 패널만이 방문객과 범고래 사이를 갈라놓을 뿐이다. 수조의 패널에 바짝 붙어서 보면 범고래에 호기심을 보이는 인간만큼이나 범고래도 인간에게 호기심을 품은 것처럼 보인다. 그러나 방문객은 범고래의 특이한 행동도 가까이서 볼 수 있다. 기괴할 정도는 아니더라도 기묘하기 짝이 없는 이 행동은 조련사의 지시 없이 범고래가 스스로 벌이는 짓이다. 이를테면 페인트를 먹는 행위가 그렇다.

    범고래는 수조 내벽의 페인트를 이로 벗겨 낸다. 이 행동을 목격하는 사람에게는 수조 벽이나 바닥을 야금야금 갉아먹는 것처럼 보인다. 꼼꼼해야 하는 일을 강박적으로 찾아 몰입하며 크고 강력한 턱과 뛰어난 지능을 자극하려는 것이다. 씨월드 샌안토니오의 범고래 운나Unna는 무시무시할 정도의 기운으로 페인트를 칠한 벽에 달려든 나머지 턱에 피가 나고 멍이 들고 말았다. 운나가 수조 바닥의 페인트를 지나치게 많이 벗겨 내는 바람에 다른 범고래들과 물속에서 움직일 때 나의 위치를 가늠하기 어려웠다. 익숙했던 수조의 지리적 특징이 페인트를 벗기는 운나의 습관 때문에 변해 버리고 만 것이다. 샤무 스타디움의 화려한 볼거리가 펼쳐지는 동안 범고래와 작업하는 조련사들은 수조 안에서 한 치의 오차도 없이 정확하게 자기의 위치를 파악하고 있어야 한다. 수조 바닥에 있는 세 개의 커다란 사각형 배수구는 수면 아래서 조련사들이 위치를 잡기 위한 기준점이 되고 범고래를 조종할 때 원근을 파악하는 데 도움이 되는데, 그 위치를 파악할 수 있는 시간적 여유는 불과 몇 초에 불과하다. 자신과 범고래의 거리를 삼각 측량으로 잰답시고 부정확하게 가늠하고는 물 밖으로 튕겨 나와 수조 유리벽을 향해 몸을 날리고 싶은 조련사는 없을 것이다. 페인트를 벗겨 내는 범고래의 습관 때문에 조련사는 위치 파악의 단서를 찾아내기 어려워진다. 특히 운나는 흡사 배수구의 이미지를 그리기라도 하는 것처럼 페인트를 야금야금 갉아먹으며, 그 모양과 윤곽을 베끼곤 했다. 페인트 벗겨 내기만큼은 단연 돋보이는 재능이었다.

권태의 부작용은 그 외에도 여러 양상으로 드러난다. 얼굴을 벽에 비벼 대거나 때로는 수조 측면에 머리를 세게 들이박기도 한다. 심지어 인간의 폭식증과 흡사한 섭식장애에 시달리는 범고래도 있다. 범고래가 자극을 찾는 욕구가 얼마나 강한가 하면 그저 몰입할 거리를 찾기 위해 먹은 음식을 게워 내는 요령도 익힐 정도였다. 나이 든 범고래들은 이따금 어린 범고래들에게 이 역겨운 버릇을 가르치기까지 한다.

권태로 야기된 이 같은 버릇은 건강 문제로 이어지기도 한다. 범고래가 먹은 음식을 게울 때 위산이 엉뚱한 길로 역류해 식도의 민감한 내벽을 망가뜨린다. 역류한 위산이 입안까지 올라오면 범고래의 이를 덮은 법랑질이 상한다. 수조의 콘크리트 바닥에 이를 가는 습관 때문에 이미 이가 닳고 닳아 약해졌는데 법랑질마저 상하고 만다.

씨월드의 거의 모든 범고래가 수조 벽 돌출 부위나 바닥, 무대에 이를 강박적으로 갈아 댄 탓에 그들의 이도 마모를 면치 못한다. 그러다가 때때로 이가 떨어져 나가기도 한다. 그런가 하면 정도가 심해 벽에 이를 비비거나 벽을 깨물고 잘근잘근 씹기까지 하는 범고래도 있다. 마침내 그들의 이에는 핀으로 찌른 크기의 작은 구멍이 생긴다. 조련사들은 가능하면 건드리지 않으려 하지만, 그 상태를 언제고 두고 볼 수만은 없다. 만약 손쓰지 않는다면 작은 구멍에 농양이 생겨 세균이 끓게 되고, 결국 감염으로 이어져 죽음에 이를 수 있다.

이 문제를 손보기 위해 조련사들은 먼저 범고래의 이에 구멍을 낸다. 치수절단술치아 머리 부분의 신경을 제거하고 뿌리 쪽의 신경을 고정시키는 수술로 알려진 이 조치가 끝나면 예방적 차원에서 외과적 방법으로 세척하는데, 수의사의 지시에 따라 하루 두세 번 이를 씻는다. 수의사들이 의학적 지식은 뛰어나다 해도 범고래의 곁에서 안전하게 처신하는 법에는 숙달되지 않았기 때문에 특히 치과 치료를 비롯한 밀착 작업은 조련사가 도맡아 해야 한다. 수의사가 만져도 얌전히 있게 하려면 낯선 사람이 가까이 와도 익숙하게 받아들이도록 습관을 들여야 한다. 그런 작업은 범고래를 의료용 수조에 옮기고 기계식 바닥을 올려 움직이지 않도록 한 후에야 가능하다. 그런 다음 범고래가 턱을 움직여 수의사가 다치는 일이 일어나지 않도록 2×4인치 크기의 나무 블록을 범고래의 목구멍 깊숙이 밀어 넣는다.

범고래의 앓는 이를 파내는 작업에는 위험이 따르기 마련이어서 조련사는 공격받기 쉬운 상황에 그대로 노출된다. 가장 노련한 조련사만이 치수절단술을 할 수 있으며 그 경우에도 서두르지 않고 천천히 진행한다. 처음으로 치과에 가는 아이를 상상하며 아이에게 범고래의 모습을 입혀 보자. 범고래는 어쩌다 그런 수술을 받는지 도무지 알 수가 없고, 수술은 고통스럽기만 할 뿐이다.

하지만 피할 수 없는 일이다. 범고래는 평생 이가 한 번만 나기 때문에 잘 유지해야 하며 그러기 위해 갖은 조치를 취해야 한다. 그렇게 하지 않으면 비참한 결과를 맞이한다. 결국 앓는 부위가 부어오르고, 심한 치통으로 거북해져 먹지 않기도 하며, 그 때문에 무기력해지고 병을 앓다가 곧 죽음에 이른다. 조련사는 범고래가 드릴을 대는 데 무감각해지도록 해야 하는데 그렇게 되기까지 몇 주에서 몇 달에 걸친 훈련을 거친다. 매번 보상을 하면서 서서히 드릴의 압력을 맞추고 나서야, 범고래의 입을 벌리고 세균성 염증을 터뜨려 씻어 내는 실제 치료를 진행한다. 범고래도 인간과 마찬가지로 치과 치료를 몹시 싫어한다. 이를 세척하고 새로 생긴 구멍을 드릴로 완전히 파내야 할 때면 범고래들은 그저 눈을 질끈 감아 버린다.

　　재감염을 막고 파낸 구멍이 막히는 걸 예방하려면 고래의 남은 평생 동안 매일 일정량의 과산화수소수를 이에 주입해야 한다. 치료가 필요한 범고래당 평균적으로 열에서 열네 개 정도의 이를 파내고 세척한다. 그렇지 않은 범고래는 매우 드물다. 카사트카와 타카라는 이가 온전했는데 아마도 특유의 기질 덕분이었으리라. 그 때문에 그들은 독보적이었다. 튼튼한 치아 덕에 자신들에게 기어오르는 범고래들에게는 특히 무시무시한 존재로 군림했다. 카사트카와 타카라의 이에 갈퀴질을 당하고 나면 피투성이가 되고 고통만 남았다.

　　강력해 보이는 겉모양에도 불구하고, 해양테마파크라는 인공 세계의 범고래는 약한 동물로 전락한다. 감금 상태의 범고래는 대수롭지 않은 것 같아도 잠재적으로 파국을 초래할 수 있는 수많은 위험에 노출

되어 있다. 바다의 최상위 포식자라 할지라도 충치에 번식하는 미세균에 쓰러질 수 있다. 범고래 몇은 이에 뚫은 구멍에서 번진 감염 때문에 죽은 것으로 보인다. 1985년에 태어나 2010년에 죽은 원조 '아기 샤무' 칼리나Kalina를 죽음으로 내몬 감염도 필시 충치 미세균이 원인이었을 것이다. 칸두케Kanduke와 타쿠Taku는 모두 모기에 물리고 나서 죽었다. 칸두케는 올랜도에서 세인트루이스 뇌염에 걸렸으며, 타쿠는 샌안토니오에서 웨스트 나일 바이러스에 목숨을 잃었다. 전문가 검증으로 영향력을 인정받은 어느 논문에 둘의 죽음을 다룬 연구가 실렸다. 논문 저자이며 둘 다 전직 조련사인 존 제트John Jett와 제프리 벤터Jeffrey Ventre는 "올랜도의 감금 범고래 등지느러미 표면에 접근하는" 모기가 자주 보였다고 밝혔다. 이런 현상은 야생의 범고래라면 결코 경험하지 못하는 위험 요인이다.

스플래시Splash는 운이 없는 범고래였다. 그의 불행은 감금 생활 때문에 더욱 깊어지기만 했다. 1989년 캐나다의 어느 해양테마파크에서 태어난 스플래시는 1992년에 씨월드 샌디에이고에 팔려 왔다. 하는 일마다 어디선가 꼬이곤 했으며, 거듭 불운한 일을 겪었다. 한번은 타카라와 서로 밀치고 엎으며 거의 난장판에 가깝게 장난을 쳤다. 그런데 누군가 수조 출입구의 빗장 구실을 하는 고리에 덮개 씌우는 걸 깜박하는 바람에 불행히도 스플래시가 그것을 들이받고 아래턱의 살점이 큼지막하게 찢어지고 말았다. 그 상처로 녀석은 흡사 프랑켄슈타인의 괴물 같은 흉터를 달고 살았다.

그러나 그에게는 훨씬 심각한 문제가 있었다. 바로 뇌전증이었다. 그가 앓은 뇌전증은 야생의 범고래에게서는 결코 보고된 적이 없는 증세였다. 그의 발작을 가라앉히기 위해 우리는 항경련 진정제인 페노바비탈을 처방했다. 녀석은 소화기 계통에도 문제가 있어 궤양을 포함해 심하게 병을 앓아 약물 치료를 받았다. 아마도 스트레스 때문에 생긴 병이었을 것이다. 2005년 열다섯 밖에 안 된 나이에 스플래시는 천공성 궤양으로 죽었다. 소화관의 독소가 신체 내부의 공간에 퍼져 넓은 범위에 걸쳐 감염이 일어난 것을 보면 필시 천공 때문에 생긴 복막염을 앓아 약해질 대로 약해졌을 것이다. 수의사가 내게 들려주기로는 그의 위에서 여과용 모래 수백 킬로그램이 나왔다. 모래는 수조의 물과 여과 장치를 정화하는 데 쓰이지만, 한번은 여과 장치가 오작동해 모래를 수조로 곧장 들여보내고 말았다. 당시 스플래시는 정수 유입구에서 매일 몇 시간씩이나 모래를 빨아들이며 지냈다. 권태에 지쳐 모래알을 삼키며 낙을 찾았으리라. 위에 쌓인 거친 모래 알갱이 때문에 궤양의 고통이 한층 심해졌을 것이다. 그분만이 아니다. 장 내벽에도 모래 알갱이가 원인이 되어 천공이 생겼을 것이며 결국 그를 죽인 복막염도 일으켰을 것이다.

스플래시도 페인트를 갉아 먹었으며, 수조 벽에 이를 심하게 갈아댄 나머지 이의 상태는 끔찍한 상태였다. 게다가 운도 나빠서 조련사가 그의 이 몇 개를 파낸다고 거의 모든 치관을 없애 버리고 말았다. 스플래시가 씨월드의 범고래 중에서도 행동을 종잡을 수 없고 어느 때고 공격적으로 돌변할 가능성이 컸던 것은 그런 이유 때문이다. 무기력과 병세가 원인이 된 그의 좌절이 어떤 식으로 발현될 것인지 결코 아무도 내다볼 수 없었다.

스플래시가 멍하니 있는 듯한 모습을 자주 볼 수 있었다. 그가 복용해야 했던 무수한 약물의 부작용이었을 것이다. 열다섯 살은 또한 까다로운 나이이기도 했다. 젊은 수컷 범고래가 성적으로 성숙해지는 시기, 테스토스테론을 비롯한 여러 호르몬의 끓어 넘칠듯한 분비로 공격성이 도는 시기다. 발기한 범고래와 함께 물속에 있고 싶은 조련사는 단언컨대 아무도 없다.

스플래시와 함께한 쇼에서 있었던 일이다. 기억하기로는 내가 물속에서 몸을 뒤집어 등을 대고 누우면서 일이 벌어졌다. 그것은 범고래도 같이 몸을 뒤집고 물속으로 헤엄쳐 들어가 배를 위로 향한 자세로 떠오르며 나를 그 위에 퍼 올려놓으라는 신호였다. 그런 다음 나를 자기 배 위에 싣고 수조 가장자리를 따라 헤엄치게 되어 있었다. 그러나 스플래시가 나를 자기 배 위에 퍼담을 때 보니 그의 음경이 완전히 발기한 채 밖으로 삐져나왔으며 그 길이는 족히 1미터나 되었다. 다행히도 스플래시는 물이 얕은 구역에 미끄러져 올라 나를 순순히 내려 주었고, 나는 그에 대한 보상으로 생선을 주었다. 그러나 그의 흥분 상태로 보아 같이 수영하는 위험을 무릅쓸 수는 없는 노릇이었다. 나는 그에게 무대 뒤 수조로 돌아가라는 신호를 주었고 거기서 다른 조련사가 그를 맞이했다. 나는 다른 범고래와 공연하며 쇼를 마저 진행했다.

스플래시와 함께 물속에 있을 때 겪은 기묘한 일은 밤에도 있었다. 당시 주위는 완전히 깜깜했고, 극적 효과를 내기 위해 연무기를 돌리는 바람에 수면은 짙은 안개에 뒤덮여 있었다. 스플래시와 나는 관객의 눈에 띄지 않게 물속에서 이동해 수조 한가운데에서 마술처럼 등장하기로 되어 있었다. 모든 조명이 꺼지자 나는 그를 후면 수조에서 무대 전면 수조로 내보내 물속에서 수조 둘레를 따라 조용히 헤엄치게 했다. 그런 다음 나도 입수해 수조 한가운데서 만나기 위해 칠흑 같은 어둠을 헤쳐 나갔다. 아무것도 보이지 않았다.

범고래는 반향정위echolocation 동물이 소리나 초음파를 내어 그 돌아오는 메아리로 상대와 자기의 위치를 확인하는 방법 능력이 있어서 수조 안에서 종횡무진 움직이며 공연을 하면서도 조련사의 위치를 파악한다. 범고래가 음파를 쏘면 조련사도 그 진동을 느낄 수 있다. 음파가 가슴에 맞고 튕겨 나가는 소리도 들을 수 있어 범고래가 보이지 않더라도 그 존재를 알아챌 수 있다. 범고래는 물속의 물체를 정확하게 식별하는 데 음파를 이용하기도 하며, 그들의 생체 소나sonar는 찾고자 하는 생명체의 내부 기관까지도 파악하는 능력을 갖추고 있다. 바다의 범고래라면 쫓던 물범이 지치거나 상처를 입었는지도 알아낼 수 있다. 생체 소나 덕에 먹잇감의 심장박동수와 호흡도 감지할 수 있기 때문이다. 범고래는 반향정위 능력이 있어 빈틈없는 작전을 세워 먹이를 사냥할 수 있다.

그러나 그날 밤 수조를 헤엄치는 동안, 나는 스플래시의 반향정위에서 오는 그 어떤 소리도 들을 수 없었고 울리는 느낌도 없었다. 녀석은 완전히 숨을 죽인 채 물속 어딘가에 있었는데 그 기분은 참으로 섬뜩했다. 성적으로 성숙한 2.3톤의 수컷 범고래가 나를 향해 다가오고 있는데 어찌 된 영문인지 그의 반향정위에서 오는 그 어떠한 소리도 울림도 감지할 수 없는 상황이었다. 녀석이 숨을 죽인 이유는 무엇일까? 녀석은 무엇을 하고 있는 걸까? 그보다도 녀석은 도대체 무슨 꿍꿍이로 이러는 걸까?

보이지 않는 실마리를 찾아 물속을 헤엄치는 와중에 이런 갖가지 불안이 머릿속에 퍼졌다. 바로 그 순간, 묵직한 존재가 느껴졌고 나는 마침내 수면 아래서 스플래시와 얼굴을 마주하고 있었다. 그때 나의 아드레날린 수치는 분명 엄청나게 치솟았을 것이다. 녀석은 무언가 공격적이고 사나운 일을 모의하고도 남았을 것이다. 자기가 무슨 일을 벌일지 나는 감도 못 잡고 있다는 사실도 알고 있었으리라. 수조의 어둠 속에서 그가 예정대로 움직이고자 마음먹었고, 별다른 문제 없이 쇼를 잘 마쳐 주었다는 사실이 나는 그저 고마울 따름이다.

스플래시는 내가 함께 일한 범고래 가운데 가장 불행한 범고래였을 것이다. 그래도 다행인 것은 그에게 보호자가 있었다는 사실이다. 그 보호자가 바로 오키드였다. 그녀는 씨월드 샌디에이고에서 지배적 암컷은 아니었다. 당시 씨월드를 지배하는 것은 카사트카였다. 그러나 오키드는 왕관을 차지하기 위해 늘 카사트카에게 대들 기세였다. 어떤 이유에서인지 그녀는 스플래시의 수호자 역할을 자처했다. 그리고 뒤가 구린 일을 벌일 때는 공범이 되기도 했다.

오키드는 스플래시보다 불과 한 살 더 많았다. 스플래시가 수조 바닥에서 증세를 보이기라도 하면 다시 수면으로 올려 숨 쉬게 하려고 했고, 발작을 일으킬 때마다 곁을 지키곤 했다. 스플래시가 발작 때문에 몸을 주체하지 못하고 콘크리트 벽에 부딪히면 다치지 않게 단단한 벽에서 그를 떼어 놓기도 했다. 때로는 스플래시와 벽 사이에 끼어 그가 아프지 않도록 애쓰기도 했다. 오키드가 무얼 바라고 그런 행동을 한 것은 아니었다. 그것은 그를 보살피려는 마음에서 나온 행동이었다.

그렇다고 오키드가 착한 범고래였는가 하면 그건 결코 아니었다. 그녀는 씨월드 샌디에이고의 여러 범고래 중에서도 위험한 축에 속했다. 영리하기로 치면 카사트카와 견줄 만했으나 사악한 구석도 있었다. 이따금 샤무 스타디움에 잘못 날아든 새들이 오키드의 본색을 알아차렸지만 이미 너무 늦은 후였다. 하루는 어미 오리와 새끼 오리 일곱 마리가 식당 '샤무와 함께 식사를'에 딸린 수조에 들어와 떠다녔다. 당시 그 수조에는 범고래가 없었으나 수조 출입구가 열려 있었으므로 언제든 들어올 수 있는 상황이었다. 오리들이 물에 들어온 것을 보자마자 나와 다른 조련사들은 범고래들을 다른 수조로 불러 모으고 그사이 출입구를 닫으려 허겁지겁 움직였다. 그러나 너무 늦고 말았다. 오키드가 순식간에 '샤무와 함께 식사를'의 수조로 들어오고 말았다. 그것도 완전히 물속에 잠겨 소리 없이 다가온 것이다. 오리들은 자기들 바로 밑에서 오키드가 호시탐탐 기회를 엿보고 있는 줄 알 리 없었다. 거대한 범고래가 물속에서 새끼들을 천천히 빨아들이며 하나씩 하나씩 삼켜 버렸고, 마침내 어미와 새끼 한 마리만 남고 말았다. 이 장면은 아무도 알아채지 못할 만큼 교묘하게 일을 도모하는 범고래의 치밀한 능력을 보여 주는 증거이자, 그들이 사악하게 돌변할 수 있음을 단적으로 보여 주는 일화이기도 하다. 우리는 오키드가 마저 삼켜 버리기 전에 손을 휘저어 살아남은 오리들을 수조 밖으로 내보냈다. 이 모든 일을 오키드는 잔물결 하나 일으키지 않고 해치웠다. 2.7톤이나 나가는 범고래가 그토록 은밀하고 민첩하게 움직이는 모습은 분명 놀라울 따름이었다. 하지만 다른 조련사들과 나는 사라진 새끼들을 애타게 찾아 헤매는 가엾은 어미 오리에게 몹시 미안한 마음이었다.

오키드와 카사트카, 그리고 타카라는 갈매기를 놀잇감으로 삼는 일이라면 고수라 불리기에 손색이 없었다. 갈매기가 바다에 사는 범고래의 주된 먹잇감은 아니다. 하지만 그들 셋이 있으면 어렵지 않게 하루에 열 마리는 되는 갈매기를 사로잡아 죽일 수도 있었다. 어느 날 훈련 시간에 내가 범고래들과 수조에 있으면서 특별한 동작을 익히기 위해 수면 아래로 가라앉았다가 떠오르고 보니 죽은 새 한 마리가 바로 옆에 둥둥 떠 있었다. 범고래 한 녀석이 아무도 모르게 죽인 것이었다. 타카라가 갈매기를 가지고 노는 데 특히 기발한 끼를 보였다. 새의 시체를 조금씩 뜯어 먹으며 조각가의 솜씨로 손보는가 싶더니, 조련사가 가져오라는 지시에 내놓은 모습이 새의 심장에 날개 한 쌍만 붙은 모양이었다. 그것은 마치 영화 속 주인공 한니발 렉터는 저리 가라 할 만큼 섬뜩한 보석 같은 모습이었다.

오키드와 다른 두 범고래가 갈매기를 꾀어내 사냥하는 방법은 특히나 기괴했다. 갈매기를 유인하기 좋게 먹은 음식을 게워 내고 나서 수면에 뜬 채 미동도 없이 침착하게 기다렸다. 그런 식으로 물 위에 동동 떠 있는 갈매기들을 바로 옆에 범고래들이 있는 데도 안전하다고 믿게 만들었다. 마침내 갈매기가 위험이 없다고 믿어 방심한 순간, 범고래들은 갈매기를 낚아채 턱에 문 채 수조 둘레를 돌고, 물속에 처박고, 갈매기가 수면에서 힘없는 날갯짓으로 물을 튀기도록 놔두었다. 범고래가 가엾은 갈매기를 가지고 노는 모습은 인간으로 치면 가학을 즐기는 모습과 다름없었다. 그리고 일종의 의식이 이어졌다. 이따금 갈매기가 마음껏 발버둥 치게 내버려 두어 차가운 물에 잠겼다 나온 충격에서 조금 기운을 차리게 했다. 그러나 갈매기가 수조에서 벗어나기 위해 날개를 퍼드덕거릴 수 있을 만큼 물기가 사라졌다고 생각할 때쯤 범고래가 딱한 갈매기를 덥석 물고 다시 물속으로 끌고 내려갔다. 갈매기가 완전히 지쳐 축 늘어질 때까지 그런 짓을 되풀이했다. 아니면 그 짓에 물릴 때까지 계속했다. 그리고 결국 범고래는 갈매기의 목숨을 끝장내고 말았다.

    우리는 목표를 조금씩 올려 잡는 식으로 훈련하여 마침내 범고래가 갈매기를 가져오도록 하는 데 성공했다. 그것도 산 채로. 처음에는 범고래가 죽은 갈매기를 물고 올 것이라는 사실을 받아들여야 했다. 그러나 훈련이 쌓이면서 상처 입은 채로 가져왔고, 그 단계를 넘어서자 드디어 상처 하나 없이 살아 있는 갈매기를 가져오곤 했다. 갈매기를 죽이지 않기로 마음을 바꾼 것이다.

그럼에도 불구하고 범고래들은 비뚤어질 기회가 오기만을 기다리는 것 같았다. 오키드와 스플래시는 '보니와 클라이드*1930년대 미국에서 은행 강도와 살인을 반복한 커플의 이름*'처럼 단짝으로 움직였다. 그들이 나쁜 일을 꾸밀 수 있기 때문에 조련사는 늘 유심히 살펴야 했다. 한번은 경험이 없는 조련사를 괴롭히기도 했는데 그 결과는 참으로 끔찍했다.

조련사 타마리 톨리슨*Tamarie Tollison*은 식당 '샤무와 함께 식사를'에 딸린 수조에서 감시원 역할을 하고 있었다. 조련사가 그 구역에서 감시할 때는 범고래와 상호작용할 일이 없이 범고래와 방문객 사이를 살피는 정도여서 보통은 혼자 일한다. 다만 씨월드 방문객이 물속에 손을 넣거나 범고래와 접촉하지 않도록, 혹은 아무것도 물에 던지지 않도록 단단히 살펴야 한다. 그 구역을 순찰하면서 흐트러진 것이 없도록 정돈하고, 반드시 방문객과 범고래 사이에 거리를 벌려 놓아야 한다.

어찌 되었든 조련사는 단독으로 범고래와 접촉할 수 없으며 이것은 가장 노련한 조련사조차 예외 없다. 누구든지 감시원을 두어 뒤를 살펴야 한다. 그런데 수조 입구에 앉아 있던 톨리슨이 오키드와 접촉을 시작했다. 톨리슨은 자기 발을 거듭 오키드의 입 안과 혀 위에, 그리고 부리 위에 얹었다. 이 모든 일은 스플래시가 오키드의 곁에 떠 있으면서 지켜보는 가운데 일어났다.

톨리슨은 어떤 식으로든 자기를 만져 달라고 졸라 조련사를 '낚는' 오키드의 전적을 전혀 모르고 있었다. 조련사가 거기에 응하면 그를 후려치거나 덮치는 게 오키드의 수법이었다. 오키드는 씨월드에서

식사를 즐기며 수조 안의 모습을 지켜보는 방문객이 다 보는 앞에서 바로 그 짓을 벌이고 있었다. 나중에 비디오를 돌려보면서 나는 곧 일이 터질 것임을 예감했다. 오키드의 속셈이 빤히 들여다보였다.

　　오키드는 조련사의 발을 덥석 물고는 좀처럼 놓아 주려 하지 않았다. 톨리슨은 손을 뻗으며 오키드에게 그만 놓아 달라는 신호를 주려 시도했다. 하지만 오키드는 말을 듣지 않았다. 톨리슨도 몸을 돌려 필사적으로 입구의 문을 움켜잡고는 오키드의 꾹 다문 입에서 빠져나오려 안간힘을 썼다. 하지만 2.7톤이 넘는 거구의 완력에 상대가 되지 못했다. 오키드는 톨리슨을 입구에서 떼어 내고는 물속에 처박아 버렸다. 톨리슨이 물속에 처박히던 순간, 스플래시도 끼어들어 그녀의 팔을 물고 으드득 씹었다. 결국 톨리슨의 뼈가 부러져 살을 뚫고 말았다. 오키드와 스플래시는 번갈아 가며 톨리슨을 물속으로 끌어당겼다.

　　겁먹은 손님들이 비명을 지르며 도움을 요청했고 근처의 조련사들이 달려왔다. 어느 방문객이 공포에 떨며 촬영한 비디오에 사건의 순간이 생생하게 담겼다. 오키드가 그녀를 장난감 다루듯 하는 가운데 수면으로 나오고자 몸부림치는 톨리슨의 절박한 목소리가 들렸고, 가끔 외치는 소리가 물속에서도 터져 나왔다. "살려 주세요!"

　　바로 그때, 노련한 조련사인 로빈 시츠가 도착했다. 그는 두 녀석을 불러 모으려 물 때리기를 시도했다. 그러나 둘은 여전히 말을 듣지 않은 채 톨리슨을 물속으로 끌고 다녔다. 하지만 로빈도 침착을 유지하며 대응했다. 그는 이 두 녀석이 누구의 말을 따를지 잘 알고 있었다. 바로 지배적 암컷이었다. 그는 다른 조련사에게 카사트카를 가둔 수조 출입구의 사슬을 벗겨 내라고 요청했다. 이 아수라장에 또 다른 범고래를 끌어들일 의도는 아니었다. 그는 오키드와 스플래시에게 그들이 두려워하는 존재가 곧 들이닥치리라는 것을 예고하려 했을 뿐이다. 사슬을 푸는 행위는 언제나 출입구의 개방으로 이어진다고 인지하게끔 일관되게 훈련시킨 여러 동작의 일부였다. 게다가 스플래시와 오키드는 바로 그날 그 문 뒤에 카사트카가 있다는 사실도 알고 있었다.

씨월드 샌디에이고의 위계질서에서 카사트카는 스플래시를 비롯한 다른 범고래는 말할 것도 없고 항상 오키드보다 서열이 앞섰다. 카사트카의 수조와 통하는 문의 사슬이 풀리자, 스플래시와 오키드는 씨월드의 우두머리가 등장할 것임을 알아차렸다. 사회적으로나 위계적으로나 하수인 그들로서는 자기들이 벌인 난장판에 끼워 주고 싶지 않은 변수였다. 그들은 결국 톨리슨을 풀어 주었다.

톨리슨은 매우 심하게 다쳤다. 뼈가 여러 군데 부러지고 피를 많이 흘렸다. 호시탐탐 기회를 엿보던 범고래 둘에게 걸려든 결과였다. 그녀가 지금껏 살아 있는 것은 노련한 로빈 시츠가 범고래의 위계질서를 능숙하게 이용할 줄 알았기 때문이다. 카사트카의 무시무시한 영향력이 그 결과에 뻗치도록 그가 손을 썼기 때문이다.

로빈의 행동은 조련사의 경험이 얼마나 가치 있는지 보여 주는 완벽한 사례이기도 하다. 이런 기지는 어느 지침서에도 나오지 않는다. 범고래가 비뚤어질 때 어떻게 행동해야 할지 알고 자신 있게 대처하려면 범고래와 오랜 시간에 걸쳐 지낸 경험이 쌓여야 한다.

딸 타카라는 어미인 카사트카의 기질을 그대로 빼닮았다. 둘 사이에 가장 흡사한 특징은 강철 같은 근육으로 움직이는 턱이다. 때때로 나는 그들이 씨월드의 어느 곳에 있든 지배적 권력을 행사할 수 있었던 이유가 바로 강력한 턱의 영향이 아니었을까 생각한다. 그렇다면 다른 범고래들도 그 턱의 강력한 힘을 감지하고, 둘이 마음에 들지 않는 녀석들에게 본때를 보이려 이로 긁을 때 입을 수 있는 상처를 두려워할까? 덩치로는 자기들보다 거의 두 배나 큰 범고래들을 압도하는 막강한 권력이 여기서 나온 것일까?

그뿐만이 아니다. 카사트카의 이는 거의 완벽한 상태였으며, 벽에 대고 이를 가는 짓은 절대 하지 않았다. 페인트를 벗기지도 않았다. 수조에 갇힌 수컷 범고래의 구부러진 등지느러미와는 달리, 그녀의 등지느러미는 특유의 곡선이 도드라지면서도 곧게 솟아 있었다. 모녀의 부리는 쇠처럼 단단했다. 방금 포장을 뜯어내 간신히 찌그러뜨릴 수 있을 만큼 탱탱한 테니스공을 떠올려 보자. 평범한 범고래의 부리가 마치 그런 느낌이다. 그런데 탄성이라곤 전혀 없는 테니스공이라면 어떨까. 그게 바로 카사트카의 부리다. 돌과 같은 단단함. 타카라의 부리도 그와 똑같았다.

감히 아무도 카사트카의 심기를 거스르려 들지 않았다. 타카라가 딸이라고는 해도 감히 그럴 수 없었다. 다행히도 카사트카는 기분이 좋지 않으면 늘 티가 났다. 감정을 숨기는 범고래야말로 기피 대상 1호다. 카사트카와 있으면 그녀의 기분을 알아차릴 수 있었다. 씨월드의 다른 범고래들도 눈치챌 정도였다. 진정한 지배적 암컷의 위세를 떨치듯이, 그녀의 힘은 심기가 불편하면 잘 돌아가던 쇼 전체를 멈추게 할 만큼 대단했다. 다른 범고래가 자기보다 더 큰 관심을 받아 시샘이 나거나, 새끼 때문에 마음이 쓰일 때 그런 일이 벌어지곤 했다. 카사트카가 권력을 휘두르고 있다는 것 이외에는 설명할 수 없는 상황을 나도 여러 차례 목격했다. 한번은 그녀의 시선 밖에 있는 범고래와 소통해 보상으로 주는 생선도 받지 않도록 조종한 장면을 본 적이 있다. 즙이 뚝뚝 떨어지는 큼직한 연어를 막 받아 문 범고래가 그것을 가져와 문 창살 사이로 자기에게 넘기도록 하는 장면도 목격했다.

카사트카의 심중을 잘못 헤아리거나 오해한 대가는 무시무시했다. 1999년 샌디에이고 최고의 조련사인 켄 피터스가 카사트카, 타카라와 함께 등장하는 쇼에서 나는 감시원 역할을 한 적이 있다. 우리 사이에 피티로 통하는 그는 카사트카와 각별히 가깝고 서로 신뢰하는 사이였다. 카사트카의 마음을 자기보다 더 잘 헤아릴 수 있는 사람은 없다고 여길 정도였다. 조련사들도 모두 그렇게 생각했다.

그러나 쇼가 어느 부분에 이르자 무언가 잘못 돌아가고 있었다. 타카라가 신호에 굼뜨게 반응했다. 조련사의 눈을 볼 수 있도록 몸을 세워 물 밖으로 머리를 내밀어야 하나, 머리를 수면 아래로 떨군 채 시선은 9미터 떨어진 거리에서 피티와 움직이고 있는 어미를 향했다. 타카라에게서 계속 거북스러운 기미가 보이자 조련사와 갈라놓고, 쇼가 진행되는 무대 전면에서 벗어나 후면 수조로 가도록 했다. 우리는 두 모녀 사이가 틀어진 사실을 눈치챘다. 그래도 카사트카는 매우 차분해 보였고 해야 할 일을 잘하는 것처럼 보였다. 우리 눈에는 그렇게 보였다. 그러나 후면 수조에서는 타카라가 빠르게 원을 그리며 급하게 숨을 몰아쉬었다. 방금 막 일어난 어떤 일 때문에 괴로운 게 분명했다. 그러다가 한때 수조에서 빠져나와 매주 한 번 무게를 잴 때 쓰는 저울에 오르기도 했다. 그녀는 불편한 상황에서 벗어나려 애쓰고 있었으며 자기의 언짢은 심정을 알리고자 발성을 내보냈다.

한편 카사트카는 피티가 주는 신호를 계속 받아 반응하고 쇼의 순서대로 착착 움직였다. 우리는 앞뒤 수조를 갈라놓는 문을 닫기로 했다. 타카라에게 마음을 가라앉힐 여유를 주고 상황이 더 나빠지지 않기를 바랄 뿐이었다. 카사트카가 딸의 몸에 갈퀴질을 하는 상황도 피하고 싶었다. 운이 따른다면 공연 말미에 닫힌 문을 다시 열 수도 있고, 무엇인지 모르겠지만 둘 사이의 갈등도 풀려 모녀가 재회할 수 있을지도 모른다. 하지만 일단 타카라의 진정이 먼저였다.

지위나 경력으로나 피티 못지않은 리사 휴굴리가 그에게 다가와 말했다. "아직도 카사트카와 수영하려는 건 아니겠지, 그렇지?"

"아니. 카사트카는 아주 좋아 보여. 지금까지 100퍼센트 모습으로 움직였어." 피티는 크게 신경 쓰지 않으며 말했다.

비상시에 즉각 수중신호를 울리는 감시원인 나도 그와 같은 생각이었다. 나는 무대 위 그들 바로 뒤에서 오가는 대화를 들으며 동시에 카사트카의 움직임을 살피고 있었다. 그녀는 자기 딸에게 일어나고 있는 일에는 전혀 신경 쓰지 않는 것처럼 보였다. 반면에 타카라는 후면 수조에서 동요를 감추지 못하고 계속 수조를 돌고 있었다.

피티는 수조로 천천히 들어갔다. 음악 신호가 나오면 예정된 순서를 시작하기 위해 기다리면서 카사트카를 어루만졌다. 그러나 바로 그 순간, 카사트카가 돌연 그의 곁을 빠져나와 물속에서 빠르게 원을 그리고 헤엄치며 화난 듯한 발성을 내보내기 시작했다. 경직된 등 근육으로 보아 그녀가 얼마나 괴로운지 알 수 있었다. 격렬한 속도로 수조를 헤엄치는 바람에 강한 물살이 생겼고, 피티는 그 물살에 휩쓸려 점점 수조 한가운데로 밀려났다. 그도 빠르게 상황을 파악했다. 기회가 생기면 안전하게 빠져나올 수 있는 위치에 자리 잡으려는 바람으로 물을 가볍게 내리치듯 손동작을 만들었다. 카사트카가 그 장면을 목격하고 즉시 그에게 다가갔다. 피티는 그녀에게서 벗어나려 안간힘을 썼다. 카사트카가 씨월드에서 가장 큰 범고래는 아니라 해도 몸길이가 5미터가 훌쩍 넘고 무게는 거의 2.3톤에 육박하는 덩치였다. 그녀가 물속으로 사라질 때마다 피티도 물속에 얼굴을 묻었다. 그녀의 위치를 찾아 시선을 맞추고 다시 상황을 통제해야 했다. 시선을 맞추는 것은 범고래를 대하는 모든 순간에서 중요하다. 범고래의 공격성 때문에 발생한 사건에서는 눈을 마주치는 행위로 결과가 달라지기도 한다.

카사트카는 그의 밑에서 입을 벌린 채 올라왔다. 그의 엉덩이를 격렬하게 물 밖으로 들어 올렸다. 포악해 보이기까지 한 습격에 둘 다 무대와 멀어졌다. 카사트카는 다시 사라졌다가 방향을 틀었다. 입을 벌리고 이제는 그의 발을 잡아 물 태세였다. 피티는 그녀를 밀어내려 했다. 얼굴을 다시 물속에 집어넣고 그녀가 다시 자기 쪽으로 쇄도하기 전에 위치를 확인하고자 했다. 그때까지만 해도 나는 크게 염려하지 않았다. 하지만 이제 무기력하게 상황을 바라보며 피티가 콘크리트 무대에 충돌해 부서지는 모습을 상상하니 공포가 솟구치기 시작했다.

그러나 행운의 한 수로 피티가 오른팔을 무대 위로 올렸고, 로빈이 이를 잡아채 카사트카가 돌아오기 직전에 끌어올렸다. 그러자 카사트카는 더 격렬한 속도로 수조를 헤엄치기 시작했다. 쇼는 중단되었다. 이후 여섯 달 동안 아무도 카사트카와 함께 물에 들어갈 수 없었다.

그날 나는 매우 귀한 교훈을 얻었다. 곁에 있는 범고래가 실은 전혀 그렇지 않을 때조차 겉으로는 아무런 문제 없는 것처럼 보일 수 있다는 것이다. 카사트카와 타카라가 관련된 그 사건에서 알 수 있듯이 더 넓은 맥락에서 상황을 읽어야 한다. 다른 범고래와 다툼이 있었다거나 아주 사소하게라도 어떤 일에 얽혀 있다고 의심되는 범고래하고는 절대 물속에 들어가서는 안 된다. 그 범고래가 평온하고 신경 쓰지 않는 것처럼 보이더라도 말이다. 카사트카는 그날 우리 모두에게 이 점을 일깨워 주었다.

(1999년 여름은 카사트카와 피티에게 일어난 그 사건 때문만이 아니라도 우리 모두에게 깊은 시름을 남긴 해였다. 같은 해, 씨월드 올랜도를 찾은 스물일곱 살

청년 대니얼 듀크스Daniel Dukes가 틸리쿰의 등에 축 늘어져 죽은 채로 발견되었기 때문이다. 그는 명백히 씨월드의 보안을 뚫고 들어가 밤을 지새우다 어떤 영문인지 틸리쿰이 있는 수조를 찾아 들어갔다. 부검 결과에 따르면 듀크스는 머리와 가슴, 팔다리 여러 군데에 상처를 입고 고통 속에 죽었다. 게다가 틸리쿰은 듀크스가 죽고 나서도 시신을 훼손했으며, 그의 성기 일부도 거세했다. 그보다 앞선 1991년, 틸리쿰은 캐나다 브리티시컬럼비아주의 해양테마파크인 시랜드 오브 더 퍼시픽Sealand of the Pacific에서 조련사를 죽인 전적이 있었다. 시랜드 측은 1992년까지 틸리쿰을 소유하고 있다가 씨월드에 팔았다.)

　　1999년 가을이 되어 다시 카사트카와 수중공연을 펼쳐도 좋다는 허락이 떨어졌고, 나는 공식적으로 그 팀의 일원이 되었다. 나는 자부심이 일고 들뜨기까지 했다. 까다롭고 상대하기 어려운 카사트카가 있는 팀에 나를 넣었다는 것은 내게 그녀의 상태를 정확히 판단하고 안전하게 처신할 수 있는 기술과 능력이 있다는 사실을 위에서도 인정한다는 증거였다. 나의 입장에서는 승진이나 다름없었다. 내 경력 전부를 돌아보아도 그보다 더 뿌듯한 일은 거의 없다. 나는 물속에 있지 않을 때도 어떻게 하면 카사트카와 좋은 관계를 만들까 골몰하고 그만큼 많은 에너지를 쏟으면서 진작부터 그녀를 아끼고 있었다. 나는 카사트카가 좋아하는 것과 싫어하는 것을 알아 갔다. 그녀가 내보내는 음파를 포착하는 법을 익히고 그로부터 그녀의 기분도 알아챌 수 있게 되었다. 그러나 그토록 가깝고 오랜 시간 관계를 맺으며 지낸 피티에게조차 등을 돌린 모습을 본 이상, 현실적인 판단도 해야 했다. 씨월드의 포로로

잡혀 있는 한, 범고래의 내면에서는 쉽게 헤아리지 못할 많은 일이 벌어지기 때문이었다.

씨월드 해양테마파크의 비좁은 경계에 갇힌 삶은 상상 이상으로 복잡해서 범고래에게 필시 편집증에 견줄 만한 고통을 안긴다. 하찮을 줄만 알았던 일이 돌연 범고래에게는 터무니없는 모욕으로 받아들여지기도 한다. 그들은 조용히 복수를 꾀할 만큼 지능이 높기에 자기들의 분한 감정을 똑똑히 보여 줄 적당한 때가 오기만 기다린다.

내가 카사트카에 관해 배운 것 중 가장 중요한 교훈을 피티가 가르쳐 주었다. 그의 가르침은 완전히 직관에 반하는 것이었다. "카사트카와 함께라면 위험한 상황에 기꺼이 자네 자신을 내던질 수 있다는 걸 보여 주어야 해. 그녀를 믿기 때문에 그럴 수 있다는 걸 보여 주는 거야." 그건 무책임하게 자신의 안전을 내팽개쳐도 된다는 뜻이 아니었다. 수조의 가장자리에 있든 물속에 있든 조련사는 늘 범고래의 상태에 좌우될 수밖에 없다. 피티의 말에는 작고 사소한 일이라도 이 거대하지만 예민한 동물이 알아차릴 수 있으니 놓치지 말아야 한다는 의미가 담겨 있었다. 그가 말한 섬세한 손길이 무엇인지 이해하고 나서 나와 카사트카의 사이는 급격히 가까워질 수 있었다. 그녀에게 먹이를 주더라도, 다그치는 게 아니라는 걸 알게 하려고 시간을 늦추어 가며 천천히 주었다. 생선을 성의 없이 입안으로 그냥 던져 주지 않았다. 그녀의 목구멍 깊숙이 먹이를 넣어 주면서 내 손이 그녀의 이에 닿도록 입 속으로 팔을 뻗었다. 그다음 내 손이 사라지고 나면 그녀는 입을 닫는

게 전부였다. 그러나 그녀는 그런 상황에 잘 반응했다. 무엇보다도 카사트카와 함께 있을 때는 재촉하지 않고 느긋하게 일을 치르는 것이 우선이었다.

범고래의 마음을 읽으려 애쓰면 애쓸수록 비뚤어질 기미를 알아채는 게 불가능할 때도 있다. 범고래와 맺는 끈끈한 관계는 그런 반전 상황에서 살아남을 수 있는 최고의 대비책이다. 피티는 2006년 쇼가 진행되는 도중에 카사트카가 다시 덮치려 했을 때 그 점을 입증해 내었다.

그 사건에서 카사트카는 피티의 발을 덥석 물고 물속에서 끌고 다니기를 거듭했다. 그 건은 범고래의 공격에서 조련사가 살아남은 사건 가운데 가장 심각한 사례로 남아 있다. 피티는 다급한 상황에서도 침착을 유지하고 적당한 때를 기다려 카사트카를 진정시키는 능력이 있었고, 평소 카사트카와 좋은 관계를 맺고 있었기 때문에 자칫 재앙으로 끝날 뻔한 상황을 모면할 수 있었다. 그는 카사트카가 놓아 준 덕에 간신히 수조 밖으로 나올 수 있었다. 그로서는 카사트카에게 옳은 선택의 기회를 줄 시간이 있어 천만다행이었다. 그녀는 피티를 끝장낼 수도 있었지만 완전히 탈선하기 직전 마음을 돌렸다. 피티는 발의 뼈가 부러지고 인대도 다쳐, 뼈에 나사를 박고 병원 신세를 져야 했지만 결국 회복했다.

사고에도 불구하고 그는 언제나처럼 카사트카를 사랑으로 대했다. 그리고 나로 말하자면 그 까다로운 성미에도 불구하고 그녀를 사랑하는 법을 깨우쳤다. 내가 샌안토니오로 복귀했을 때 카사트카와 일한 경험이 없던 그곳의 조련사들은 그녀를 사이코 범고래라 불렀고, 이에 마음이 크게 상한 나는 그녀를 격하게 변호했다. 나는 그녀가 간단히 피티를 죽일 수 있었는데도 그러지 않기로 마음먹은 것이라고 그들에게 일깨워 주었다. 범고래라 할지라도 그러한 선택을 한 점은 인간의 경의를 받아 마땅하다.

프레야처럼 카사트카도 바다에서 태어났다. 무한한 바다를 헤치고 나아가는 기분이 어떤 것인지 그녀도 분명 기억하리라. 그녀가 인간의 통제 아래 자신을 내놓기로 한 사실에 나는 경외감이 일었다. 범고래 집단의 가모장이 인간이 자기에게 지시를 내리고 지시에 따른 대가로 보상하는 것을 허락한다. 자기가 무엇에 행복을 느끼며 무엇에 즐거워하는지 인간이 알도록 허락한다. 그와 같은 관계를 맺으려면 시간이 걸린다. 그런 관계는 상호적인 것이다. 이런 범고래, 특히 가장 위험한 범고래와는 진정 서로 도우며 주고받는 관계를 만들지 않고는 아무것도 할 수 없다. 하나하나의 관계가 모두 다르고 특별하다. 조련사가 그런 관계의 본질을 깨닫는 만큼 범고래도 깨닫는다. 조련사의 눈에 똑같아 보이는 범고래가 없듯이, 범고래의 눈에 똑같이 보이는 조련사는 없다.

2001년 내가 프랑스에 있는 해양테마파크의 범고래 조련 책임자 직을 맡아 샌디에이고를 떠나던 날 피티가 나를 위해 같이 있어 주었다. 나는 그 전까지 물속에서 조련사와 공연한 경험이 없는 범고래들을 맡게 되었다. 그것은 엄청난 기회였다. 앙티브에 있는 해양테마파크의 조련사들은 늘 수조 가장자리에서 작업했을 뿐, 범고래들과 물속에서 활동한 적이 없었다. 그 조련사들과 범고래들 양측을 훈련하는 것이 내가 맡은 일이었다.

그러나 프랑스에서 일하려면 내가 사랑하는 범고래들을 떠나야 했다. 코르키, 스플래시, 타카라, 오키드, 울리세스, 그리고 카사트카 모두.

참으로 견디기 힘든 마지막 날이었다. 나는 프랑스에서 새로 만날 범고래들과 새로운 관계를 만들면 된다고 되뇌며, 샌디에이고의 범고래들을 남기고 떠나는 심정을 뜯어 보고 합리화했다. 동료들의 지지와 응원이 큰 위안이 되었다. 돌고래와 바다사자 스타디움 소속 조련사에 비번인 동료들, 게다가 씨월드를 떠났던 동료들까지, 많은 동료가 나의 마지막 쇼를 찾았다. 전에 룸메이트였으며 동료인 웬디 라미레스와 함께 카사트카와 오키드가 등장하는 꼭지를 맡았다. 둘 사이의 알력 다툼을 수 차례 보아 왔기에 방심할 수 없는 순서였다. 피티와 로빈과 나, 셋이 함께 등장한 '급속 동작'이라는 마지막 순서에서는 코르키, 타카라와 함께 규모가 더욱 큰 수중공연 동작을 선보였다. 스파이홉과 등에 올라타기를 수 차례 펼치고 대미는 당연히 하이드로 도약으로 장식했다. 나는 긴장했다. 그토록 많은 동료 조련사들이 지켜보는 가운데, 하이드로 도약을 하다가 충돌하거나 등에 올라타기를 시도하다 물에 빠지는 실수만큼은 하지 않으려고 했다. 다행스럽게도, 모든 것이 순조롭게 돌아갔다.

쇼는 끝났지만 아직 근무 시간을 마치기까지 두 시간이 남았을 즈음 피티가 말했다. "샤워라도 좀 하고 와. 어서 가." 피티가 그 말을 하는 순간, 모두 끝났다는 게 실감 났다. 이제 범고래들을 떠나야 할 시간이 왔다. 나는 조금이라도 시간을 끌고 싶어서 더 있어도 상관없다고 말했다. 하지만 이내 목소리가 잠기면서 눈물이 핑 돌았다. 그가 다시 말했다. "괜찮아. 다 끝났어. 샤워라도 좀 해 둬."

나는 갑자기 마음을 추스르기 힘들어졌고 그런 모습을 보이고 싶지 않아 이제 거기서 나오는 수밖에 없었다. 탈의실로 향하려 등을 돌리는 순간 눈물이 하염없이 흘러내리기 시작했다. 그러나 뒤에서 피티의 발소리가 들려왔다. 내 발걸음이 빨라질수록 그도 빠르게 뒤를 따랐다. 탈의실에 들어서자마자 나는 문을 닫고 돌아섰다. 피티가 바로 뒤까지 따라왔다. 그가 서둘러 오는 소리에 나는 두 번째 문으로 달려가 꽉 닫았다. 그러나 곧 그가 문을 열고 들어왔다. 나는 거울로 내 뒤에 선 그의 모습을 바라보다가 그만 무너지고 말았다. 눈물이 멈추지 않았고, 간신히 숨을 쉴 수 있었다.

피티는 언뜻 보면 무뚝뚝해 보일 수도 있고 다른 이의 감정을 잘 헤아리는 사람은 아니었다. 하지만 나와 눈이 마주치자 내 어깨에 손을 얹고 말했다. "괜찮다거나 울지 않아도 된다고 말하려는 건 아니야. 자네가 우는 동안 그저 함께 있어 주고 싶어." 그것은 여태껏 들어본 말 중 가장 마음을 울리는 진심 어린 말이었다. 그때만 해도 범고래들과 이별해야 한다는 사실이 미칠 듯이 고통스러웠기 때문에 내가 곧 괜찮아질 것이라고는 상상조차 할 수 없었다.

피티는 범고래의 까다로운 면모에도 불구하고 그들을 사랑한다는 것이 어떤 것인지 아는 사람이었다. 자기 삶의 얼마나 많은 부분을 떼어 주어야 하고 그 희생의 보답으로 얼마나 많이 되돌아오는지 그는 알고 있었다. 우리는 같은 범고래들을 사랑했다. 나는 눈물 한 방울도 남지 않을 때까지 탈의실에 남아 울었다. 나에게 그 이별은 사형선고나 다름없었다.

내가 씨월드 샌디에이고를 떠난 후, 카사트카는 인간이라면 누구나 가슴이 무너지는 이별을 겪게 된다.

바다에서라면 범고래 어미와 딸은 평생토록 가까이 지내며 산다. 바다에서 살다가 어미에게서 떨어져야 했던 카사트카는 첫 번째 새끼인 타카라에게 애착이 유별났다. 하지만 카사트카가 씨월드 샌디에이고의 범고래들 사이에서는 위계상 막강한 자리를 차지했다 해도, 거대 기업 씨월드의 의지를 거스르기에는 턱없이 무력했다.

2004년 씨월드의 고위 경영진은 타카라와 그녀의 딸 코하나를 올랜도로 이주시키기로 결정했다. 번식과 쇼 출연이 목적이었다. 둘을 옮기던 날, 조련사들은 우선 타카라와 코하나를 카사트카와 떨어진 별도의 수조에 가두었다. 그런 다음 타카라와 딸을 수심이 얕은 의료용 수조에 넣고 천천히 바닥을 끌어올렸다. 수위가 점점 줄어들자 타카라와 코하나는 커다란 들것으로 옮기라는 지시에 따라 크레인에 들려 수조 밖에 대기하고 있던 대형 트럭에 실렸다. 그들을 공항으로 실어 나를 이 트럭은 바퀴가 무려 18개나 달린 초대형 트럭이었다. 그런데 타카라가 들것에 얹혀 대기 중인 트럭의 수조에 실리는 동안, 어미는 계속해서 음향을 발사하기 시작했다. 카사트카가 사로잡혀 지낸 30년 동안 한 번도 들어본 적 없는 소리였다.

나중에 전해 들은 이야기로는 딸을 멀리 떠나보낸 이후에도 카사트카의 발성은 오래도록 이어졌다고 한다. 씨월드 측은 산하 헙스연구소Hubbs Seaworld Research Institute 소속 수석 연구원인 앤 볼스Ann Bowles를 데려와 카사트카의 발성을 기록하고 분석하도록 했다. 볼스는 파장이 장거리에 미치는 음성이라 결론 내렸다. 인접한 어느 수조에서도 딸의 존재를 감지할 수 없게 되자, 카사트카는 자기 능력으로 닿을 수 있는 세상 가장 먼 곳까지 음파를 보내 반사되어 돌아오거나 대답을 끌어낼 수 있는지 확인하려고 했던 것이다. 울음으로 풀이해도 이상할 것이 없는 그 소리를 들은 사람이라면 누구라도 가슴이 찢어질 만한 장면이었다.

카사트카는 첫 딸과 헤어진 슬픔을 이겨 내지 못했다. 모녀가 헤어진 지 3년이 지난 후, 조련사들이 올랜도에 있는 타카라의 소리를 녹음해 샌디에이고에 있는 카사트카에게 들려주었다. 타카라의 소리를 들은 카사트카는 즉각 혼란스러운 반응을 보이다가 이윽고 급격한 동요에 휩싸여 수조를 부산히 헤엄치고 다니며 받은 숨을 몰아쉬고 빡빡한 음향을 발사했다.

틸리쿰 사건으로 씨월드의 조련사와 범고래의 수중공연이 금지되기 오래전인 2006년 11월부터 카사트카는 제한 구역으로 보내졌다. 피티가 겪은 사건에서 여실히 드러났듯이 카사트카는 조련사들과 물속에서 지내기에 너무도 위험한 존재로 변하고 말았다.

    범고래도 기억할 줄 아는 존재다. 그들은 과연 인간을 용서할 수 있을까?

범고래의 자연사自然史와 자연스럽지 않은 역사

씨월드의 범고래들은 저마다 아름다운 이름이 있다. 그중에는 수 세기에 걸쳐 그 종種과 접촉을 이어 온 문화권의 언어에서 따온 이름도 있다. 어떤 이름에는 범고래에 대한 인간 나름의 낭만적 상상이 입혀지기도 한다. 타카라는 일본어로 '보물'이라는 뜻이다. 운나는 '사랑'이라는 뜻의 아이슬란드어다. 틸리쿰은 북미 원주민 치누크족의 말로 '친구'라는 뜻이다. 그런가 하면 지극히 사실적인 이름도 있다. 카사트카는 러시아에서 '범고래'를 일컫는 말이다. 재미를 노리고 지은 이름도 있는데, 스플래시가 그런 경우다(다른 물체가 물에 떨어질 때 나는 소리인 영어 스플래시를 우리식 이름으로 바꾸면 '텀벙이' 정도가 될 수 있다. 스플래시는 씨월드가 아닌 다른 해양테마파크에서 태어났는데 그곳이 시적이거나 이국적인 취향을 즐기는 공원은 아니었다.

    범고래의 이름은 대물림되기도 한다. 코르키는 씨월드에서 가장 나이 든 범고래로 세계의 감금 범고래를 통틀어도 나이가 가장 많은데, 그 이름의 첫 주인은 해양테마파크 업계의 초창기에 살았다가

1970년에 죽었다. 코르키는 1987년에 감금 생활의 반려자이자 벗이며 때로 짝짓기 상대이기도 했던 오르키orky와 함께 씨월드에 왔다. 라임이 맞는 이 커플에게는 살아남은 자식이 없었다. 코르키는 일곱 번 임신했으나 모든 새끼가 죽었다. 가장 오래 산 새끼가 겨우 46일을 살았을 뿐이다. 그러나 오르키는 다른 암컷인 칸두Kandu와 짝짓기하여 새끼 하나를 얻는다. 그 아이가 오키드orkid인데, 이 이름은 식물 난초 orchid가 아니라 아버지의 이름에서 따온 것이다.

칸두는 1980년대 씨월드를 주름잡은 지배적 암컷이었으나 쇼가 진행되던 도중 코르키에게 돌진하다 일어난 끔찍한 사건으로 죽고 말았다. 추측하건대 가모장으로서 자기의 지위를 똑똑히 보여 주려다 생긴 사고였다. 코르키는 달려드는 칸두의 충격을 적당히 넘길 수 있었지만, 칸두는 3.7톤이 넘는 코르키의 육중한 몸에 충돌하면서 위아래 턱이 골절되었다. 그 충격으로 동맥이 끊어져 수조 바닥에서 피를 흘리며 죽어 갔다. 당시 한 살도 채 넘기지 않은 오키드는 수조 바닥에서 죽어 가던 어미의 주위를 헤엄치고 있었다. 후에 코르키는 어미를 잃고 엄청난 슬픔에 빠진 오키드를 양딸로 받아들여 친자식처럼 보살핀다. 코르키는 지배적 범고래의 지위를 결코 노리지 않았다. 대신 1990년에 카사트카가 그 지위를 차지한다. 오키드라는 이름을 들으면 오르키와 코르키의 이름이 메아리 되어 울리며 씨월드판 한 편의 멜로드라마가 떠오른다.

인간이 범고래에게 붙인 여러 명칭은 인간의 소비와 기억, 체계를 세우고 분류하려는 필요성에서 나왔을 뿐이다. 범고래는 실제로 인간이 부르는 소리를 인식하지 못한다. 그들의 발성과 청음 기관은 복잡한 구조이기는 해도 자음보다는 모음에 대응하도록 만들어졌다. 자연 상태의 범고래는 인간과는 차원이 다른 우주에서 산다.

인간은 오랜 세월에 걸쳐 오르키누스 오르카라는 종에게 여러 명칭을 붙여 주었다. 20세기 초 《브리태니커 백과사전》에서는 고대 로마의 검투사를 참조한 오르카 글라디아토르Orca gladiator라는 학명을 인용해 소개했다. 거의 2000년 전에 로마의 역사가 플리니우스가 붙인 괴물스러운 이름 오르쿠스보다 훨씬 호전적인 수식어를 범고래의 이미지에 입힌 것이다. 똑같이 검투사라는 의미가 담긴 프랑스어 '에폴라épaulard'에서는 결투용 검인 에페épée의 바람 가르는 소리가 느껴진다. 이 단어는 범고래가 사냥감을 향해 바다의 물살을 가르며 쇄도할 때 보이는 예리한 칼날 같은 등지느러미와 관련 있다. 범고래를 뜻하는 핀란드어 미에카발라스miekkavalas, 네덜란드어 즈바르발비스zwaarwalvis, 독일어 슈베르트발Schwertwal에도 칼이 들어가 있다.

20세기 초까지 영어에서 범고래를 뜻하는 단어로 널리 쓰인 '그램퍼스grampus'도 프랑스어에서 기원했다. 뚱뚱한 어류fat fish라는 뜻의 중세 라틴어 '크라수스 피스키스crassus piscis'에서 옛 프랑스어 그라프아grapois로 기괴한 어형 변화가 일어났다. 여기서 음절 '프아pois'는 어류를 뜻하는 현대 프랑스어 '프아송poisson'으로 이어진다. 이 단어가 영어에서 한층 더 변화를 겪어 그램퍼스가 되었다. 허먼 멜빌이 1851년에 출판한 명작 소설 《모비 딕》에서 범고래를 가리키는 말로 이 단어를 사용했다.

'킬러'라는 말이 범고래에 붙어 폭넓게 사용되기 시작한 것은 20세기 들어서였다. 그전까지는 스페인 뱃사람들이 자기보다 훨씬 큰 고래를 공격하는 범고래의 흉포성에 놀라 아세시나바예나스asesinaballenas, 즉 '고래 킬러'라 부른 데서 유래한 별명에 지나지 않았다. 덴마크어 '스팩호거spækhugger'에도 범고래의 게걸스러운 본성이 반영되었다. 포경선이 오기 전에 고래 지방spæk을 가로채는 녀석들이라는 뜻이다. 범고래에 대응하는 일본어의 한자 표기 '샤치鯱, しゃち'는 각각 어류와 호랑이를 뜻하는 한자의 조합이라는 점에서 의미가 두드러진다. 어딘지 호랑이를 닮은 머리에 어류의 몸통과 꼬리를 한 상상 속의 동물도 같은 이름으로 불리는데, 일본의 전통 사찰을 꾸미는 정교한 장식에서 이 동물의 모양을 볼 수 있다.

신화와 현실은 늘 뒤섞여 있다. 피로 얼룩진 제1차 세계대전 이후 '킬러 고래killer whale'라는 명칭이 널리 쓰이게 된 유래에 관해서는 추측만 무성할 뿐이다. 이 명칭은 18세기 이후 쓰이다가 20세기가 이루 말할 수 없는 폭력으로 치달으면서 범고래를 가리키는 두드러진 용어로 자리 잡았다. '킬러 고래'는 오늘날 범고래라는 뜻으로 많이 쓰이는 '오르카orca'에 차츰 가려지기 시작했다. 킬러라는 별명을 퍼뜨린 스페인 사람들조차 즐겨 쓸 정도로 이 명칭이 널리 쓰이게 된 것은 씨월드의 존재와 그 기획 하에 인간과 오르카가 펼치는 샤무쇼의 엄청난 성공에 적지 않게 기인한다. 이제 세계는 이 동물을 다른 시각에서 주목하기 시작했다.

　이 시각은 긍정적이며, 사악한 살인자라는 범고래의 이미지를 바로잡는 효과가 있다고는 하지만 사실은 자연환경에 살지 않고 속박 때문에 행동과 심리가 완전히 뒤틀려 버린 범고래의 삶에 근거하고 있다. 씨월드는 옛 이름이 가리키듯 범고래를 노예 검투사로 바꾸기만 한 것이 아니라 어떤 점에서는 묘기 부리는 죄수로 전락시켰다. 씨월드의 범고래는 야생에 사는 그들의 동족에 견줄 만한 지능이 있을지 몰라도 감금 생활 때문에 완전히 변해 버려 다시 자연으로 돌아가는 것은 어쩌면 영영 불가능할지 모른다.

범고래는 외형으로 보나 생물학적 특성으로 보나 800만 년 이상 본질적으로 그대로다. '호모 사피엔스'가 등장하기 오래전부터 매끈한 흑백 얼룩무늬의 뛰어난 포식자로 진화해 왔다.

　그들은 다른 고래들과 마찬가지로 파키세투스Pakicetus라는 육상 포유동물의 후손이다(화석이 최초로 발견된 파키스탄에서 유래한 이름이다). 대왕고래, 향유고래, 벨루가, 돌고래 등 대형 해상 포유류의 선조가 된 파키세투스의 겉모습은 발굽이 있는 늑대와 매우 흡사했을 것으로 추정된다. 기이하게도 또 다른 수생 포유동물인 하마 역시 파키세투스의 살아 있는 후손으로 보인다. 고래는 대략 5000만 년 전에 파키세투스에서 진화했다. 이후 본 계통에서 이빨고래고래 종류 중 이로 먹이를 잡아 통째로 삼키는 고래가 갈라져 나왔고, 약 3000만 년 전에서 2000만 년 전 사이 이빨고래에서 다시 돌고래가 갈라져 나왔다. 돌고래과에서 가장 큰 동물인 범고래는 이빨고래의 후손인 셈이다. 돌고래, 범고래, 향유고래, 대왕고래 등 고래는 모두 고래목에 속한다. 그리고 그들 궁극의 공통 선조가 이 기이한 동물 파키세투스다.

고래의 진화에서 두드러진 한 가지 특징 앞에 인간은 겸손해질 필요가 있다. 인간은 자기 뇌의 크기에 자부심을 느낄지 모르겠지만, 범고래와 돌고래를 비롯한 큰 고래, 그리고 고래목에 속한 다른 고래 모두 약 3500만 년 전에 상대적으로 큰 크기로 진화하면서 인간보다 훨씬 오랜 세월 동안 '큰 뇌'를 가지고 살아왔다. 오늘날 고래목 동물의 뇌는 1500만 년 전에서 1000만 년 전 사이에 지금의 크기로 자리 잡았다. 한편 인간의 조상은 약 100만 년 전이 되어서야 큰 뇌 동물로 진화했다. 고래목 동물의 뇌 전문가인 로리 머리노Lori Marino 박사가 짚은 대로 "이 사실은 인간이 지구상에서 최고로 대뇌화된 종이라 주장할 수 있는 시간이 실제로는 얼마나 짧은 기간이었는지 돌아보게 한다." 더욱이 "우리 인간, 혹은 다른 어떤 존재도 인간의 뇌로 1500만 년 내지 1000만 년의 세월을 살아남을 수 있는지 확실치 않다."

바다에 사는 포유동물을 통틀어 범고래만이 칼처럼 솟은 인상적인 등지느러미를 진화시켜 왔다. 먹잇감을 향해 거침없이 질주할 때 물살을 가르는 이 등지느러미는 흡사 바람을 가두어 약탈품을 향해 달려드는 해적선의 검은 돛을 연상시킨다. 진화의 힘은 기술적인 이유로 그토록 거대한 지느러미를 선호한 것으로 보인다. 등지느러미는 범고래가 속도를 낼 때 발생하는 막대한 에너지를 조절하는 데 도움이 된다. 범고래는 시간당 48킬로미터라는 폭발적인 속도로 수영할 수 있는데, 이때 신체 중심부의 열을 말단으로 분산시켜 체온의 지나친 상승을 막는다. 또 상어의 등지느러미와 마찬가지로 급선회와 빠른 방향 전환을 가능케 한다. 그러나 암컷보다 수컷의 등지느러미가 더 큰 이유는 명확히 알려지지 않았다. 수컷 공작의 펼친 깃털이나 수컷 칠면조의 부풀린 깃털처럼 성별 관계에서 두드러져 보이게 하는 역할을 하는 것일 수도 있다. 어쩌면 가장 세련되게 솟아오른 등지느러미가 위계의 최상위에 있는 암컷 범고래를 유혹하는 데 유리할지도 모른다.

범고래의 등지느러미가 체온 상승 없이 속도를 올리는 데 유리하게 진화했듯이, 흑백 얼룩무늬 배색도 사냥에 유리한 방향으로 진화한 결과일 가능성이 있다. 범고래의 하얀 배면은 굴절된 흰색 태양광과 섞여 분간하기 어렵기 때문에, 그 아래에서 헤엄치는 어류나 포유동물은 위를 올려다보아도 자기 위에 범고래가 있다는 사실을 알아채지 못한다. 비슷하게 범고래 위에서 헤엄치는 먹잇감은 자기 아래의 범고래를 감지하기 어렵다. 범고래의 등을 덮은 검은색이 깊은 바다의 어둠 속에서 위장색 역할을 하기 때문이다. 게다가 범고래는 먹이를 찾기 위해 사방으로 눈을 돌릴 수 있어 자기 아래는 물론 위에 있는 물체도 볼 수 있다.

흑백의 배색 뒤에 있는 원리는 여러모로 판다의 무늬에 적용되는 원리와 비슷해 보이기도 하는데, 주위 환경에 섞여든다는 점에서 특히 그렇다. 그러나 판다의 배색은 방어에 알맞아서 예를 들면 눈을 배경으로 숨기에 좋은 데 반해, 범고래의 배색은 공격에 알맞아 먹잇감이 눈치채지 못하게 접근해 민첩하게 덮치는 데 유리하다. 범고래 눈 주변의 하얀 반점은 완전히 다른 목적으로 기능할 수 있다. 몇몇 과학자들은 성체 곁에서 헤엄치는 새끼가 어미를 놓치지 않고 잘 따라다니도록 하는 기능이 있을 것이라 추측한다. 이 같은 측면 시각이 있어 범고래는 가족이나 무리가 어느 방향으로 이동하는지도 분간할 수 있다.

범고래는 일족이라 불릴 만한 집단을 이루어 사는데, 이 집단을 생태형ecotype 환경조건으로 달라진 형질이 유전적으로 이어져 생긴 형으로 보는 편이 더 낫겠다. 적어도 확연히 구분되는 집단 열 개가 있는데, 시간이 흐르고 거리가 멀어짐에 따라 집단 간에 크게 구별이 되다 보니 일부 전문가들은 차이 나는 집단들이 별개의 종을 구성한다고 주장한다. 집단별로 쫓아다니는 먹이도 다르고, 서로 이해 불가능한 언어를 쓰는 것처럼 발성 방식도 다르다. 눈 주위의 하얀 반점도 소속한 생태형에 따라 방향과 크기가 조금씩 다를 수 있다. 그렇더라도 모두 칼처럼 솟은 등지느러미가 있고 전반적으로 흑백 얼룩무늬 배색을 한다는 점은 같다(일부 생태형은 회색빛을 띠거나 미세 기생충의 영향으로 다소 누르스름한 빛깔을 띨 때도 있다). 하지만 등지느러미가 보편적으로 비슷한 모양이더라도 범고래마다 다 똑같지는 않다. 기울어진 정도에도 차이가 있어서 등지느러미의 사진을 보고 개별 범고래를 식별할 수 있다. 겉모습이 완전히 똑같은 범고래는 없다.

씨월드의 범고래들은 지구상 환경이 판이한 지역 태생 범고래들의 자손이다. 태평양 연안 북서부, 워싱턴주와 브리티시컬럼비아주 근해는 그중 몇이 조상 대대로 살던 지역이다. 코르키는 1969년 11월 11일 이 지역에서 포획되었다. 카사트카와 틸리쿰을 비롯해 몇은 북대서양과 아이슬란드 근해 출신이다. 타카라의 아버지인 코타르도 아이슬란드 근해에서 태어났다. 카사트카가 1980년대에 씨월드 샌안토니오에 대여되었을 때 코타르 사이에서 낳은 자식이 타카라다.

　　그런데 출신 대양이 다른 범고래들 사이에서 감금 상태로 태어난 범고래가 있다. 건강 문제로 괴롭게 살다 간 스플래시는 아이슬란드 근해의 대서양 해역이 고향인 암컷 누트카와 태평양 연안 북서부가 고향인 칸두케의 아들이다. 누트카와 칸두케가 속한 무리의 개체가 섞여 살 가능성은 매우 희박하기 때문에 야생에서라면 스플래시는 그와 같은 혈통을 타고 날 수 없었을 것이다. 단짝인 스플래시와 마찬가지로 오키드의 혈통 또한 대서양 가문과 태평양 가문의 피가 섞였다. 둘 다 자연에서 받은 사회적 정체성이 없는 혼혈이다.

　　다양한 생태형 중에서도 태평양 연안 북서부의 범고래를 대상으로 과학적 조사가 가장 활발히 진행되었고, 따라서 범고래의 생애 주기에 관한 지식 대부분이 여기서 나왔다. 이 대양 집단 안에는 다시 두 개의 하위 집단이 있어 상세히 연구되었다. 하나는 보통 브리티시컬럼비아주 근해에 퍼져 사는 북방 정주형 집단이고 다른 하나는 남방 정주형 집단이다. 남방 정주형은 북방 정주형과 같은 수역에 살지만, 그 개체가 멀게는 남쪽의 캘리포니아 해안에서까지 발견되기도 한다. 북방과 남방 두 집단이 같은 수역을 누비며 산다고는 해도 두 집단의 범고래들은 서로 짝짓기하지 않는다. 저명한 해양 포유류 학자이자 범고래 전문가인 나오미 로즈Naomi Rose 박사 같은 과학자들은 종종 '로미오와 줄리엣'을 연상시키는 금지된 만남도 있을 것이라고도 추측하는데 북방형과 남방형 두 집단은 대체로 범고래 세계의 캐플릿 가문과 몬태규 가문 같은 관계다. 두 집단 사이에 연분을 맺는 일은 금기로 되어 있다.

두 정주형 집단의 개체군은 씨족clans과 무리pods, 가족families이 모여 구성된다. 가족은 범고래 사회의 기본 단위이며 암컷이 이끈다. 가족의 모든 일은 가모장을 중심으로 돌아간다. 가모장의 딸이 어른이 되어 가족을 꾸려도 가모장의 영향력이 미치는 범위에 머문다. 모두 1.6킬로미터 범위 밖을 벗어나지 않는다.

가모장과 나이가 집단 내 서열과 권위를 결정하는 요소다. 이를테면 가모장 아래로는 나이 많은 수컷들이 어린 수컷들을 거느린다. 한편 형님들은 나이 어린 누이들보다 지위가 높더라도 매우 존중하는 마음으로 대한다. 자기 가족을 꾸린 딸은 모든 일원이 모이면 자기 어미에게 순종한다.

가모장의 직접적인 세력권 안에 있는 모든 개체는 그녀와 가까운 거리를 유지한다. 신체 길이로 치면 두 배 정도 거리로 떨어져 여왕벌 모시듯 주위를 에워싸는 모습이 흡사 바다의 벌집에 비유할 만하다. 가모장이 이끄는 무리에는 어른이 된 아들은 물론이고 암수를 막론해 그녀의 다섯 살 아래 모든 자손이 포함된다. 일부 가족에서는 가모장과 같은 세대의 수컷 친척 또는 오빠와 삼촌이 측근 수행단을 이룬다. 이따금 죽은 자매의 아들인 조카들이 이 수행단의 일원으로 들어오기도 한다.

어미나 그와 동급의 암컷이 없는 수컷은 입지 기반이 사라진다. 가모장 범고래가 죽으면 그 아들들은 단지 집단 내 위계에서 지위를 유지할 목적으로 이모나 누이 혹은 조카딸의 가족에 편입된다. 때로 의지할 암컷이 하나도 없는 수컷들이 뭉쳐 지내기를 꾀하기도 하나 연구에 따르면 그런 관계는 오래가지 못하고 기껏해야 4년 정도 이어질 뿐이다. 암컷 친족이 없는 수컷 범고래는 참으로 딱한 처지가 되고 만다. 범고래 사회에서 밀려나 빠르게 여위어 가다가 죽음을 맞이한다. 그런데 씨월드는 기본적으로 수컷 범고래 여럿을 어미 여읜 고아 신세로 만들어왔다. 이런 처지의 수컷들은 씨월드의 범고래들 사이에서 도드라지고 종종 왕따 취급을 받아, 다른 범고래들의 악랄하고 거듭되는 공격의 대상으로 전락한다.

짝짓기에서는 무슨 일이 벌어질까? 가족 체계의 밖에 있는 수컷은 짝짓기를 목적으로 찾아왔다가 다시 자기 어미가 있는 무리로 돌아간다. 씨월드에서와 달리 야생의 범고래 사회에서는 모자간의 교미 사례가 알려진 바 없다. 씨월드 올랜도의 경우, 카티나가 아들인 타쿠와 교미하여 딸 날라니Nalani를 낳았다. 코하나는 삼촌인 케토Keto와의 사이에서 새끼 둘을 낳았다. 이런 일은 금기로 여겨질 수 있는 사례다.

야생에서라면 여러 세대에 걸쳐 가모장의 지휘 아래 엄격하게 강화되었을 이 금기 체계가 감금된 삶을 살아야 하는 씨월드에서는 무너지고 말았다. 범고래 사회에도 본능을 넘어서고 구세대에서 젊은 세대로 전수되는 전통과 관습이 있을 것으로 추정되는데, 생식 능력이 있는 암컷과 그 아들 간의 근친 교미도 그에 해당하는 금기로 보인다.

암컷 범고래가 근친 교미로 나온 자식을 대하는 태도는 특히 이목을 끈다. 다른 새끼들에게 자상한 엄마였던 카티나는 날라니를 거부했다. 첫 임신이 비정상적으로 어렸던 코하나도 새끼 둘을 받아들이지 않았으며 그중 둘째는 태어난 첫해에 죽고 말았다.

범고래의 공동체 의식은 인간으로 치면 언어에 해당하는 기능이 있어 한층 강해진다. 같은 호출음을 구사하고, 발성을 구성하는 다양한 소리가 동질적인 모계 집단, 즉 같은 '언어'로 소통하는 가족들이 무리를 이룬다. 같은 사투리로 소통하는 무리들이 모여 과학자들의 말로 씨족을 이룬다. 여러 씨족이 모여 개체군 또는 공동체로 엮이는데 북방과 남방 집단 구분이 바로 여기에 해당한다. 그 정도로 커진 단위에서 언어는 2차적인 자리로 밀려난다. 같은 개체군에 있는 몇몇 씨족은 같은 언어로 소통하지 못할 수도 있지만 같은 공동체에 속한다는 사실을 알고 있으므로, 가족 밖에 있지만 같은 집단에 속한 무리와 교미한다 *북방형과 남방형이 섞이지 않는다는 의미*. 어떤 연유에서인지 그들은 북방형 집단과 남방형 집단을 분명히 구분할 정도로 같은 혈통을 알아본다. 유전학 분야의 연구 결과, 이에 관한 근거가 확인되었다.

또 하나의 범고래 집단이 북방과 남방 정주형 집단과 같은 수역을 공유하고 있어 태평양 연안 북서부 범고래 사회의 연구는 한층 복잡성을 띤다. 범고래 연구자들은 정주형과 반대 개념의 범고래들을 이동형으로 분류한다. 정주형 집단이 대개 연어 같은 어류를 먹는데, 이동형 범고래는 대부분 다른 해양 포유류를 사냥한다. 적은 수의 가족 단위로 다니다 보니 사람의 눈에는 외톨이 범고래처럼 보일 정도다. 많은 이동형 범고래가 그렇듯이 홀로 이동하더라도 자기를 낳은 모계 집단과의 교류를 이어 간다. 쫓는 먹잇감에 따라 함께 다니는 일당의 규모도 달라진다. 정주형 범고래는 연어와 기타 덩치 큰 어류 떼를 가족 단위로 쓸어 담을 수 있으며, 이들 어류는 한번 삼키면 열량도 넉넉하게 채울 수 있다. 이동형 범고래가 쫓는 먹잇감은 이런 어류와 달리 먹잇감이 다른 종의 고래와 돌고래, 물범, 상어다. 이런 동물은 홀로 도망 다니기 때문에 한 번에 한 마리씩 쫓을 수밖에 없다. 아마도 상어를 제외하고는 이들의 사냥감은 다른 어류에 비해 영리하고 잡으려면 더 큰 에너지를 쏟아야 한다. 그러므로 소모 열량 대비 보충 열량으로 따지면 커다란 상어 한 마리도 범고래 두셋 규모의 작은 일당 사이에 나누는 편이 더 효율적이다. 물론 '혼밥'을 할 수 있다면 더 좋기는 할 것이다. 가족 회동은 그 후에라도 가능하다.

지구상 가장 큰 동물인 대왕고래가 갑자기 사정거리에 나타나면 이동형 범고래 예닐곱 정도는 의기투합해야 쓰러뜨릴 수 있을 것이다. 그러나 모든 범고래가 탐내는 부위는 따로 있는데, 대왕고래의 혀와 지방이다. 인간의 눈에 이들이 고래를 공격하는 모습은 꽤 잔인해서, 단번에 죽이지 않고 혀만 뜯어내 포식한다. 그러는 동안 그 큰 고래는 멀어지듯 헤엄치며 피 흘리다 죽어 간다. 때때로 이동형 범고래는 사냥감의 지방만 먹기도 하는데, 지방이 열량이 쌓인 부위이기 때문이다.

가장 큰 이빨고래인 향유고래의 이는 물어뜯기가 아니라 쥐는 용도로만 쓰인다. 그와 대조적으로 이동형 범고래의 이는 외과 의사의 메스에 견줄 만하다. 나오미 로즈 박사가 들려 준 어느 범고래 연구원의 목격담이 이를 뒷받침해 준다. 그 연구원은 범고래에 도륙당한 쇠돌고래의 시신을 발견했는데, 시체의 내장이 있는 부위의 작은 절개 부위에서 장기가 쏟아져 나올 정도로 범고래의 솜씨는 매우 정교했다고 한다. 그 절개 자국은 정확히 조준하고 들이받은 후 이로 흠잡을 데 없이 도려낸 자국이었다. 갈매기를 흡사 새빨간 보석처럼 섬뜩하게 물어뜯은 타카라의 솜씨도 꼭 그랬다.

범고래는 사는 환경에 따라 독특한 사냥 기술을 터득해 왔다. 노르웨이 연안의 범고래는 여럿이 함께 청어 떼를 에워싸며 몰이한다. 거대한 청어 무리가 소용돌이치는 작고 꽉 찬 공 모양으로 쪼그라들 때까지 몰이하고 나면 꼬리지느러미로 일제히 후려쳐 기절시킨 후 만찬을 즐긴다. 남아메리카 남단 파타고니아 연안의 범고래는 바다사자의 새끼를 끌어낼 목적으로 몸이 바닷가에 얹힐 정도로 돌진한다. 이것은 여러 세대를 거듭하면서 전수되어 온 기술이다. 이동형이든 정주형이든 범고래는 노리고 있는 사냥감을 먹기 위해서라면 물불을 가리지 않는다. 먹잇감이 뭍에 있더라도 달려든다. 그러나 모든 범고래가 그 기술을 완벽하게 터득하는 것 같지는 않다. 간혹 이와 같은 사냥 전술을 구사하다가 뭍에 좌초되어서는 목숨을 잃는 범고래도 생긴다.

씨월드도 가모장 범고래의 중요한 역할을 알고 있었다. 자사의 해양테마파크 내 범고래 사이에 질서를 잡기 위해 지배력이 강한 암컷을 이용해 왔다. 그러나 여기에는 눈여겨보아야 할 문제가 있다. 이 범고래들은 각기 다른 세계 지역 출신에 가족도 달라서, 저마다 구별되는 사투리로 소통한다. 북태평양 말고도 뉴질랜드 앞바다의 범고래를 연구한 잉그리드 비서 박사는 이렇게 설명한다. "야생 범고래의 문화와 행동은 전 세계에 걸쳐 굉장히 다양하게 나타납니다. 그건 다양한 나라 출신 사람들을 보는 것과 다름없어요." 규모가 가장 큰 해양테마파크라고는 해도 그들을 한 공간에 모아 두는 것은 언어가 제각각인 사람들을 교도소 방 한 칸에, 그것도 오랜 세월 동안 욱여넣는 것이나 마찬가지다. 그들이 어쩌면 소통하는 법을 깨우칠 수 있을지도 모른다. 그러나 자연 상태에서 나타나는 행동이 끔찍이도 왜곡된 양상으로 심심치 않게 발생하는 것을 확인할 수 있다. 자연에서라면 다른 무리 출신 범고래들은 폭력을 동반한 위협에 못 이겨 쫓겨나면 그만이다. 하지만 씨월드라는 한정된 영역에는 헤엄쳐 빠져나갈 곳이라고는 없으니, 이때 벌어지는 폭력은 단지 위협에 그치지 않고 종종 심각한 결과를 초래하기도 한다.

2000년대 중반, 씨월드 샌디에이고에서는 기업 산하 연구 시설의 수석 연구원을 데려와 코르키와 카사트카의 발성 패턴을 조사하고 코르키가 카사트카에게 그토록 심한 공격을 빈번히 받는 원인을 밝혀 보려고 했다. 연구 결과, 코르키도 카사트카도 서로의 발성, 그러니까 각자의 사투리를 똑같이 따라 할 수 없다는 사실이 밝혀졌다. 그것이 둘 사이의 과잉 공격 사건을 부추긴 요소라는 사실이 확인되었다.

공격적인 행동은 야생의 범고래들 간에도 존재한다. 정주형 무리와 이동형 무리가 태평양 연안 북서부에서 마주치면 적대적으로 밀어내고 물을 철벅거리는 행동이 벌어지는데, 보통은 200마리 정도의 대집단으로 이동하는 정주형 무리 측에서 이동형 무리를 쫓아내곤 한다. 연구자들은 정주형 무리 사이에도 공격성 행동이 벌어진 사례를 기록했는데, 소속한 모계 가족에서 떨어져 나온 수컷이 다른 무리에 끼어들려 할 때 그런 사건이 발생한다. 그러면 토박이 무리의 수컷 '행동대장들'이 불청객을 쫓아내는데, 이따금 이 불청객을 샌드위치처럼 사이에 가두고는 자기들 수역에서 나가도록 호송한다는 것이다.

씨월드에서는 이로 상대를 긁는 갈퀴질이 몹시 흉측하고 살벌하기까지 한 양상을 띤다. 로즈 박사와 여러 연구자가 관찰한 바로는 야생에서 이런 행동은 정주형 무리의 아주 어린 새끼들에게서만 나타난다. 아직 분별력이 없어서 나오는 이런 행동은 가모장의 제지를 받아 점차 기가 꺾이고 만다. 씨월드의 지배적인 암컷이 펼치는 공포 정치는 태평양 연안 북서부의 범고래 무리 사이에서는 관찰되지 않는다. 외톨이에 가까운 이동형 범고래일수록 이에 긁힌 흔적이 더 두드러진다. 그런 일은 뉴질랜드 근해의 범고래들 사이에서 더 자주 일어난다. 그 해역의 범고래들을 연구해 온 잉그리드 비서 박사는 남극해 출신 범고래가 길을 잘못 들어 그 해역의 토박이 범고래 무리 속에 들어갔을 때 이에 갈퀴질 당하는 일이 일어난다고 추측한다. 씨월드를 비롯한 세계 각지의 범고래 감금에 반대하는 비영리 단체인 오르카네트워크의 하워드 개릿이 밝히듯이 "감금 상태의 여러 무리 간에는 풀기 어려운 관계가 있으며 그 때문에 종종 이로 긁고 때때로 깊이 팬 자국까지 남길 정도의 과도한 갈등이 생긴다."

확 트인 대양에서라면 범고래는 태어나면서부터 자연히 물려받은 지위에 순순히 따른다. 1989년 칸두와 코르키가 반목한 사건은 그 둘이 큰 바다에 살았다면 일어나지 않았을 것이다. 둘은 서로 멀찌감치 떨어져 사는 무리에 섞여 살았을 것이기 때문이다. 칸두는 아이슬란드 인근 북대서양 무리 출신이고, 코르키는 캐나다의 태평양 연안에 사는 무리 출신이다. 그렇다면 이 둘 사이에 소통은 가능했는지, 그렇더라도 과연 어떻게 했는지 궁금하지 않을 수 없다. 칸두가 자기에게 누가 대장인지 말하려 했다는 사실을 코르키는 알기나 했을까? 그리고 코르키에게서 대답이 없자 칸두는 더욱 성질이 나서 코르키를 들이받다가 턱이 부러지고 결국 죽음에 이른 것은 아닐까? 감금 상태의 성체 범고래는 다른 범고래 사이에서 원하는 대로 할 수 있는 다른 방법을 알지 못하기 때문에 이를 더 자주 쓰는 것일 수도 있다.

야생에서 처음으로 포획된 범고래 세대가 낳은 자식들은 감금 생활만 경험했을 뿐이다. 이들을 보면 고유의 사투리가 뒤섞인 기이한 언어로 소통하는 동물의 무리가 아닌가 하는 상상이 든다. "이 범고래들은 이질적 개체 간의 교배로 생산된 혼종인 탓에 종 고유의 보존 가치도, 자연이 정해 준 정체성도 사라지고 말았습니다." 캘리포니아대학교 데이비스캠퍼스의 생물지리학자로 퓨젓사운드에서 아홉 해 여름을 범고래 연구에 보낸 데버라 자일스Deborah Giles 박사가 전하는 말이다.

씨월드 범고래들이 그들의 서열 관계 안에 자신들의 모든 먹이를 쥐고 있는 조련사까지 끼워 맞추어야 한다는 사실마저 감안하면 그들의 불만이 커져 다투고 화풀이할 가능성은 더욱 높아질 뿐이다.

씨월드의 범고래들이 처한 어려움에 관해 로즈 박사는 정확하면서도 비극적인 내용의 평가를 내린다. "개인적인 생각이기는 하지만 모든 감금 범고래는 야생에서 잡혔든 감금 상태에서 태어났든 행동적으로 보면 비정상입니다. 마치 《파리대왕》에 등장하는 아이들과 같다고나 할까. 미숙한 성향이 폭력적으로 기울어도 이를 멈출 온전한 사회적 제동장치가 없어서 폭력적인 성향도 자연 상태에서는 찾아볼 수 없는 수준입니다. 아이들이야 매우 폭력적일 수 있다고는 해도 정상적인 환경에서라면 성숙해 가면서 폭력성을 억누르고 그 기운을 생산적인 방향으로 돌릴 수 있을 만큼 사회화되기 마련이지요."

폭력성을 억누르는 것이 그런 범고래들에게는 문젯거리라고 로즈 박사는 말한다. "감금 상태에 있는 범고래는 모두 '난폭한' 아이들입니다. 그들을 제대로 사회화시켜 줄 어른 범고래가 없어요. 조련사, 특히 야생 범고래의 행동에 관한 지식이 전혀 없는 조련사들은 어른 범고래의 적절한 대체자가 될 수 없습니다." 야생에서 처음으로 포획된 범고래들 가운데 포획 당시에 야생의 가모장 범고래가 하는 역할을 온전히 수행할 만큼 성숙한 범고래는 없었다. 그들에게는 어미들이 보여 준 행동에 관한 아득하고도 본능적인 기억만 남아 있을 뿐이었다.

이와 관련해 로즈 박사는 개체 수가 빠르게 늘어나는 코끼리를 솎아 내는 아프리카 농부들의 사례를 언급한다. 농지와 마을에 들어와 어슬렁거리는 코끼리들 탓에 농부들은 넓은 지역에 걸쳐 피해가 큰 상태였다. 그들은 처음에는 성체 코끼리만 죽이고 측은한 마음에 어린 개체는 살려 두었다. 그러나 어른의 지도 없이 자란 어린 코끼리들은 성숙하게 행동하는 법을 모른 채, 옛 어른들보다 한층 난폭한 성향을 띠게 되었다. 이후 농부들은 잔인하지만 어쩔 수 없이 코끼리 무리의 모든 개체를 죽여야 한다는 사실을 인정하기에 이른다. 로즈 박사는 다시 범고래의 문제로 돌아와 진단한다. "감금 범고래도 이와 비슷한 문제를 겪고 있다고 봅니다. 그들의 '아이스러운' 폭력과 공격성의 수위는 그들 안에 있는 보통의 어른에 의해 사회화되지 않아요. 그들이 아는 어른이라고 해봐야 아주 어렸을 때 잡혀 오거나 감금 상태에서 태어나 어른으로 자란 범고래들뿐입니다. 그래서 그들은 적절한 사회화 과정 없이 그냥 막 자랍니다. 감금 고래인데도 폭력적이지 않다면 그냥 그런 성향을 타고나서 그런 겁니다. 그런 범고래는 천성이 공격성하고는 거리가 먼 것이지요. 폭력적인 녀석들은 결코 올바르게 사회화되지 않습니다."

씨월드에서 일한 기간 대부분, 나는 나오미 로즈 박사를 적대시했다. 그녀는 해양 포유동물 분야에서는 세계적으로 손꼽히는 학자이지만 우리 조련사들이 범고래와 지내며 겪는 노고에 관해서는 좋은 평가를 손에 꼽을 수 없을 정도로 인색했다. 씨월드의 홍보 담당자와 임직원부터 씨월드의 말을 곧이곧대로 믿는 대중에 이르기까지, 씨월드를 옹호하는 세력은 그녀가 과학적 중립을 어기고 이 업계의 판을 완전히 뒤집게 될 변화를 두둔한다고 못마땅하게 여겼다. 씨월드는 그녀의 연구를 공공연히 조롱했다. 나도 로즈 박사의 비판을 접하면 씨월드의 미래, 그리고 나의 일자리 걱정이 늘 앞섰다. 씨월드가 내건 사명을 진짜로 믿는 이들과 마찬가지로, 나도 그녀의 말과 과학적 연구를 결코 귀에 담지 않았다.

내가 그래야 할 이유가 있었을까? 나는 함께 지내는 범고래들을 그 누구보다 사랑했고 그들을 나보다 잘 아는 이는 없으리라 확신했다. 동료 조련사들과 나는 매일 그들과 지냈고, 어떨 때는 하루의 반에서 열네 시간까지도 함께했다. 나는 그들에게 필요한 것이라면 하나부터 열까지 다 알았다. 씨월드 범고래들의 위계에서 각각의 범고래가 어떻게 자리매김하는지 알았으며, 그들의 관계를 다스려 다툼을 억누르는 요령도 터득했다. 이 모든 일의 중심에는 규율과 애정이 있었다. 이 세상에서 누구보다 내가 잘 아는 사실을 과학자들한테서 따로 들을 필요는 없었다.

내가 씨월드를 떠나고 다큐멘터리 영화 〈블랙피쉬〉를 홍보하던 시기에 우리는 마침내 같은 편으로 만났다. 그때 우리는 대판 싸우고 말았다. 그녀는 내가 다큐멘터리의 DVD에 수록될 추가 영상을 녹화할 때 지켜보면서 불편한 심기를 드러냈다. 급기야 감독인 가브리엘라 카우퍼스웨이트Gabriela Cowperthwaite에게 말하기를, 내가 카사트카와 타카라와의 각별한 관계를 밝히면서 범고래 조련사의 삶을 미화하고 있다고, 또 이것이 씨월드의 행위에 정당성을 주는 꼴이라고 했다. 그녀는 영화를 보지 않아 전후 맥락을 모른 채 내가 말한 대목만 뚝 잘라 본 사람에게는 씨월드를 홍보하는 영상으로 보일 거라고 말했다.

그 말에 발끈해서 나는 그녀에게 대들었다. 사랑하는 범고래들과 함께한 내 필생에 관해 자기가 원하는 방향으로 설명하라고 어찌 감히 내게 지시할 수 있단 말인가? 카사트카든 타카라든 혹은 다른 어느 범고래에 대해서든 내가 말하고자 하는 내용을 지시할 수 있는 자격은 그 누구에게도 없었다. 내가 평생 맺어 온 관계 중에서도 가장 심오하고 아름다운 이 만남을 다른 누가 이래라 저래라 하게 둘 수는 없었다.

그런 반목에도 불구하고, 샤무 스타디움의 환경이 범고래의 자연 서식지는 결코 될 수 없다는 사실을 나 또한 알고 있었다. 바다, 그곳은 로즈 박사가 정통한 세상이었다. 그녀와 동료 연구자들은 자연 서식지의 범고래 관찰에 오랜 세월을 바쳤다. 범고래들이 자유롭게 사는 곳, 바다에 사는 범고래의 삶에 관한 한 로즈 박사는 전문가였다. DVD에 수록된 추가 영상에 관한 그녀의 견해는 타당한 것이었다. 나의 다른 인터뷰를 접하지 않은 사람에게 내가 녹화한 그 대목은 영락없이 씨월드와 범고래 감금 행위의 선전물로 보이기에 딱 좋은 내용이었다. 그런 이유에서 내 이야기를 온전히 그려 내는 것이 나에게는 매우 중요했다. 우리가 싸우는 일이 무슨 소용이란 말인가? 우리 둘은 사로잡힌 범고래의 삶이 얼마나 끔찍한지 공감했다. 몇 달이 지나 우리는 감정을 추스르고 다시 소통을 이어 갔다. 2014년 초, 캘리포니아에서 열린 기자 회견에서 우리는 서로 꼭 안아 주었다. 우리는 전 세계의 범고래를 살리는 캠페인에 동지로서 힘을 모았다.

그렇게 해서, 나는 이 책을 쓰다가 마침내 그녀에게 물었다. "드넓은 바다에 사는 범고래는 보통 하루를 어떻게 보낼까요?"

그녀는 소리 내어 웃으며 대답했다. "바다 범고래에게 똑같이 돌아가는 하루는 없어요. 씨월드에서와 같이 판에 박힌 일상이 없거든요. 하루하루가 다 다른데, 태평양 연안 북서부의 정주형 범고래는 확실히 그래요."

로즈 박사와 그 동료들은 4.5미터짜리 고무보트를 타고 네 시즌 동안 범고래를 관찰했으며, 브리티시컬럼비아주 밴쿠버섬의 존스턴 해협 어느 절벽에 있는 관측소에서 또 한 시즌을 보냈다. 아침이면 보트에 오른 그들은 흡사 수중발레 같은 율동에 탐닉한 범고래 가족을 정탐했을 것이다. 가모장이 무리의 중심을 차지하고 성체 수컷이 경호원처럼 양옆을 지키는 가운데 가족 모두가 규칙적으로 평온하게, 한 몸인 것처럼 일제히 숨을 내쉬는 장관도 보았으리라. 그 장면을 로즈 박사는 이렇게 묘사한다. "그들의 모습을 지켜보면 그토록 아름다운 장면이 또 있을까 싶어요. 그들은 10초 내지 12초쯤마다 세 번에서 네 번의 숨을 뱉어 내요." 호흡이 끝나면 그들은 2~3분 동안 얕은 수심에 머무른다. 그러다 수면으로 올라왔다가 다시 물속으로 들어간다. 이런 상태에서는 보통 물속 깊이 들어가지 않는데, 이것이 잠에 가장 가까운 상태다. 실제로 "성체 수컷의 등지느러미는 수면 아래로 완전히 사라지지 않는다"고 로즈 박사는 설명한다. 이 상태에서 범고래는 의식이 없는 것도 아니기 때문에 우리가 말하는 잠과는 다르다. 그렇다고 완전히 깨어 있는 상태도 아니다. 연구자들은 이 상태를 '휴면'이라 부른다.

이 이야기를 듣고, 나는 코르키가 몇 분 간격으로 가라앉았다 떠오르기를 반복하며 수면 시간을 보내던 모습을 떠올렸다. 우리가 씨월드에서 다른 범고래들의 '정상적' 상태에서 벗어났다고 판단한 그 상황이 실은 매우 자연스러운 습성이었다. 결국에는 그녀도 자연에서 태어난 범고래였던 것이다.

가족이 옹기종기 모여 휴면하고 있는 상태에서 범고래들은 물속의 가슴지느러미가 닿을 듯 말 듯 서로 밀착한다. 위아래로 섬세하게 움직이는 꼬리지느러미가 추진력을 만들면, 그들은 제자리에서 수영하지 않으면서도 가라앉을 때마다 천천히 앞으로 나아간다. 꼬리의 움직임은 격하지 않고 매우 부드러워 평소보다 거친 물살을 만나면 뜬 채로 뒤로 밀려나기도 한다.

보통은 가족 내 한 마리가 완전히 깨어 있어 지정 파수꾼의 역할을 담당한다. 범고래를 약 여덟 시간 동안 적막하고 깜깜한 정적 속에 억지로 가두는 씨월드에서와 달리, 큰 바다의 범고래 가족은 대략 두 시간가량, 짧게는 20분가량 휴면하는 것으로 보인다. 가족 모두가 완전히 깨어날 시간을 정하는 역할은 보통 가모장의 몫이다.

가모장의 지시가 떨어지면 조화로운 고요와 완벽에 가까운 동시호흡이 흐트러지고 가족은 다시 깨어 있는 개체들의 덩어리가 된다. 하지만 먹이를 찾아 이동하는 순간에도 가라앉고 떠오르기를 거듭하는 그들의 움직임에는 여전히 발레와 같은 우아한 율동이 살아 있다. 범고래들은 일사불란하던 움직임을 어울려 놀기 시작할 때만 깨고 각자 자기 활동에 들어간다. 소리를 읊조리고, 사교 활동을 하고, 이리저리 쏘다니면서 휴면 시간에 지느러미가 닿을 만큼 밀착했던 범위를 벗어난다.

먹이 탐색이 시작되면 그들은 서로 간에 신체 길이 하나에서 열 사이의 거리를 유지하며 이동한다. 휴면할 때와 크게 다르지 않은 움직임으로, 그러나 의식을 또렷이 차린 채로 전진한다. 두세 번 짧게 물속으로 들어가 나왔다가 길고 깊은 잠수 한 번, 그리고 이 패턴을 거듭하는 식으로 나아간다. 그러나 이 상황의 잠수 전진은 빠른 편이어서 약 4노트에서 8노트에 이르는 속력으로 움직인다1노트는 시속 1.852킬로미터로 4노트는 약 7.4킬로미터, 8노트는 14.8킬로미터. 호흡의 패턴이 휴면할 때와 비슷하지만 깊이 잠수할 때는 완전히 물밑으로 가라앉는다. 9미터에서 18미터에 이를 정도로 잠수가 길어지면, 그 커다란 등지느러미도 완전히 사라진다. 범고래는 8에서 10노트의 속력으로 하루 160

킬로미터까지 이동할 수 있다. 그러나 그런 날이 늘 이어지지는 않는다. 보통은 32에서 48킬로미터 정도의 거리를 이동하고 나서 멈추어 다른 활동을 한다. 로즈 박사는 이런 설명을 덧붙인다. "때로는 15노트의 빠른 속력으로 이동하는 무리를 발견할 수도 있어요. 그들은 짧게나마 25노트 정도의 폭발적인 속력으로 달릴 수도 있습니다. 그런 경우 무엇 때문에 그리 급하게 움직이는지는 알기 어려워요. 다만 그런 상황이 자주 일어나지는 않습니다."

학술적으로는 '수렵'으로 통하는 먹이 사냥에서 범고래는 어류 떼가 먹이를 찾아 곧잘 몰려드는 곳을 알고 그곳으로 향하곤 한다. 그런가 하면 먹잇감이 나타날 법도 한 곳을 새로 물색하기도 한다. 범고래들이 덮치고 어류 떼가 달아나고, 다시 범고래들이 뒤쫓는다.

어류 떼가 범고래의 습격에서 무사히 벗어날 가망은 없는 편이다. 로즈 박사가 범고래의 기술을 알려 준다. "범고래들은 급선회할 수 있어요. 그렇게 해서 반대 방향으로 몸을 틀 수도 있고 브리칭하며 솟아오르고, 꼬리를 휘둘러 먹잇감을 띄우거나 후려쳐 기절시킬 수도 있지요." 고무보트에서 로즈 박사와 동료 연구원들은 이따금 물 위에 떠다니는 기름띠를 발견하곤 했다. 크고 살진 연어를 범고래가 막 먹어 치우고 남은 흔적이다.

보트에 오른 그들 앞에는 바다라는 무대에서 움직이는 범고래의 생생한 삶이 펼쳐졌다. 바다는 그 어떤 샤무 스타디움도 따라올 수 없는 거대한 무대다. 범고래들이 생체 발광하는 플랑크톤을 자극한 탓에 그들은 밤에도 수렵 활동을 관찰할 수 있었다. 어둠 속에서도 먹이를 향한 추격전이 눈에 들어왔다. 로즈 박사가 그 광경을 생생히 전해 주었다. "큼직한 치누크 연어는 엷은 녹색으로 반짝이고 범고래는 하얀 반점 부위가 선명한 녹색으로 번쩍거립니다. 작고 희미한 녹색 줄이 해초 지대에서 솟아 나와 해협 한가운데로 달아나고 녹색의 큰 혜성 같은 무리가 뒤쫓는 장면을 볼 수 있어요." 해안 절벽 기저에 설치한 수중 청음기에서는 범고래들이 끊임없이 음파를 내보내고 탐지하는 소리가 들렸다. 짧고 빠르게 이어지는 그들의 소리는 귀가 따가울 정도였다. 로즈 박사는 정주형 범고래가 어류를 "사냥할 때 엄청나게 재잘거린다"고 표현한다(대조적으로 이동형 범고래는 먹이가 눈치채지 않도록 몰래 접근한다. 보통 그들이 사냥하는 먹잇감은 어류보다 훨씬 똑똑한 포유류이기 때문이다. 이동형 범고래는 사냥감을 잡은 다음에야 소리를 낸다. 그렇다면 그날 밤 쇼에서 스플래시가 소리 하나 없이 움직인 것도 그런 습성 때문이었을까?).

수렵 활동은 대체로 불규칙하게 벌어지는데, 종일 걸리거나 1주일에 걸쳐 이어질 수도 있다. 물릴 만큼 사냥을 하고 나면 1주일에 네 차례가량 이동을 멈추고 사냥 때보다 좁은 범위에서 떼를 지어 다니며 어울리기도 한다. 그럴 때면 멀리 나가지 않고 "되돌아오는데, 교제하면서 때때로 정처 없이 돌아다니기도 한다"고 로즈 박사는 설명한다. 어미들은 새끼들의 마실을 위해 모인다. 다 큰 암컷들은 함께 돌아다니는데 마치 "수다 떠는 모습"을 연상시킨다. 어린 암컷들은 자기보다 더 어린 가족이나 다른 가족의 새끼를 "돌본다." 로즈 박사는 이것을 "엄마 되는 연습"이라고 설명한다. 나이 든 수컷 가족이나 삼촌뻘 되는 친척 범고래도 새끼를 돌보기는 하지만 어미들은 어린 가족을 지켜 주는 정도까지만 허락한다. 어린 새끼가 모계 혈통 밖의 성체 수컷 무리에 남겨지는 일은 결코 없다. 씨월드에서는 한 살 반 된 새끼의 어미가 씨월드 다른 공원으로 보내지고 나서 그 아비가 어린 딸을 돌보려 하기도 했다(당시 새끼였던 할린Halyn은 2008년 6월에 내 눈앞에서 죽고 말았다. 감염되어 뇌부종이 생겼기 때문이다. 할린은 겨우 두 살 반이었다).

  수컷 범고래들도 자기들끼리 몰려다닌다. "끼리끼리 모여 담배 피우고 맥주 마시고 야구 보는 남자애들 같다"고 로즈 박사는 말한다. 나이도 제법 차고 성적으로 성숙한 수컷들은 다른 가족의 암컷과 짝짓기를 하기 위해 몇 시간, 때로는 하루 이틀 정도 나갔다 돌아오기도 한다. 그보다 어린 수컷들은 자기들끼리 혹은 놀랍게도 "할머니뻘" 되는 암컷들과 성적 호기심을 채우기도 하곤 한다. 범고래 연구자들은 같은 가족 내에서 생식 능력이 있는 수컷과 암컷 간의 성행위는 보지 못했다. 그러나 청소년기에 해당하는 수컷은 같은 가족 내 생식 연령을 넘긴 암컷과 성행위를 하곤 한다. 그런 암컷들은 더는 임신할 수 없으므로 어린 수컷이 성적으로 서툴러도 개의치 않는 것처럼 보인다. 그런 행위는 배우는 과정의 일부인 것으로 짐작된다.

  범고래와 돌고래(그리고 인간)는 성행위를 즐기는 것으로 보이는 몇 안 되는 동물이다. 이들은 번식의 가능성이 없더라도 짝짓기를 한다. 그 외 다른 동물에게 성행위는 정욕이 아니라 호르몬 분비에 따른 본능적 욕구와 같다. 범고래도 성행위를 좋아하지만, 인간과 마찬가지로 상대에 대한 매우 엄격한 제한이 있기는 하다. 그러나 동성애를 금지하는 것은 아니어서 야생과 감금 상태를 가리지 않고 수컷들이 발기한 음경을 드러낸 채 한데 엉겨 붙은 모습도 곧잘 보이곤 한다.

　　범고래 암컷은 폐경 후에도 사는 몇 안 되는 포유동물 가운데 하나다. 포유류 암컷의 대부분은 번식 능력이 사라지면 이내 죽는 경향이 있으나, 범고래와 인간은 그렇지 않다. 범고래 암컷이 생식 연령을 넘긴 후에도 살아남을 수 있도록 진화한 목적은 무엇일까? 아마도 어린 수컷과 할머니뻘 암컷 사이의 성적 관계에서 볼 수 있듯이, 그렇게 진화해야 다음 세대를 사회화하고 교육하는 데 이로울 것이다. 연구자들은 암컷의 폐경 후 생존이 아들에게 사회적 지위를 부여하고, 어미를 매개로 하여 인간으로 치면 '신붓감'이 될 만한 암컷에게 이어 주어 아들의 번식 가능성을 최대로 끌어올린다는 의미가 있다고 생각한다. 그렇다면 폐경을 넘긴 어미들이 먹이 사냥에 최적의 장소 같은 귀한 지식을 전수하는 것도 가능할 것이다.

　　사교 활동은 가족 단위와 거대 무리super pod 단위로 일어난다. 이때 같은 개체군에 속한 가족들이 모인다. 때로 나흘이나 닷새가량 이어지는 이런 상봉은 장관이라며 로즈 박사가 그 현장을 묘사한다. "물 위로 솟아오르고 꼬리로 내려치고, 물 밖으로 고개를 내밀고 옆으로 구르고, 여기에 장난스럽게 밀쳐대고 또 옆으로 누워 가슴지느러미로 수면을 내려치는 장면이 연출됩니다. 그리고 모두 미친 듯이 발성을 하지요." 어떤 남방 정주형 집단은 두 개 무리가 길게 늘어선 채 대치하며 천천히 서로를 향해 접근하다가 마침내 가까워졌을 때 발성을 시작한다.

대규모 몸단장이 벌어지기도 한다. 북방 정주형 무리는 존스턴 해협의 두 군데 해변에서 수면 아래 약 3.5미터 지점으로 내려가 자갈에 몸을 문지른다. 이들 해변의 수중 경사면은 범고래가 암초 위로 지나며 피부를 긁고 벗겨 내기에 완벽한 조건을 갖추고 있다. 로즈 박사는 수컷 범고래들이 박피술에 한창일 때면 수면에서 그들의 등지느러미가 보인다고 알려 준다. 이런 의식을 대략 1주일에 한 번꼴로 치르는 무리가 있는가 하면 한 철에 고작 한 번 정도에 그치는 무리도 있다.

남극해의 범고래는 남아메리카나 아프리카에 미치는 원거리 항해에 나서는데, 아마도 피부를 벗겨 내기 위한 것으로 보인다. 이것은 철에 따른 주기적 이동이 아니기 때문에 이주에 해당하지 않는다. 무려 8000~9000킬로미터에 이르는 왕복 여행은 40일 남짓 걸리며 차가운 극지방의 물에서는 좀처럼 떨어지지 않는 피부를 제거하는 것이 주 목적으로 보인다. 범고래의 하얀색 부위는 한동안 벗겨지지 않으면 갈색을 띠기 시작한다.

씨월드에서는 조련사가 매일 범고래의 피부를 벗겨 주어야 한다. 우리는 커다란 솔을 들고 맨손에 손톱으로 작업했다. 작업이 끝나고 보면 조련사의 손과 손톱은 검은 스프레이를 뿌려댄 것처럼 시커멓게 물들어 있었다. 범고래는 벗겨 내야 할 묵은 피부가 그만큼 많았다.

범고래는 몇 살까지 살까? 씨월드는 자기들의 범고래가 야생의 범고래만큼 혹은 그 이상 산다고 주장하는데, 여기에는 논란의 여지가 많다. 캐나다 과학자문위사무국CSAS, Canadian Science Advisory Secretariat은 북방 정주형 범고래에 관한 연구 논문에서 암컷의 평균 기대수명이 대략 50년, 수컷은 30년이라고 추정했다. 추정 최대 수명은 이 수치와도 달라서, 암컷은 80년 내지 90년까지, 드물게는 그보다 더 오래 살 수도 있으며, 수컷은 최대 70년가량 살 수 있다고 추정한다. 씨월드는 자기들 범고래의 평균 기대수명이 약 46년에 이를 것이라는 추정을 들먹이곤 한다. 씨월드가 지난 반세기에 걸쳐 소유한 범고래가 67마리에 이른다고는 하나, 유의미한 평균 기대수명을 어림잡기 충분할 정도로 큰 집단은 아니다. 로즈 박사는 이 점을 들어 씨월드가 내세우는 수치에 타당성이 떨어진다고 주장한다.

오르카네트워크의 하워드 개릿은 2005년의 그 논문이 엄밀한 조사를 근거로 작성된 것이기 때문에 1973년에서 2000년대 초에 이르는 북방과 남방 정주형 범고래에 관한 통계로서는 매우 신뢰할 수 있는 자료라고 말한다. 그러나 연구가 진행되기 전 수십 년 동안 그 지역의 범고래 무리가 총격과 폭발물 공격을 당해야 했다는 사실에 비추어 볼 때 연구 결과로 추정한 기대수명은 정확하지 않을 수 있다는 점 또한 주목한다. 남방 정주형 집단 역시 1960년대와 1970년대 초까지 해양 테마파크의 쇼에 오르는 범고래의 공급원이었다. "그 때문에 이 집단의 개체 수는 분명 줄었으며 성비와 연령 구성 또한 달라졌다"고 논문은 밝히고 있다. 확실히 남방 정주형 집단은 수십 년에 걸친 인간의 파괴 행위 때문에 예전의 규모를 결코 회복하지 못하고 있다. 그들은 북반구에서 유일한 멸종 위기 범고래 집단으로 지정되어 멸종위기종보호법Endangered Species Act의 보호를 받고 있다(씨월드 측은 자기들이 가둔 범고래 중에서 야생에서 포획한 범고래는 다섯에 불과하다고 주장하곤 한다. 정확히 말하자면 씨월드는 그 역사를 통틀어 야생에서 포획한 범고래 서른두 마리를 소유해 왔고, 그중 다섯만이 살아남았을 뿐이다).

조련사로서 나는 통계 수치의 해석을 전문가의 몫으로 남겨 두려 한다. 나에게는 나만의 경험으로 파악한 정보가 있어서, 씨월드의 범고래가 얼마나 오래 사는지 안다. 지금까지 36마리가 죽었으며 사산과 유산까지 포함한다면 50마리나 된다. 죽은 36마리에는 야생에서 태어나 살다가 사로잡혀 온 범고래는 물론이고 씨월드에서 태어나 죽은 범고래도 포함된다. 그 36마리의 생을 돌아보면 평균 수명은 겨우 10년 6개월밖에 되지 않았다. 사산과 유산까지 더하면 평균 수명은 7년 6개월까지 낮아진다. 씨월드에서 태어나 10일 이상 살아남은 새끼들의 경우 평균 수명은 고작 8.8년이다.

씨월드는 현재 48세로 감금 범고래 중 최고령인 코르키를 예로 들며 사실을 감추곤 한다. 코르키가 죽으면 비교적 장수를 누린 덕에 평균 수명을 끌어 올리기는 하겠으나 아주 조금에 그칠 뿐이다. CSAS가 조사한 야생 범고래의 평균 기대수명 추정치에 조금이라도 가까워지려면 씨월드의 나머지 범고래가 오래도록 살아야 할 것이다.

씨월드가 소유해 가둔 범고래 67마리 가운데 연구의 평균 기대 수명보다 오래 산 것은 수컷 두 마리뿐이었다. 암컷보다 훨씬 낮아 논란의 여지가 있는 30년을 넘긴 정도였다. 평균 기대수명 50년에 이른 암컷 범고래는 아직 없다. 코르키조차 여기에는 아직 미치지 못한다.

나의 보물 타카라

벌새의 바쁜 날갯짓 같은 웅웅거림이 얼굴에 전해졌다. 나는 수조 어딘가에 타카라가 있다는 걸 알았다. 그러나 내 앞에서 퍼덕거리는 것은 공기가 아닌 음파였다. 작은 새가 아닌 2.3톤의 범고래가 쏜 음파의 잔향이 물을 뚫고 돌아다녔다. 타카라는 머리에 내장된 소나에서 내 몸을 향해 음파를 튕겨 내며 문자 그대로 전보를 치고 있었다. 물속에 있는 내가 누구인지 식별하고 내가 정확히 어디에 있는지 알아내려고 하는 행동이었다. 하지만 타카라가 내보내는 음파에는 인식보다도 더 중요한 의미가 있었다. 그 음파는 내가 와서 몹시 신난다고, 씨월드의 물속에서 자기가 가장 좋아하는 동작을 나와 함께 선보일 준비가 되었다고 알려 주는 소리였다.

　타카라는 스타디움의 후면 수조에서 내가 방금 뛰어든 물속을 향해 엄청난 속도로 헤엄쳐 왔다. 객석의 관중 수천 명에 둘러싸인 스타디움의 맨 앞, 쇼가 펼쳐질 곳에 내가 있었다. 물속에서 내 곁으로 헤엄쳐오던 타카라가 나의 수신호를 알아보았다. 공연을 위한 특별한 절

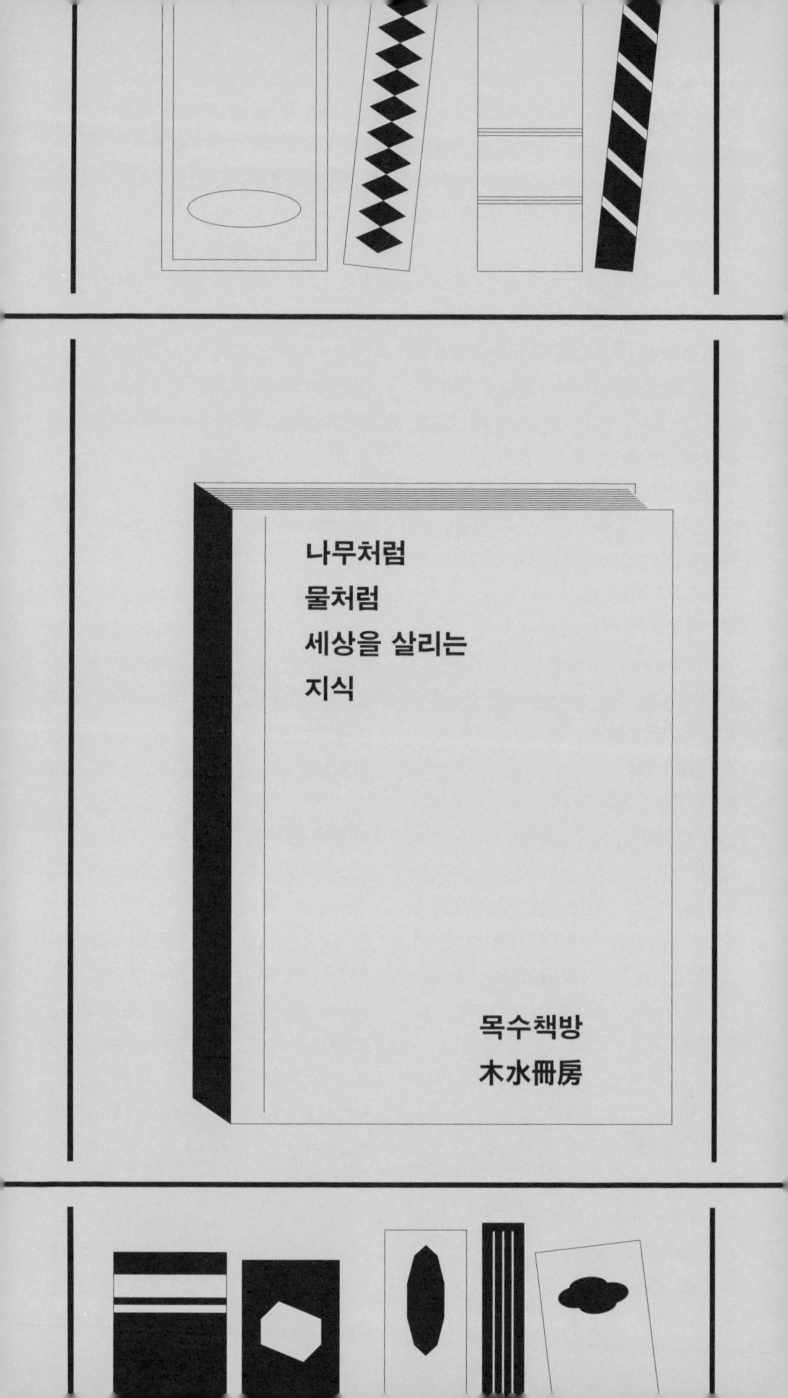

나무처럼
물처럼
세상을 살리는
지식

목수책방
木水冊房

강의모 지음 2019. 12

라디오 독서 프로그램의 작가로 일하고 있는 저자가 '책 읽기'를 주제로 쓴 글을 모아 엮은 책이다. 그동안 책을 매개로 만난 사람들의 이야기는 물론 연결하고 확장시키며 창조하는 독서의 힘과 책 읽기가 선사하는 기쁨을 되새기게 하는 글이 담겨 있다.

(읽는) 사람 02

낭만과 노래 사이

장유정 지음 2020. 12

나를 위로해 주는 다정한 노래, 다시 살아갈 수 있도록 힘을 주는 따뜻한 노래! 노래하는 대중음악사학자 장유정이 읽는 '삶과 사람과 노래'에 관한 스무 편의 글이 실려 있다.

[그리는] 사람 01

아는 여자

배미정 지음 2021. 05

작가가 그림과 글로 말하고 싶은 주제는 아무도 기억하고 주목하지 않지만 각자의 자리에서 애쓰고 사랑하며 살아가는 '아는 여자'. 내 삶과 중첩되어 나라는 존재를 만들고 있는 '그녀들'의 삶을 말한다.

[그리는] 사람 02

어느 장씨와 어느 이씨가 만나

가족의 시간을 그리다

장서윤 지음 2021. 07

그때 그 시절 다른 가족들의 마음을 상상하며 그린 그림과 글이 담겨 있다. 이 책은 오늘의 '나'를 만들어 준, 서로에게 기대어 살아가게 해 주는 나의 가족을 자연스럽게 떠올리게 한다.

[그리는] 사람 03

불안해서 그립니다

황윤경 지음 2022. 04

그림을 그리며 '불안'이라는 반갑지 않은 친구를 이해하고 받아들이게 된 이야기가 담겨 있다. 이 책은 '불안이 기본값'인 우리 모두에게 변화는 자연스러운 일이라고 말해 주며 위로를 전한다.

木水冊房 | 목수책방

Tel. 070.8151.4255
Fax. 0303.3440.7277
E-mail. moonlittree@naver.com

post.naver.com/moonlittree
facebook.com/moksubooks
instagram.com/moksubooks
smartstore.naver.com/moksubooks

차를 알리는 신호였고 그녀 또한 이에 맞출 채비를 갖추었다. 타카라는 곧 나를 지나쳐 호를 돌며 수조의 반대편 끝으로 향했다. 그곳에서 쇼의 시작을 알리는 활 모양 솟구치기를 선보이기 위해 물 밖으로 솟아올랐다. 그러고는 내가 있는 곳으로 돌아오기 위해 물속 깊이 가라앉았다. 바로 내 앞에서 곧장 수직으로 높이, 그러나 약 11미터 깊이의 수조에서 완전히 벗어나지는 않을 만큼 적당히 솟구치는 것이 주어진 과제였다. 폭발하듯 튀어 오르되 내 몸의 털끝 하나도 건드리면 안 되었다. 조련사들은 이 동작을 '에일리언'이라고 불렀다. 몇 사람이 같은 제목의 영화에서 외계 생명체의 태아가 인간 숙주의 몸을 뚫고 튀어나오는 장면을 떠올렸기 때문이다. 타카라는 한 치의 오차도 없이 이 동작을 완벽히 수행했다. 관중은 일제히 박수갈채를 터뜨렸다.

타카라는 공주 같은 존재다. 거기에는 뜻밖의 출생이라는 사연이 있기는 하다. 그 어미 카사트카는 샌디에이고에서 샌안토니오와 올랜도까지 두루 거친, 씨월드 제국 전체를 섭렵한 베테랑이다. 1978년 아이슬란드 연안에서 포획되어 이후 씨월드의 범고래 사회를 주름잡은 가장 지배적인 범고래로 지냈다. 포획 당시 나이는 겨우 한 살이었다. 샌디에이고에서 내가 지낸 기간을 돌아보면 확실히 가장 지배적인 범고래였다. 1990년대 카사트카가 대륙을 가로지르며 각지의 씨월드로 옮겨 다니던 시절, 샌디에이고의 조련사들이 그녀의 임신을 확인했다. 그 사건은 모두를 깜짝 놀라게 만들었다. 카사트카의 이동 일정에 번식 프로그램은 없었으므로 그 상대가 누구인지는 오리무중이었다. 카사트카와 젊은 수컷 코타르가 씨월드 샌안토니오의 철창문으로 가로막힌 수조에서 떨어져 지내면서도 어찌어찌하여 짝짓기에 성공했다는 전설 같은 이야기가 떠돌았다. 1991년 7월 9일, 그 둘의 만남 이후 18개월 지나 타카라가 태어났다.

타카라는 일본말로 '보물'이라는 뜻인데, 우리 모두 간단히 '티키'라 불렀다. 어미와 마찬가지로 타카라도 왼쪽 눈 위 하얀 반점 안에 있는 까만 주근깨로 식별할 수 있다. 타카라만의 고유한 반점이 또 하나 있는데 아래턱 끝에 있는 갈색 반점으로 이것은 가까이에서만 보인다. 타카라는 내가 조련사로서 만난 스무 마리의 범고래 가운데서도 가장 거칠고 영리하며 개구쟁이이기도 하다. 우리 삶은 서로 교차하기를 거듭했다. 나는 아직까지도 티키를 몹시 사랑한다.

내가 티키를 아끼는 것은 사랑스러워서가 아니다. 티키는 강하고 똑똑하고 거칠다. 악동처럼 굴다가도 눈치를 챙겨 행동을 조심할 줄 안다. 그래서 나는 티키를 사랑한다. 마치 어떤 자리에서 가장 매력 넘치는 사람이 그렇듯이 자기 주위의 모든 이를 구워삶을 줄 안다. 원하는 게 있으면 얻어 내고야 만다. 그럴 수 있는 건 우두머리가 되는 법을 가르쳐 준 어미가 있기 때문이다.

앞서 언급한 대로 씨월드에서 카사트카보다 더 큰 범고래는 있을지 몰라도, 그녀의 성질을 건드리는 범고래는 없었다. 게다가 티키가 항상 어미 곁에 붙어 있었으니, 티키에게 함부로 까부는 범고래도 없었다.

티키는 다른 범고래에게 겁주는 일이라면 그 어미의 조수 노릇을 톡톡히 해냈다. 보통은 이로 갈퀴질을 하는 식이었는데 가벼우면 피부에 할퀸 자국이 남는 정도로 끝났지만 심하면 살이 패일 만큼 깊은 상처와 다량의 출혈을 일으킬 정도였다. 또 티키가 몹시 공격적으로 달려들면 다른 범고래로서는 굴복하는 수밖에 없었고, 때로는 워낙 엄청난 힘으로 들이받다 보니 물 밖으로 튕겨 나가 공중에 솟구칠 정도였다. 말 그대로 수조 밖으로 날아가 버리는 꼴이었다.

씨월드는 마침내 타카라의 장악력을 범고래 관리에 써먹기로 했다. 씨월드 샌안토니오의 조련사들은 그 작은 범고래 무리의 기강을 잡을 만큼 지배적인 암컷이 없다 보니 범고래들의 주의가 산만해지고 반응도 점점 둔해진다고 판단했다. 조련사들은 다른 범고래를 단속할 목적으로 종종 집단 내 장악력이 강한 암컷에 의존한다. 그러나 샌안토니오의 범고래 사회에서 위계의 정점에 가장 가까운 것은 수컷이었다. 가모장제를 따르는 범고래로서는 부자연스럽기 짝이 없는 수컷의 지배권 행사 때문에 샌안토니오 범고래 무리의 위계 구조는 무너지고 일대 혼란에 휩싸였다. 그렇게 해서 씨월드는 플로리다주 올랜도(어미 카사트카와 이별한 후 옮겨진 곳)에 있던 타카라를 텍사스주 샌안토니오에 급파하기로 결정했다. 타카라는 샌안토니오에 온 거의 즉시, 실제로 도착한 바로 그날부터 지배권을 차지하기 위한 실력 행사에 들어갔다.

타카라는 공주급 지위에 걸맞게 위풍당당하게 등장했다. 군용 수송기인 C-130에 올라 이동했다. 그녀의 엄청난 몸무게에 컨테이너에 담긴 물까지 약 16톤의 무게를 감당할 수 있는 운송수단은 그것밖에 없었다. 당시 나는 텍사스 측 조련사로서 타카라를 데려오기 위해 새벽 4시 30분에 샌안토니오공항으로 나갔다. C-130에 있던 컨테이너가 크레인에 들려 내려온 후, 타카라는 18륜 트럭에 실려 앞뒤로 경찰의 호위를 받으며 씨월드로 옮겨졌다. 트럭 위로 삐져나온 타카라의 거대하고도 반듯한 검은 등지느러미는 바다에서 아득히 먼 텍사스의 도로에서 초현실적인 장면을 연출했다.

    씨월드에 도착해 우리는 네 개의 수조 가운데 가장 얕은 곳, 2.4미터 깊이의 의료용 수조에 타카라를 내려놓았다. 타카라는 먹이를 받아먹기 위해 즉시 우리에게 다가왔다. 타카라가 여행을 잘 견뎌 냈다는 분명한 신호였다. 이동 과정에서 받은 충격이 매우 큰 탓에 도착하고 며칠이 지나서야 평온을 회복하고 먹이를 넘기는 범고래도 흔히 있다. 그 큰 덩치를 유지하려면 범고래는 끊임없이 먹어야 한다. 그렇지 않으면 병에 걸리고 죽을 지경에까지 이른다. 설상가상으로 타카라는 당시 임신 7개월에 접어든 상태였다. 그러므로 타카라는 먹이가 절실했다.

    이것이 타카라의 세 번째 임신이었다. 앞선 두 번의 경험으로, 그리고 어미 카사트카에게 배운 가르침대로, 자기 자신을 위해서뿐만 아니라 뱃속의 새끼를 위해서도 먹어야 한다는 사실을 타카라는 알고 있었다. 타카라는 이것 말고도 분명 버거운 일을 겪고 있었다. 타카라는 카사트카와 이별한 후, 당시 겨우 세 살이던 딸 코하나를 스페인으로 보내야 했다. 그리고 이제 자신은 텍사스로 가고 세 살 난 아들 트루아Trua는 플로리다에 남아야 했다. 그러나 신체적으로 잘 적응하고 있었기에 우리는 타카라가 넓고 깊은 후면 수조로 들어갈 수 있도록 얕은 수조의 문을 서둘러 열었다. 인접한 수조에는 카이유킷Kyuquot과 투아르Tuar, 두 수컷이 있었는데 타카라와 갈라놓으려고 문을 닫아 둔 상태였다. 그러나 둘은 타카라의 존재를 눈치채고 위협적인 환영식을 치르기로 작심한 듯, 타카라가 있는 수조로 통하는 문을 들이받으며 소란을 피웠다.

여느 범고래 같으면 이런 응대에 기가 죽고 말았을 것이다. 2.3톤에서 3.6톤 덩치의 범고래들이 강철문을 난타하면서 나오는 울림과 떨림은 무시무시하다. 땅의 흔들림도 느껴질 정도다. 타카라가 있는 후면 수조로 이어지는 그 두 개의 문을 카이유킷과 투아르가 하나씩 차지하고는 그렇게 들이박고 있었다.

타카라도 가만히 있지 않았다. 바로 각각의 문으로 달려가 맞받아쳤다. 그것도 두 수컷보다 훨씬 강하게. 믿기지 않을 만큼 크게 쩌렁거리는 소리가 났고, 이 상황을 목격한 사람이라면 움찔하고 말았을 것이다. 두 수컷은 다시는 문을 들이박지 않았다. 범고래의 힘은 엄청나서 몸으로 들이박으면 웬만한 강철도 휘어질 정도다. 때로는 다이버가 빠져나갈 수 있을 만큼 쇠창살이 크게 벌어지기도 한다. 범고래가 그렇게 난동을 부릴 때마다 씨월드는 그 육중한 강철문을 들어 올리기 위해 크레인을 동원해야 했다. 조련사들은 휘어진 부위를 펴기 위해 크레인을 그 위로 움직여 들어내고 원래 모습대로 복구한 다음 수조의 제자리에 붙여 놓곤 했다.

샌안토니오의 여왕 자리를 굳히기 위해 타카라는 문을 들이받은 이후로도 순발력과 권모술수에 가까운 지능을 발휘하며 대응을 이어 갔다. 우선 수조 안의 위계 구조가 어떻게 잡혀 있는지 파악했다. 덩치가 가장 큰 수컷 카이유킷은 운나와 투아르, 그리고 키이트 셋을 거느렸다. 임신한 타카라는 네 녀석과 맞붙을 수 없다는 것을 알고 있었다. 하지만 전략이 있었다. 타카라는 보통 얌전한 편인 운나와 씨월드의 다른 공원에서 만났던 수컷 키이트가 이미 자기에게 실제로는 머리를 조아린다는 사실을 눈치챘다. 그렇다면 타카라로서는 난폭한 수컷 2인조에게 자기와 처음 맞붙은 그 사건이 언제고 또 일어날 수 있다는 점을 각인시켜 주기만 하면 되었다. 타카라는 하나씩 따로 붙어 굴복시키는 전략을 택했다.

타카라는 먼저 투아르를 노렸다. 같은 수조에 들어가자마자 타카라는 투아르를 사납게 긁어내 머리 윗부분에 횡으로 깊은 상처를 남겼다. 이 일로 그는 큰 충격에 빠졌고 그녀를 두려워하게 되었다. 이후 훈련 시간에 나는 범고래들을 불러 모아 그중 투아르를 타카라의 옆에 자리 잡도록 지시했다. 투아르는 지시에 따랐지만, 같이 있는 내내 수세에 몰린 듯이 가슴지느러미를 끌어모은 모습에서 초조한 기색이 역력했다. 그는 이제 이 구역의 우두머리가 누구인지 똑똑히 마음에 새겼고 타카라의 심기를 더 거스를까 두려워 감히 털끝 하나 건드리지 않았다. 타카라는 이제 투아르는 안중에도 없고 나에게만 관심을 기울이며, 마치 미천한 사람 따위 신경 쓰지 않는 도도한 귀족 부인처럼 행세했다.

이제 우리가 붙여 준 애칭 카이ky로도 통하는 카이유킷을 상대하는 일이 남았다. 카이는 약 2.3톤의 타카라보다 훨씬 거대해 3.6톤이 넘었다. 강철문을 들이박은 사건 이후로 녀석이 타카라를 어떻게 대할지 확신할 수 없었기 때문에 처음에는 둘을 갈라놓았다. 타카라는 임신 상태라 더욱 취약한 형편이었다. 그러나 마침내 그 둘은 다시 모일 수밖에 없었다. 타카라는 어떤 식으로든 그를 신경 쓰고 있었다 해도 드러내지 않았다. 그러기는커녕 카이를 이로 긁고 또 긁어 댔다. 반면에 카이는 이에 대들지 않았다. 그가 피흘리는 모습은 차마 눈뜨고 지켜볼 수 없을 지경이었다. 그는 타카라에게서 빠져나오기 위해 죽을힘을 다해 헤엄치면서도 저항하지는 않았다.

범고래들은 결국 같은 물속에서 헤엄치고 공연해야 하는데, 지배적 범고래는 다른 범고래에게 본때를 보여야겠다고 마음먹은 순간 자기 의지를 무력으로 행사한다. 그러므로 갈퀴질을 피할 수 없는 노릇이다. 때때로 갈퀴질이 너무 심하면 상처 입은 범고래의 감염을 예방하기 위해 수의사를 불러 항생제를 투약해야 한다. 이제 카이는 타카라의 권위에 결코 도전하지 않을 것이다. 그는 타카라를 우두머리로 인정했다. 타카라는 마음만 먹으면 언제든지 그에게 상처를 입힐 수 있었다. 이것은 감금된 삶을 사는 범고래들이 따르는 일종의 관습이다.

나는 늘 타카라와 카사트카, 프레야 같은 범고래들의 힘과 지능에 끌렸다. 그리고 나 같은 인간을 대하는 그들 특유의 방식에서 두 속성이 함께 발현되는 양상에 빠져들었다. 타카라와 함께한 경험은 내 삶의 다른 어떤 것도 견줄 수 없었다. 그런데 우리는 '범고래다움'이란 과연 무엇인지 규정할 수 있을 정도로 이 고래류 동물을 제대로 알지 못한다. 내 경험으로 판단해 보건대 명민한 지적 능력, 고도의 사회성, 그리고 아이 같은 동시에 야만적인 순진무구함이 결합한 존재, 거기서 범고래다움을 엿볼 수 있다. 그리고 인간은 결코 헤아릴 수 없는 불가사의함까지. 범고래는 언제나 불가사의하다.

그래도 범고래의 특성 가운데 인간의 추측을 허용하며 인간과 공유하는 정서적 유사점도 몇 가지 있다. 모성이 바로 그렇다. 모성은 인간과 범고래에게서 똑같이 찾아볼 수 있는 특성이다. 타카라도 자기의 어미를 닮은 열성 엄마로서, 인간 사회에서 이상적인 어머니상 하면 떠오르는 자기희생과 정력적인 면모를 보였다.

2010년 1월 7일 이른 아침, 타카라는 거의 18개월이나 되는 임신 기간 끝에 진통을 시작했다. 나는 급히 스타디움에 도착해 수면 위에 누워 있는 타카라를 보았다. 나를 향해 드러난 배에서 새끼의 꼬리가 이미 자궁 밖으로 나오고 있었다. 복부에 두 줄로 난 유선으로 보아 암컷이 분명했다. 타카라의 표정에서 그녀가 지금 매우 고통스러워하고 있음을 알았다. 임신 막바지에 이른 지난 몇 주를 힘겹게 보내면서, 타카라는 평소보다 100~200킬로그램이나 더 나가는 체중에도 아랑곳하지 않고 쇼에서 좋은 모습을 선보였다. 타카라와 뱃속 새끼의 건강이 염려되어 우리는 몸을 빙빙 돌리고 물이 얕은 구역에 몸을 걸쳐 올라오는 몇 가지 동작을 제외했다. 하지만 계속 불어나는 몸에도 불구하고 타카라는 우리가 지시한 동작을 피하지 않고 계속 연기했다.

내가 스타디움의 수조에 도착한 지 45분 만에 진통이 끝났다. 내가 보는 바로 앞에서 타카라는 새끼를 낳았다. 타카라는 즉시 135킬로그램이 조금 넘는 새끼를 움직이기 시작해 첫 숨을 쉬게 하려고 수면으로 이끌었다. 딸의 이름은 사카리Sakari. 투표로 정한 이름이었다(내가 고른 이름이기도 했다). 사카리는 꼭대기盛り, 황금기, 절정를 뜻하는 일본어로 바다의 먹이 사슬에서 정점을 차지하는 범고래의 지위와도 어울렸다. 타카라는 몇 시간 내로 사카리에게 젖을 먹이기 시작했다.

오후가 되자 타카라는 태반을 배출했다. 이번에도 바로 내 앞이었다. 이따금 태반이 잘 나오지 않는 문제가 생기기 때문에 후산 과정에서 조련사들이 꼭 곁에 대기하고 있어야 한다. 태반은 세균이 우글거려 범고래에게 해로운 유기물을 끌어들일 수 있기 때문에 어미와 새끼의 건강을 고려하면 수조에서 빨리 건져 낼수록 좋다. 간혹 범고래가 사산하는 경우에는 태반을 새끼로 여긴 나머지 이것에 매우 집착하는 일도 생긴다. 어쩌면 어미는 태반을 자신과 새끼의 일부로 여기는지도 모르겠다. 그런 상황이 벌어지면 태반을 건져 내는 일이 매우 위험해지기도 한다. 다행히도 이번이 세 번째 출산인 덕에 타카라는 어찌해야 하는지 잘 알았다. 심지어 태반을 배출하고 나서는 내가 있는 방향으로 밀어내기까지 했다.

　태반을 건져 내는 일은 신체적으로도 매우 힘이 들었다. 태반은 27~37킬로그램 정도 나가는 무게였다. 그것을 수조 밖으로 꺼내려면 다른 수석 조련사의 도움이 필요했다. 우리는 1.8미터 높이의 투명 아크릴 패널 위에 몸을 걸치고 팔을 뻗어 태반을 수조 밖으로 끄집어냈다. 빨리 꺼낼수록 더 좋다. 단지 위생 문제 때문만은 아니었다. 태반은 흡수성이 커서 물속에 있는 만큼 물을 빨아들이므로 시간이 지날수록 점점 더 무거워진다.

　로즈 박사가 설명한 대로 야생의 범고래는 잠자는 순간에도 결코 움직임을 멈추지 않는다. 그런데 거의 석 달 동안, 타카라의 움직임에서는 일종의 근심 가득한 에너지가 새어 나왔으며, 타카라는 쉬려고 멈출 때조차도 느긋하게 있지 않았다. 행여 새끼가 수조의 벽이나 바닥에 부딪히기라도 할까 살피는 행동이었다. 그러나 움직임을 멈추지 못하고 심신을 지치게 하는 이유가 또 한 가지 있었다. 범고래의 새끼가 헤엄치지 않으면서 젖을 빠는 데 필요한 운동 기능motor skill을 익히기까지 약 석 달이 걸리기 때문이다. 그 말인즉 범고래가 물에 떠 움직이지 않고 젖 빠는 요령을 저절로 익히지 못한다는 의미다. 간단해 보이기는 해도 가만히 있는 능력은 감금 상태에서 학습한 행동이다. 야생에서라면 어미와 새끼는 끊임없이 움직인다. 그들은 그렇게 살도록 타고난다. 그런데 움직임 없이 있다는 것은 범고래가 수조와 같은 인공 환경에서 살아남기 위해 익혀야 하는 기술인 것이다.

그런 이유로 새끼가 가만히 있는 법을 배우기까지 어미는 멈추지 않고 움직여야 한다. 부단히 수조를 도는 타카라를 먹이기 위해, 그녀가 멈추지 않고 우리 곁을 지나는 순간 우리는 팔을 뻗어 입에 먹이를 한 움큼씩 던져 주었다.

새끼의 운동 기능과 협응력에 대해 마음이 놓이고 새끼도 물속에서 멈추는 법을 익히고 나서야 타카라도 쉴 수 있게 되었다. 타카라가 완전히 기진맥진한 상태로 물 위에 떠 있으면 몸통이 꼬리를 향해 가늘어지는 복부의 끝자락에 난 젖샘을 사카리가 빨았다. 타카라는 거의 2년 동안 사카리에게 젖을 물렸고 지배적인 암컷 범고래가 되기 위한 모든 것도 전수했다. 자기 딸이 수조의 벽에 부딪히지 않게 막아 주고 다른 범고래에게 당하지 않도록 보호할 때조차 그런 행동은 멈추지 않았다.

다른 범고래가 지배적 암컷의 새끼를 해치려 시도할 가능성은 매우 희박한 편이지만, 일말의 가능성이 남아 있기에 결코 완전히 마음을 놓을 수는 없는 노릇이다. 일본에서는 서로를 갈라놓은 쇠창살의 틈으로 성체 범고래들이 다른 범고래의 새끼를 물고 늘어져 그 어린 것을 갈가리 찢어 버리는 일이 있기도 했다. 여러 불리한 여건 속에서도 타카라는 새끼가 탈 없이 클 수 있는 여건을 확실히 만들어 두었다. 새끼라는 존재는 타카라가 샌안토니오에 도착하자마자 자기의 지배력을 굳히기 위해 움직이게 만든 또 다른 동력이었을 것이다. 그렇게 해서 새끼가 세상에 나오기 전에 자기의 권위를 세울 시간도 벌 수 있었던 것이다.

2009년 2월에 씨월드 측이 타카라를 텍사스로 옮긴다고 했을 때 나는 미칠 듯이 기뻤다. 내가 2008년 3월에 씨월드 샌안토니오로 복귀한 후였다. 카사트카와 타카라가 샌디에이고에 함께 있던 시절 나는 두 모녀와 일하는 것이 좋았다. 타카라는 늘 끼가 넘쳤다. 새끼 시절에도 그 개성을 감출 수 없었다. 훈련하는 도중에 곧잘 빠져나와 텔레비전에 무엇이 나오는지 궁금해 들여다보는 모습이 영락없는 꼬마 아이였다. 타카라가 좋아한 텔레비전은 다름 아닌 스타디움의 대형 스크린인 점보트론이다. 타카라가 스크린에 빠져드는 걸 무척 좋아하니 우리는 아예 훈련을 잘 마치면 그에 대한 보상으로 스크린에 등장하는 모습을 볼 시간도 따로 줄 정도였다(재생 이미지에는 자기 모습이 비치기도 했다). 범고래는 두개골 안에 있는 커다란 공동을 거쳐 다양한 딸깍 소리와 휘파람 소리를 내는데, 나는 두 모녀가 내는 소리만 듣고도 어떤 기분인지 알 정도로 그 둘을 잘 알았다. 범고래의 감정 상태는 각기 다르게 들리는 발성에서 드러난다. 소리마다 미묘한 차이가 있어서 각 감정의 강도가 어느 정도인지 알 수 있다. 이 복잡한 발성 패턴을 이해하기까지 오랜 시간이 걸리지만, 경험이 쌓이고 나면 범고래의 감정 상태를 정확히 판단할 수 있다.

워낙 복잡한 소리 체계이다 보니 인간이 고래의 말을 알아듣는 날은 영영 오지 않을지도 모른다. 그러나 범고래가 내는 소리를 듣다 보면 적어도 기분이 어떤지 알아챌 수는 있다. 나는 범고래가 기쁘거나 흥분할 때 혹은 열광할 때 내는 발성 패턴을 구분할 수 있다. 성적으로 흥분할 때 내는 소리도 안다. 그런가 하면 짜증 섞인 소리는 공격성이나 적대적 행동의 전조이므로 조련사들이 세심하게 귀 기울여야 한다. 이 비밀스러운 언어는 판독이 거의 불가능하지만 범고래의 내면을 어렴풋이나마 들여다볼 수 있는 창이다.

타카라가 샌안토니오로 올 무렵, 우리가 떨어져 지낸 지 거의 8년이 되어 가고 있었다. 타카라가 나를 기억할까? 경험 많은 조련사들조차 범고래는 헤어지고 나면 1년도 채 되지 않아 잊어버린다고 생각한다. 내가 알기로 그건 사실이 아니다. 범고래는 오래도록 기억할 수 있다.

타카라의 기억력이 얼마나 좋은지는 내가 직접 경험해 보아서 안다. 씨월드 샌디에이고에 있을 때 우리는 타카라에게 '지퍼'라는 동작을 가르쳤다. 수조의 둘레를 빠르게 헤엄치다가 빠른 속도를 유지한 채 정해 놓은 위치에서 수면을 박차고 나오는 동작이다. 그러나 타카라가 올랜도로 가고 나서 그곳의 조련사들은 이전과 다른 신호를 사용해 가르쳤다. 샌디에이고에서는 손가락을 범고래 몸에 대고 동시에 시각적 명령을 덧붙였으나 올랜도에서는 이것을 완전히 다른 시각적 명령으로 바꾸어 버린 것이다. 샌안토니오에서 타카라와 재회했을 때, 나는 우리가 샌디에이고에서 쓰던 신호를 타카라가 아직도 기억하고 있을지 확인해 보기로 했다. 나는 타카라의 옆구리에 두 손가락을 대고 몸을 따라 주욱 그으며 지퍼를 해 보라고 지시했다. 타카라가 샌디에이고를 떠난 지 5년이나 흘렀지만, 그녀는 첫 시도에서 바로 그 신호의 의미를 알아차리고 순서대로 완벽히 동작을 수행해 냈다.

타카라가 오랫동안 만나지 못한 조련사의 가벼운 손길만큼 사소한 동작도 기억하고 풀이할 수 있다는 사실은 모든 범고래가 복잡하고 친밀한 관계를, 수천 가지에 이르는 무수한 작은 신호와 상호작용이 포함된 그 모든 관계를 기억할 수 있다는 증거였다. 범고래와 조련사의 관계는 인간이 감정 표현에 동원하는, 사람 사이에 오가는 미묘한 끄덕임과 몸짓이 모여 만들어지는 것만큼은 아니더라도 그 나름대로 깊이가 있다. 나는 범고래가 모든 것을 알아차린다고, 자기들이 간직한 모든 자극과 기억에 인간이 감정이라 해석할 수 있는 성질을 입힌다고 믿는다.

모든 범고래가 그렇듯이 타카라도 서로 다른 조련사를 구별할 수 있다. 이것은 좋을 수도 있지만, 편애하고 차별할 수 있는 범고래의 특성상 불리하게 작용할 여지도 있다. 타카라가 좋아하는 조련사 가운데 나도 끼어 있다는 사실은 초기부터 알고 있었다. 범고래가 특정 조련사를 유독 좋아하더라도 그 내막을 전혀 헤아릴 수 없을 때도 있다. 조련사가 범고래를 바라보는 방식이나 몸가짐이 남달라서, 혹은 조련사의 목소리나 신호를 줄 때의 손동작 하나도 영향을 줄 수 있다. 우리가 알아낸 정황으로는 카사트카와 타카라가 남자 조련사를 더 좋아해서 여자 조련사가 자기들을 맡을 경우는 냉대하거나 아예 참지 못하는 경우도 더러 있었다. 프레야도 어느 정도는 그런 성향을 보였다.

그러나 좀 더 복잡한 속사정에서 편애하는 경우도 종종 있는데, 조련사가 범고래와의 상호작용에 적용하는 방식에서 실마리를 찾을 수 있다. 나의 경우 접촉의 힘을 진심으로 믿는 편이다. 범고래를 어루만지다 보면 모든 것을 소통할 수 있다.

　　타카라는 나와 하는 놀이 시간을 매우 좋아했다. 나는 공과 커다란 부양 기구를 수조에 던지고 타카라가 나에게 도로 던지게 하며 놀아 주곤 했다. 놀이에 빠져든 타카라는 기쁨과 흥분이 가득한 소리를 내며 육중한 물건들을 관중석으로 날려 보냈다. 개중에는 무게만 해도 100킬로그램에 육박하는 것도 있었는데 미사일처럼 날아가서는 관중석과 벽을 비롯해 도중에 가로막는 것을 모조리 부수는 일이 벌어지기도 했다. 그 힘이 워낙 대단해서 때로는 철제 기둥을 휘게 하거나 콘크리트 덩어리를 떨어뜨리기도 할 정도였다. 타카라가 쏘아 날린 장난감에 혹여 맞기라도 한다면 여간해서는 혼자 힘으로 바로 일어나 자리를 벗어날 수 없었다. 타카라는 재미있게 노는 방면에서는 도가 터서 놀이에 빠져들 때면 공중에 물건을 날려 보내는 볼거리를 연출했다. 조련사들도 예외는 아니어서 마냥 즐겁게 그러나 조심스럽게 바로 옆의 수조로 휙 던져 버릴 정도였다. 타카라는 자기가 놀고 싶은 사람이 누구인지, 그리고 좋아하는 사람이 누구인지 알고 있었다.

　　보통 타카라와 물속에서 공연하는 것은 힘든 과정이다. 강하고 폭발적이고 재빠른 이 범고래는 공연에 따르는 모든 물리적 조건을 조련사도 감당할 수 있으리라 예상하고 행동한다. 2009년 10월, 샌안토니오에서 나와 조련사 한 명이 타카라와 키이트를 데리고 동시 동작을 선보이던 중이었다. 범고래들과 함께 12미터 깊이의 수조 바닥까지 내려갔다가 일순간 멈추게 하는 것이 첫 과제였다. 일단 꼬리가 바닥 위를 지나고 나면 범고래들은 우리를 자기들 부리 위에 각자 세운 채 물을 박차고 수면까지 솟아오르기로 되어 있었다. 범고래 위에 인간이 올라선 채 물 밖으로 완전히 나올 듯 말 듯 동시에 폭발하듯 엄청난 속도로 튀어 오르는 모습은 흡사 인간과 범고래가 합체한 '깜짝 상자'와도 같다. 씨월드 사람들 사이에서 이 동작은 스파이홉 올라서기 더블이라 불린다.

    이 동작이 성공하려면 범고래들의 동작이 완벽히 일치해야 하며 조련사들은 이 둘이 수면을 향해 속도를 높일 때 정확히 균형을 잡고 있어야 한다. 그러나 이번 공연의 경우 타카라의 움직임이 키이트보다 훨씬 빨랐다. 수조 바닥에 먼저 닿은 타카라는 키이트가 자기를 따라 잡아 물 위로 오르는 합을 맞추도록 기다려야 했다. 범고래가 물속에서 그처럼 완전히 멈추게 되면 그 위에 올라 균형을 잡으려는 조련사도 영향을 받는다. 부력과 중력이 뒤엉킨 상황에서 인간의 몸은 대기하는 와중에 떠오르기 시작하고, 추진력이 멈춘 까닭에 위치에서 벗어나게 된다. 키이트가 타카라를 따라잡느라 소요된 그 찰나에 내게 일어난 상황이 바로 그랬다. 일단 둘이 나란히 정렬하고 나자, 타카라가 꼬리를 강력하게 휘저었고 그 여파로 갑작스러운 추진력이 생기는 바람에 내 왼발이 타카라의 부리에서 살짝 벗어나고 말았다. 그것이 사고의 발단이었다.

    우세발인 왼발이 제자리에서 벗어나자마자 나는 이제 일이 터질 것을 직감했다. 순간 이 동작을 중지하고 타카라에게서 떨어지는 게 좋겠다는 생각이 머릿속에 번뜩 스치고 지나갔다. 그러나 나는 충분히 자세를 바로잡고 동작을 해낼 수 있으리라 확신했다. 그것은 오산이었다. 타카라가 수면 위로 솟아오르는 힘이 엄청나서 내 왼발이 위치에서 완전히 벗어나 버렸기 때문이다. 그 탓에 나의 몸이 앞으로 기울었다. 타카라도 일이 잘못 돌아가고 있음을 알아차렸다. 사고 장면이 담긴 비디오 화면을 보면 타카라가 멈추려 애쓰는 모습을 분명히 알아볼 수 있다. 화면에서 타카라가 나와 충돌하는 것을 피하기 위해 몸을 활처럼 구부리는 모습이 보인다. 그러나 돌이키기에는 이미 너무 늦고 말았다. 우리가 수면을 뚫고 나올 때 나는 앞으로 고꾸라지면서 무려 2.3톤의 무게가 떠받치는 타카라의 부리에 옆구리를 받혀 헝겊 인형처럼 맥없이 수조에 떨어지고 말았다.

　　타카라는 즉시 내 몸을 향해 음파를 내보내기 시작했다. 벌새의 웅웅거림 같이 느껴지기는 했으나 이번에는 다르다는 것을 알 수 있었다. 그녀의 소나는 마치 생각 탐지기 같았다. 앞선 쇼의 수중공연에서도 타카라는 반향정위를 동원해 내게 다가왔었고, 나도 평소처럼 그 소리를 듣고 가슴으로 느낄 수 있었다. 하지만 이번에는 달랐다. 고무 밴드를 튕기는 것처럼 따닥하고 때리는 소리가 들렸는데, 내 좌뇌의 상부로도 그 느낌이 전해졌다. 그런 경험은 그 이전에도 이후로도 없었다. 나중에 나는 타카라가 내 생각을 훔치고 속마음을 읽고 있던 것이라며 동료 조련사들과 농담조로 이야기했다. 어쩌면 정말 그랬을지도 모르는 일이다.

충돌 후에 내가 정신을 추스르고 있는데 타카라가 음파를 내보내며 먹이 '몰이를 하듯'이 나를 뒤쫓았다. 수면으로 올라와 곧게 뻗은 등지느러미를 드러낸 채 내 주위를 도는 모습은 얼핏 그렇게 보였을 것이다. 타카라가 나를 먹이로 여겨서 그런 것은 물론 아니었다. 그것은 나의 부상이 얼마나 심각한지 알아내려고 한 행동이었다.

나는 숨이 턱 막혔지만 가까스로 물 위에 떴다. 물 밖에서 상황을 지켜보던 감시원에게 엄지를 들어 올려 보였다. 나는 괜찮으니 타카라를 내게서 떼어 놓기 위해 비상 신호를 보내지 않아도 된다는 신호였다. 나는 타카라의 도움이 필요했다. 수조 한가운데로 떨어져서 타카라의 도움 없이 물 밖으로 나올 힘이 없었다.

타카라가 내 몸에 대고 음파를 계속 보내는 동안, 나는 물속에서 가볍게 손가락을 튕겨 내게 다가오라는 신호를 보냈다. 나는 숨을 헐떡이며 두 손으로 타카라의 부리를 감아 쥐었다. 그런 다음 나를 가슴에 품고 밀어내라는 신호를 주어 쇼가 진행되는 구역에서 벗어나 무대 후면 수조의 가장자리로 갔다. 씨월드에서 가장 까칠하고 강한 공주가 이 순간 갑자기 가장 친절한 구조대원이 되어 내 앞에 나타났다. 타카라가 나를 데리고 안전한 곳으로 미끄러져 나가기 시작할 때도 나는 가슴지느러미가 내 발에 닿는 것조차 느끼지 못했다. 그런 다음 타카라는 후면 수조의 가장자리 위에 나를 내려 주었다. 타카라가 살며시 내 밑으로 내려와서는 물에 뜬 나를 충분히 높이 들어 올려 준 덕에 나는 힘을 거의 들이지 않고도 가슴에서 내리고 수조 밖으로 나올 수 있

있다. 그 마지막 동작은 타카라가 결코 훈련받은 적이 없는 행동이었다. 타카라는 내가 자기 삶에서 얼마나 중요한 사람인지 알고 있었으며, 그렇기에 나를 안전하게 지켜 주고 싶었던 것이다.

나는 심하게 부상을 입은 상태로 응급실에 실려 왔다. 의료진이 내상 여부를 확인하기 위해 CT 촬영을 했다. 타카라의 부리가 나에게 부딪히던 순간의 충격으로 흉곽이 압박을 받아 갈비뼈가 몇 대 부러졌으며, 가슴과 등의 연조직도 손상되었다. 응급실 담당 의사는 그만한 강도의 충격이면 심정지가 오고도 남았을 상황이라고 말했다. 꼬박 한 달 동안은 몸에 조그만 접촉이 생겨도 엄청난 통증이 밀려 왔고, 편히 지내는 것은 물론 고통 없이 눕는 것조차 상상할 수 없었다.

그 사고로 나는 중요한 사실 하나를 알게 되었다. 내가 자기를 아끼는 것만큼 타카라도 나를 소중히 여긴다는 것이었다. 장래가 기대되는 젊은 조련사 몇 명에게 들은 이 말은 내가 조련사로서 들은 최고의 찬사였다. 자신들의 경력에서 가장 원하는 게 있다면 언젠가는 범고래와 끈끈한 관계를 만드는 것이라고, 흔한 관계를 넘어 나와 타카라 사이만큼 단단한 관계를 맺는 것이라고 그들은 말했다.

씨월드 샌안토니오의 야간 샤무쇼에서
타카라의 등에 올라탄 모습
(2009).
© Daniel

씨월드 샌안토니오에서 타카라와 함께
놀이 시간을 보내는 모습
(2012).
ⓒ Daniel

새끼 낳는 기계, 인공수정의 목적

2000년 어느 봄날 아침, 나는 씨월드 샌디에이고에서 소집된 특별팀의 일원이라는 사실에 몹시 들떠 있었다. 당시 나는 샤무 스타디움의 범고래 조련팀에서도 아직 경력이 짧은 축에 속했다. 하지만 범고래 팀의 모두가 이구동성으로 역사적 사건으로 여기는 임무가 주어졌으니, 암컷 범고래를 대상으로 하는 세계 최초의 인공수정이었다. 나는 과학 분야의 개척자가 된 것 같은 흥분에 휩싸였다.

  1990년대에 수컷 범고래의 정액을 받으려는 첫 시도로 출발하여, 이 프로젝트는 이미 몇 년 동안 진행 중이었다. 이제 2000년 4월에 접어들었고, 약 6개월에 걸친 훈련 끝에 카사트카가 체외에서 체내로 시술용 튜브를 넣는 외과적 절차에 충분히 둔감해져, 우리는 미리 세워둔 계획대로 차곡차곡 일을 진행할 수 있었다. 카사트카의 호르몬 수치로 보아 정확히 그날 아침이면 배란할 조건이 갖추어질 예정이었다. 올랜도에서 채취하여 저장해 두었던 정자도 이미 도착한 상태였다.

  씨월드는 1985년부터 범고래 번식 프로그램을 성공적으로 진행해 왔으면서도, 인공수정으로 자사 범고래 수를 더 빠른 속도로 늘릴 수 있을 것이라 판단했다. 씨월드 경영진은 인공수정이 회사의 범고래 개체 수를 유지할 수 있는 길이라고 설명했다. 그러면서 인공수정이 아니면 가까운 범위 내의 범고래들만이 짝짓기를 하게 되므로 범고래는 결국 완전히 사라지거나 근친교배로 고통받을 것이라는 근거를 들었다. 전국에 흩어져 있는 범고래를 C-130 수송기나 비슷한 크기의 항공기로 옮기자면 엄청난 비용이 든다. 그뿐만 아니라 짝을 맺어 주려는 범고래들이 실제로 서로에게 끌리는지도 확인해야 한다. 그러므로 짝을 잘못 맺으면 막대한 자원의 낭비로 이어진다(1970년대에 대중의 비난에 직면하여 범고래 포획이 중단되었기 때문에 씨월드는 더 이상 야생에서 새로운 범고래를 들여와 자사의 범고래 개체군을 다양하게 구성할 수 없게 되었다).

씨월드는 그 해결책을 인공수정에서 찾았다. 인공수정을 한다면 씨월드는 배란이 임박한 암컷 범고래가 있는 공원으로 정자를 보낼 수 있다. 수의사와 조련사는 소변과 혈액의 호르몬 수치를 보고 범고래의 배란 상태를 확인할 수 있었고, 초음파 영상으로 난관에 있는 난자의 발달 상태까지 추적할 수 있었다.

카사트카가 몸속에 시술용 튜브를 삽입하는 데 익숙해지도록 준비시키기까지 6개월이 걸렸다. 카사트카는 이 과정에서 배를 위로 향한 채 누워야 하는데, 그러자면 숨을 쉬는 분수공숨 구멍이 물속에 잠겨야 했다. 게다가 10분 동안 숨을 참아야 하고 조련사와 수의사가 자기 몸에 손대는 것도 감당해야 했다. 생식기 부위를 만지고, 최종적으로는 튜브 삽입을 위해 자궁경부를 벌려 공기를 주입하는 것에 익숙해져야 했다. 범고래가 그 모든 과정에 거칠게 저항하지 않고 익숙해지게 하려면 어떻게 해야 할까? 더구나 그 대상이 씨월드를 통틀어 가장 위험한 범고래 카사트카라면?

    카사트카는 이미 몸을 뒤집어 배를 드러내고 등지느러미는 수조 바닥을 향한 자세로 눕도록 훈련받아 왔다. 사실 그 동작은 건강진단이나 놀이 삼아 쓰다듬어 주기 위해 모든 범고래에게 가르치는 행동에 포함되어 있었다. 조련사가 신호를 주기만 하면 범고래는 등을 대고 눕게 되어 있었다. 하지만 그것은 겨우 시작에 불과했다.

    야생의 범고래는 그래야 하는 상황이 오면 12분에서 15분까지 물속에 머무를 수 있다. 그것은 먹이를 섭취하고 수렵하고 자유로이 수영하는 등 일상의 삶에서 범고래가 필요한 순간에 내리는 선택의 문제다. 하지만 감금살이 하는 범고래는 사정이 다르다. 우리는 씨월드의 여러 목적에 따라 조건화가 가장 잘 진행된 범고래가 대략 10분가량 숨을 참을 수 있도록 훈련해 왔다. 카사트카도 그렇게 해서 천천히 시작했다. 맨 처음 2분가량 숨을 참으면 보상을 하고, 다음에 2분 30초, 그다음에 3분, 이런 식으로 대략 10분이라는 목표에 도달할 때까지 계속했다. 그러면서도 전혀 움직이지 않고 있어야 한다는 점을 새겨 두도록 했다. 그 고된 과정 내내 꼼지락거리거나 움직이는 습관이 들면 안 되기 때문에 시간을 조금씩 늘려 가는 것이 중요했다. 만약 처음부터 10분을 정해 놓고 시작했다면 카사트카는 불편한 기색을 드러냈을 것이며 결과적으로 훈련에 큰 어려움이 따랐을 것이다. 그런 이유로 우리는 서두르지 않았다. 다른 모든 행동을 훈련하는 과정과 마찬가지로 차근차근 단계를 밟아 갔다. 카사트카가 성공할 때마다 생선이나 매우 좋아하는 것으로 보상을 했다. 씨월드의 입장에서 이 프로젝트는 대단히 중요했고, 우리는 카사트카가 이 과정을 긍정적인 경험으로 받아들이게끔 해야 했다. 카사트카가 새끼를 계속 낳게 하자면 우리는 이 과정을 겪고 또 겪게 할 가능성이 있었다. 그러므로 그에 대한 보상을 받는다고 느끼게끔 할 필요가 있었다.

그다음으로 다른 이들이 자기 몸의 민감한 부위를 만지는 것에 카사트카가 익숙해지도록 해야 했다. 범고래 암컷은 생식기 부위에 두 개의 긴 홈이 더 있어 수컷과 구별할 수 있다. 새끼에게 젖을 물리는 유선이 여기에 있다. 세 번째 홈은 질을 보호한다(수컷도 같은 홈이 있는데 음경이 숨겨져 있어서 발기할 때를 제외하면 보이지 않는다). 카사트카가 배를 드러내고 누워있으면 그녀가 신뢰하는 조련사들이 양옆에서 가슴지느러미를 어루만지며 안심시켜 주었다. 그들의 존재는 카사트카가 안전한 손에 맡겨져 있으며 아무리 낯선 절차가 진행되더라도 그들이 살펴보고 있으니 안심하라는 신호였다. 이것은 카사트를 진정시키는 데 효과가 있었다. 그다음에 조련사 한 명이 그 부위를 만지기 시작했다. 먼저 최대한 천천히 질벽을 조심스럽게 벌리면서 이렇게 가만히 있는 것이 우리가 정말로 원하는 것이고, 그녀에게서 바라는 행동이라고 여기게끔 단계를 올릴 때마다 안심시켰다.

돌이켜 생각해 보면 그것은 야만적이기 짝이 없는 짓이었다. 행동주의적 훈련 기법을 동원하여 고도로 지적인 동물을 인간의 조작으로 임신시키는 절차에 복종시키는 행위, 그 모든 배경에는 기업 이익이 도사리고 있었다. 그러나 우리가 카사트카를 훈련하던 그 시기에는 그런 생각을 할 여지가 없었다. 나는 그것이 범고래의 개체 수 유지를 위해 필요한 조치라고 굳게 믿었다.

나는 카사트카를 그 과정에 적응시키는 팀에 선발된 소수의 조련사 가운데 한 명이었다. 질벽을 조금씩 조금씩 벌리는 작업은 인공수정이 실제로 진행되는 날 삽입할 정액 튜브를 카사트카가 받아들이도록 길들이는 첫 단계였다. 여기서 질의 통로 구조를 확인하기 위해 볼펜 굵기 정도의 가늘고 휘어지는 작은 플라스틱 튜브에 윤활제를 발라 사용했다. 암컷 범고래의 질 내부는 저마다 달라서 해부 도감에 실린 그림과 똑같지 않다. 실제로 정자를 난자로 보낼 더 크고 중요한 튜브를 사용할 때 내부 손상을 피하기 위해서는 카사트카의 질 내부 구조를 알아야 했다. 우리는 카사트카가 더 크고 두꺼운 튜브에 익숙해지도록 크기를 점차 늘려 갔다.

실제 튜브의 모의 삽입을 위해, 같은 크기의 연질 플라스틱 대체물을 사용했다. 실제 기구로 하는 그대로 이 장치를 통해 자궁경부에 공기를 주입했다. 마찬가지로 이 과정에도 대비가 필요했다. 인공수정은 조련사가 아닌 수의사가 수행하기 때문에 조련사 곁에 낯선 인물이 있어도 카사트카가 받아들이도록 해야 했다. 수의사가 범고래와 쌓은 관계는 없었다고 해도, 2.3톤에 육박하는 이 거대한 동물에게 쉽사리 접근해 이물질을 삽입하지는 않을 정도의 판단력이 있는 사람들이다. 그렇게 하려면 범고래가 수의사라는 낯선 존재와 그들이 수행하는 외과적 시술을 받아들이도록 조건화하는 과정이 필요하다. 씨월드의 수의사가 조련사 바로 곁에서 범고래와 함께 있는 일은 극히 드물다. 보통 그들은 수조와 그 둘레를 스타디움 나머지 부분과 갈라놓은 벽 너머에 자리 잡는다. 우리는 수의사의 대역을 세워 훈련 과정에 생길 수 있는 변수의 역할로 설정했다. 낯선 사람이 늘 이 과정에 참여할 것이라는 사실을 카사트카도 알게 하기 위해서였다.

카사트카로서는 자궁경부에 공기를 주입하는 작업이 이 과정에서 가장 힘든 부분이었다. 그녀는 우리가 그 단계를 연습할 때마다 눈을 꼭 감은 채 있었다. 카사트카가 안심할 수 있도록 같은 수조에 타카라도 있게 했다. 딸이 곁에 있다는 사실을 인식하는 것은 중요한 의미가 있었다. 둘은 떼려야 뗄 수 없는 관계였으므로 딸을 곁에 있게 할 필요가 있었다. 실제 시술을 하는 날 타카라를 어미의 곁에 있게 할 계획이었다.

연습이 진행되는 동안 수의사들이 카사트카의 소변을 매일 확인하며 다음 배란일을 예측했다. 그들은 프로게스테론과 에스트로겐 수치는 물론 황체형성호르몬 수치도 확인했다. 실제 인공수정 시술을 담당할 수의사 토드 로벡Todd Robeck이 샌디에이고의 현장에 대기했다. 정자는 기증자인 틸리쿰이 있는 올랜도에서 공수되어 이미 도착한 상태였다. 그 모든 과정의 성패가 카사트카가 배란을 시작하는 바로 그 순간에 달려 있었다. 초음파진단으로 난자가 막 떨어져 나오려는 순간, 그리고 실제로 정자를 주입해야 하는 찰나를 포착할 수 있다. 모든 것이 착착 맞아떨어져야 했다. 과정에 동원된 모든 사람은 효율적이고도 정확히 움직일 수 있도록 만반의 준비를 갖추어야 했다. 무엇보다도 고통스러울 정도로 험난한 채취 과정을 통해 받게 되는 정액을 한 방울도 낭비할 수 없는 노릇이었다.

범고래 암컷을 인공수정에 준비시키는 과정이 초음파진단과 화학으로 짜인 복잡한 안무와 같다면 범고래 수컷의 정자 채취는 민감하고 위험하기 짝이 없는 과정이다. 록밴드 머틀리 크루Mötley Crüe의 멤버이자 '동물의 윤리적 처우를 지지하는 사람들PETA, People for the Ethical Treatment of Anmals'의 지지자인 토미 리Tommy Lee는 씨월드가 "사람을 수조에 보내 더운물을 채운 암소의 생식기로 틸리쿰을 자위시킨다"며 거칠게 비난했다. 실제로 그렇게까지 하지는 않는다. 하지만 씨월드가 최초로 정액 채취를 시도하던 방식과 완전히 다르다고는 볼 수 없다.

  최초의 정자 기증 후보는 코타르였다(샌안토니오에서 철장문 사이로 카사트카와 벌였으리라 추정되는 비밀 연애로 타카라가 태어났다). 1990년대 초에 정자 채취를 위한 첫 시도가 있었다. 샌안토니오의 특별팀은 코타르가 등을 돌리고 분수공이 물속을 향하도록 훈련한 후, 사정을 유도하기 위해 그의 음경을 자극하기 시작했다. 그것은 범고래가 기꺼이 참고

견딜 수 있는 수준을 넘어서는 과정이었다. 그는 학대에 격분하여 몸을 일으켜 세우고 턱을 벌려 조련사들에게 돌렸다. 손으로 직접 정자를 채취하는 전략은 재고되었다.

이후 조련사들은 범고래의 음경을 직접 자극하지 않고 정자를 채취할 수 있는 묘안을 짜냈다. 성공할 것 같지는 않지만 기발한 방법이었다. 정자 기증 후보가 성적으로 끌리는 범고래를 같은 수조에 풀어놓아 채취 과정에서 성행위를 연상시킨다는 것이었다. 풀어놓는 범고래는 암컷이든 수컷이든 성적으로 끌리기만 하면 그만이었다. 조련사들은 기증 범고래가 완전히 혹은 조금이나마 발기한 것을 확인하면 불러내 막 개시한 이 작업이 점차 '상상 속 성행위'를 연상시킬 수 있는지 확인했다. 그렇게 단계를 늘리고 횟수를 거듭하면서 범고래는 꾸준히 보상을 받고 사정하는 요령을 점점 터득해 갔다.

범고래의 음경은 발기하지 않는 이상 보이지 않는다. 그러나 한번 발기하면 못 알아볼 리 없다. 흰색이 감도는 분홍색에 길이가 1.2미터에서 1.8미터에 이른다. 하지만 발기를 유도하는 훈련은 시작에 불과하고 사정을 시키기까지 거쳐야 할 단계가 더 있다. 범고래는 조련사가 원하는 것이 사정이라는 걸 짐작으로 알아차려야 한다. 그러자면 조련사들이 '탐색prospecting'이라 부르는 행동을 해야 한다. 이것은 곁의 조련사에게서 강화나 보상을 받으려면 무슨 결과가 나와야 하는지 알아내기 위해 몇 가지 가능성을 시험 삼아 해 보는 것이다. 처음에는 밀어 넣는 동작이 많았는데, 조련사는 이 행동에 강화를 보내지 않았다. 그

다음 시도에서는 소변을 내보내곤 했다. 이것도 조련사가 원치 않는 결과였다. 드디어 범고래는 상상의 도약을 통해 소변이 섞인 정액을 조금 내보낸다. 그러나 소변 섞인 정액 시료는 오염되었기 때문에 사용할 수 없다. 운이 따라 주고 좀 더 세심하게 강화하면 범고래는 마침내 순수한 정액을 배출한다. 이것은 범고래가 자기의 신체 기능을 조절할 수 있다는 놀라운 증거다. 행동주의 원리를 적용해 구슬리기는 해야 하지만, 범고래가 마찰을 일으키는 접촉 없이 거의 상상만으로 순수한 정액을 배출할 수 있으니 말이다(정액 채취 과정이 끝난 후에는 한 가지 조치가 따랐다. 범고래의 발기를 유도한 조련사는 그 범고래와 물속에 같이 있는 것이 다시는 허락되지 않았다. 발기했던 범고래는 그 조련사를 보면 성적 상상을 떠올려 흥분할 가능성이 있으며, 성적 흥분은 늘 공격성으로 이어지곤 하기 때문이다).

채취한 정액의 양이 50밀리리터 정도, 혹은 숟가락으로 세 술 이상이면 넉넉했다. 하지만 정액이 워낙 귀해서 씨월드는 되도록 많은 양의 채취를 목표로 잡았다. 정액은 고무밴드로 범고래의 음경 밑단에 두른 비닐 주머니에 담겼다. 주머니는 완전 살균 처리되고, 수조의 염수를 비롯해 정액을 오염시켜 귀한 정자를 죽일 수 있는 이물질과 접하지 않게 밀봉되었다. 조련사는 사정 직후에 배출된 범고래의 정액이 담긴 비닐 주머니를 신속히 수의사의 연구실로 보내 냉동 처리되도록 했다. 정자는 범고래의 몸 밖으로 나오는 순간 죽기 시작하기 때문에 지체되는 시간을 최대한 줄여야 한다.

범고래 수컷 모두 이런 식으로 사정할 수 있는 것은 아니었다. 그러자면 범고래에게도 남다른 이해력이 있어야 한다. 씨월드는 1991년에 태어난 카이를 오랫동안 훈련해 오고 있으나 녀석은 어떻게 하면 조련사들이 만족하는지 아직 완전히 터득하지 못하고 있다.

세 범고래가 정액 채취 과정에 유독 잘 따랐다. 울리세스, 키이트, 그리고 틸리쿰이다. 셋 중에서도 틸리쿰이 가장 두드러졌다. 틸리쿰은 20년이 채 되지 않는 세월 동안 자연 번식과 인공수정을 합쳐 새끼 열일곱 마리의 아버지가 되었다. 그중 다섯은 죽었다. 씨월드는 키이트에게서 필시 25~50개에 달하는 정액 시료를 채취한 것으로 보이며 모두 인공수정에 사용해 새끼를 낳을 수 있는 상태다. 채취한 시료들은 냉동 보관 중이다. 울리세스는 채취 과정에 잘 따랐지만, 조련사들이 전달받은 분석 결과에 따르면 생기 있는 정자를 만들어 내지 못했다. 적어도 처음 시작할 때는 그랬다. 틸리쿰이 돈 브랜쇼를 죽인 2010년 사건 이후 씨월드는 2013년에 울리세스의 정자로 여덟 살 된 칼리아Kalia를 임신시키는 데 성공했다고 발표했다. 나는 DNA 분석 결과를 받아 보고 사실인지 확인하고 싶다.

다시 카사트카의 이야기로 돌아가 보자.

카사트카를 인공수정에 대비시킨 6개월 동안, 나는 그녀의 곁에서 생식기에 삽입될 튜브에 익숙해지도록 하느라 많은 시간을 보냈다. 그러나 대개 그녀를 통제해 자세를 바로잡고 자제시키는 역할에 치중했다. 그녀가 몸을 돌려 벽과 나란히 눕도록 하고, 내가 자기를 진정시키고 안심시킬 수 있게 가슴지느러미를 내놓도록 했다. 2000년 4월, 이제 배란이 임박했음을 알려 주는 호르몬 수치가 나왔다. 인공수정 팀의 모두가 자리한 가운데 카사트카가 벽과 나란히 길게 누웠다. 카사트카는 조련사를 바라보며 수신호에 따라 숨을 깊게 들이쉬고는 몸을 뒤집었다. 물속에 있는 그녀의 눈높이에 맞추어 손가락으로 꼬리지느러미를 간단히 가리켰다. 수조의 물이 얕은 턱에 꼬리를 얹어 두라는 신호였다. 그런 다음 훈련에서 했던 대로 가슴지느러미를 잡고 카사트카의 긴장이 완전히 풀리기를 기다렸다. 꼬리의 일부는 수조 벽 옆에 두게 하여 차분한 자세를 유지하고 배에서부터 곧게 몸을 펴도록 했다. 머리는 물속에 거꾸로 잠긴 채 수조의 가운데를 향하도록 했다. 그리고 타카라를 곁에 데려와 안심할 수 있도록 하되 방해받지 않도록 다른 조련사를 붙여 두었다.

 이제 인공수정에 최적의 여건이 갖추어졌다. 예행 연습에서 나는 카사트카의 가슴지느러미를 붙잡는 역할을 맡았다. 꼬리지느러미가 수조의 턱에서 떨어지면 나는 그녀의 눈 옆으로 손을 넣어 물속에서 꼬리지느러미를 가리키는 게 보이도록 했다. 그러면 그녀도 자세를 바로잡아 꼬리지느러미를 제 위치에 두어야 한다는 것을 알아차리곤 했다. 그녀가 눈을 감을 때면(연습하는 동안 자주 그랬듯이) 나는 내 손가락을 그녀의 몸 측면에 대고 머리에서 꼬리 방향으로 한 자 정도 살며시 움직였다. 마찬가지로 몸을 잘 가누고 차분히 있으라는 신호였다.

 실제 시술이 진행되는 동안, 카사트카에게서 불편한 심기에 따른 행동의 변화가 보이거나 행여 공격성을 띨 만한 전조가 감지될 경우 조련사들과 수의사 토드 로벡의 안전을 위해 벽 너머로 피하게 하거나 계속 진행할지, 혹은 다시 벽 뒤로 피해야 할지 신호를 주어야 하는데, 그럴 경우 카사트카를 통제하는 조련사의 판단에 따랐다.

한편 조련사와 수의사는 초음파진단 장비를 카사트카의 측면, 생식기 부위가 가까이 있는 꼬리자루peduncle에 대고 난자의 상태를 추적했다. 조련사들은 난자가 떨어지려는 순간에 맞추어 질벽을 벌렸다. 그러면 씨월드가 자랑하는 '번식 전문가' 토드 로벡 박사가 세상 진지한 모습으로 객석과 우리를 갈라놓은 벽 위로 올라섰다. 틸리쿰의 정자로 카사트카를 임신시키는 과정은 그의 책임하에 있었다. 아무도 그를 건드릴 수 없었다. 만약 그랬다가는 방해하지 말라는 그의 호통을 듣기 마련이었다. 이제 로벡의 지시에 따라 튜브를 삽입하면 된다.

카사트카는 무슨 일이 벌어지고 있는지 살피려 이따금 머리를 들어 올렸으며, 그 외에는 얌전히 있었다. 그래도 카사트카가 꼼지락거릴 때마다 로벡이 모니터를 들여다보다 말고 소리쳤다. "그만 멈추라고 해."

이윽고 정액을 들여보낼 큰 윤활 튜브가 삽입되었다. 수컷 범고래의 음경만큼 크지는 않았으나 같은 모양이었다. 자궁경부를 열기 위해 튜브로 공기도 주입했다. 불어넣은 공기가 자궁경부를 넓히면 난낭이 터지는 순간에 맞추어 정액이 난자에 도달하기 가장 좋은 위치까지 튜브를 밀어 넣었다. 카사트카의 몸속으로 정액을 들여보내고 잠시 후, 마침내 정자와 난자가 만났다. 튜브를 조심스럽게 빼내고 나서 대부분은 벽 뒤로 물러섰다. 나는 여전히 카사트카의 가슴지느러미를 잡고 있었고 몇은 꼬리지느러미에 붙어 있었다.

　로벡이 장비를 챙기는 동안 나와 다른 조련사들은 카사트카에게 관심을 쏟았다. 시술이 진행되는 내내 얌전히 기다린 대가로 브리지를 받으면서 카사트카는 오른쪽으로 몸을 돌려 평소처럼 숨을 쉬었다. 우리는 지시에 잘 따른 것에 대해 강화를 하면서 칭찬을 아끼지 않았다. 자기 자신뿐만 아니라 우리를 위해서도 큰일을 해냈다는 사실을 그녀가 꼭 알아 주기를 바랐다. 먹이도 주고 쓰다듬어 주고 같이 놀아 주면서 우리는 그녀의 상태가 괜찮은지 확인했다. 수의사들은 이제 그들이 원하는 것을 할 수 있었다. 나는 카사트카가 스스로 잘했다고 느끼기를, 몸의 상태도 이상 없기를 바랐다.

　결과가 나오기까지 한 달을 기다린 끝에 시술이 성공적이었음을 확인했다. 임신한 지 18개월이 지난 2001년, 카사트카는 새끼 나카이 `Nakai`를 낳았다. 씨월드로서는 수익성 좋은 완전히 새로운 사업의 시작을 알리는 사건이었다. 그들은 이것을 유전자 경영이라 부르며 자찬했다.

　그때 나는 씨월드의 인공수정 프로그램을 개척하는 데 일조했다는 생각에 자부심이 가득했다. 범고래의 유전자 풀이 다양해진다는 것은 고결하면서도 과학적인 목적에 부합하는 것이라 믿어 의심치 않았다. 인공수정 프로그램은 그것을 실현하는 방법임이 확실해 보였다.

그러나 나는 곧 씨월드의 의제 목록에서 범고래의 복지는 한참 아래에 있다는 사실을 깨달았다. 일간신문 〈U-T 샌디에이고〉의 기사에 따르면 신시내티에 본부를 둔 여행 자문회사 국제테마크서비스International Theme Park Services의 데니스 스피걸Dennis Spiegel 회장은 보고서에서 씨월드의 범고래들에게 각각 1500만 달러에서 2000만 달러의 값을 매겼다고 밝혔다. 인공수정 프로그램이 가동된 지 15년이 지나 다섯 마리의 새끼가 태어났다. 게다가 씨월드는 적어도 두 곳의 공원과 정자를 거래하여 정확하지는 않지만 상당히 큰돈을 벌어들인 것이 틀림없다.

하지만 각각 수천만 달러의 가치가 있는 그 범고래들의 시설 개선을 위해서는 거의 진행된 것이 없었다. 내 경력의 마지막 4년 반을 보낸 씨월드 샌안토니오에서 나는 이 사실을 절실히 깨달았다. 조련사들의 꾸준한 항의에도 불구하고 그곳의 수조들은 매번 값이 올라가는 샤무 쇼의 가격과 더불어 수시로 바뀌는 세트를 제외하면 바뀐 것 하나 없이 그대로였다. 범고래들은 넓어진 공간을 얻기는커녕 연예 공연 부서의 요청으로 진행되는 공사의 소음을 견뎌야만 했다.

씨월드 샌안토니오는 그 시기에 범고래들이 권태에 못 이겨 공연 수조 벽의 페인트를 벗겨 냈는데도 다시 칠하지 않았다. 씨월드 측은 자사의 모든 공원에 있는 범고래 수조에 7000만 달러를 들였다고 말한다. 그 가운데 범고래의 생활 환경을 개선하는 데 들어간 돈은 거의 없거나 아예 없었다. 범고래들을 위해 수조를 넓히거나 추가로 짓지도 않았다. 돈의 대부분은 각 공원 샤무 스타디움의 후면 수조에 응급 시설과 기계식 승강 바닥을 설치하는 데 쓰였다. 승강 바닥이 각 수조의 밑바닥에서 거의 1미터 높이나 되는 공간을 차지하기 때문에 범고래의 활동 범위는 더욱 좁아진 셈이 되고 말았다.

공개된 재무정보를 보면, 씨월드는 25억 달러 가치의 기업으로 매년 수억 달러의 수익을 벌어들인다. 그런데도 1980년대 이후 왜 수조 환경을 개선하지 않았을까? 1990년대에 올랜도와 샌디에이고는 방문객의 근접이 가능한 수조를 기존 수조에 덧붙여 지었다. 그런데 그것들도 식당 '샤무와 함께 식사를'에서 유리벽 너머로 범고래를 보고자 하는 손님을 끌어들여 수입을 올리려는 속셈에 불과했다. 샌안토니오에는 그마저도 없었다. 범고래에게 더 넓은 공간을 만들어 주려는 의도가 결코 아니었다. 씨월드는 2014년 8월이 되어서야 수조를 넓히겠다고 발표했다. 영화 〈블랙피쉬〉로 촉발된 논란에 이어 대중의 분노가 가라앉지 않는 가운데 주가가 하루 만에 33퍼센트나 추락한 이후 나온 입장이었다.

인공수정 프로그램은 2000년대 내내 계속 진행되었다. 2010년 2월 틸리쿰이 돈 브랜쇼를 죽인 직후, 우리는 상태 양호한 모든 암컷 범고래를 되도록 빠른 시일 내에 인공수정으로, 그것도 계속해서 임신시키겠다는 회사의 방침을 전해 들었다. 우리 중에서도 그 행위의 윤리성에 의혹을 품는 사람이 나오기 시작했지만 결국은 모두 침묵했다. 우리는 항의했지만 경영진은 우리의 약점을 확실히 쥐고 있었다. 우리는 범고래와 일하는 것을 너무도 좋아했기 때문이다.

인공수정에 의해서든 그렇지 않든 번식 프로그램은 잔인했다. 자연에서라면 어미와 새끼는 결코 떨어지지 않는다. 새끼가 어른이 되더라도 마찬가지다. 카사트카와 타카라의 관계로 알 수 있듯이 모녀 사이는 특히 더 끈끈하다. 씨월드가 둘을 갈라놓았을 당시 나는 프랑스의 앙티브에서 경력을 쌓고 있었지만, 내 귀에도 그 때문에 생긴 트라우마가 전해졌다.

씨월드는 어미와 새끼를 갈라놓은 사실을 부인하며, 둘을 서로 다른 공원에 보내는 경우는 새끼가 이미 젖을 뗀 상태라고 해명한다. 그러나 범고래는 다른 동물과 달라서 새끼는 언제까지나 새끼로 남는다. 범고래가 아무리 나이가 들었다 해도 어미가 있는 이상 아들이거나 딸이다. 한 사회의 위계는 바로 이 부모-자식 관계를 기반으로 형성되지 않던가.

그러나 씨월드는 임신 가능한 범고래를 여기저기로 옮기면서 끈끈한 가족관계를 파괴했다. 그들이 소유한 범고래 유전자 풀의 단조로움을 깨고 범고래 수를 늘리는 것이 그 목적이었고 바로 전국에 걸친 번식 프로그램이 그 수단이었다. 무엇보다도 악랄한 것은 자연에서라면 새끼를 낳기에는 너무 어린 암컷도 - 인공수정이든 자연 번식이든 가리지 않고 - 번식에 동원했다는 사실이다. 게다가 암컷이 새끼를 낳은 이후 다시 임신하기까지의 주기가 너무 빠른 것도 악랄하기는 마찬가지였다. 그들은 그렇지 않아도 어린 데다가 완전히 성장하지 않은 범고래가 고된 임신에서 미처 회복할 틈도 주지 않았다. 야생의 암컷 범고래는 짧아도 4년 내지 5년 간격으로 새끼를 낳는다. 대개는 13세 내지 15세 가량 되고 나서야 새끼를 낳기 시작한다. 씨월드는 범고래의 번식 주기를 재촉하고 단축하는 행태로 범고래의 감금 상황을 더욱 악화시킨다. 야생에서라면 모성은 그저 생물학적 기능에만 그치지 않는다. 그것은 고도로 사회화된 기능이기도 하다. 로즈 박사를 비롯한 학자들이 연구에서 밝혔듯이 어미 범고래는 딸에게 육아법을 가르친다. 그런데 씨월드에는 포획 전 야생에서 태어나거나 감금 상태에서 태어난 어린 범고래들에게 육아법을 전수할 만한 암컷 범고래가 극히 드물다.

  타카라를 통해 나는 다시금 감금과 부자연스러운 번식의 끔찍한 측면을 있는 그대로 볼 수 있었다. 타카라는 씨월드에서 인공수정을 한 두 번째 암컷 범고래였다. 역시 틸리쿰의 정자를 받아 딸 코하나를 낳았다. 앞서 언급한 대로, 2004년에 씨월드는 샌디에이고에 있던 타카라와 코하나를 올랜도로 보내 그들을 카사트카와 갈라놓으면서 모계 가족에 남아 있던 연을 끊어 놓았다. 2006년에는 세 살에 불과한 코하나를 타카라에게서 떼어 내 스페인령 카나리아 제도의 제휴 업체인 로로 파르케에 보냈다. 이후 타카라는 타쿠와 트루아라는 이름의 아들을 낳았다. 타카라는 다시 샌안토니오로 보내지면서 트루아와 이별했다. 당시 트루아는 겨우 세 살에 불과했다. 타카라는 2009년 2월 초 샌안토니오로 옮겨질 당시, 다시 임신한 지 7개월이 된 상태였다. 내가 타카라와 재회한 것이 바로 그때였다.

타카라를 다시 만나 날아갈 듯이 기뻤지만, 나는 그녀가 겪은 파란을 알고 있었다. 어미에게서 떨어진 것도 모자라 첫 번째 자식을 다른 데로 보내야 했고, 이번에는 자신의 두 번째 자식 곁에서 떨어져야 했다. 우리가 다시 만난 2009년 즈음, 타카라는 세 번째로 임신한 상태였다.

    타카라의 일생은 어미와 새끼와 거듭된 이별로 점철되었으며, 카나리아 제도로 간 딸 코하나의 운명은 인간의 추악한 욕심 때문에 망가진 혼란 그 자체였다. 코하나는 로로 파르케에서 지낸 지 채 5년도 되지 않아 두 번이나 출산했으며, 두 번 다 양육을 거부했다. 거부당한 두 번째 새끼는 태어난 첫해에 죽고 말았다. 코하나는 타카라와 이별할 당시 너무 어려 모성이 무엇인지 충분히 깨치지 못한 상태였다. 그저 여전히 어릴 뿐인 자식이었던 것이다.

    그런 이야기를 접했을 때만 해도 처음에는 안타깝고 서글픈 심정이 드는 정도였다. 선의의 프로그램을 실행하다 보면 생길 수 있는 예외적인 사건이라는 믿음이 여전히 내 마음속에 있었다. 샌안토니오에서 타카라와 재회하고 나서야 그런 믿음이 비로소 흔들리기 시작했다.

    타카라의 도착과 함께 내가 조련사 생활의 황금기로 여겼던 시절, 샌디에이고에서 그녀의 어미 카사트카와 함께 일하던 그 시절이 다시 펼쳐진 듯했다. 그 딸 타카라가 샌안토니오에 도착하자마자 나는 그 아이가 얼마나 고생하고 있는지 알아볼 수 있었다. 타카라는 올랜도에서부터 이미 임신으로 배가 부른 상태였는데도 새 환경에 적응하는 법을 즉시 터득했다. 금세 기운을 차리고 단박에 보스 기질을 발휘하며, 자기를 으르던 두 수컷을 권위로 눌러 찍소리 못하게 만들었다. 출산하고 나서는 새끼 사카리의 위대한 어머니로서, 쉼 없이 수조를 도느라 기진맥진한 상태에서도 딸이 벽을 들이받지 않도록 극진히 보살폈다.

그러나 씨월드는 타카라를 새끼 낳는 기계로만 취급했다. 사카리를 낳고 채 1년이 되지 않아 씨월드는 다시 인공수정을 준비했다. 이번에는 아르헨티나의 어느 해양테마파크에서 홀로 외로이 살고 있던 크샤멩크Kshamenk의 정자를 들여왔다. 타카라가 사카리를 낳은 후 언제 다시 배란하는지 추적하기 위해 소변을 검사했다. 예측한 대로 사카리가 태어난 지 18개월 후 배란이 일어났다. 범고래의 배란은 보통 6주 간격으로 일어나므로 그 기간을 틈타 타카라를 다시 임신시키는 시술에 필요한 인원과 장비, 정액을 샌안토니오로 실어 날랐다. 이제 나는 두려워졌다. 타카라는 막 어려운 산고를 마친 상태였다. 그런데도 그 아이에게 또다시 18개월이나 걸리는 임신 과정을 겪게 한다고? 타이마Taima를 잃었을 때와 똑같은 사고로 그 아이를 잃으면 어쩌자는 거지? 타이마는 네 번째 새끼를 낳으려다 태반 출혈로 불과 스무 살의 나이에 세상을 떠났다.

그런 우려에는 아랑곳하지 않고 씨월드 샌안토니오 측은 6주 후 배란 시기에 맞추기 위해 인공수정에 열을 올렸다. 타카라 담당자인 나는 그녀를 진정시켜 시술이 정확하게 진행되도록 하는, 행동주의식으로 말하자면 통제하는 역할을 맡았다. 나는 타카라가 될 수 있으면 안전하고 편안하게 그 과정을 마치도록 하고 싶었다.

2011년 7월 말, 우리는 10년도 더 전에 그 어미에게 했던 것과 똑같은 과정을 타카라도 겪도록 했다. 카사트카에게 할 때와 마찬가지로, 나는 타카라의 가슴지느러미를 잡고 그녀를 쓸어내리며 간신히 속삭이듯 말을 건넸다. 시술은 카사트카에게 했던 과정을 복사해 그대로 붙여넣기 한 것처럼 진행되었다. 다른 점이 하나 있다면, 씨월드의 역사를 만들어 대견하다는 따위의 칭찬을 귀에 대고 속삭이는 대신 이번에는 그저 사과의 말밖에 나오지 않았다. "미안해. 미안해. 정말 미안해."

인공수정을 바라보는 나의 감정이 완전히 뒤집힌 것을 제외하고 모든 것이 그대로였다. 이번에도 로벡 박사가 샌디에이고에서 날아와 실제 인공수정을 지휘했다. 그리고 다시 한번 임신 여부를 확인하기까지 한 달을 기다렸다. 타카라는 임신을 했다. 그러나 2012년 3월, 그녀의 프로게스테론 수치가 떨어지더니 이내 수의사들이 그녀의 뱃속에 새끼가 없다고 확인하기에 이르렀다. 도대체 무슨 영문인지 아무도 몰랐다. 임신 기간의 절반을 넘기기도 전에 태아가 사라져 마치 그녀의 몸속으로 흡수된 것 같았다.

나는 타카라가 새끼를 다시 낳지 않게 되어 기쁜 마음을 모두에게 티 내고 다녔다. 경영진은 그런 나의 행동에 당혹스러워했고 내가 특히 젊은 직원들에게 회사 정책을 흠잡고 다니지 않기를 바랐다. 하지만 나는 감정을 숨길 수가 없었다. 한편으로는 몹시 화가 나기도 했다. 그들이 곧 타카라에게 인공수정을 다시 시도할 것이며, 결국 타카라와 딸 사카리를 갈라놓을 것이라는 사실을 알았기 때문이다.

씨월드의 상관 가운데 한 명으로 당시 내가 매우 존경했던 줄리 시그먼Julie Sigman이 나를 불러놓고 말했다. "존, 당신은 샤무 스타디움의 리더 자리에 있잖아요. 나는 그런 위치에 있는 사람이 타카라가 임신하지 않아 기쁘다는 둥, 그런 일을 벌여서는 안 된다는 둥 떠벌리고 다니는 걸 내버려 둘 수 없어요. 우리에게는 유전자 풀을 다양하게 구성해야 한다는 도덕적 책임이 있다는 사실을 당신도 알잖아요." 그녀가 내게 한 장광설의 요지는 그랬다. 그 대화로 나는 주문에 걸린 듯 다시 씨월드의 충신이 되었다. 나의 분노는 가라앉고 나는 씨월드 왕국의 고분고분한 신하였던 옛 자아를 되찾았다. 심지어 그때까지 나에게 절박한 상황을 제대로 설명해 준 사람이 아무도 없었다며 우리의 사명을 상기시켜 주어 고맙다고 말하기까지 했다.

그러나 24시간이 채 지나기도 전에 그 주문은 깨졌다. "도대체 내가 뭐에 홀렸던 거지?" 나는 혼잣말을 중얼거렸다. 이윽고 나는 내 진짜 책임이 무엇인지 깨달았다.

이 업계에 오랜 세월 몸담아 오는 동안 나에게는 다른 사람은 쉽게 알지 못하는, 범고래와 일한 경험으로 다듬어진 강한 관점이 생겼다. 나는 흥분하기 시작했다. 우리의 도덕적 책임은 범고래의 유전자 풀을 다양하게 만드는 것이 아니다. 우리는 이 범고래들을 넓은 바다에서 잡아다 갇혀 살게 해놓고는 이제 번식까지 시킨다. 더 큰 돈을 벌려면 소유한 동물 목록에 범고래가 더 많이 있어야 하기 때문이다. 우리의 책임은 그들의 삶을 더 낫게 만드는 것이지, 비정상적인 방법을 동원해 임신에 임신을 되풀이하도록 만드는 것이 아니다.

급기야 나 자신에게 화가 났다. 나는 마침내 씨월드가 타카라에게 무슨 일을 저지를지 깨닫고는 씨월드의 맹신자에서 강력한 명분으로 무장한 저항 세력으로 개종했다. 그런데도 줄리 시그먼은 내 마음을 돌려놓았다. 나조차도 그토록 쉽게 세뇌될 지경인데, 대중이 얼마나 쉽게 속아 넘어갈지는 불 보듯 뻔했다.

"우리는 가족의 유대를 중요하게 여깁니다." 동물조련부문 부사장인 척 톰킨스Chuck Tompkins는 언론에 이렇게 말했다. 그러나 과연 그 말이 맞는지 나는 나름대로 따져 보았다. 씨월드는 지금까지 새끼 19마리를 그들의 어미와 떨어뜨려 놓았다. 카사트카와 카티나를 야생에서 포획할 때는 그들의 어미에게서 억지로 떼어 놓아야 했다. 19건의 이별에서 의료적으로 필요한 조치는 겨우 두 건뿐이었으며, 그것도 비정상적으로 어린 어미가 새끼에게 지나치게 공격적이었기 때문이다. 씨월드는 카사트카가 이제는 세 아이와 지낸다고 언급하곤 한다. 하지만 타카라를 떼어내(그리고 그 딸이자 카사트카의 손녀인 코하나도 함께) 올랜도로 보낸 사실은 개의치 않는다. 게다가 코하나를 계속해서 어미 타카라와 떨어뜨려 스페인으로 보내더니 비정상적으로 어린 나이에 임신시켰다. 카사트카의 또 다른 딸 칼리아는 불과 여덟 살에 인공수정으로 임신했다. 야생에서라면 그런 일은 절대 일어나지 않았을 것이다.

범고래를 임신 기계처럼 취급하는 행태에 나의 분노는 커져만 갔다. 2012년 8월에 씨월드를 영영 떠나기로 마음먹은 데에는 이런 이유가 컸다. 그것 말고도 몇 가지 이유가 더 있었다. 범고래와 충돌하면서 입은 거듭된 부상으로 내 몸은 이미 만신창이가 되어 있었다. 내 영혼도 엉망이기는 마찬가지였다. 나의 범고래 사랑이 아무리 크다 해도 사랑 하나만으로는 그들을 구할 수 없다는 자각에 괴로웠기 때문이다.

하지만 그 모든 상황이 펼쳐지기에 앞서, 나를 포함한 씨월드의 모든 사람은 2009년 12월 24일, 그리고 2010년 2월 24일에 벌어진 끔찍한 사건에 직면해야 했다.

범고래의 탈선, 그리고 틸리쿰

당신은 지금 외계인에게 납치되었다. 태어난 세상에 관한 기억이 조금 남아 있지만, 안개처럼 몽롱할 뿐이다. 주위에 당신과 처지가 같은 사람들이 있지만 빠져나갈 방도를 아무도 모른다. 모두 힘없이 속수무책으로 당하고 있다. 이상하게 생긴 작은 생명체들이 당신 주위를 휙휙 움직이며 위세를 부린다. 그들이 이 상황을 통제한다. 당신은 그들의 언어를 이해하지 못하고 그들도 당신의 언어를 이해하지 못한다. 그들은 당신과 신호로 소통한다. 그들은 당신이 먹는 음식의 유일한 공급원이며, 당신이 고분고분하게 굴어야 음식을 준다. 그들은 당신을 쑤시고 쿡쿡 찌른다. 그들은 당신의 체액을 뽑거나 다른 체액을 당신의 몸속에 주입한다. 그들은 당신을 번식시킨다. 하지만 당신은 자손을 영영 확인할 수 없다. 영영 아니라 해도 적어도 오랫동안. 그리고 당신은 그 일에 관해서 어떤 힘도 쓸 수 없다.

외계인의 지구인 납치설은 반세기가 넘도록 떠도는 괴담이다. 그런 일이 실제로 일어났다고 믿는 사람도 더러 있다. 나는 동료 조련사들과 둘러앉아 그 이야기를 화제 삼아 웃다가 주의를 돌려 말하곤 했다. "그런데 그런 일이 일어나고 있어. 우리가 외계인이고 범고래가 피랍자라는 점만 빼면 딱 그래."

 이번에는 당신이 씨월드에서 감금 생활을 하는 범고래라고 가정해 보자. 지능이 고도로 발달하고 감정이 매우 풍부한 존재인 당신은 당신을 행복하게 하지는 않더라도 살아 있게 해 주는 자가 누구인지 즉시 알아차린다. 조련사가 당신에게 먹이를 준다. 그들이 원하는 대로 행동하면 먹이를 더 준다. 하지만 그들은 또한 당신의 모든 행동을 통제하려고 한다. 잠자는 방식부터 놀이와 쉼, 같은 수조에서 지내는 다른 범고래들과 하는 행동 하나하나까지. 당신은 다른 조련사보다 특정 조련사를 더 좋아한다. 그들이 시키는 행동 중에는 당신이 실제로 즐기는 행동도 있기는 하다. 당신은 그들이 사용하는 신호를 인식할 수 있게 되고, 대개는 그들이 원하는 것을 알아차릴 수 있다. 그러나 인간은 당신의 일거수일투족을 지켜본다. 당신도 그 이유를 안다. 그들이 당신을 두려워하기 때문이다. 하지만 당신을 살릴 수 있는 것은 오로지 그들뿐이다. 당신은 그런 삶에서 벗어나고 싶지만 그럴 수 있는 방도는 없다. 수조 너머는 공기와 콘크리트 벌판이다. 그리고 들어오고 또 들어오는, 때로는 하루에 일곱 차례나 들어와 소리를 질러 대는 사람들.

 그러니 당신은 처신을 잘해야 한다. 더 이상 그럴 수 없을 때까지. 어쩌면 다른 범고래들이 무슨 일을 꾸미는 데 끌어들일지도 모른다. 혹은 당신이 살아남기 위해 익히고 쌓아 둔 기억이 더 이상 통하지 않을

지도 모른다. 당신의 감정에 변화가 생긴다. 당신은 탈선하기에 이른다. 그러다 뜻하지 않게 기회가 찾아온다. 복수할 기회가. 받아들일 텐가?

때로는 가장 얌전한 범고래조차 금방이라도 돌변할 것만 같은 기분이 드는 순간이 온다. 내가 샌디에이고에서 일하던 시절 그런 일이 있었다. 나는 쇼에서 코르키와 출연하는 순서를 막 마친 뒤였다. 큰 덩치에 속도를 좋아하는 것과 달리, 코르키는 그곳 범고래 중에서도 가장 태평한 성격이었다. 그녀는 뛰어난 조련사, 그저 그런 조련사를 막론하고 온갖 성향의 조련사와 지내 보았기 때문에 그들을 어찌 대해야 하는지도 잘 알았다. 코르키와 등장하는 순서가 모두 끝난 후, 피티는 나와 다른 조련사 에이미에게 쇼가 벌어지는 전면 수조 무대 양편의 작은 구역에서 기다리라고 했다. 그곳은 물이 허리에서 가슴 높이 밖에 되지 않는 얕은 공간으로 슬라이드오버slide-over라 불렸다. 쇼가 진행되는 도중 조련사와 행동을 주고받기 위해 범고래들이 미끄러지듯이 올라오는 곳이다. 그곳을 거쳐 전면 수조에서 후면 수조로 넘어갈 수도 있다. 피티는 쇼의 흐름에 따라 코르키와 스플래시를 후면 수조에 보냈다가 다시 전면 수조로 들여보내 달라고 요청했다. 샌디에이고에서 꾸준히 실행하는 심리적 조건화의 일부로서, 피티는 이 둘이 우리 쪽으로 방향을 틀지 않고 지나쳐 가도록 주문했다. 목표 행동에서 주의를 돌리지 않도록 다른 자극에 무심해지는 연습이었고, 이 경우 우리를 지나쳐 무대 위의 피티에게 바로 가는 것이 목표였다. 이즈음 스타디움은 텅

비어 있었지만, 사전에 알지 못한 관객이라면 여전히 훈련이 진행되고 있다고는 짐작하지도 못했을 것이다. 하지만 샌디에이고에서는 모든 것이 엄격한 훈련 체계 안에 있었다. 범고래들이 관련 없는 자극에 산만해지지 않고 오로지 과제에만 집중토록 하여, 해야 할 과제를 정확히 완수하는 데 익숙해지도록 촘촘히 훈련 체계를 만들었다.

피티가 코르키와 스플래시에게 무대 위로 턱을 들어 올리게 하며 통제하는가 싶었는데 곧 코르키가 빠져나왔다. 코르키는 에이미와 내가 서 있는 허리 깊이의 슬라이드오버로 재빨리 헤엄쳐 왔다. 코르키는 우리가 뒤로 몇 걸음 물러설 틈도 없이 둘 사이로 미끄러져 올라왔다. 그러고는 왼쪽으로 몸을 틀어 나를 수조 안으로 밀어내 버렸다. 나는 3.7톤이 넘는 덩치 앞에서 아무런 힘도 쓸 수 없었다. 코르키는 부리를 내 가슴으로 들이밀며 발성을 하기 시작했다. 보통 같으면 깜짝 놀랐을 테지만 그 소리에는 가쁘거나 긴장한 기색이 없었다. 화나 보이지도 않았다. 하지만 전면의 공연 수조 둘레를 따라 나를 계속 밀고 나갔다. 피티가 거듭 물 때리기를 하고 비상 소환 신호음도 보냈지만 코르키는 반응하지 않았다. 그러다 겨우 물 때리는 소리 하나에 반응했다. 그녀는 내 가슴에서 떨어져 곧장 내 밑으로 내려갔다가 다시 무대로 돌아갔다. 피티는 일단 그 둘을 단단히 통제하고 있다고 확신하고 나서 내게 수조 밖으로 나가 있으라고 지시했다.

코르키의 머릿속에서는 도대체 무슨 일이 벌어지고 있던 것일까? 공격성을 돋울 만큼 화난 상태는 아니었지만, 그녀의 행동은 기준에서 벗어나 절대 받아들일 수 없는 수준이었다. 범고래가 조련사의 통제를 벗어나 다른 조련사를 물속에 밀어 넣고는 비상 신호와 물 때리기마저 무시하면 언제든 간담이 서늘해지기 마련이다. 경영진은 그날 일어난 일을 공격적 행동을 기록하는 사건 경위서에 작성하지 않기로 했다. 코르키에게서 동요하는 듯한 모습이 두드러지지 않았다는 이유다. 하지만 나는 지금까지도 의아하다. 후에 코르키는 분명 공격성에 가까워 보이는 몇몇 사건에 관여한다. 그중에는 식당 '샤무와 함께 식사를'의 손님들이 수중 관람 지역에서 훤히 들여다보는 가운데 스쿠버 장비를 한 내 친구 웬디에게 덤빈 사건도 포함된다. 코르키가 엄청난 속도와 힘으로 밀치는 바람에 웬디는 꼼짝도 못 한 채 수조에 조성한 인공 암반에 부딪힐지도 모른다는 두려움에 사로잡혔다. 하지만 이 일도 사건 경위서에 기록될 정도의 공격성 행동으로 간주되지 않았다.

얼핏 보면 씨월드가 공격성 행동으로 분류할 만한 사건의 기준을 매우 높게 잡은 것처럼 보일지도 모른다. 그러나 노동자 안전을 감독하는 연방 기관인 직업안전위생관리국 OSHA가 2010년 돈 브랜쇼의 사망 사건 이후에 조사한 결과, 씨월드는 1988년에서 2009년까지 100건의 사건 경위서를 제출해야 했다. 그 가운데 12건의 부상이 기록되어 있었다. OSAH가 불과 2년만 거슬러 - 씨월드가 대형 출판 기업 하코트 브레이스 조바노비치Harcourt Brace Jovanovich에서 맥주 기업 앤호이저부시Anheuser-Busch의 자회사에 매각되기 전인 - 1987년까지 들추어 보았다면 조련사들이 씨월드를 고소한 세 건의 대형 사건까지 찾아냈을 것이다. 1987년 6월 15일, 조앤 웨버Joanne Webber는 2.7톤이 넘는 범고래와 부딪혀 목뼈가 골절되었다. 범고래가 조련사의 위로 솟구쳐 오르는 일명 '인간 장애물'이라는 고난도 동작을 수행하다 일어난 사고였다. 충돌의 힘으로 웨버는 12미터 깊이의 수조 바닥까지 밀려 내려갔다. 그런데 씨월드는 그녀의 즉각적인 치료보다도 회사 자산을 더 걱정했던 모양이다. 웨버가 제기한 소송을 보면, 그녀는 스타디움 울타리까지 15미터를 걸어가야 했으며, 응급요원들이 잠수복을 찢어 상하게 하지 않도록 벗으라는 지시를 받았다. 그녀가 이에 따르지 않자 씨월드 직원이 나서 웨버의 잠수복을 억지로 벗겨 냈다는 이야기가 돌았다. 〈LA 타임스〉는 기사에서 웨버가 이후 일상복으로 갈아입고 180여 미터나 더 걸어가 구급차를 타라는 지시에 따라야 했다고 전했다. 구급차는 그녀를 태우러 스타디움으로 들어오지도 않았다. 〈LA 타임스〉는 그 결과 웨버가 목을 좌우로 움직이는 기능의 50퍼센트를 잃었다는 변호사의 말을 전했다. 보도에 따르면 그녀는 첫 번째 목뼈 골절상, 두개골과 두피 타박상, 왼팔과 어깨 타박상을 입었다. 그보다 석 달 전, 조너선 스미스Jonathan Smith는 수중공연을 펼치던 중 키아누Keanu와 칸두의 이중 공격을 받고 내출혈과 장기 열상을 입어 9일간 병원 신세를 져야 했다. '비뚤어진 언니들'이라는 별명이 붙은 두 범고래는 스미스를 차례로 물고 늘어져 수조 바닥을 따라 끌고 다녔다. 〈LA 타임스〉는 기사에서 스미스가 내출혈을 입고 간이 15센티미터나 찢어졌다고 보도했다. 신문에 보도된 그의 소송 내용에 따르면 씨월드는 그에게 "범고래의 위험한 성향"을 제대로 알리지 않았다. 같은 해 11월 21일, 존 실릭John Silick은 물 밖으로 솟구쳐 오른 성체 수컷에 심하게 부딪혀 내부 손상을 입고 골반이 부서졌다. 당시 실릭은 다른 범고래의 등에 올라타고 있었고 솟구쳐 오른 범고래가 착수하면서 그 위를 덮친 것이다. 세 조련사 모두 씨월드 측과 합의하면서 사고와 관련된 내용을 입 밖에 내지 않겠다는 조건에 동의했다. 하지만 〈LA 타임스〉에서 언급했듯이, 웨버가 제기한 소송으로 씨월드가 감금 범고래와 관련된 위험성을 감추고 있다는 이슈는 이미 쟁점으로 떠오른 뒤였다. 소송에서는 범고래가 "인간을 공격하고 해를 입힐 가능성이 있다"는 주장이 제기되었다.

씨월드 측의 눈가림에도 불구하고 OSHA가 제기한 소송의 반대신문에서 씨월드 소속 모든 공원을 감독하는 동물조련부문 부사장 척 톰킨스는 1988~2009년에 벌어졌으나 정부에 제출한 공식 사건 경위서에 포함되지 않은 것으로 보이는 몇몇 사건에 관한 질문을 받았다. 판사가 판결문에 명시했듯이 "씨월드는 범고래가 조련사와 작업하는 도중 일으킨 바람직하지 않은 행동 때문에 생긴 몇 가지 사건이 알려졌음에도 기록하지 않았다." 판사는 톰킨스가 잘못에 관한 해명으로 "우리가 몇 가지를 놓쳤다"고 말한 대목을 인용했다.

범고래의 뇌에서 무슨 일이 벌어지는지는 정확히 알려지지 않았다. 그러나 죽은 지 얼마 되지 않은 야생 범고래의 뇌를 촬영한 자기공명영상MRI에서 그들의 사고와 감정이 어떻게 엮여 있는지 알려 줄 실마리를 찾게 될지도 모른다. 에모리대학교에서 고래목 동물의 신경계를 연구하며 범고래의 MRI를 조사한 로리 머리노 박사는 범고래의 대뇌 신피질이 인간의 뇌보다 구불구불해서 주름이 더 많다는 사실에 주목한다. "신피질에 주름이 잡힌 것은 그렇게 해야 크기가 고정된 두개골 안에서 차지하는 용적이 늘어날 수 있기 때문이다. 종이 한 장을 조그만 공간에 들어가게 하려고 구겨 넣는 것과 마찬가지라고 할 수 있다." 이런 식으로 대뇌 신피질이 실제로 차지하는 표면적이 늘어나는데, 이것은 곧 뉴런과 뇌세포가 더 많아진다는 의미다. 신피질은 문제 해결과 정보 처리가 일어나는 부위로 독특한 부변연계 피질을 경유하여 변연계와 - 인간의 뇌에서 장기 기억과 감정, 후각, 결정 과정을 다스리는 부위와 - 연결된다. 머리노 박사는 설명을 이어 간다. "모든 포유동물의 뇌에는 부변연계가 있다. 그러나 범고래의 부변연계 부위가 영장류를 포함한 다른 포유동물의 같은 부위보다 더 발달하고 뚜렷하게 보인다." 범고래의 뇌섬엽도 "매우 주름이 졌다." 그것은 뇌가 "그 부위에 많은 세포 조직"을 충당하고 있음을 보여 준다. "피질과 신피질 부위가 고도로 정교하게 구성된 것으로 보아 범고래의 뇌가 매우 복잡하다는 사실을 알 수 있다." 그 부위들은 "인간, 그리고 짐작하건대 모든 포유동물의 지각과 의식에 관여하고 있으므로, 범고래에게 있어서는 적어도 복잡하고 정교한 수준의 자아와 사회적 의식을 갖추게 되는 토대의 일부라 추측할 수 있다."

이는 범고래의 초사회적 특성을 비롯해, 그들이 어류 떼나 물개 또는 거대한 고래를 전략적으로 사냥하는 능력을 발휘하며 야생에서 매우 능숙하게 협력하고 조직적으로 행동할 수 있는 이유를 설명하는 근거가 될 수 있다. 또 그들이 어떻게 가족과 무리를 꾸리고 같은 씨족 구성원을 인식할 수 있는지 설명하는 단서가 될 수 있다. 범고래가 온갖 종류의 규칙을 기억하는 것도 어쩌면 이 때문일 것이다. 누구와 어울리고 짝짓기는 또 누구와 할지, 살면서 어느 시기에 이런 일들을 치러야 하는지까지. 머리노 박사의 설명으로는 고도의 정교한 신피질이 있어서 "범고래는 무엇을 먹고 누구와 싸울지 의식적인 선택을 할 수 있다. 그런 행동은 '자동적으로 튀어나오는' 반사적 행동이 아니다." 서로 다른 개체군에 속한 범고래들이 갈등을 최소화하면서 같은 수역의 자원을 공유하는 것도 이 때문이라는 것이 머리노 박사의 설명이다. "그것은 선택으로 나오는 행동이다. 그리고 본능을 그처럼 통제하려면 커다란 신피질이 있어야 한다."

범고래가 신피질의 영향으로 의식적 선택을 할 수 있다는 점을 떠올리면 가슴이 아리면서도 사뭇 숙연해진다. 정교한 부변연계와 결합한 신피질은 범고래의 감정과 의식이 얼마나 통합되어 있는지, 그리고 감정이 범고래의 삶을 얼마나 지배하는지 보여 주는 증거일 것이다. 범고래의 사회적 실존에서 감정이 차지하는 부분이 매우 큰 까닭에 그들이 느끼는 감정적 고통은 인간의 경우보다 강도가 더 높을 여지도 있다. 사회적 실존의 핵심이었던 어미가 죽고 나면 수컷 범고래가 시름시름 앓다가 결국 죽기도 한다는 사실을 두고 "애통해한다"는 표현이 거의 딱 들어맞는다. 나도 틸리쿰이 돈 브랜쇼를 죽인 후 애통해하는 행동을 보이더라는 이야기를 올랜도의 조련사들에게서 전해 들었다.

머리노 박사의 설명에 따르면 행동을 의식적으로 선택한다는 것은 감금 상태에서 나타나는 공격성이 포식자 본능이 원인이 된 '오작동'에서 나온 행동이 아니라는 의미다. 조련사를 향한 공격이나 해양공원에서 자주 보이는 범고래들 간의 다툼은 의도적인 공격 행동, 즉 선택의 문제라는 것이다. 어느 범고래가 조련사의 뒤를 쫓는다면 그것은 놀고 싶어서 하는 행동이 아니다. "신피질이 변연계와 밀접하게 연결되어 있다는 점을 감안하면" 범고래는 아마도 거친 행동으로 드러낼 만큼 "단단히 화가 난" 상태일 것이라고 머리노 박사는 설명한다. 그것은 반사적 행동이 아닌, 의식적 행동이다.

나를 비롯한 조련사들이 겪어야 했던 공격성 행동은 씨월드 범고래와 혈통이 같은 야생의 범고래 집단 성체들 사이에서는 좀처럼 일어나지 않는다. 로즈 박사를 비롯한 여러 연구자의 관찰에 따르면 태평양 연안 북서부의 정주형 집단에 속한 어린 범고래만이 자기들끼리 갈퀴질을 하는 것으로 관찰되었다. 이들 어린 범고래는 아직 철이 없고 가족이나 같은 무리 안에서 받아들여질 수 있도록 처신하는 요령을 완전히 익히지 못했을 뿐이다.

머리노 박사는 감금 범고래의 뇌를 야생 범고래의 뇌와 비교해 볼 의향이 있다. '하지만' 씨월드를 비롯한 여러 해양테마파크가 "말로는 연구를 지지한다면서도 그런 검사에 쓰일 돌고래나 범고래의 시신은 한사코 넘기지 않으려 한다"고 밝힌다. 그녀는 해마hippocampus같이 만성 스트레스에 반응하는 뇌 부위에서 차이가 두드러질 것이라고 예측한다. 다른 모든 포유동물과 마찬가지로 범고래도 해마-뇌하수체 축 Hippocampal-Pituitary axis이 스트레스 조절에 관여한다. 만성 스트레스에 시달리는 인간과 포유동물은 그 축에 손상을 입는다. 범고래도 마찬가지다. "이 부위의 손상이 발생하면 뇌의 해마 구조가 수축하기 시작해 기억과 감정 조절에 영향을 끼친다"고 머리노 박사는 설명한다. "면역 체계도 약해지기 시작한다." 씨월드의 범고래들에게 스트레스의 원인은 도처에 도사리고 있다. 권태에서부터 쇼에 오르기 위해 끊임없이 받아야 하는 훈련까지. 게다가 제대로 보상이라도 받으려면 수행하는 동작도 한 치의 오차 없이 정확히 완수해야만 한다. 씨월드의 많은 범고래가 스트레스 수치가 높기만 한 게 아니라 만성 스트레스에 시달린다는 사실이 혈액 검사로 드러났다. 그 영향으로 궤양이 생겨 약물 처방을 받는 범고래도 많았다.

　　우리가 씨월드와 여러 해양테마파크에서 훈련 시킨 범고래들은 그들이 원래 속했어야 할 가족과 무리와 씨족의 규칙을 익히게끔 할 가족 구조가 없다. 이들 공원의 지배적 암컷이 공원의 나머지 범고래를 자기 뜻대로 주무르기 위해 갈퀴질에 기대는 양상을 야생의 범고래 가족 단위와 비교해서는 안 된다. 이런 상황이라면 그들은 하나의 감방에 던져진 죄수처럼 행동하는 것이라고 보아야 한다. 그들은 투옥된 인간에게 따라다니는 갖은 역기능을 드러내고, 자기의 지위를 다지기 위해 폭력을 행사하는 죄수들과 다를 바 없다. 이렇게 씨월드 범고래의 여건은 자유롭게 사는 범고래의 환경과 크게 다르다. 그럼에도 불구하고 그들의 뇌는 야생의 동족과 같은 방식으로 설계되어 포로라는 현실을 덮거나, 그렇지 않으면 뒤틀어야 한다. 그런 상황은 그들의 삶에서 궁극적이면서도 부자연한 지배적 존재, 바로 조련사를 합리화하거나 사회구조에 받아들이는 행위에까지 미친다. 범고래들이 비좁고 물에 잠긴 감옥에서 세상을 바라보면서 우리를 어떤 식으로 그들의 사회구조에 들이는지 나는 늘 궁금했다. 우리가 그들을 의인화할 수 있다면, 인간을 '범고래화'하는 그들의 눈에 우리는 어떻게 비칠까?

이미 망가진 그들의 사회적 위계에 조련사를 통합시키려는 과정에서, 인간을 먹잇감 삼아 쫓을 이유가 없는 야생의 범고래보다 감금 범고래가 인간에게 더 위험할 수도 있지 않을까? 오르카네트워크의 하워드 개릿은 어쩌면 그럴 수도 있다고 생각한다. "그들은 인간을 자기들의 구조에 끼워 넣기 위해 사회화하려는 경향이 있어요. 그런데 거기서 필연적으로 긴장이 발생하는데, 인간이 통제와 지배력을 유지해야 하기 때문입니다. 통제와 지배력이 범고래의 할머니나 다른 가모장에게서 나오지 않는 이상 완전히 이질적인 성격이 되어 버리는 거죠."

때로는 범고래에게서 나타나는 감정의 변화를 육감으로 눈치채기도 한다. 내가 가장 사랑한 범고래 타카라가 보인 어느 날 밤의 모습이 떠오른다. 토요일이었던 그날, 나는 마지막 쇼에서 타카라와 공연했으며, 일단 쇼가 끝난 후 그녀가 다시 무대 전면 수조로 들어가도록 했다. 그곳에서 타카라를 혼자 재울 생각이었다. 문의 잠금 상태를 확인하고 나서, 나는 당시 현장 책임자인 스티브 아이벨Steve Aibel에게 신호를 보내 다시 물속에 들어가 타카라를 쓰다듬어 주겠다고 알렸다. 전면 수조로 돌아온 타카라의 행동을 강화하고 보상하기 위해서였다. 내가 물속으로 천천히 들어가는 동안 타카라는 조용하고 평온했지만 어딘가 이상해 보였다. 불길한 느낌이 들어 스티브를 쳐다보니 그도 표정과 고갯짓으로 나와 똑같은 낌새를 눈치챘다고 말하는 듯했다. "나올 수 있을 때 빨리 나와." 스티브와 나 모두 타카라에게서 기운의 변화를 감지했으며, 내가 수조 밖으로 나가지 못하게 하려는 조짐을 드러낼 것 같다는 생각이 들었다. 타카라는 그날 저녁의 마지막 쇼가 끝났다는 사실을 알고 있었다. 긴급 상황이 벌어지면 구조에 나설 조련사도 적었다. 무슨 꿍꿍이인지 알 길이 없었지만, 조심스러운 마음에 나는 타카라가 혹여라도 실행에 옮길 여지를 남기지 않았다.

물속에서 조련사와 작업한 경험이 없는 범고래들을 훈련하기 위해 내가 미국을 떠나 프랑스로 갈 때, 씨월드 샌디에이고의 동물관리부문 부사장인 마이크 스카퍼지Mike Scarpuzzi가 새겨들으라며 한 말이 있다. "그런 범고래들하고는 천천히 움직여야 해. 언제 사람을 죽여도 이상하지 않은 녀석들이야." 범고래가 얼마나 빨리 돌변할지 잘 아는 사람이 있다면 바로 스카퍼지일 것이다. 나는 그를 탁월한 행동주의 전략가라 여기고 있었으며 그가 담당한 업무를 매우 존중했다. 그의 입에서 나온 행동주의 용어나 이론은 무엇이든 복음처럼 받아들였다.

내가 씨월드를 떠난다고 하니 그는 달가워하지 않았다. 샌디에이고의 직원 모두 마찬가지였다. 하지만 나에게는 도전이 필요했다. 2001년 2월, 내가 닷새 일정으로 프랑스 남부에 갔을 때, 마린랜드 앙티브의 범고래 조련 책임자 직을 위한 면접 때문이었다는 사실을 아는 사람은 거의 아무도 없었다. 그러나 내가 돌아오자마자 말이 새어 나갔다. 조련사의 세계가 작은 만큼 소문은 빨리 퍼지는 법이다.

프랑스 측에서는 취업비자가 나오는 대로 내가 빨리 와 주기를 원했다. 하지만 나는 두 가지 이유로 여름이 끝날 때까지는 그럴 수 없다고 말했다. 우선 나는 여전히 씨월드에 충성하고 있었기에 여름 성수기에 인력이 부족한 샤무 스타디움을 차마 떠날 수 없었다. 둘째, 카사트카의 출산을 보고 싶었다. 인공수정 프로그램 최초의 범고래 새끼가 나올 예정이었으며, 시작부터 카사트카의 곁에 있었던 조련사로서 나의 관심은 더욱 각별했다.

씨월드 경영진도 그 점은 고맙게 여길 것이라 생각했다. 그러나 스카퍼지는 도리어 화를 냈다. "우리가 자네를 키우는 데 그 많은 세월 동안 공을 들였는데, 그걸 자네가 다른 곳에 갚기로 했으니, 떠나기 전 여름 동안은 돌고래 스타디움에 보내기로 결정했네." 하지만 나도 내 입장을 굽히지 않았다. 그건 말도 안 되는 이야기라고 반박하며, 잘 알지도 못하는 동물이 있는 스타디움으로 나를 보내려는 이유가 뭐냐고 따졌다. 샤무 스타디움에는 당장 나를 대신할 수 있는 사람도 없었다.

물론 지금 돌이켜 보면 그의 속마음도 내가 한 말과 다르지 않았으리라는 생각이 든다. 나 정도의 경험치가 쌓인 조련사는 매우 드물어 나를 대체하기는 어려웠을 것이다. 그러나 당시 나는 매우 화가 난 나머지 프랑스 측에 즉시 건너가겠다고 알렸다. 스카퍼지도 결국은 마음이 누그러져 내게 샤무 스타디움에서 여름을 보내도 된다고 말하게 되었다. 하지만 이미 너무 늦은 뒤였다. 이미 프랑스 측에도 알린 터라 나는 막무가내로 사직서를 내고 말았다.

그럼에도 불구하고 스카퍼지가 작성한 퇴직자 평가는 칭찬 일색이었다. 내가 샌디에이고에서 범고래들과 함께 뛰어난 성과를 거두었으며, 카사트카를 잘 다루었으므로 앙티브의 범고래 조련이라는 막중한 책임을 짊어질 준비가 되었으리라 믿어 의심치 않는다고 말했다. 그가 내게 주의하라고 당부한 게 바로 그때였다. 이제 나는 같은 물속에 조련사를 처음으로 들이는 범고래들이 그 상황에 어떻게 대응하는지 직접 겪게 될 터였다.

감금 상태의 범고래가 주위 상황을 받아들이는 과정에서 변화는 종종 공격적 행동의 원인이 되기도 한다. 프랑스의 범고래들은 조련사를 수조 가장자리에 배치해 둔 채 활동하는 방식에 익숙해져 있었다. 나는 또 다른 미국인 린지 루빈캠Lindsay Rubincam과 합류하기로 되어 있었다. 씨월드 샌안토니오와 올랜도의 전직 조련사였던 그녀를 나는 존경해 오던 터였다. 그러나 내가 도착한 2001년 5월경, 프랑스에서 맡게 될 업무가 순탄치 않겠다는 정황이 이미 드러나고 있었다. 린지는 물속에 있다가 암컷 범고래 쇼우카Shouka가 심하게 들이받는 바람에 내출혈로 병원 신세를 지고 말았다. 그 일이 있기 전, 프레야의 아들인 발이 린지에게 곧장 달려들었다. 발은 입을 벌린 채 몸부림쳤는데 이것은 공격성의 전조로 익히 알려진 행동이었다. 범고래들이 새로 부과되는 규칙을 제대로 익히게 하려면 해 두어야 할 일이 태산 같았다.

행동주의 심리학에서는 이런 상황을 맥락 전환context shift이라 부른다. 그나마 우리에게 유리한 상황이 하나 있었다. 맥락 전환에 최적의 시기는 범고래들이 새로운 환경을 접할 때인데, 마침 앙티브의 마린랜드 스타디움이 새로 지어진 것이다(범고래와 조련사 모두 그보다 훨씬 작은 시설에서 오랫동안 지내고 있었다). 린지와 나는 범고래들이 어디까지가 지켜야 할 선인지 시험해 볼 것이라 예상하고 있었다. 씨월드의 범고래들도 새로운 것이 도입될 때마다 그랬다. 프랑스의 범고래라고 해서 다르지 않을 것이다. 물론 힘들고 위험할 것이다. 린지와 나는 앙티브의 범고래들이 물속은 물론 밖에서 공격적인 음모를 꾸밀 것이라고 예상했다.

프랑스에서 일하는 문제로 처음 린지에게 연락했을 때, 그녀는 열렬히 호응하며 앙티브의 지휘 계통에 건의하고 그들이 나를 고용하는 일에 즉시 관심을 보이도록 애써 주었다. 그녀도 나처럼 씨월드 샌안토니오에서 시작했지만 내가 그곳에서 일하기 전에 올랜도로 옮겼다. 그녀가 샌안토니오를 방문하여 우리는 두어 번 만나기도 했다. 당시 그녀는 프랑스의 범고래 프로그램이 잘 풀리도록 1년 동안 혼자 애쓰고 있었다. 그녀의 곁에는 프랑스 조련사 팀이 꾸려져 있었지만 그들에게는 범고래와 하는 물속 작업을 위해 필요한 경험이 없었다. 범고래 조련에 관한 그들의 철학에서는 살짝 신비주의적 느낌이 풍겼으며 조련사를 "범고래 치유자"라 부르기도 했다. 그들을 행동주의 과학에 기초한 프로그램으로 이끌자니 린지와 나의 앞에는 고생길이 펼쳐진 듯했다.

주간에는 코트다쥐르Cote d'Azur 해안에 새로 들어선 아름다운 스타디움에서 범고래들과 일하며, 거실과 침실 창문으로 지중해의 풍경이 내다보이는 아파트에서 지내게 되었다. 나는 스물일곱 살에 불과했지만 씨월드의 수석 조련사가 받는 급여의 두 배를 받았다. 유명한 알제리계 프랑스 가수와도 사랑에 빠졌으며, 장차 그와 내 삶에서 가장 의미 깊은 관계를 쌓게 된다.

프랑스는 아름다운 곳이었지만, 앙티브의 시설에는 심각한 문제가 있었다. 수조에 냉각 시설이 없던 것이다. 그나마 겨울에는 수온이 적당했지만, 여름에는 수온이 높아 범고래들이 축 늘어졌다. 높은 수온으로 세균이 끓고 그만큼 감염 확률도 커졌다. 게다가 범고래의 무게를 잴 수 있는 저울도 없었다. 우리는 범고래들의 체중이 너무 늘지 않았는지 혹은 너무 줄지는 않았는지 눈대중으로 살펴야만 했다.

씨월드에서는 수조의 과도한 염소 때문에 조련사들이 눈에 화상을 입곤 했다. 수조에 들어가는 염소 용액이 가정용 표백제보다 몇 배는 강했다. 게다가 샤무 스타디움의 물은 두 가지 부식성 물질로 처리

되기까지 했다. 그중 하나인 오존은 자칫 수조를 오염시킬 수 있는 세균의 번식을 억제하기 위한 용도였지만 폐와 눈을 포함해 모든 생체 기관과 조직에 해를 입히는 부작용이 있다. 또 다른 물질인 황산알루미늄은 물을 맑게 하려는 용도로 쓰지만 산성이 강해 배합이 어긋나기라도 하면 피부 화상을 일으키고 금속을 부식시킬 수 있다. 조련사들은 범고래와 물속에서 일하다 보면 때때로 치료가 필요할 정도의 화상을 눈에 입기도 했다. 때로는 눈을 전혀 뜨지 못할 정도로 심한 화상을 경험하기도 했다. 다시 범고래와 물속에서 활동할 수 있을 만큼 눈이 회복되려면 이틀에서 길게는 2주나 걸렸다. 그러면 수질관리부서에 동물조련부서까지 나서 조련사가 범고래를 타고 물속에서 뚫고 다닌 염소는 "한 주머니 분량"이며 아직 고루 퍼지거나 제대로 희석된 것도 아니라고 해명했다.

그러나 프랑스 시설의 수질은 그보다 훨씬 나빴다. 한 조련사는 지나친 염소 사용으로 눈에 심하게 화상을 입어 1주일이나 넘게 안대를 했으며 그렇지 않고 빛을 보면 눈이 멀 위험도 감수해야 했다. 어느 날 아침에는 수조에 들어갔다가 범고래들의 피부가 여러 겹 벗겨진 모습을 발견하기도 했다. 시설이 오작동해 수조로 들어가는 물속에 염소를 밤새 흘려보낸 것이다. 범고래의 눈을 보호하는 점막도 화학 물질 때문에 생긴 심한 화상을 감당하지 못할 정도였다. 범고래들이 고통에 눈을 질끈 감아 버리는 바람에, 그들을 먹일 때가 되면 우리는 생선으로 얼굴 측면을 건드리면서 알려 주어야 했다. 그러나 마린랜드의 가장 큰 문제점은 수의사의 부재였다. 씨월드만 하더라도 수백만 달러나 하는 범고래를 돌보기 위해 각각의 공원에 수의사팀을 꾸렸다. 마린랜드에는 수의사가 고작 한 명이었으며 그마저도 프랑스 현장에는 없었고 영국에 거주했다.

    프랑스 조련사들은 린지와 나를 감사와 질시가 섞인 감정으로 대했다. 그들은 범고래와 하는 수중묘기를 익힐 수 있다는 사실에 기뻐했다. 그러나 그런 일이 즉시 가능하지 않고 처음 2년 동안 범고래와 물속에서 활동하는 것은 린지와 나뿐이라는 사실을 이내 깨달았다. 우리보다 그곳의 범고래들과 더 오래 지낸 사람들이었기에 그중 일부는 이 사실을 받아들이기 어려워하기도 했다. 우리 모두 함께 범고래들을 정성껏 돌본다는 사실도 소용없었다. 린지와 나는 그들이 마음 상하지 않도록 신중하게 훈련 과정을 꾸렸다. 범고래들이 새로운 규칙을 받아들이고 행동 측면에서 안정적인 모습을 보이기 시작하자마자, 우리는 경험이 많은 조련사부터 조심스럽게 수중공연에 들여보냈다. 범고래에 쏟는 정성은 모두 똑같았지만, 프랑스 조련사들이 우리를 대하는 태도에는 늘 반감이 깔려 있었다. 2001년 9월 11일 미국을 노린 테러 공격 이후, 린지와 나는 조련사 사무실의 벽에 붙어 있는 사진 하나를 발견했다. 세계무역센터에서 뛰어내리는 사람들의 모습이 담긴 사진이었다. 프랑스 조련사들은 그 사진에 다이빙 선수들의 점수를 매기듯이 평을 달아 두었다. 린지와 나는 그 사진에 화가 치밀었지만 누가 그런 짓을 했는지 밝혀낼 수 없었다. 아무도 잘못을 시인하지 않았다. 마린랜드에서 비록 씁쓸한 상황이 있었다고는 해도, 나는 아름답고 멋진 프랑스 사람들을 만나 깊은 우정을 쌓았다. 모두 마린랜드와는 관련이 없는 사람들로 나는 지금도 프랑스와 그들이 그립다.

린지와 나는 거의 직감적인 수준으로 잘 맞았기 때문에 프랑스에서 만나는 어려움에 대처하는 데에도 도움이 되었다. 우리는 서로의 표정만 보고도 마음을 읽을 수 있는 정도였다. 물론, 범고래의 행동에 어떻게 대응할지를 두고 의견이 맞지 않기도 했다. 행동 수정 절차를 두고 크게 논쟁을 벌이고 나서 10분이 지난 후 무언가 필요한 상황이 생기면 그녀가 꼭 그 자리에 나타났다. 나는 린지의 그런 점에 늘 고마운 마음을 가지고 있다. 그녀는 결코 뒤끝이 없었다.

하루는 샌디에이고의 체계와 다른 행동 수정 절차를 내가 수용하지 않으려 하고, 린지는 올랜도식으로 할 것을 주장하며 대립했다. 그녀는 마침내 쿨하게 선언했다. "꼭 샌디에이고식이어야 한다거나 올랜도식이어야 할 필요는 없잖아. 이게 우리 식으로 자리 잡을 수도 있겠지." 그런 동료 정신이 있었기에 우리 둘 다 프랑스에서 거대하고도 험난한 과제를 헤쳐나갈 수 있었다.

나는 이 책의 서두를 발의 어미 프레야와 소름 끼치는 조우를 한 것을 이야기하며 시작했다. 앙티브의 카사트카. 나는 프레야를 떠올리면 이렇게 비유하곤 한다. 프레야도 카사트카처럼 어렸을 때 아이슬란드 앞바다에서 사로잡혀 왔으니 드넓은 대서양에서 경험했던 삶이 분명 기억에 남아 있었으리라. 새로 짠 수중공연 프로그램에 그녀를 참여시키는 일은 린지와 내가 맞이한 커다란 난제 가운데 하나였다.

　　린지와 나는 수중공연 훈련을 하던 중 프레야가 일으킨 무서운 사건에 함께 휘말리게 된다. 나는 프레야와, 린지는 발과 짝을 지어 움직이고 있었다. 우리는 두 범고래가 수조 둘레를 따라 우리를 태우고 함께 움직이는 일에 익숙해지도록 나란히 위치했다. 우리가 수조에 입수하고 밑에서 떠오르는 둘의 등 위에 걸터앉은 후부터 프레야가 자기 아들을 교묘히 떨구기 시작했다. 프레야는 수조를 가르는 동안 아들이 감히 자기를 따라잡는 상황을 용납하지 않았다. 어미를 따라잡을 마음이 사라진 발은 어미와 더 이상 얼굴을 마주하지 않았고 프레야가 자기의 지배권을 내세우면서 조금씩 뒤로 물러났다. 훈련이 계속 진행되면서 그녀는 노골적으로 발을 떨쳐 내기 시작했다. 프레야의 등에 걸터앉아 있었기 때문에 그녀의 등 근육이 경직되는 게 느껴졌다. 프레야는 불쾌한 상태였다. 언제든 공격성 행동이 시작될 수 있음을 알리는 전조였다.

　　나는 이 위기에서 어떻게 하면 무사히 벗어날 수 있을지 계산을 해 보기 시작했다. 하지만 상황은 내 쪽에 불리하기만 했다. 린지와 발은 수조 둘레와 가까웠던 반면 나와 프레야는 수조 중앙에 더 가까웠다. 이대로라면 더 무서운 상황이 벌어진다. 프레야는 발에게서만 떨어지는 게 아니라 둘레에서도 멀어지기 시작했다. 나는 린지와 발에게서 점점 멀어지는 상황을 그저 손 놓고 바라볼 수밖에 없었다. 그러다 프레야가 언제든 발 쪽으로 방향을 틀지도 모른다는 생각에 린지에게 발리 수조 밖으로 나가라고 소리쳤다. 예전에 두 조가 수중묘기를 펼치던 상황에서 지배적 암컷이 다른 범고래 조련사의 뒤를 쫓는 모습을 보기도 했기 때문이다.

프레야는 일단 수조 한가운데로 가서 몸을 돌려 나를 등에서 떨구고 바로 나와 마주하며 불쾌한 심기가 느껴지는 소리를 내보냈다. 나는 프레야를 진정시키는 한편 입을 닫고 있으라고 다독이듯 두 손으로 부리와 턱을 감쌌다. 그 와중에 린지가 발의 등에서 내려와 둘레의 가장 구석진 곳으로 안전하게 피한 것을 확인했다. 프레야도 발성을 즉시 멈추고 흥분을 멈추었다. 나는 프레야가 마음을 가라앉힌 대가로 브리지를 주었다. 프레야는 모든 신호에 따르고 나를 가슴으로 밀어 안전하게 무대에 데려다 놓았다. 흠 없이 완벽하게. 결국 비뚤어지지 않기로 마음먹은 것이다.

프레야는 마침내 쇼에서 발과 함께 공연을 펼칠 수 있게 된다. 그리고 그때까지 함께 작업한 모든 지배적 암컷과 그러했듯 프레야와 나와의 관계는 더욱 돈독해졌으며, 그녀는 내 가슴 속에 특별히 자리 잡고 있다.

프레야는 내가 마주한 시험대였으며 프랑스에서 만난 범고래 중에서도 가장 위험한 존재였다. 그렇지만 다른 범고래가 공격성을 드러낸 사건도 있었다. 그런 사건의 주인공 중에 쇼우카도 있었다. 쇼우카는 아이슬란드 앞바다에서 포획된 샤케인Sharkane의 딸이었다. 쇼가 진행되던 중에 나는 수조에 입수해 쇼우카에게 내 밑에서 떠올라 자기 등에 태우고 수조 둘레를 돌도록 신호를 보냈다. 그런데 내가 몸을 돌려 쇼우카를 찾아보니 물속에 잠기는 등지느러미만 보일 뿐이었다. 쇼우카는 곧 내 등 한가운데를 들이받았고, 나는 그 힘에 밀려가다 관중석 바로 앞에서 아크릴 벽에 부딪히고 말았다. 쇼우카는 내게서 멀어지며 물속으로 사라졌다. 수조의 시계는 엉망인 여과 장치 때문에 혼탁한 상태였다.

녀석이 다시 내게 돌진하는 일이 없도록 하려면 수조에서 벗어나려 시도하기에 앞서 어디에 있는지부터 확인해야 했다. 하지만 녀석이 어디에 있는지 도통 알 수가 없었다. 나는 무대와 수조 주위의 조련사들에게 쇼우카가 어디에 있는지 물었다. 그러나 아무도 쇼우카의 위치를 모르고 있었다.

나는 수조 둘레에 접해 있었는데도 쇼우카의 행방을 모르는 채 둘레의 난간 쪽으로는 감히 팔 하나도 뻗을 수 없었다. 앞서 언급했듯이 피티가 조심조심 손으로 노 젓는 동작을 한 것만으로도 카사트카는 자기 허락 없이 수조를 빠져나가려는 의도를 눈치채고 분노할 정도였다. 작은 동작 하나라도 쇼우카의 성을 돋을 수 있었다. 나는 다시 얼굴을 물속에 담그고 살펴보았다. 곧장 아래를 바라보니 그곳에 바로 쇼우카가 있었다. 거의 12미터 깊이의 수조 바닥에 몸을 누이고 나를 똑바로 올려다보며 입을 벌린 채, 때를 기다리고 있었다.

그것은 경험이 있는 조련사라면 즉시 알아보고 소름이 돋을 만한 광경이었다. 범고래가 수조 바닥에 웅크린 채 포식자 본능을 되찾기로 작심하고 나를 먹잇감 대하듯 노려보고 있는 것이 아닌가.

중요한 건 다가오는 그 순간을 똑바로 보는 것이었다. 나는 쇼우카가 그런 식으로 나와 마주한 모습을 포착하자마자 손으로 가리키며 내가 이미 보았음을 알려 주었다. 그러자 거의 획기적인 상황 전환이 일어났다. 마치 먹잇감의 지능이 공격자의 의도에 어떻게든 영향을 끼치기라도 한 듯, 포식 본능은 협동하려는 마음에 자리를 내주었다.

쇼우카는 입을 닫는 것으로 대답하고 내게 오라는 신호에 따라 나를 향해 수면으로 침착하게 떠올랐다. 나는 호루라기를 불어 브리지를 주며 입을 다물고 내 말에 잘 따라 주었다고 인정해 주었다. 내가 신호를 주고 양발을 가슴지느러미에 각각 올려놓자 쇼우카는 무대까지 나를 밀고 갔다. 나는 무대에 올라 남아 있던 생선 약 7킬로그램가량을 쇼우카의 입에 전부 쏟아부었다. 쇼우카는 이후 쇼를 마칠 때까지 나의 신호에 따랐다. 하지만 나는 쇼우카가 음침한 어둠 속에서 내게 몰래 접근한 것이라고 확신한다. 내가 만약 물에서 벗어나려는 움직임을 조금이라도 보였다면 쇼우카는 나를 덮쳤을 것이다. 아무리 안전한 곳에 가까워졌다 해도 범고래의 속도를 이길 수는 없다.

또 한번은 쇼우카가 나를 등 위에 태우는데 발성이 몹시 요란해지고 등 근육이 경직되기 시작했다. 수조 둘레를 따라 한창 달리던 중이었기 때문에 나는 등에서 일어나 근처의 안전한 바닥으로 뛰어내리려고 했다. 하지만 결정을 내리려는 찰나, 그런 생각이 번뜩이기 무섭게, 쇼우카는 둘레에서 멀어지며 내가 빠져나갈 틈을 조금도 주지 않앉다. 쇼우카가 얼마나 빠른지를 감안하면 물속으로 뛰어내리는 것은 현명한 선택이 아니었다. 내가 만약 물속으로 뛰어내려 수조에서 빠져나오지 못했다면, 쇼우카는 나를 덥석 물어 물속으로 끌고 내려갔을 것이다. 결국, 나는 쇼우카가 수조 한가운데로 향하는 동안 그녀의 등 위에 무릎을 꿇고 앉았다. 그러는 내내 쇼우카는 긴장된 스타카토 음을 내보냈고 등 근육도 매우 팽팽해져 몸 전체가 부르르 떨릴 정도였다. 수조 한가운데에 다다르자 쇼우카는 몸을 뒤집어 나를 등에서 떨구어 버렸다. 처음에는 내게서 서서히 멀어지는가 싶더니 이내 빠른 속도로 돌아섰다. 입을 크게 벌린 채 쇼우카는 곧장 나를 향했다. 그때 나는 물속에서 다리를 곧장 내밀었다. 무대까지 나를 가슴으로 밀고 가라는 신호였다. 그건 도박이나 마찬가지였다. 쇼우카는 과연 그 신호에 따를 것인가?

쇼우카는 나를 밀고 가는 쪽을 택했다. 나는 한 손으로 쇼우카의 부리를 감싸고 다른 손으로 아래턱을 감싸 입을 닫으라고 지시했다. 쇼우카는 입을 닫았다. 나는 쇼우카가 시킨 대로 잘 할 때마다 호루라기를 불어 브리지를 주며 계속 옳은 선택을 할 수 있게 북돋워 주었다. 쇼우카가 나를 무대까지 데려다 놓자 나는 가슴에서 내려 즉시 먹이를 주었다.

쇼우카는 진정시키기 까다로운 범고래였다. 당시 여덟 살이었던 쇼우카는 또래보다 덩치가 작아서 무게도 1.8톤 정도에 불과했다. 어렸을 때 적절한 양을 먹이지 못한 탓에 발육 상태가 좋지 않았기 때문이다. 린지와 나를 고용하며 확장을 꾀하기 전 마린랜드에서 태어난 최초의 범고래가 쇼우카였다. 프랑스 조련사들은 범고래의 체중 관리에 관해서는 제대로 알지 못했고 범고래들을 얼마나 먹여야 할지도 마찬가지였다. 그들에게 온 첫 번째 새끼 범고래가 특히 그 영향을 받았다.

쇼우카와는 자칫 파국으로 끝날 수도 있었던 또 다른 조우가 남아 있었다. 조련사 몇 명과 나는 쇼가 펼쳐지는 전면 수조의 무대로 앙티브의 모든 범고래 일곱 마리를 불러 모아 먹이를 주고 있었다. 나는 쇼우카에게 먹이를 주려 몸을 앞으로 숙이면서 다른 범고래와 조련사들이 어찌하고 있는지 보려 오른편으로 고개를 돌렸다. 범고래들 사이에 다툼이나 서로 쫓아내려는 기미는 없는지 살피기 위해서였다. 프랑스 조련사 팀이 범고래들의 행동을 적절하게 판단하고 있는지도 확인하고 싶었다.

쇼우카와 나는 무대 왼편, 나란히 줄 서 늘어선 범고래들의 맨 끝에 있었다. 내가 오른편을 보는 바로 그 순간, 쇼우카가 수조에서 솟아올라 내 잠수복 가슴의 살짝 헐거운 부분을 덥석 물었다. 몸 전체를 꽉 조인 잠수복에서 아주 작은 약점을 알아내 나를 물속으로 끌고 들어가려 그 커다란 입으로 정확히 꼬집다니, 정말이지 놀라운 재주가 아닐 수 없다. 내가 반사적으로 체중을 뒤에 실어 쪼그려 앉으면서 쇼우카가 입에 물고 있던 부분도 빠져나왔다. 그때 만약 다른 범고래들이 같이 있는 수조에 끌려 들어갔다면 나는 아마도 무사히 빠져나오지 못했으리라. 당시 수중공연은 그곳의 모든 범고래에게 아직 생소했다. 그

가운데 킴Kim이라는 성체 수컷은 린지와 나, 혹은 다른 조련사들로서도 물속에서 함께 작업하기에 너무나도 위험천만한 존재였다. 범고래가 기회 포착에 매우 뛰어나다는 사실을 생각해 보면 아무래도 내 편에는 운이 따르지 않았을 것이다.

아끼는 범고래조차 호시탐탐 기회를 엿보기는 마찬가지다. 나는 발을 매우 좋아했다. 그러나 어미 프레야나 쇼우카보다 한층 절묘하게 녀석도 반란을 도모하곤 했다. 한때 약 2주 동안이나 발은 물속에서 내 양말을 물고 늘어지는 데 재미를 붙였다. 듣는 입장에서는 재미있을지 모르겠으나 내 의지에 반하여 수조 깊이 범고래에 끌려 내려가는 일에는 재미난 구석이랄 것이 하나도 없다.

녀석은 나에게 발바닥 밀기를 하거나 때로는 수면에서 얼굴을 마주하고 있을 때 그런 일을 벌이곤 했다. 물속으로 가라앉았다가 내 발을 잡아채는 것이었다. 이루 말할 수 없는 정확한 솜씨로 녀석은 내 양말을 물고 늘어지기 시작해 충분히 늘어날 때까지 잡아당겼다. 발가락 부분이 넉넉히 헐거워지면, 녀석은 그 부분을 물고 이리저리 흔들며 나를 물속으로 끌어당겼다. 일단 물속으로 끌려 들어가고 나면 녀석은 양말을 완전히 벗겨 버릴 기세로 물어 당겼다. 잠수복 아래 신은 양말은 종아리를 덮고 무릎까지 올라올 정도로 길었기 때문에 자칫 큰 사고로 이어졌을 뻔한 상황이었다. 잠수복이 찢어질 정도로 흔들었다면 익사로도 이어졌을 것이다. 나는 녀석이 밑에서 나를 잡아당길 때에 맞추어 숨을 한 번 들이쉬기 위해 호흡을 가다듬으려고 했다. 그러나 녀석은 결코 나를 물속에 오랫동안 잡아 두지는 않았다. 내 양말로 호기심을 채우고 나면 늘 내가 다시 지시를 내리도록 순순히 허락했다. 이런 일이 몇 차례 반복되고 마침내 나는 이것이 앙티브의 범고래들에게 허용되는 행동이 아니라는 사실을 가르쳤다. 나는 녀석이 발 전체를 덥석 무는 대신 내 발가락 부위를 당겨 느슨하게 하는 정도에서 그친 것을 늘 고맙게 생각했다. 2주가 지나 내가 이 신기한 행동에 대한 집착을 버리도록 훈련한 끝에 녀석은 더 이상 내 양말에 흥미를 보이지 않게 되었다.

결국 프랑스에서 내가 맡은 일은 너무 위험한 것으로 드러났다. 그것은 범고래 때문이 아니라 마린랜드를 소유한 회사가 내가 깊은 위험한 여건을 개선하는 데 거의 아무런 노력도 기울이지 않았기 때문이다. 범고래의 공격성으로 이어질 조짐을 눈치채기 어렵게 만드는 탁한 수질도 그대로였다. 계약은 매년 갱신하기로 되어 있었으며, 두 번째 해에는 수질을 개선하겠다는 다짐을 받고 서명한 터였다. 마린랜드 측이 약속을 지키지 않자, 나는 더 이상 위험을 무릅쓸 수 없다고 판단한 끝에 2003년에 다시 미국으로 돌아왔다.

내가 돈 브랜쇼를 만난 것은 아직 프랑스에 있을 때였다. 그녀는 이미 씨월드 올랜도의 스타 조련사였다. 2001년 9월, 그녀는 둘도 없는 친구인 린지를 찾아 앙티브로 여행을 왔다. 린지는 일해야 해서 비번이었던 내가 앙티브의 고풍스런 마을에서 돈과 하루를 보냈다. 그곳의 오베르

논가 25번지에 있는 침실 하나짜리 아파트, 바닷가에서 계단을 75개만 오르면 나오는 그곳에 내가 살고 있었다. 내가 사는 곳과 마찬가지로 포장석이 깔린 거리에 지은 지 수백 년이나 된 집들이 늘어선 마을은 아름다웠다. 9월 11일 그날, 우리가 방파제에 올라 지중해를 바라보고 있을 때 어머니에서 전화가 왔다. "미국에 무슨 일이 벌어졌는지 믿기지 않을 거야." 어머니의 목소리는 다급했다. 미국이 공격을 받았다. 돈의 남편 스콧도 프랑스에서 합류할 계획이었으나 미국 내 모든 비행기의 발이 묶이는 바람에 올 수 없었다. 돈은 거의 2주가량을 프랑스에서 지냈으며 마린랜드에서 많은 시간을 보냈다.

　나는 돈과 친한 인맥에 속하지는 않았으나 돈이 나의 두 친구인 린지, 웬디와 절친한 사이였다. 그 둘을 통해서 우리는 서로의 경력에 관해 어느 정도 알고 있었다. 돈은 따뜻한 사람이었으며 씨월드 최고의 조련사 중에서도 단연 돋보였다. 그러나 장차 그녀는 씨월드 최악의 순간을 대표하는 상징이 되며, 한번 탈선한 범고래가 제 모습으로 돌아오기를 거부할 때 무슨 일이 벌어지는지 보여 주는 본보기가 된다.

　같은 물속에 인간을 들이는 게 생소한 범고래들과 지내 본 경험으로 나의 믿음은 더욱 굳어질 뿐이었다. 조련사와 범고래의 관계가 아름다울 수는 있겠지만, 전반적인 환경, 즉 감금된 삶 때문에 범고래는 장애를 겪고 있고 위험한 존재로 변한다는 지론이 그것이었다.

　간혹 대중도 이 사실을 어렴풋이 알아챈다. 범고래가 조련사를 공격한 사건은 감출 수가 없으며 종종 뉴스의 한 꼭지를 차지한다. 보통의 경우 조련사는 대중 앞에서 웃어넘기고, 언론은 어물쩍 넘어가곤 했다. 그러나 2009년 말과 2010년 초에 씨월드를 지금까지 휘청거리게 만든 불운이 연이어 들이닥쳤다. 그리고 내 삶과 경력도 그 때문에 영영 바뀌게 된다.

첫 사건은 2009년 크리스마스이브 아침에 일어났다. 타카라가 언제든 출산할 수도 있었기 때문에 나는 아침부터 마음을 졸이고 있었다. 샤무 스타디움의 조련사는 모두 출산의 기미가 보이면 당장 수조로 달려가 거들기 위해 대기 중이었다. 그러나 막상 전화가 울리고 수화기 너머로 들려온 것은 타카라의 출산에 와서 거들라는 호출이 아니었다. 씨월드 경영진이 막 로로 파르케에서 일어난 사건 소식을 접한 뒤였다. 로로 파르케는 스페인령 카나리아 제도에 있는 해양테마파크로 씨월드와는 제휴 관계에 있었다. 예전에 샌디에이고에서 짧은 기간 같이 일한 적이 있는 열네 살 수컷 범고래 케토가 알렉시스 마르티네스Alexis Martinez라는 조련사를 훈련 도중 죽였다는 소식이 전해졌다. 공식 직함이 씨월드 샌디에이고의 동물관리 부사장인 스카퍼지가 로로 파르케에 있는 씨월드 측 관리자를 만나러 스페인으로 날아가는 중이었다. 씨월드 샌디에이고에서 파견 보낸 그 관리자가 스카퍼지에게 상황을 보고했으며, 전해 듣기로는 그가 매우 당황한 나머지 스카퍼지도 수화기 너머로 자세한 사정을 알아들을 수 없었다고 했다.

각 공원 사정에 따라 적게는 며칠에서 거의 1주일 동안, 미국 내 씨월드 세 곳에서 범고래와 함께 하는 모든 수중공연이 예방 차원에서 중단되었다. 그렇기는 해도 나를 포함해 조련사들은 자세한 경위를 전해 듣기 전까지 범고래들과 수조로 돌아가 있었다. 수중공연 중단 조치는 무엇이 잘못되었는지 파악하기 위해 씨월드가 내린 긴급 지시였다. 로로 파르케의 범고래 네 마리는 모두 씨월드 소유였으며 씨월드 세 곳의 공원에서 번식 프로그램에 따라 보내졌다. 우리는 약 3주가 지나서야 사건의 전모를 알 수 있었다.

스카퍼지는 스페인을 떠나 캘리포니아로 돌아오기까지 플로리다, 텍사스를 차례로 들러 샤무 스타디움의 조련사들에게 사건 경위를 설명하고 사건 장면이 담긴 물속과 공중 촬영 비디오를 보여 주었다. 그 내용은 경탄스러울 정도로 철저하고 자세했다. 보는 내내 소름이 돋을 정도였다. 우리는 이내 사건의 전말을 파악하고 동료 조련사가 종국에 가서는 죽음을 맞이하는 과정까지 지켜보게 된다.

훈련은 오전 11시경에 시작했다. 알렉시스와 케토가 일상적인 행동을 수행하는, 겉으로 보기에 평소와 다를 게 없는 일정이었다. 알렉시스는 수조 가장자리에 서서 케토에게 다이너마이트를 뜻하는 'TNT'를 해 보도록 지시했다. TNT는 후면 수조에서 물속으로 보이지 않게 전면 수조로 헤엄쳐 들어와 거대한 꼬리지느러미로 수면을 부수는 동작이다. 케토는 그 동작을 정확하게 수행해 브리지를 받고 다른 조련사에게 불려 갔다. 그는 케토에게 물이 얕은 구역으로 올라오라 지시하고 생선을 주어 보상했다. 이어서 그 조련사는 양동이를 비우고 케토에게 끼얹기 위해 물을 채웠다.

그는 이어서 케토가 수조의 주위를 따라 헤엄쳐 구석에서 기다리고 있던 알렉시스에게 돌아가도록 했다. 알렉시스는 케토를 쓰다듬어 주는 것으로 보상했다. 알렉시스는 그즈음에 케토와 스파이홉 올라서기 - 두 달 전 내가 타카라에게서 미끄러지는 바람에 갈비뼈가 부러진 그 동작 - 연습을 하기 위해 입수했다. 범고래가 조련사를 공중으로 날리는 하이드로 도약이나 로켓 도약과 달리, 이 동작에서는 범고래가 물속에서 자기 몸길이만큼 수직으로 솟아오르는 내내 조련사가 범고래의 부리 위에 발을 딛고 선다. 둘이 함께 솟아올랐다가 중력에 못 이겨 똑바로 선 채 다시 물속으로 들어갈 때까지 조련사는 범고래의 부리 끝에서 균형을 유지해야 한다.

케토는 적절한 높이까지 솟아올랐으나 몸을 약간 비트는 바람에 알렉시스가 균형을 잃고 떨어졌다. 동작을 깔끔히 수행하지 못했기 때문에 알렉시스는 케토에게 보상을 주지 않았다. 대신 조련사들 사이에 '최소 강화 시나리오LRS, Least Reinforcing Scenario'로 통하는 신호를 주었다. 눈을 맞추고 3초간 짧게 멈추며 잘하지는 못했지만 차분하게 굴면 다시 강화될 기회가 여전히 남아 있다고 범고래에게 가르치는 것이다. 1980년대에 동작 수행에 실패했다는 신호를 받은 범고래들이 조련사를 들이받는 등 거칠게 반응하자 중립적인 LRS가 개발되었다.

범고래가 LRS에 반응해 차분하게 굴면 조련사는 모종의 보상을 줄 수도 있다(행동주의적 용어로 '비율에 따라'). 케토는 차분했다. 이에 알렉시스는 케토와 함께 무대로 돌아와 얼음 뭉친 덩어리를 주어 보상했다. 둘은 스파이홉 올라서기를 다시 이어서 했다. 케토는 이번에도 적절한 높이까지 올랐지만 여전히 몸을 비틀었고, 알렉시스는 다시 떨어졌다. 알렉시스는 다른 식으로 LRS를 주었다. 케토는 물이 얕은 구역에 있던 다른 조련사에게 불려가 생선을 받아먹고 연습을 더 하기 위해 물속에 남아 있던 알렉시스에게로 보내졌다.

알렉시스는 소위 '무대 오르기'라는 동작을 위해 두 손으로 케토의 부리를 감싸 쥐고 물속에서 무대로 향하도록 조종했다. 일이 꼬이기 시작한 게 그때였다. 케토는 동작에 필요한 깊이나 평소 하던 것보다 더 깊이 알렉시스를 데려가기 시작했다. 알렉시스는 수면으로 떠올라 케토에게 다른 방식의 LRS를 주려고 부리를 감싸고 있던 손을 풀었다. 그러자 케토는 알렉시스와 무대 사이를 가로막고 버텼다.

씨월드의 관리자 브라이언 로키치Brian Rokeach가 당시 훈련을 감독하는 감시원을 하다가 무슨 일이 벌어지고 있음을 즉각 눈치채고 신호음을 지시해 케토를 알렉시스에게서 떨어뜨려 무대로 불러내도록 했다. 케토가 이에 반응해 무대로 향하자 로키치는 손을 과녁 삼아 손바닥이 밖을 향하도록 두었다. 케토가 그에게 와서 자기 손바닥 위에 부리를 올려 두라는 신호였다. 이것은 조련사가 범고래와 실질적인 신체 접촉을 하고 있으므로 가장 엄격한 통제 수단으로 볼 수 있다. 로키치가 나중에 설명하기로는 케토는 손바닥에 답하면서도 "완전히 집중하지는 않고 눈을 크게 뜨고 알렉시스를 흘끗 보았다." 보통 그런 행동은 범고래가 조련사의 손에 살짝 닿기만 한 채 몸과 눈이 다른 무언가에 쏠려 있다는 것으로 볼 수 있다. 사건 경위서에는 케토가 손바닥 과녁에 반응한 대가로 주요 강화물인 생선을 받은 기록이 없으며 로키치가 알렉시스에게 수조 밖으로 나가도록 지시했다는 내용만 기록되어 있었다.

    알렉시스가 수조 둘레를 향해 헤엄치기 시작하자, 케토는 로키치의 통제를 뿌리치고 알렉시스에게 향했다. 케토는 알렉시스의 다리를 덥석 물고 수조 바닥으로 내려갔다. 로키치가 다시 통제를 회복하려는 시도로 물 때리기를 했으나 케토는 가장 기본적인 신호도 무시해 버리고 말았다. 그러자 로키치는 먹이를 먹어도 된다는 신호로 무대 위의 양동이를 두드리기 시작했다. 케토는 이번에도 반응이 없었다. 다시 물때리기를 시도했지만 케토가 세 번이나 거부하자, 로키치는 하는 수 없이 비상경보를 울렸다. 다른 조련사들이 급히 몰려와 수조에서 케토를 몰아내기 위해 커다란 그물을 펼쳤다. 범고래, 그리고 돌고래는 본능적으로 그물을 피한다. 그물은 비뚤어진 범고래를 조련사가 원하는 방향으로 보내는 데 가장 간편한 수단이다(2004년 샌안토니오에서 일어난 한 사건 이후, 그물은 씨월드의 세 군데 스타디움과 로로 파르케 같은 제휴사의 시설에 상시로 갖추어져 있었다). 조련사 한 명이 같은 수조에 있던 나머지 세 범고래를 후면 수조 한 곳으로 이동시키고 한 곳은 비워 두었다. 그물로 케토를 알렉시스에게서 떼어 놓자 녀석을 몰아넣기 위해 비워 둔 수조의 문이 열렸다.

공격적으로 행동하는 동안, 케토는 알렉시스를 바닥에 남겨 둔 채 숨을 쉬러 수면으로 올라왔다. 그러고는 다시 내려가 알렉시스를 수조 이곳저곳으로 밀고 다니다가 부리에 축 늘어진 그의 몸을 얹고 떠올랐다. 로키치는 케토의 반응을 끌어내고 녀석을 무대로 오게 하려고 필사적으로 매달렸다. 다시 손으로 물을 때렸으나 이번에도 케토는 말을 듣지 않았다. 그러다 그물이 펼쳐지고 나서야 비어 있는 수조로 헤엄쳐 들어간 것이다. 그러나 조련사들이 문을 닫으려 하자, 케토는 몸을 돌려 머리를 입구에 끼워 넣고 문이 닫히지 못하게 훼방을 놓았다. 조련사들은 녀석을 떼어 내고 문을 닫기 위해 다른 그물 하나를 더 동원해야 했다.

스카퍼지가 보여 준 비디오는 뇌리에서 사라지지 않을 만큼 강렬했다. 수중에서 찍힌 장면을 보면 케토가 아직 살아 있는 듯 보이는 알렉시스를 데리고 카메라의 시야에서 헤엄치고 있다. 케토가 마치 조련사를 가슴에 품고 무대로 데려가는 모습처럼 보인다. 알렉시스는 카메라 렌즈를 똑바로 바라보고 있으며 그의 눈은 열려 있었다. 그러나 비디오 화면을 천천히 돌리자 힘없이 흐느적거리는 그의 손과 발, 그리고 표정에서 그가 더 이상 살아 있지 않음을 알 수 있었다. 케토가 다른 곳에 갇힐 때 알렉시스의 몸은 10미터가 넘는 깊이의 수조 바닥에 가라앉고 말았다.

케토를 후면 수조에 단단히 가두고 나서 로키치는 알렉시스의 시신을 회수하러 다른 조련사와 입수했다. 비디오에서 그가 10여미터 깊이의 바닥까지 닿는 시간은 7초밖에 걸리지 않았다. 그러나 알렉시스의 시신을 수면으로 끌어올릴 때는 30초가 더 걸렸다. 그의 몸에 이미 물이 가득 들어찬 뒤였다. 로키치는 미친 듯이 심폐소생술을 시도하고 제세동기까지 작동했다. 도착한 구급대원이 소생술을 이어받아 바로 그 자리에서, 그리고 구급차에서 심장을 다시 뛰게 하려 갖은 시도를 다했다. 그는 회생하지 못했고 오전 11시 35분에 사망선고가 내려졌다.

나는 여전히 의문이 남았다. 미국의 조련사들은 공식 보고가 나오기를 기다리는 와중에도 온갖 소식을 접하고 있었다. 샌안토니오의 보고회에서 나는 케토가 알렉시스를 물고 내려간 뒤 그에게 충격을 가해 뭉갠 것은 아닌지 스카퍼지에게 물었다. 스카퍼지는 대답을 망설이더니 이내 내 눈을 피했다. 그는 방안의 다른 조련사들에게 눈을 돌리고 말했다. "무슨 일이 일어났는지는 우리도 알 수 없습니다. 가장 그럴듯한 상황은 케토가 알렉시스의 다리를 문 채 물속으로 끌고 내려갈 때 그는 패닉에 사로잡혔고 결국 익사했으리라는 것입니다."

사건이 벌어지는 동안 현장에 있다가 구조에 관여한 조련사들이 나중에 전한 이야기에 따르면 로키치가 심폐소생술을 시도할 때 알렉시스의 몸에서 다량의 피가 뿜어 나왔다. 피가 온 무대를 적시고 알렉시스 그리고 로키치의 얼굴마저 피로 물들었다. 모든 것이 피에 물들었다. 단순 익사라는 씨월드 측 해명대로라면 피가 나왔다는 사실과는 상반된 결과였다. 하지만 보고회가 진행되는 내내, 그리고 사건 경위서 어디에도 알렉시스의 귀와 입과 코에서 흥건히 쏟아져 나온 피에 대한 언급은 없었다. 사실 그것은 알렉시스가 넓은 범위에 걸쳐 내상을 입었다는 신호였다.

나의 질문에 돌아온 스카퍼지의 대답은 이후 로로 파르케 사건을 설명하는 경영진의 전형적인 답변으로 굳어졌다. "알렉시스는 패닉에 빠져 익사했을 가능성이 크다." 알렉시스의 여자 친구는 다큐멘터리 〈블랙피쉬〉에서 영안실에 누워 있던 알렉시스의 가슴이 마치 폭파된 것 같았다고 증언했다. 부검을 담당했던 스페인 의사는 공식 사인은 익사지만 근본적으로는 "흉복부 압박과 압착 때문에 생긴 기계적 질식에 주요 장기 손상이 겹쳐" 사망에 이르렀다고 결론지었다.

알렉시스의 사망 사건에서 정확히 두 달 후, 또다시 비극이 일어났다. 2010년 2월 24일 오전, 내가 씨월드 샌안토니오의 무대 후면 수조에서 범고래들과 일정을 막 마치고 났을 때였다. 공원 사장과 부사장단 일부, 그리고 고위 경영진이 샤무 스타디움의 후문으로 들어오는 모습이 보였다. 고위 간부들의 현장 방문은 드문 일이었기 때문에 나는 심각한 일이 벌어지고 있음을 직감했다. 곧 모든 조련사가 사무실에 소집되어 사장 댄 데커Dan Decker의 설명을 들었다. "올랜도에서 사고가 일어나 조련사 한 명이 죽었습니다."

모인 사람들은 놀라 숨이 멎을 정도였다. 누군가 손에 얼굴을 묻고 흐느끼기 시작했다. 나는 고난도 수중공연을 펼치다가 일이 잘못되었겠거니 짐작했다. 하이드로나 로켓 도약을 하다가 발이 미끄러져 떨어지면서 척추나 경추가 부러졌으리라. 그건 우리에게 늘 따라다니는 걱정거리였다. 그러나 이어서 나온 댄의 발표는 전혀 예상 밖이었다. "돈과 틸리쿰이에요. 그리고 녀석이 아직 돈을 놓아 주지 않고 있습니다."

그의 입에서 틸리쿰이라는 이름이 나오는 순간 나는 간담이 서늘해졌다. 사무실 전체에도 한기가 퍼진 것 같았다. 틸리쿰이 씨월드로 팔려 오기 전에 있었던 테마파크에서 다른 두 범고래와 함께 조련사 한 명을 죽인 사건 이후 틸리쿰과 수중공연을 펼치는 것이 금지되어 있었다. 그런데 1999년 7월, 씨월드 올랜도에서 밤새 몰래 들어온 대니얼 듀크스가 틸리쿰의 등 위에 벌거벗고 축 늘어져 죽은 채 발견되었다. 사무실 안이 공포와 불안에 휩싸였다. "돈은 아닐 거야. 돈일 리가 없어." 나는 나지막이 속삭였다. 돈은 씨월드에서도 가장 노련하고 재능이 뛰어나기로 손꼽히는 조련사였다. '이건 사고일 리 없어.' 나는 자초지종을 알기도 전부터 단정했다. 분명 범고래의 공격으로 벌어진 사건이리라.

가장 경험 많은 조련사에게서 볼 수 있듯이, 돈도 범고래와 안전하게 지낼 수 있는 자신의 능력을 신뢰했다. 나 자신의 능력에 대한 자신감도 그와 다르지 않았으며, 나의 가장 노련한 동료들에게도 그와 똑같은 자신감이 있었다. 그것은 잠수복의 지퍼가 채워진 그 순간에 온 정성을 기울이고 있다는 확신이기도 하다. 그것은 함께 작업하는, 함께 물속에서 지내는 범고래와의 관계는 물론 자신의 행동주의적 지식과 능력에 대한 믿음과 신뢰가 있어야 나온다. 경험이 더 많을수록,

그리고 범고래와의 관계가 더 깊고 오랠수록, 나쁜 상황이 벌어지지 않게 보호해 줄 수단은 더 많아진다. 범고래와 친밀한 사이라면 잠재적인 재앙을 무사히 모면할 수 있는 시간을 단 몇 초라도 벌 수 있다. 그렇지 않고 상황이 이미 나쁜 방향으로 치닫고 있다면, 범고래와 맺은 관계와 경험이 범고래를 다시 지휘하는 데 유리하게 작용한다. 범고래가 공격성을 고조시키는 대신 진정하고 조련사의 신호에 따르도록 마음을 돌리게 할 수도 있다. 도대체 무슨 일이 벌어졌기에 돈이 궁지에서 빠져나오지 못한 것일까?

댄의 설명 도중 가장 소름 끼쳤던 부분은 "녀석이 아직 돈을 놓아주지 않고 있다"는 대목이었다. 그 말을 듣는 순간 나는 몸이 부들부들 떨렸다. 정황상 틸리쿰이 이미 그녀의 목숨을 앗아 갔음을 짐작할 수 있었다. 노련한 조련사라면 범고래라는 동물이 마음먹기에 따라 무슨 일을 벌일 수 있는지 잘 안다. 그러나 틸리쿰이 여전히 그녀를 붙잡아 두고 있으며 씨월드는 그녀를 되찾지 못한 채 속수무책으로 보고만 있다는 이야기에 나는 불안해졌다. 사건이 일어나고, 비상조치가 시작되고, 직원들을 거쳐 올랜도의 고위직에 보고되어 회사 차원의 결정으로 샌디에이고와 샌안토니오의 조련사들에게까지 소식이 전달되기까지 도대체 얼마나 오랜 시간이 걸린 걸까?

나는 사무실을 나와 샌디에이고에 있는 웬디에게 바로 전화를 걸었다. 그녀가 돈과 가까운 사이라는 사실을 알았기에 이 소식을 감당할 수 있을지 염려가 되었다. 그녀는 큰 충격을 받고 흐느껴 울었다. 샌디에이고의 동료들과 사고 소식을 접하고는 구토를 했을 정도였다. 프랑스에 있는 린지도 걱정이 되었다. 그녀와 돈은 서로의 결혼식에도 참석할 만큼 둘도 없는 친구 사이였다. 린지도 프랑스로 가기 전 올랜도에서 틸리쿰과 지낸 경험이 있었다. 그녀가 돈의 소식을 어떻게 받아들일까? 린지가 여전히 씨월드 올랜도 측과 끈끈한 연을 이어 가고 있기는 했지만, 혼란의 소용돌이 속에서 그 소식을 전할 경황이 없었을지도 모를 일이었다. 그녀가 아침에 일어나 컴퓨터 화면으로 뉴스를 확인하다가 사고 소식을 접하는 모습을 상상해 보았다. 나는 미친 듯이 그녀에게 전화를 걸었다. 다행히 나에 앞서 그녀의 어머니가 전화를 걸어 무슨 일이 있었는지 알린 뒤였다. 그러나 나와 연락이 닿았을 때 수화기 너머 그녀의 목소리에 담긴 충격과 슬픔은 아직도 잊히지 않는다. 그녀는 몹시 분노했고 사건에 대해 낱낱이 알려 달라고 했다. 우리가 통화할 즈음에는 씨월드 내부에 사건의 자세한 내막이 상당히 퍼진 뒤였다. 나는 소름 끼치는 내용이 많아 주저했지만 린지의 간곡한 요청에 그 심정을 헤아릴 수밖에 없었다.

그날 돈은 식당 '샤무와 함께 식사를' 수조에 출연하는 틸리쿰을 보는 일이 잡혀 있었다. 모든 예방 조치가 빈틈없이 갖추어져 있었다. 감시원도 있었고 틸리쿰과 하는 수중공연은 계획에 없었다. 틸리쿰을 담당한 팀의 리더로서 돈은 그를 매우 잘 파악하고 있었으며 조련사들 사이에 통하는 소위 '단단한 관계'도 맺고 있었다. 그런 관계라면 조련사로서 범고래가 동작을 잘 마치도록 이끌려면 어떻게 해야 하는지 정확히 알고 있을 터였다. 틸리쿰은 식당에 딸린 수조에서 두어 동작을 부정확하게 수행하기는 했어도 대체로 무난한 모습을 보였다. 돈은 그에게 다가가 물 깊이가 정강이에 찰 정도인 돌출부에 누워 재미있게 놀아 주는 것으로 보상을 주었다. 사건을 분석한 사람 중 일부는 그녀가 물속에 있었다고 말하기도 한다. 그러나 수중공연은 몸이 뜰 정도로 깊은 수조에서 하는 것으로 규정된다. 돈이 어긴 규칙이나 절차는 하나도 없었다.

    돈이 배를 대고 누워 틸리쿰에게 말을 거는데 녀석이 그녀의 팔을 물어 물속으로 끌고 들어갔다. 씨월드는 틸리쿰이 그녀의 머리채를 물고 잡아당겼다고 말한다. 하지만 목격자의 증언과 비디오에 잡힌 모습을 보면, 돈이 돌출부에 누워 틸리쿰과 동작을 주고받을 때 녀석이 팔을 물고 물속으로 끌어당긴 것이 확실해 보인다.

    돈에 딸린 감시원은 수석급에 틸리쿰과도 활동이 가능하고 비상시에 그를 불러들일 수 있을 만큼 노련한 조련사였다. 그런데 사건이 벌어질 당시 그 조련사는 수중 관람석이 있는 아래층에 있었다. 계획대로 돈이 손님들의 여흥을 위해 틸리쿰을 수조 아래로 내려보내면 그를 맞이하려고 유리 뒤편에서 대기 중이었다. 감시원이 본 것은 틸리쿰이 돈을 물속으로 끌어들일 때 텀벙 튄 물의 흔적뿐이었다. 감시원은 급히 수조로 달려갔으나 다 올라가려면 이리저리 에둘러 가야 했다. 수조에 유일하게 남아 있던 또 다른 감시원은 아직 틸리쿰을 상대할 자격이 없어 비상경보를 울리는 것 말고는 딱히 할 수 있는 조치가 없었다. 틸리쿰을 상대할 정도로 노련한 조련사를 포함해 다른 조련사들이 경보음을 듣고 수조 가장자리로 모여들었다. 그러나 틸리쿰을 불러들이려는 모든 노력이 허사였다.

틸리쿰은 머리로 여러 차례 돈을 들이받고, 악문 입에 그녀를 가둔 채 물속으로 끌고 다녔다. 수면 아래 이곳저곳을 헤엄쳐 다니면서도 턱 사이에 그녀를 잡아 두고 있었다. 포착된 여러 장면 속에서 녀석은 돈의 팔이며 목과 어깨, 다리, 심지어는 머리채를 물고 다녔다.

응급 상황 대응 절차는 뜻밖의 난관에 몇 차례나 부딪혔다. 그물을 펼쳤으나 볼거리를 목적으로 수조에 설치한 인공 암반에 걸리고 말았다. 한편 후면 수조는 다른 범고래들을 모아 둔 탓에 막혀 있었다. 범고래들이 틸리쿰의 폭주에 동요하여 다른 수조로 넘어가기를 주저하는 바람에 별도의 그물을 펴서 다른 곳으로 몰아넣어야 했다. 그렇게 해서 온전히 틸리쿰만 남길 수조 하나를 비워 두었다. 마침내 구조대원들과 조련사들이 그물을 이용해 식당 수조에서 다른 수조 세 곳을 지나 의료용 수조로 틸리쿰을 몰아넣었다. 의료용 수조는 기계식으로 바닥을 들어 올릴 수 있는 유일한 장소였다. 돈을 되찾으려면 다른 수가 없었다. 그러는 내내 틸리쿰은 돈을 물고 다녔다. 녀석은 그물을 피해 수조에서 수조로, 마침내 의료용 수조까지 몰이 당하는 동안 짜증이 높아졌다. 그러면서도 돈에 집착해 그녀를 입에 물고 흔들어 댔고 그럴수록 그녀의 몸은 엉망이 되었다.

의료용 수조의 바닥이 올라가면서 틸리쿰은 강제로 좌초된 꼴이

되었다. 몸에 그물까지 뒤집어써 더욱 꼼짝할 수 없는 상태가 되었다. 사건이 발생하고 약 45분이 지나서야 조련사들이 녀석의 입을 벌려 돈을 꺼낼 수 있었다. 그즈음 돈은 머릿가죽이 벗겨지고 척수가 끊어졌으며, 갈비뼈가 부러지고 왼팔은 떨어져 나간 상태였다. 나중에 가슴을 저미게 하는 상징 하나가 수조 바닥에서 회수되었다. 조련사와 범고래 사이에 다리를 놓아 주는 브리지, 조련사의 묵주이자 죽음이 가까이 있음을 상기시켜 주는 기념물, 그것은 다름 아닌 돈의 호루라기였다.

씨월드 올랜도의 관할 구역인 오렌지 카운티의 보안관실은 초동 발표에서 돈이 미끄러져 수조에 빠졌다고 밝혔다. 보안관실 대변인 짐 솔로몬스Jim Solomons가 씨월드 올랜도 사장 댄 브라운Dan Brown, 동물조련 부문 부사장 척 톰킨스, 올랜도의 동물 조련 기획관 켈리 플래어티클라크Kelly Flaherty-Clark와 사적으로 회동한 후 나온 자리에서 발표한 것이었다. 그들은 솔로몬스가 발표하는 내내 그의 왼편에 나란히 서 있었다. 아무도 그의 발표를 정정하지 않았다.

현장에서 사건을 목격한 손님들에게서 공식 발표와 상반되는 증언이 이어지고 나서야 씨월드도 다른 입장을 내놓았다. 그들은 보안관실의 발표가 틀렸다며 돈은 떨어진 게 아니고 틸리쿰이 그녀의 말총머리에 호기심을 느껴 물어 당긴 것이라고 발표했다. 사실상 씨월드는 그 사건이 재미있는 탐구행위에서 비롯된 것이며 틸리쿰이 그녀의 머리를 새로운 자극으로 여겼다고 발표한 셈이다. 틸리쿰은 공격적으로 돈을 쫓아다닌 것이 아니며, 돈을 공격한 것도 아니라는 말이었다.

당시 씨월드 측은 범고래들이 조련사의 말총머리에 무감각해지도록 훈련받았다는 사실은 밝히지 않았다. 범고래들과 보내는 일상을 구상하는 복잡다단한 과정에서 조련사들은 가능한 모든 시나리오를 쥐어짜고 대비하는데 범고래를 성가시게 할 가능성이 있는 물건도 여기에 포함된다. 조련사들은 이미 오래전부터 범고래가 말총머리에 주의를 팔지 않도록, 조련사의 머리 모양을 대수로이 여기지 않도록 가르치기로 방침을 정했다. 씨월드의 다른 모든 범고래와 마찬가지로 틸리쿰도 말총머리를 신기하게 여기기는커녕 별것 아닌 듯이 대했다. 씨월드는 이 점을 인정하지 않는 태도로 일관하다가 돈의 죽음을 계기로 직업안전위생관리국 OSHA가 제기한 법정 소송에서 증언이 나오고서야 시인했다.

씨월드 측은 사건을 설명하면서 터무니없게도 돈의 죽음이 장난스러운 만남 때문에 생긴 불행한 결과이며, 한번 차지한 물건은 포기할 줄 모르고 마치 아끼는 장난감을 쥔 아이처럼 집착하는 틸리쿰의 습관 때문이라는 인상을 교묘하게 심어 놓았다. 여기에는 말총머리를 한 돈의 잘못이라는 암시가 담겨 있었다.

틸리쿰이 돈을 대했던 방식에서 장난기라고는 찾아볼 수 없었다. 구조 작업에 참여했던 조련사들에 따르면 틸리쿰은 발성에 상당히 불쾌한 심기를 담아 줄곧 내보냈고, 그러는 동안 돈의 몸을 철저히 망가뜨려 놓았다. 자기를 긴급히 불러들이려는 시도 역시 번번이 거부했다.

씨월드는 돈의 죽음 3년 후에 공개된 다큐멘터리 〈블랙피쉬〉에 맞선 홍보전을 펼치면서 "틸리쿰은 돈을 공격하지 않았습니다"라는 문구가 포함된 반박 성명을 냈다.

씨월드는 OSHA가 틸리쿰 사건에 대한 벌금을 부과할 때에도 그 문구의 입장을 고수했다. 씨월드는 그 결정에 이의를 제기하며 한때 샌디에이고에서 나와 일하기도 했던 전직 조련사 제프 앤드루스Jeff Andrews를 감정인으로 내세웠다. 전문가적 견해를 담아 증언하는 감정인임에도 그는 씨월드의 조련사라면 다 알고 있는 틸리쿰의 과거가 무색하게 그가 공격성이 전혀 없는 범고래이며, 돈이 물에 말총머리를 띄우는 실수를 저질러 틸리쿰을 부추겼다고 증언했다. 틸리쿰은 "돈을 정말 죽일 의도가 없었으며 단지 그녀가 수면에 닿을 수 없게 움직임을 억제하려고 했을 뿐입니다. … 일이 이렇게 된 유일한 빌미는 브랜쇼 씨가 저지른 실수입니다. 틸리쿰은 그녀를 물속으로 끌고 간 순간부터 그녀가 익사할 때까지 한순간도 공격적으로 행동하지 않았습니다."

씨월드 측의 항소를 담당하는 판사는 그들의 반박을 인정하지 않았다. 그는 앤드루스가 틸리쿰과 지낸 적이 없고 목격자 신문도 보안관의 최종 수사 기록 확인도 하지 않은 점, 돈의 부검 보고서를 살피지도 않은 점을 꼬집었다. 판사는 또 앤드루스가 틸리쿰의 공식 행동 기록을 읽지 않았으며 사건 발생 당시 현장에는 있지도 않았던 척 톰킨스의 정보에만 의존했다고 짚었다. 앤드루스는 돈이 죽기 전까지 9년 동안 씨월드에서 일한 적도 없고 어떤 범고래와도 지낸 시간이 없었다. 그는 증언 이후 씨월드에 부사장으로 재고용되었다.

틸리쿰이 왜 돈을 물었는지, 혹은 정말 죽일 의도로 그랬는지 우리는 알 길이 없다. 다만 노련한 조련사라면 모두 그 사건이 공격 행위라는 사실을 100퍼센트 확신한다. 조련사들이 범고래의 일거수일투족을 그토록 공들여 기록할 정도로 피하려 하는 바로 그 행위 말이다. 나는 올랜도에서 일한 경험도 틸리쿰을 훈련한 경험도 없다. 하지만 범고래의 공격성이 어떤 것인지는 잘 안다.

당연히 이 비극을 부추긴 상황이 더 있었을 것이다. 그러나 씨월드는 그에 관해서는 거의 언급하지 않았다. 틸리쿰이 돈을 잡아채기 전부터 공원 내 다른 범고래들이 이미 동요하는 상태였다는 사실은 사건 공식 발표에서 드러나지 않았다. 그날 범고래들 간에 자리다툼이 일고 조련사가 부르는 신호마저 거부하는 바람에 샤무 스타디움의 쇼는 돌연 중단될 수밖에 없었다. 한 공원 내 범고래 집단에서 동요가 일면 그 상황이 번져 나간다. 그날 식당 '샤무와 함께 식사를'에 있던 틸리쿰에게도 그런 불만이 퍼졌을 여지가 크다. 범고래의 행동을 폭넓고 자세히 담아 둔 기록에 답이 있을지도 모른다. 씨월드 측이 소장한 이 기록에는 틸리쿰에 한정되지 않고 공격 당일 올랜도 공원의 다른 범고래들의 상황이 담겨 있다. 그러나 씨월드가 그 자료를 공개하도록 하려면 몇 년이 걸릴지 장담할 수 없고 법률 소송까지 불사해야 할 수도 있다.

알렉시스와 돈의 죽음은 내가 씨월드의 실체에 눈뜨는 결정적인 계기가 되었다. 틸리쿰의 동기에 대한 난독증은 누구의 이익에도 도움이 되지 않았다. 확실히 범고래의 이익에는 도움이 되지 않았다. 씨월드 측이 틸리쿰을 감싸기에 급급한 것은 일부이기는 하나 씨월드에 속한 사람들에게도 그가 번식 프로그램에서 가장 왕성한 정자 기증자이기 때문이라는 증거로 여겨질 뿐이었다. 그러나 씨월드의 대응은 이 회사가 범고래를 위해 목숨 걸고 일하는 조련사들 편이 아니라는 사실을 똑똑히 보여 준 셈이었다. 알렉시스와 돈은 그들의 일, 그리고 함께 지내는 범고래들을 사랑했다. 그러나 그들이 범고래 때문에 죽자, 씨월드는 죽음의 원인을 그들의 잘못으로 돌렸다.

 나는 씨월드의 어두운 면을 똑똑히 보았다.

믿음을 잃다

씨월드가 마이크 스카퍼지를 보내 알렉시스 마르티네스의 사망 당시 상황을 설명하도록 한 것은 그래도 잘한 일이라고 인정해야겠다. 2009년 12월의 끔찍한 사건을 거의 초 단위로 재구성한 그의 설명, 그리고 그가 보여 준 비디오는 조련사들이 최악의 상황을 이해하고 대처하는 데 매우 큰 도움이 되었다. 우리는 비극을 딛고 배울 수 있었다. 범고래와 함께하는 일상에서 자신을 더욱 안전하게 지키려면 어떻게 대처해야 하는지 확실히 배울 수 있었다.

그와 대조적으로 씨월드는 돈의 죽음 이후 사건 경위를 조련사들과 공유하지 않았다. 카메라가 수조에서 일어나는 상황을 항상 기록하는 것을 알기 때문에 나는 사건 당시의 비디오를 보여 달라고 요청했다. 그러나 일을 들추지 말라는 식의 말만 들을 뿐이었다. "그냥 내버려 둬. 거기서 배울 건 아무것도 없어." 하지만 나는 돈이 공격 상황에서 벗어나려 시도했는지, 수조에서 빠져나오기 위한 나름의 전략이 있었다면 과연 어떻게 대처했는지 확인하고 싶었다. 틸리쿰과 눈을 마주할 시간이 있기는 했을까? 탈선한 그를 되돌려 놓을 시간적 여유는 있었던 것일까? 척 톰킨스가 마침내 한마디 했다. "존, 행동적으로 참고할 만한 것은 아무것도 없다니까."

　나는 2011년 12월 올랜도를 방문하고 나서야 숨겨진 이야기를 마저 듣게 된다. 씨월드의 각 공원에서는 매년 연수를 위해 조련사 한 명을 다른 공원으로 보낸다. 그것은 서로의 시설에서 정말로 배우게 하려는 것은 아니다. 린지와 내가 앙티브에서 행동 절차를 두고 논쟁을 벌인 데서 알 수 있듯이, 샌디에이고와 샌안토니오, 올랜도는 모두 각자의 방식을 고수한다. 그렇더라도 연수는 각 시설의 차이를 확인하고 정보를 주고받을 수 있는 기회였다. 나도 잠수복을 입고 무대와 수조 주변부에 오르며 쇼와 훈련 시간 도중 조련사와 범고래 간에 어떤 상호작용이 오가는지 관찰했다. 또 돈의 죽음 이후 올랜도에서 틸리쿰을 어떻게 대하는지도 엿볼 수 있었다.

　틸리쿰은 기본적으로 다른 범고래들과 떨어져 홀로 지냈으며, 쇼에 나설 때도 그의 등장은 제한적이었다. 나는 그가 타카라의 아들인 트루아와 공연하는 모습을 지켜보았다. 둘 중에 더 어렸던 트루아는 같이 있던 수조에서 어떻게든 빨리 빠져나가려 하며 틸리쿰을 멀리하려는 모습이 역력했다. 올랜도 연수가 끝날 무렵, 틸리쿰은 병에 걸렸다. 혈액 검사에서 우려할 만한 수치가 나왔으며 보통 마지막 수단으로 쓰이는 스테로이드 약물인 덱사메타손을 다량으로 투약 받았다. 내가 샌안토니오로 복귀한 후에는 병세가 더 심해져 씨월드 측에서는 그를 잃을까 전전긍긍했다. 그러나 틸리쿰은 회복했다. 하지만 병을 한창 앓던 시기에 무게가 거의 450킬로그램이나 줄었다고 들었다.

내가 올랜도를 방문했을 때 틸리쿰과 일하면서 그와 가까이 있는 것에 걱정을 내비치는 조련사는 없었다. 물론 틸리쿰과 수중공연을 하는 것은 금지되어 있었다. 돈의 죽음 이후로는 어떤 범고래와도 그럴 수 없었다. 씨월드는 2010년 벌어진 비극의 즉각적인 사후 조치로 모든 범고래 수중공연을 자발적으로 중단했다. 그러나 2010년 8월, 직업안전위생관리국 OSHA는 씨월드 조련사들이 물 밖으로 완전히 벗어나 있어야 한다고 명령했다. 씨월드는 OSHA가 내린 명령과 7만5000달러의 벌금에 불복해 소송을 벌였다.

틸리쿰과 작업하는 조련사는 모두 그를 아끼는 것 같았다. 돈의 사망 사건 직후, 일부가 틸리쿰에게 조심스럽게 먹이를 주지 않고 던지고 욕설을 퍼붓는 등 대놓고 경멸하기는 했다. 내가 올랜도에 있을 때에는 그처럼 프로답지 못한 행동은 흔적도 찾을 수 없었다. 이는 조련사의 마음가짐에 관해 많은 것을 보여 주는 대목이다. 범고래가 똑똑한 동물이기는 하지만 그렇다고 자기 생각을 강요할 수 없다는 사실을 인정하는 조련사의 태도가 여기서 드러난다.

씨월드라는 대가족의 구성원으로서 나는 올랜도에서 일하는 조련사 몇 명과 만난 적이 있었고, 사실상 오랫동안 그들을 알고 지냈다. 올랜도 방문 주간이 흘러가는 동안 나는 그들이 돈을 구조하기 위해 애쓰던 그날 무슨 일이 있었는지 전해 듣게 되었다. 그중에 내 마음을 가장 애절하게 울린 로라 수로빅Laura Surovik이라는 경험 많은 조련사의 사연이 있다. 그 사연에는 내가 비극조차 끊을 수 없다고 믿는 조련사와 범고래의 유대감이 담겨 있다.

    로라는 샤무 스타디움에서만 24년을 보냈을 정도로 씨월드에서 범고래를 가장 잘 알고 노련한 조련사라 해도 좋을 것이다. 그녀는 1992년 1월 틸리쿰이 올랜도에 도착했을 때 함께 일했으며 그를 누구보다도 잘 알고 있었다. 그러나 올랜도의 동물관리 기획자로서는 두 번째로 높은 지위에 오르면서 2009년 말에 돌고래 스타디움으로 배속되었다. 로라와 돈은 둘도 없는 친구 사이였다. 깊은 관계를 기억하기 위해 우정 반지도 맞추어 끼고 다닐 정도였다. 그러나 2010년 2월, 로라의 삶에서 가장 중요한 두 존재가 사활의 기로에서 만나게 된다. 그것은 좋은 관계에 있던 친구가 또 다른 절친을 죽게 만드는 상황과 같았다.

    그날 로라는 평소 자기가 담당하는 구역에서 일하고 있었다. 동물 조련 기획관 켈리 플래어티클라크가 씨월드 사장 댄 브라운으로부터 샤무 스타디움에 비상이 걸렸다는 소식을 막 전해 들었다며 로라에게 전화로 알렸다. 로라는 바다사자 스타디움의 관리자인 남편 마이크를 돌아보며 말했다. "당장 가 봐야겠어." 차를 몰아 도착한 샤무 스타디움은 아수라장이 따로 없었다.

    "누구죠?" 그녀는 군중 사이를 비집고 들어가며 소리쳤다.

    "틸리쿰과 돈이에요. 녀석이 돈을 잡아 두고 있어요." 돌아온 대답에 로라는 소름이 끼쳤다.

그녀는 곧장 '샤무와 함께 식사를' 수조의 입수대로 달려갔다. 틸리쿰이 돈을 입에 물고 있었다. 로라는 돈의 머리채가 사라진 것을 눈치챘다. 바닥이 올라가는 의료용 수조에 틸리쿰을 넣기 위해 조련사들이 그물을 펼쳐 녀석을 수조에서 수조로 몰아가는 모습이 보였다. 아직 돈의 생사 여부를 모르고 있었기에, 로라의 심장은 마구 뛰고 있었다.

조련사들이 틸리쿰을 의료용 수조로 몰아넣기는 했으나 그것은 바닥이 올라가지 않는 수조였다. 그래서 연결된 수조를 지나며 녀석을 계속 몰아야 했다. 나중에 공개된 녹음 대화에서 그녀는 올랜도 보안관실의 경찰에게 이렇게 말했다. "처음에는 이 동물 하나 들어 올리자고 올라가는 바닥을 갖춘 게 아닌데 지금 그러고 있다는 생각에 몹시 화가 났어요. 이미 사람을 둘이나 죽인 이 녀석 때문에요." 그 순간에도 그녀는 돈이 죽었다는 사실을 여전히 모르고 있었다. 돈은 여전히 틸리쿰의 두 턱 사이에 끼어 있었다. 로라는 상황이 더 나빠지지 않게 해 달라고 기도하기 시작했다.

로라는 남편에게 위로받고 있는 샤무 스타디움의 관리자 제니 매럿Jenny Mairot을 보고 그 곁으로 다가가 안겼다. "그녀는 갔어, 로라. 우리 곁을 떠났어." 그 말에 로라는 몸을 돌려 잠시 생각했다. 그때 다른 조련사가 와서 말을 보탰다. "우리가 상황을 더 나쁘게 만들고 있는 것 같아요." 로라도 이 말에 수긍했다. "맞아요. 분위기를 가라앉혀야겠어요. 내가 켈리에게 가 볼게요."

로라는 켈리 플래어티클라크에게 사람들을 물러나게 해도 되는

지 물었다. "돈은 이미 가망이 없어요. 녀석이 그녀의 몸을 훼손하지 못하게 손을 써야 해요." 로라는 사랑하는 친구의 마지막 존엄을 지켜 주고 싶었다.

클라크가 구조원들을 물러나게 하자, 틸리쿰은 한결 차분해진 모습이었다. 이에 로라는 탈의실로 가서 평상복을 벗고 잠수복으로 갈아입었다. "나는 마음을 먹고 있었어요. 내가 시신을 찾아와야겠다고, 친구를 찾아와야겠다고." 나중에 녹음된 대화에서 그녀는 사건 담당 경찰에게 말했다. "그 아이도 나를 알고 있어요." 틸리쿰과는 오랜 인연이 있었기 때문에 해 볼 만했다.

틸리쿰이 마침내 바닥이 올라가는 수조에 들어가자, 로라는 그가 바닥에 엎힐 때까지 기다렸다. 그녀는 수조 입수대에 올라 틸리쿰의 눈을 바라보았다. 그는 아직 친구의 시신을 입에 문 채 앞뒤로 흔들었다. 로라는 다시 틸리쿰의 눈을 똑바로 쳐다보며 차분한 어조로 말했다. "괜찮아, 친구야. 이제 그만 진정하렴." 그녀는 무릎을 꿇고 앉아 여전히 틸리쿰의 두 턱 사이에 끼어 있는 돈의 상체를 조심스럽게 안았다. "괜찮아. 이제 놓아 줘." 틸리쿰이 이에 반응하는 기미가 보였다.

구조원들이 다시 틸리쿰의 머리 위에 그물을 씌우려고 했다. 이미 하나가 그의 몸을 감고 있었다. 로라가 구조원들에게 말했다. "거의 다 놓아 주었어요. 부리 둘레에만 감싸 두세요. 그러면 완전히 입을 열 겁니다." 구조원들은 그대로 따랐고 로라는 친구의 시신을 빼낼 수 있었다.

이제 로라는 돈의 얼굴을 바라보며 온전히 그녀에게만 주의를 기울였다. 돈을 다른 장소로 옮겨 구조원들이 돈의 잠수복을 자르고, 부질없지만 제세동기를 사용하여 그녀를 소생시키려 온갖 노력을 기울이는 동안 구경거리가 되지 않도록 했다. 구조원들은 돈의 왼팔이 떨어져 나간 것을 뒤늦게 알아차리고는 틸리쿰의 입을 가까스로 벌려 되찾았다. 로라의 손가락에 있는 것과 똑같은 모양의 우정반지가 떨어져 나간 왼팔에, 그 왼손에 끼워져 있었다.

돈의 남편 스콧에게 비보를 전한 후, 로라는 클라크를 도와 의료용 수조의 바닥이 내려가면 틸리쿰을 후면의 다른 수조로 보내고자 했다. 그곳에 틸리쿰을 홀로 둘 계획이었다. 아직 잠수복을 입은 채로 로라는 생선이 가득 든 양동이를 들고 가 틸리쿰에게 안심하고 다른 수조로 넘어가도록 달랬다. 틸리쿰은 그녀의 신호 몇 가지에 반응하는 것처럼 보였다. "착하기도 하지. 그럼, 가 볼까?" 로라는 틸리쿰을 움직이게 하려고 좀 멀찍이서 물을 때렸다. 그는 움직일 것처럼 보였으나 결국은 의료용 수조에서 떠나기를 거부했다. 로라는 아직 근처에 있는 돈의 모습이 그에게 보이기 때문이라고 말했다. 그녀의 시신은 검은 천에 덮여 틸리쿰에게서 불과 몇 미터 떨어진 곳, 맞은편 벽 가까이에 있었다. "거기에 돈이 있다는 걸 틸리쿰도 알고 있었어요." 로라는 녹음테이프에 담긴 대화에서 담담히 말했다. "돈은 그 아이의 차지였어요. 자기에게서 빼앗아 가지 말라는 것이었죠."

최고의 조련사라면 인간과 범고래 사이에 도덕적 등식이 성립하지 않는다는 사실을 안다. 로라 수로빅처럼 그들도 범고래를 적절한 존중으로 대하고 그들이 감금의 압박 속에서 범고래답게 살 수 있는 공간을 마련해 주려고 한다. 뛰어난 조련사는 범고래의 의인화가 초래할 수 있는 미묘한 위험성에 예민하다. 인간과 범고래가 같은 느낌을 공유할 수 있을지는 몰라도, 범고래가 인간처럼 생각하지는 않기 때문이다.

고려해야 할 요소는 더 있다. 1960년대에 범고래가 처음으로 포획되어 여러 수족관에서 전시되었을 때만 해도 세계는 이 동물의 상냥함에 놀랐다. 하지만 이후 수십 년간 이어진 강력한 고립 생활의 결과, 범고래가 사람을 바라보는 시각은 감금이라는 고통스러운 프리즘을 거치면서 뒤틀렸을 가능성이 크다. 인간, 바다에서는 결코 그들이 먹이 삼지 않는 이들 인간을 향한 남아 있는 상냥함은 이제 죄수와 간수라는 사회적 상관관계에 던져 넣어야 한다. 반복과 권태, 움직일 자유의 결핍, 자기의 먹이를 쥐고 있는 두 발 달린 작은 동물, 이 모든 것은 범고래가 야생에서라면 대응했을 상황과는 전혀 다르다. 그들은 더 이상 진정한 범고래가 아닌 돌연변이이며, 범고래의 유전자를 타고 났으나 뒤틀린 심리로 채워진 존재인 것이다.

조련사와 범고래 사이의 거의 모든 상호작용을 꼼꼼하게 기록한 만큼, 씨월드는 그 조직 내 인간과 범고래의 복잡한 관계를 인식하고 있다. 하지만 피해 통제를 위한 수년에 걸친 시도에도 불구하고 범고래의 감금 생활이라는 어려운 현실을 대중에게 설명하는 데 실패했다. 돈의 죽음을 해명하는 방식만 그런 게 아니었다. 각종 사건이 일어날 때마다 내놓은 성명은 늘 범고래에게는 잘못된 것이 전혀 없다는 입장으로 끝을 맺는 식이었다. 그처럼 단순한 대응은 범고래를 사랑하고 매일 몸이 상해 가며 그들과 일하는 조련사들의 마음에 도리어 상처를 입힌다.

돈의 죽음 이후 씨월드는 돈이 말총머리를 물에 띄우는 실수를 저질러 무심코 틸리쿰의 주의를 끄는 바람에 생긴 일이라고 발표했다. 알렉시스의 죽음에 관한 공식 입장은 그가 패닉에 빠져 익사했다는 것이었다. 씨월드가 감독하는 로로 파르케는 다음과 같은 내용의 성명을 내놓았다. "이것은 불행한 사고였습니다. … 사실 관계를 조사한 결과, 이 동물이 한 행동은 이들 해양 포유동물이 야생에서 먹이를 공격하는 방식에 해당하지 않으며, 그보다는 위치 이동shifting of position에 가깝다고 보는 게 맞습니다." 이 성명은 마치 알렉시스가 우연히 범고래와 부딪힌 후 수조에 빠져 익사했다는 식으로 들린다. 그러나 공식 부검 보고서는 대조적으로 그 사건을 '외인사外因死, 자연사가 아닌 다른 모든 죽음'로 기술하고 알렉시스가 입은 부상으로 복합 자상과 타박상, 양쪽 폐의 허탈, 늑골과 흉골의 골절, 간 열상, 생명 유지 필수 기관의 심각한 손상, 범고래 치아 자국과 일치하는 흔적을 열거했다.

씨월드는 기업의 피해를 최소화하고 범고래의 상업적 이미지를 관리하기 위해 그런 식으로 이야기를 꾸며 낸다. 범고래가 위험할 수 있다는 점을 인정하면서도, 대중이 수용할 수 있는 범위 내에서 위험을 관리한다. 행동의 제약과 비좁은 생활공간 때문에 범고래의 천성이 망가지고 조련사가 상대하기에 더욱 위험한 존재로 변했다는 사실을 인정하는 일은 사업의 측면에서 보면 바람직하지 않을 것이다.

조련사들은 씨월드를 바꾼다면 잠재적으로 그들이 하는 일의 성격도 바뀐다는 점을 직관적으로 안다. 바뀐 씨월드가 그들의 자리를 전부 없앨지도 모른다는 위협도 느낀다. 그런 일은 분명 씨월드가 없어져야 벌어지는데도 말이다. 그런 불안은 씨월드 측에 유리하게 작용한다. 그래서 범고래의 공격 사건이 뉴스에 오를 때마다, 씨월드는 보통 자기들이 대중에게 납득시키려는 입장을 불안해진 조련사들도 지지할 것이라 자신할 수 있는 것이다. 씨월드와 노선을 같이한다고 해서 누구를 탓할 수는 없는 노릇이다. 나 역시 씨월드 제국에 충성을 바치는 시민이었으며, 씨월드를 해치는 이들에 맞서 조직을 지키는 것이 곧 범고래를 보호하는 것이며 그것이 나의 의무라고 여겼으니까.

2004년 씨월드 샌안토니오의 조련사 스티브 아이벨은 수중공연 도중 틸리쿰의 아들인 카이유킷이 벌인 심각한 공격 사건에 휘말렸다. 이 책에 밝힌 다른 사건에서처럼 카이유킷도 스티브가 보낸 신호에 따르기를 거부했다. 스티브는 당시 열두 살이던 카이를 두 살 때부터 보아 온 사람이었다. 처음에 카이는 로켓 도약을 할 때 스티브를 태우기 거부하다가 일단 실행하고 나서는 그에게 거듭 접근해 수조를 벗어나지 못하는 상황으로 몰아넣었다. 카이가 다가가 그의 곁에서 그리고 밑에서 몸을 거듭해 돌리는 사이, 스티브는 수조 한가운데에 고립되고 말았다. 그러다 어느 순간, 스티브는 당황한 기색이 역력한 목소리로 주위에 있던 다른 조련사에게 외쳤다. "여기서 날 좀 꺼내 줘." 다행히 조련사 한 명이 그를 잡아채 수조에서 빼냈다. 그는 부상 없는 모습에 미소 띤 얼굴로 전국 방송에 출연해 당시 상황이 "별일 아니었다"고 안심시켰다. 그러면서 젊은 범고래가 넘치는 호르몬을 주체하지 못해 소란을 피운 것뿐이라고 해명했다.

나는 같은 일을 겪지 않기 위해 사건 비디오를 거듭 돌려 보며 연구했다. 카이가 스티브를 계속 들이받고, 그는 자기 목숨이 거기에 달려 있다는 듯 카이의 부리를 다급히 붙잡는 모습이 참으로 위태로워 보였다. 그러나 사건 자체만으로는 확인할 수 없는 중요한 단서가 하나 있었다.

카이가 출연한 쇼에서 로켓 도약은 일관되게 그의 마지막 순서로 정해져 있었으며, 그는 이 동작을 마치고 나서 후면 수조로 보내져 지배적 암컷인 케일라Kayla와 함께 갇히게 되어 있었다. 그러나 이미 케일라에게 심하게 갈퀴질을 당했던 카이는 그녀의 존재에 몹시 겁을 먹은 상태였다. 두려운 경험은 연상으로 이어져 카이는 로켓 도약이 끝나면 바로 케일라와 갇히는 신세가 된다고 인식하게 되었다. 그런 이유로 카이가 로켓 도약을 거부한 것이며 적어도 케일라의 곁으로 바로 가지 않을 수 있겠다는 생각에 급기야 사건을 일으킨 것이었다. 다른 몇 가지 요인 중에서도 그것이 카이의 행동을 설명할 수 있는 중요한 배경이었다. 정말로 호르몬의 문제였다면 카이는 케일라와 교미하고 싶어 몸이 달았을 것이다.

그런 배경을 씨월드가 과연 대중에게 솔직히 털어놓을까? "여러분, 카이는 암컷 범고래에게 몹시 겁을 먹어 사건을 일으켰습니다. 이게 다 씨월드에서는 다른 범고래의 갈퀴질 공격에서 자신을 보호하기 위해 빠져나갈 수 없을 만큼 비좁은 공간에 범고래를 가두어 키우기 때문입니다."

그러나 내부에서 취한 조치는 언론에 사건의 원인이 호르몬이라 설명한 씨월드의 태평한 대응과 대조를 보였다. 사건이 일어난 후, 씨월드는 운영 규정을 바꾸어 산하 모든 공원의 전면 공연 수조에 상황이 발생했을 경우 즉시 사용할 수 있는 그물을 설치하도록 했다. 게다가 카이의 삶도 영영 바뀌었다. 왕성한 호르몬 분비로 질풍노도의 사춘기를 보내는 범고래의 이야기에 결을 맞추기 위해 그는 수중공연에서 완전히 빠져 버렸다. 카이는 실제로 성적 성숙기의 문턱에 다다랐기 때문에 수중공연은 카이의 활기를 북돋우기 위해 정말로 필요한 활동이었을지도 모른다.

일이 잘못되어 언론에 사건이 알려져서 씨월드가 해명하는 일이 생기면 범고래가 한 행동이 언급되는 일이 결코 없었다. 내 친구 웬디가 샌디에이고에서 오키드에게 경복부 초음파 검사를 하다 벌어진 일도 그랬다. 검사가 진행되는 동안, 웬디는 오키드가 꼬리지느러미까지 곧게 편 상태로 몸 전체가 수면에 뜨도록 자기 곁에 자리를 잡게 했다. 그렇게 해야 수의사가 생식기 부위에 가까운 측면의 꼬리자루에 다가가 초음파 장비를 댈 수 있었다. 물 깊이가 10센티미터도 되지 않는 수조 돌출부에 서서 웬디는 오키드의 머리 곁에서 그녀를 진정시켰다. 그러다 어느 순간 오키드의 몸이 '죄어들고' 불편해하는 기색이 느껴졌다. 웬디는 바로 수의사에게 알려 검사를 중단하고 벽 뒤로 넘어가 몸을 안전히 피하도록 했다. 그러자 오키드는 웬디 앞에서 머리를 들어 올린 채 몸을 세웠다. 웬디는 최소 강화 시나리오를 주고 오키드가 웬디에게서 떨어져 수조의 다른 지점으로 가게 하는 행동을 지시했다. 그러나 오키드는 웬디에게서 멀어지는 대신 꾹 다문 입으로 가슴 한복판을 때렸다. 웬디는 뒤로 주춤거리다 벽 뒤로 넘어지면서 솟아오른 수조 돌출부의 아래 콘크리트 바닥에 얼굴로 떨어지는 바람에 잠시 의식을 잃었다. 씨월드 의료요원들이 응급 구조대를 부르면서 이 사건이 자연스럽게 언론에 알려졌다. 내부에서만 공유된 사건 공식 경위서에는 오키드가 벌인 공격 행동으로 명확히 기록되었다. 그러나 마이크 스카퍼지는 언론에 낸 해명에서 사건을 간단히 일축하고 말았다. "조련사가 균형을 잃고 수조 벽 뒤로 넘어지면서 바닥에 머리부터 떨어졌습니다." 오키드라는 이름은 물론 그녀가 공격한 사실은 한마디 언급도 없었다.

  씨월드는 나의 고통스러운 사건도 비슷한 이야기로 각색했다.

  나는 코르키와 쇼에 등장했고 코르키는 공연하며 흥이 올랐다. 3.7톤이 넘는 코르키는 일단 공연을 같이하는 조련사에 신뢰가 생기면, 속도를 한껏 끌어올리고는 늦출 줄을 모른다. 실제로 수중공연의 여러 동작을 선보이면서 그녀의 힘에 대처하려면 속도 조절에 주의를 쏟아야 한다. 그날 공연의 어느 구간에 이르러, 나는 코르키의 부리 위에 내 왼발을 올려 발바닥 밀기로 수조 둘레를 따라 수면을 타고 빠르게 나아갔다. 무대에 가까워질 즈음, 코르키가 나를 앞으로 밀어내는 동시에 나도 박차고 떨어져 나왔다. 극적인 장면을 연출하면서도 무대 위로 안전하게 미끄러져 올라가려면 타이밍과 발사각을 맞추는 게 관건이었다. 내가 너무 일찍 튀어나오거나 내가 박차고 나오기도 전에 코르키가 나를 밀어내면 그 결과는 끔찍하다. 이번에는 내가 무대로 미끄러져 오르면서 다른 조련사와 엉켜 붙는 장면을 연출하기로 되어 있어 동작이 한층 까다로워졌다. 우리는 관객을 즐겁게 하려고 실수를 가장해 이런 장면을 꾸미곤 했다. 미리 짜고 하는 것이지만 큰 웃음과 박수가 늘 따랐다.

    그러나 이번에는 달랐다. 무대 위의 조련사는 코르키가 수조 둘레를 따라 엄청난 속도로 오는 모습을 보았다. 코르키가 그 속도에서 나를 앞으로 밀어 보낸다면 꽤 세게 부딪힐 것이기 때문에 그는 충돌을 피하고자 했다. 그가 자기 자리에서 뒤로 물러났지만 코르키는 이미 나를 밀어 보낸 뒤였다. 나는 시속 40~50킬로미터 정도의 강한 추진력에 밀려 콘크리트 무대 위를 가르며 미끄러지다가 슬라이드오버 구역의 수심이 얕은 길목 바닥에 머리를 부딪히고 말았다. 부딪치는 순간 보통 때와는 다른 충격을 직감했다. 소리도 심상치 않았다. 코르키도 걱정하는 기색이 역력했다. 나를 향해 음파를 내보내는가 싶더니 그 소리가 뚜렷하게 들려왔다. 나는 손바닥을 내밀어 내게 오라고 손짓했다. 당시 공연을 통제하던 감시원 피티는 관객에게 우스꽝스러운 사고처럼 보이게 하려고 여전히 연기하고 있었다. 나는 나를 봐 달라고 신호를 보내 피가 흐르는지 물었다. 그는 깜짝 놀란 표정으로 무대에서 나가라고 거듭 다그쳤다. 씨월드는 공식 발표를 내면서 이렇게 밝혔다. "오늘 조련사 한 명이 실수로 얕은 수조에 입수하는 바람에 부상을 입었습니다." 졸지에 나는 어리숙한 조련사가 되고 말았다. 이번에도 범고래는 언급되지 않았다. 코르키가 시속 50킬로미터의 속도로 무대를 가로지른 건 분명 내 탓이 아니었다.

조련사의 급여는 얼마나 될까? 2001년에 씨월드 샌디에이고에서 8년의 경력을 쌓은 수석 조련사인 나는 카사트카를 비롯해 가장 위험한 범고래들과 일하는 대가로 시급 15.45달러를 받았다. 연봉으로 치면 3만 달러로 물가인상률을 감안하면 2014년 가치로 4만 달러쯤 될 것이다. 관중들의 환호와는 별개로 조련사의 임금에 매력적인 것이라곤 하나도 없었다. 내가 프랑스 생활을 마치고 2008년에 씨월드에 다시 고용되었을 때 조련사의 임금은 범고래를 담당하더라도 매우 낮은 수준이었다.

나는 씨월드에서 일한 경력도 있어 그나마 나은 편이었고 임금이라면 작정하고 문제 삼을 각오도 되어 있었다. 나보다 억세지 않은 다른 조련사들이 씨월드 측과 어떻게 줄다리기할 수 있을지는 상상에 맡길 뿐이다.

씨월드 측은 분명 관대하게 구는 것처럼 보일 때조차 불순한 의도를 숨기고 있었다. 2006년 11월 카사트카가 피티에게 저지른 심각한 사건 이후, 당시 씨월드를 소유한 부시 가문의 어거스트 부시August Busch는 샌디에이고 조련사들을 면담했다. 그 자리에 참석한 동료들의 말로는 젊은 조련사 한 명이 자기가 사랑하는 씨월드 일을 하면서도 생계를 감당하기 위해 부업을 뛰어야 하는 상황이라며 용기 내어 문제를 제기했다. 어거스트 부시는 놀란 체하며 그녀의 임금이 어떻게 되는지 물었다. 젊은 조련사의 대답에 부시는 조련사들이 얼마나 저임금에 시달리는지 몰랐으며 자기도 충격을 받았다고 해명했다. 그는 그 상황을 바꾸어 나가겠다고 약속했다. 그 결과 2007년 초에 범고래와 수중공연을 해도 된다고 승인받은 샤무 스타디움 조련사 시급이 5달러 인상되었다. 그것은 일종의 위험수당이었던 셈이다. 거기에 경력의 유무에 따른 구분은 없었다. 위험하지 않은 범고래들과 일하고 훈련 시간에만, 그것도 가장 기초적인 일상 동작만 수행하는 새내기 조련사도, 가장 위험한 범고래와 일하고 쇼에서 고난도의 동작을 선보이는 노련한 조련사도 똑같은 인상분을 받았다.

2009년 알렉시스, 2010년 돈의 사망 사건 후 씨월드는 그 인상분을 없애 버렸다. 직업안전위생관리국의 명령으로 수중공연이 금지된 이후, 조련사들은 더 이상 범고래와 물속에서 지내지 않기 때문에 별도의 급여를 치를 필요가 없다는 것이 씨월드의 설명이었다(그 급여라는 것도 처음에는 '위험수당'이라는 명목으로 주었다가 법적 부분을 검토한 후 '장려금'으로 바꾸었다). 돈이 틸리쿰에 물리고 신체까지 절단된 사건은 수중공연과 전혀 상관이 없었다는 사실을 씨월드는 모른 체했다. 그런데도 조련사들에게는 여전히 이를 드릴로 가는 작업을 비롯해 범고래 가까이에서 해야 하는 여러 근접 작업이 맡겨졌다. '물 밖에서 하는 작업dry work'이라고 해서 훨씬 덜 위험한 것도 아니다. 수조 벽 위에 있더라도 범고래가 곁에 있다면 언제든지 범고래에 잡혀 들어가 죽을 수 있는 위험이 도사린다.

그 결정에 반발하는 움직임이 일자 1년 반 후에 씨월드는 시간당 5달러를 다시 돌려주었다. 그러나 2011년 2월 1일 기준으로 수중공연을 할 자격이 있는 조련사에 한정된 조치였다. 그들은 뻔뻔하게도 임금 인상이라고 생색냈다.

씨월드의 부당한 임금 정책은 이 말고도 한두 가지가 아니었다. 범고래의 삶의 질이 끔찍하고 심각한 상황인데 어쩌면 돈 몇 푼 더 받자고 투정하는 것처럼 비칠 수도 있을 것이다. 그러나 노동의 대가에는 기업이 그 직원과 자산을 대하는 태도가 담겨 있다. 그리고 씨월드가 조련사에게 마땅한 보상을 하지 않고 충분히 돌보지도 않는 실태를 보면, 그들이 범고래를 착취하는 행태에 양심의 가책을 느끼리라는 일말의 기대도 사라지고 만다.

씨월드가 자기들 눈 밖에 난 조련사를 어떻게 대하는지 나는 똑똑히 보아 왔다. 그중 여전히 가슴에 남아 생각만 해도 화가 치미는 사건이 하나 있다. 그 일은 나의 조련사 시절 초창기로 거슬러 올라간다. 샌디에이고에서 일을 시작할 무렵, 내가 숭배하다시피 했던 조련사 샤론 베이즈Sharon Veitz가 있었다. 그녀는 남성이 지배하는 샤무 스타디움에서 최고의 남자 조련사만이 다룰 수 있는 범고래들과 모든 수중공연을 펼쳐 선구자로 꼽히는 인물이었다(일부 스타디움에는 여전히 마초적인 풍토의 흔적이 남아 있지만, 이제는 여성 조련사가 당시보다 더 많아졌다). 그녀는 전문성을 인정받고 가장 위험한 범고래를 포함해 모든 범고래와 일하고 수영할 수 있는 지위에 올랐다.

경험을 많이 쌓다 보면 범고래의 공격성 행동도 겪게 된다. 샤론도 몇몇 공격 행동의 피해자였다. 그중 한 사건에서는 밤에 쇼를 진행하던 중 카사트카가 샤론의 무릎을 물어 물속으로 끌어들였다. 샤론이 수면으로 떠오르자 카사트카는 그녀의 발을 물고 다시 물속으로 들어갔다가 문이 닫힌 후면 수조에 있던 딸 타카라를 찾아 빠져나갔다. 샤론은 부상을 입은 탓에 간신히 수조에서 나올 수 있었다. 다른 범고래와 함께한 공연에서, 샤론은 무릎 인대가 끊어지고 골절을 입어 여러 달 재활치료를 받아야 했다. 그녀는 보장된 권리대로 산재 전문 변호사를 고용했으나, 씨월드 측은 그것을 탐탁지 않게 여겼고 샤무 스타디움으로 복귀할 무렵 경영진은 불편한 심기를 드러냈다.

샤론은 울리세스가 일으킨 사건도 겪었다. 거대한 몸집을 자랑하는 울리세스는 샤론을 태우고 수조 주변을 따라 돌다가 그녀를 떨어뜨렸다. 울리세스는 우리가 그런 상황에 대비해 조련사에게서 떨어지도록 모든 범고래에게 가르쳐 둔 후속 조치도 따르지 않았다. 그러기는커녕 돌아와 물속에서 샤론을 마주 보고 무대 위의 감시원이 울린 비상 소환 신호음도 무시했다. 샤론은 그 상황에서 빠져나올 수 있는 절호의 기회가 점점 줄어들고 있음을 직감하고 있는 힘을 다해 수조 밖으로 기어 나오기로 마음먹었다. 먼저 오른 다리를 유리벽에 걸치고 이어서 왼 다리를 올려 전면 공연 수조의 1.8미터 높이 유리 너머 통로로 떨어져 무사히 위기를 모면했다. 그러자 울리세스가 크게 소리를 내기 시작했다. 재빨리 움직인 샤론의 선택이 옳았다. 울리세스는 즉각 공격성을 드러냈다.

그러나 경영진은 샤론의 결정을 흠잡았다. 씨월드는 모든 조련사가 보도록 공지문을 붙이고 읽었다는 표시로 서명을 하도록 했다. 공지문에서 마이크 스카퍼지는 샤론을 돌고래 스타디움으로 발령 낸다고 발표했다. "샤론은 이제 범고래에 건전하지 않은 공포가 생긴 것으로 보입니다. 그 공포가 이제 그녀의 행동을 판단하는 데도 영향을 끼치고 있습니다." 공지문의 내용은 사뭇 얕보는 투로 계속 이어졌다. "샤론은 자신감을 되찾아야 하고, 수중공연의 조련 기술도 다시 다듬어야 하며, 행동에서부터 세심한 주의가 배어 있어야 하고, 또 해양 포유동물에 대한 판단도 행동과 결부되도록 다시 배워야 합니다. … 자신감 넘치되 범고래에게 정중한 두려움을 표하며, 행동에서 일관되게 정확한 판단이 드러나는 조련사와 함께하는 것이 범고래 수중공연 프로그램에서 최선이기도 합니다."

자칫 끔찍한 결과로 이어질 수도 있는 상황에서 순발력 있게 대처한 경력 11년의 엘리트 조련사에게 그런 식의 대우는 참으로 무례한 것이었다. 샤론은 1997년에 산재 보상과 명예 훼손으로 소송을 걸었다. 양자 합의로 소송까지는 가지 않았지만, 그 조건으로 그녀는 소송 사유를 입 밖에 내지 않는 데 동의했다.

돌고래 스타디움이라고 나름의 사고가 없는 것도 아니었다. 그리고 그 사고 대처 방식 또한 여전했다. 내 친구 스테이시 코네리Stacy Connery는 범고래 조련사로서 15년을 보내면서 범고래의 공격과 샤무 스타디움의 노후화로 고생하다가 더 작은 포유동물을 돌보는 일에 자원했다. 2000년에 그녀는 그물에 걸려든 돌고래의 구조에 나섰으나, 엉킨 그물을 푸는 과정에서 돌고래가 그녀를 향해 들어왔다. 돌고래가 벗어나려는 몸부림으로 그녀와 그물을 빙 도는 바람에 스테이시는 그물에 엉킨 채 몇 분 동안 물속에 있었다. 그물에 감긴 스테이시와 돌고래를 수조 밖으로 빼내는 작업에 여덟 명이나 매달렸다. 수조 밖으로 들려 나왔을 때만 해도 그녀는 호흡이 멎어 있었으나 이내 다시 호흡을 되찾았다. 그녀는 팔에 나선 골절상을 입었다. 이에 그녀는 산재 전문 변호사를 고용했고, 씨월드는 조련사들이 그녀와 말을 섞지 못하게 지시한다거나 쇼가 진행되는 스타디움의 후면 구역이나 동물들을 모아둔 구역에 들이지 못하게 하는 식으로 대응했다. 그녀 또한 소송을 걸었고 합의를 보았다. 씨월드는 이번에도 아마 그들이 가장 원했을 법한 결과를 얻었다. 샤론에게서 소송 건에 관해 발설하지 않겠다는 동의를 받아 낸 것이다. 사고 14년이 지난 후에도 그녀는 모두 여덟 번의 수술을 받았다.

나는 조련사의 노동 여건과 범고래의 생활환경에 관한 정책을 문제 삼아 경영진과 끊임없이 싸웠다. 조련사 이력이 거의 끝을 향하면서 반감도 점점 높아져만 갔다. 그 무렵 나는 씨월드 샌안토니오에서 일했다. 내가 조련사로서 삶을 시작한 곳, 그러나 이제는 남아 있는 애정이 거의 바닥난 곳이었다. 씨월드도 샌안토니오 측에 애정이 없어 보이기는 마찬가지였다. 세 군데 공원 중에서도 샌안토니오로 가는 재정 지원과 자원 투입이 가장 적었다. 샌안토니오 측은 모든 부분에 두루 적용될 정도로 치밀한 샌디에이고의 심리학적 조건화 방침에 수긍하지 않았다. 그런 분위기 속에서 샌안토니오 범고래들의 몸 상태도 썩 좋지 않았다. 경영진이 범고래의 행동 목록을 늘린다거나, 범고래를 고무시켜 적절한 몸 상태 유지가 가능할 정도의 운동을 가미해 그들의 일상을 다양하게 꾸리기를 등한시한 탓이다. 보수적인 풍조가 강해 그곳의 조련사들은 문제가 생기면 샌디에이고와 올랜도 동료들의 의견을 구하기보다는 내부적으로 해결하려고 했다. 샌디에이고에서 일할 당시 그곳 조련사들의 역량을 보아 왔기 때문에, 나는 샌안토니오에서 샌디에이고와 올랜도 측의 노하우를 십분 활용하지 않는 것이 낭비라 여겼다. 샌안토니오에서 드러난 상상력의 결핍에 나의 불만도 깊어만 갔다.

  때때로 샌안토니오에서는 어처구니없고 자칫 위험할 수 있는 상황이 벌어지곤 했다. 앞을 내다보는 세심함이 부족했던 탓이다. 한번은 수석 조련사 한 명이 혼란 속에서 막 빠져나온 키이트와 수중공연을 계속 진행하겠다고 했다. 키이트는 내가 타카라와 부딪친 사고에서 스파이홉 올라서기를 동시에 선보이던 범고래. 당시 키이트는 대기하던 수조의 문을 다른 범고래가 공격적으로 들이받은 상황에서 막 넘어온 상황이었다. 그것도 시기적으로 알렉시스의 사망 사건이 일어난 지 얼마 되지 않았을 때였다. 범고래 무리 내부의 긴장과 동요는 늘 조련사를 향한 공격성의 전조일 가능성이 컸다. 나는 감독관에게 가서 그 조련사를 물 밖으로 내보내라고 요청했고 받아들여졌다. 그런 상황에서도 공연을 계속하는 것은 무모하기 짝이 없는 행동이었다.

샌안토니오에서 수조의 가시도는 매우 낮았다. 가장 화려하면서도 위험한 수중공연을 선보이다가 내가 있어야 할 위치를 놓친 적이 여러 차례나 있었다. 그런 일을 겪은 건 나뿐만이 아니었다. 나는 문제가 파악되고 개선될 때까지 수중공연을 거부했어야 했다. 범고래를 아끼는 마음에 나는 꿋꿋이 공연을 이어 갔다. 하지만 씨월드 측은 나와 같이 일하는 사람들에게 계속 그렇게 밀고 나가라 부추겼고 나는 그들과 씨월드 측의 태도에 점점 불만이 쌓여 갔다.

그렇게 일하면서 내 몸은 망가져만 갔다.

코르키가 무대 위로 나를 쏘아 보내 머리가 찢어진 그날, 피티는 나를 무대 밖으로 내보내고 그 순서를 일찍 마친 후 곧바로 내게 와 지혈을 도왔다. 얼굴과 눈가에 흐른 피를 닦아 내고 앞이 보이자 나는 간신히 그 자리를 빠져나와 관중의 시야에서 멀어졌다. 내 얼굴은 눈 위의 뼈가 보일 정도로 깊숙이 찢어졌다. 상처 안팎으로 무려 열일곱 바늘을 꿰매 봉합했다. 씨월드 샌디에이고의 의사가 놀라운 실력을 발휘했다. 어떤 성형외과 의사도 그보다 더 잘 할 수는 없을 것이라 믿어 의심치 않았기 때문에 나는 성형외과를 택하지 않았다. 그는 수년 전 흉부 압박 치료를 비롯해 나를 여러 번 회복시켜 주었다. 내가 범고래 조련사 경력을 연장할 수 있었던 건 그의 덕분이다. 그렇지 않았다면 내 경력은 20대 후반에 끝났을지도 모른다.

그러나 내 몸은 계속 충격을 받았다. 나는 이 책 앞부분에서 2009년 여름밤에 쇼를 진행하던 중 키이트의 부리가 내 등 한가운데에 부딪힌 사고를 언급했다. 당시 나의 척추는 골절되지 않았으나 의료진이 보기에 수년간 범고래에 치이고, 또 무거운 물건을 들고 뛰기도 해야 하는 이 일의 특성상 이미 많이 상한 상태였다. 성적으로 성숙한 3.4톤 수컷 범고래와 하이드로 도약 도중 발생한 충돌로 나는 이후 몇 주간 몸을 사리며 공연을 진행했다.

그런데 그로부터 2주 후, 키이트는 하이드로 도약 후 재입수하는 과정에서 다시 나와 부딪히고 말았다. 이번에는 내 관자놀이 바로 옆을 강타했다. 나는 거의 의식을 잃고 뻗어 버렸다. 몹시도 평화로운 기분에 물에 떠올라야 한다는 생각도 잊은 것으로 기억난다. 하지만 몽롱한 상태에서도 나는 키이트에게 간신히 손 과녁을 내밀어 그를 내 곁으로 오게 했다. 나는 그에게 내 손을 얹은 채 천천히 수면으로 떠올랐다. 내가 존경해 마지않던 노련한 조련사 더그 액턴Doug Acton이 나의 수중 움직임을 우연히 목격했다. 그는 키이트의 부리가 내 머리를 때린 순간

내 몸이 격렬하게 앞으로 쏠리는 장면을 보았다고 했다. 내가 잠시 후 물속에서 움직이는 모습을 보지 못했다면 감시원에게 비상 경고음을 울리라고 신호를 보내려 했을 것이다. 키이트와 부딪힌 머리 왼쪽 전체가 거의 2주 동안 손도 못 댈 정도로 통증이 심했다. 동물공연 책임자인 고위 경영진은 이 사건을 알고도 나를 병원에 보내지 않았다.

서른네 살 무렵이 되자 그간 쌓인 부상 후유증이 나를 집어삼키기 시작했다. 20대에는 느끼지 못했던 고통과 싸워야 했다. 나는 공연에 임하는 방식에 변화를 주면서 혼자 힘으로 적응하려고 애썼다. 그간 쌓아 온 경험을 바탕으로 수중공연을 다듬는 동시에 고통에 익숙해지고, 고통을 줄이고, 고통의 대가는 만회하려고 안간힘을 썼다. 2009년 공연 도중 범고래의 등에 올라탄 상태에서 콘크리트 바닥으로 뛰어 내리다 무릎을 다쳤다. 한번 다친 무릎은 다시는 회복되지 않았다. 미국에서도 알아 준다는 정형외과 의사들을 포함해 여러 전문의를 찾아다녔지만 효과가 없었다. 그러면서도 범고래와 일하는 것은 그만두지 않았다. 나는 그저 고통을 감당하는 수밖에 없었다.

그러다 2009년 10월 스파이 홉 올라서기를 하다 발이 미끄러지는 바람에 타카라와 부딪히고 말았다. 앞서 말한 대로 타카라는 정말 염려하며 내가 수조 밖으로 나갈 수 있도록 힘을 보탰다. 그러나 그 여파로 내 몸은 다시 망가지고 말았다.

그때 현장을 감독하던 감시원이 모든 상황을 지켜보다가 내가 수조에서 나오자 의료 조치가 필요한지 거듭 확인했다. 나는 애써 고통을 참아 보려 했으나 심상치 않음을 직감했고 고통은 점점 심해졌다. 내 몸은 점점 조여 오기 시작했다. 씨월드 의료 지원실에서, 그다음 병원 응급실에서 혹시라도 내출혈이 있는 건 아닌지 확인하려고 엑스레이에 CT 촬영까지 연이어 검사를 받았다. 몸을 편하게 가누거나 극심한 고통 없이 몸을 누이는 것조차 불가능할 정도였다. 그런 상태가 한 달가량 이어졌다. 무슨 일을 하든 고통스러웠다. 걸을 때도, 숨을 쉴 때도, 몸을 구부릴 때도. 쉬기 위해 누워 보려 하면 참기 어려울 정도로 아팠다. 그 때문에 잠이라도 청할 수 있도록 다량의 진통제를 처방받았다.

약 한 달이 지나자 갈비뼈는 회복이 되었다. 그것은 조련사로 지내면서 겪었던 고통 중에서도 최악의 고통이었다. 하지만 그 고통이 가라앉은 후에도 나는 진통제를 끊지 않았다. 불행하게도 나는 그만 진통제가 주는 위안에 눈을 뜨고 말았다. 당시 나는 샌안토니오에서 오랫동안 순탄치 않은 삶을 살고 있었다. 마치 덫에 갇힌 기분에 젖어 텍사스를 떠나고 싶었지만 차마 타카라를 저버릴 수가 없었다. 나는 불행한 현실을 감당하고 또 그것을 덮는 방편으로 진통제에 기댔다. 급기야 일이 끝나면 곧장 집으로 달려가서는 약에 손대는 순간만을 기다리는 지경에까지 이르렀다. 그렇게라도 해야 텍사스의 생활을 견딜 수 있었다.

진통제가 덫과 같다는 사실은 나도 알고 있었다. 실제로 통증을 견디기 위해 진통제가 필요한 때도 있었다. 분명 만성적인 무릎 통증을 다스릴 요량으로 처방받은 것이었기 때문이다. 그러나 나는 의료 목적이 아닌 용도로도 진통제에 손을 댔다. 흔히 말하는 중독이라면 코카인, 메스암페타민, 헤로인, 대마초, 알코올 중독을 의미하는 것이겠거니 생각했다. 그런 약물의 늪에 빠진 친구나 친지를 알고 있기도 했다. 하지만 진통제가 그런 일을 초래하리라고는 생각지도 못했다. 그것도 나에게 벌어지리라고는.

진통제가 떨어진 어느 날, 나는 약물을 더 이상 먹지 말자 다짐하고는 다시 약 처방을 받지 않기로 했다. 그런데 24시간이 채 안 되어 점점 거북해지더니 고통이 밀려오고 이내 몸이 아프기 시작했다. 금단 증상이었다. 나는 진통제에 중독되었고 약물은 그런 나를 놓아 주지 않았다.

나는 약을 끊으려 애썼다. 약을 단번에 끊을 수 있다고, 그저 마음을 얼마나 독하게 먹느냐에 달려 있다고 생각한 내가 어리석었다. 친구들은 하나같이 말했다. "네가 이룬 모든 일을 돌아봐라. 넌 중독을 이겨 낼 수 있어." 그러나 나는 물론이고 그들도 몰랐던 사실이 하나 있었다. 바로 아편 성분의 약물이 몸에 끼치는 역효과였다. 바탕이 헤로인 계열인 약물을 끊을 때 몸이 느끼는 통증과 구토의 수치는 상상을 초월한다. 통증과 구토가 견딜 수 없이 심해진 나머지 나는 그 지독한 고통을 멈추려고 급히 약을 처방받았다. 그런 상황은 이내 악순환으로 이어져 나를 완전히 집어삼켰다.

금단 증상을 겪을 때마다 뼛속까지 콕콕 찌르는 통증에 시달렸다. 내 몸속 모든 신경 하나하나가 예민해져 에어컨이나 선풍기의 바람이 스치기만 해도 참을 수 없이 욱신거렸다. 그러면 섭씨 38도의 무더

위에도 냉방 기기들을 끄곤 했다. 가장 고운 홑이불도 피부에 대고 문지르는 거친 사포처럼 느껴졌다. 음식이나 물도 넘길 수 없었다.

나는 진통제를 끊기 위해 몇 가지 방법을 시도하면서 중독을 넘어 보려 했다. 그런 시도마저 몇 차례 실패한 끝에 마침내 아편계 진통제 중독에 일가견이 있는 의사들의 도움을 구했다. 씨월드에서 입은 부상의 고통을 달래려면 어쩔 수 없이 진통제가 필요했다. 그 때문에 상황을 말끔히 정리하기가 힘들고 늘 재발의 위험을 안고 산다. 그러나 내 곁의 뛰어난 의사들이 제시한 엄격한 수칙을 지키며 통증을 다스리고 재발 방지에 노력하고 있다.

몸에 생긴 이상을 열거하자면 길다. 씨월드에서 20대에 일을 시작한 이후, 범고래들과 공연을 펼치느라 수조 바닥까지 내려갔다 올라오면 때때로 코피가 흐르곤 했다. 그건 다른 조련사들도 마찬가지였다. 코 안쪽으로 이어지는 공간인 부비강의 물을 배내지 않으면, 그 안에 갇힌 물 때문에 감염 위험이 따른다. 그래서 코를 막고 또 물을 배내야 하는데 그런 과정이 반복되면 조련사의 부비강은 출혈이 생기거나 파열된다. 부비강에서 염수가 빠져나갈 때 혈액 조직 덩어리도 빠져나간다. 그때 우리는 젊은 호기에 그냥 웃어넘기곤 했다. 하지만 장기적 손상이 쌓이고 있다는 사실은 모르고 있었다.

오랜 세월 동안 물속 깊이 드나든 여파로 네 쌍의 모든 부비강에 반흔*상처나 부스럼 따위가 다 나은 뒤에 남은 자국* 조직이 쌓였다. 수조를 오르내리는 일이 일상이고 범고래와 붙어 있기라도 하면 엄청난 속도가 붙었으니 그때의 수압으로 비강이 압축된 결과다. 두개골의 부비강 부위 뼈는 얼음장같이 차가운 물에서 오랜 세월 지낸 후유증으로 두꺼워졌다. 2010년 봄, 나는 뉴욕에서 대수술을 받았다. 두꺼워진 뼈를 톱으로 자르고 반흔 조직 덩어리를 제거했다. 3주 동안은 텍사스로 돌아가는 비행기를 탈 수 없었고, 씨월드 샌안토니오로 돌아와서도 6주 동안은 물속에 들어갈 수 없었다. 수술 이후, 석 달마다 치러야 하는 수영 테스트를 앞두고는 내가 잘 견뎌 낼 수 있을지 걱정이 쌓였다. 얼굴 속 어딘가가 파열될까 두려웠고 귀의 압력 평형 능력이 손상될까 겁이 났다. 다행히 깊고 차디찬 물속에서 진행된 수영 테스트와 훈련에 아무런 문제도 일어나지 않았다. 수술은 성공적이었다.

    노동 환경은 나의 관절이 버티기 힘들 정도로 잔혹했다. 씨월드에서는 입수와 수영이 아니면 늘 시멘트 위를 달리고 계단을 오르내렸다. 그것도 거의 14킬로그램에 달하는 생선 양동이를 두 손에 들고 대개는 발에 아무런 보호 수단도 없이 양말만 신은 채였다. 마침내 전문가들이 나의 고질병에 진단을 내렸다. 양 무릎의 연골이 광범위하게 손상되었으며, 오른쪽 무릎의 상태는 더 심각했다. 그쪽 무릎의 세 군데에서 뼈와 뼈가 맞닿아 서로 문지르는 지경이었다. 정상급 프로 스포츠 팀을 전담하는 의사가 내 무릎의 MRI와 관절조영상을 보더니 내가 아직도 걸어 다니는 게 신기할 정도라고 이야기했다. 그는 범고래 조련을 즉시 멈추라고 조언했다.

    나는 망연자실했다. 2009년 초에는 그런 평결을 받아들일 준비가 아직 되어 있지 않았다. 나는 다른 진단을 기대하며 전국의 병원을 찾아다녔다. 그 분야 최고의 전문가 여섯 명을 만난 끝에 나에게 시간을 벌어 줄 수 있다는 의사를 만났다. 그는 꾸준히 치료받고 여섯 달마다 양 무릎에 히알루론산 주사를 맞으면 내 경력을 조금 더 연장할 수 있다고 말했다. 나는 통증 관리 프로그램도 따라야 했다. 그렇게 해서 3년 정도의 시간을 연장할 수 있었다.

    2012년 5월경 무릎 통증이 극심해졌다. 이제 다 끝났다. 나는 범고래들에게 하등의 이익도 되지 않는 여건과 조련사와 범고래 모두를 위험으로 내모는 방침을 두고 씨월드 경영진과 긴 싸움을 벌이고 있었다. 그 싸움으로 나는 녹초가 된 상태였다. 나는 기업의 탐욕과 범고래와 조련사를 똑같이 착취하는 행태에 넌더리가 났다. 그 모든 것이 씨월드를 향한 나의 믿음을 야금야금 갉아먹고 있었다. 기업이 알렉시스 마르티네스와 돈 브랜쇼의 죽음이라는 비극을 대하는 태도를 본 후 나의 환멸감은 더욱 커져만 갔다. 이제 떠날 시간이었다. 나는 2012년 5월에 병가를 냈고 석 달이 지난 2012년 8월 17일 마침내 사직서를 냈다.

    그토록 갈망하던 꿈의 직업을 이제 더 이상 유지할 수 없게 되었다.

전향

나는 얼굴과 손가락, 발가락에 골절상을 입었다. 갈비뼈도 두 번이나 부러졌다. 발도 골절되었다. 무릎은 망가졌다. 반흔 조직이 부비강을 막아 버렸다. 진통제에 중독되었고 그 결과 극심한 금단 증상에 시달렸다. 조련사 경력 내내 내 몸에 입은 부상은 일일이 열거하기도 벅차다.

　이제 이 일을 끝내야겠다고 결정한 순간 나는 세상이 무너지는 듯한 절망에 휩싸였다. 나는 울었다. 2001년 프랑스로 가기 위해 씨월드를 떠날 때처럼 창자가 끊어질 듯한 아픔에 주체할 수 없이 흐느껴 울었다. 그때는 세상 누구보다 사랑했던 카사트카와 범고래들을 떠난다는 슬픔에 젖어 울었다. 이제 12년이 흐른 뒤, 그녀의 딸 타카라를 버리고 떠난다는 슬픔에 울었다. 씨월드가 그녀를 아기 낳는 기계로 둔갑시키고, 그 아기들을 떼어 내 세계 곳곳의 해양테마파크에 이주시키는 일이 벌어져도 그 곁을 지키지 못한다는 슬픔에 흐느꼈다.

　2012년 5월에 병가를 낼 때만 해도 행여나 내가 그만두지는 않을까 염려한 동료들은 많았지만 정말 그만둘 거라 생각한 사람은 아무도 없었다. 씨월드의 인사과에서는 내가 가족돌봄및의료휴가법Family and Medical Leave Act에 보장된 말미를 쓰지 못하게 막으려 했다. 법이 적용되면 무급 휴가일지라도 내 부상 치료에 드는 비용은 직장 가입 보험의 적용을 받을 수 있었고, 복직하더라도 자리를 유지할 수 있도록 보장받을 수 있었다. 그들이 병가를 허락하지 않으면 회복을 위한 조치는 시작도 하지 못할 것이며, 업무 복귀가 가능할지 판단할 기회도 찾지 못하게 될 처지였다. 인사 담당 부사장에게 연방법을 어기는 행위라며 항의하고 나서야 씨월드는 마지못해 동의했고 나는 마침내 병가를 얻었다.

나의 조련사 경력이 끝났다는 현실을 인정하기까지 거의 3주가 걸렸다. 1년 전쯤 읽은 글이 마음을 굳히는 데 영향을 끼쳤다. 씨월드의 전직 조련사로 각각 의사와 연구 교수로 재직 중인 제프리 벤터 박사와 존 제트 박사가 함께 쓴 '케토와 틸리쿰, 감금 범고래의 스트레스 표출Keto and Tilikum express the stress of orca captivity'이라는 제목의 글이었다. 2011년 1월 20일에 오르카프로젝트The Orca Project 웹사이트에 발표된 이 글에서 두 저자는 그들의 전 고용주를 날카롭게 비판했다. 두 사람이 씨월드를 공개적으로 비판한다는 이야기를 처음 들었을 때만 해도 나는 화가 났다. 비록 내가 씨월드에 환멸을 느꼈고, 범고래의 상태와 안전 문제로 경영진과 거의 매일 싸우다시피 했다고는 해도 나는 여전히 외부의 비난에서 씨월드를 변호하는 입장이었다. 세 군데 샤무 스타디움의 직원 중 일부가 그 글을 알기는 했지만, 글은 체제 전복을 선동하는 문건마냥 암암리에 돌았다. 가장 충직한 직원은 읽기를 거부했다. 나도 마찬가지였다. 그러나 친구인 웬디 라미레스의 설득으로 나도 마침내 그 글을 접하게 되었다.

처음에는 편향된 시각으로 작성한 논문이겠거니 예상했었다. 그런데 그 글에는 내가 이미 알고 있던 모든 것이 명료하게 드러나 있었고, 벤터와 제트 두 사람이 나만큼이나 범고래를 매우 염려하고 있다는 확신이 섰다. 두 사람이 조련사의 직을 떠나 감금 생활이 범고래에게 끼치는 역효과를 과학적으로 납득시키는 데 기여하고 있다는 점도 깊은 인상을 남겼다. 그 글은 모든 비판에 적대적이던 내가 그들의 지지자로 돌아서도록 영향을 끼쳤고 이후 나의 결정에 중대한 전환점이 되었다. 그들의 글에는 진실이 담겨 있었기 때문이었다.

벤터와 제트는 학문적 신뢰도가 높은 사람들이다. 2013년 〈해양동물과 생태학 저널Journal of Marine Animals and Their Ecology〉에 동료 심사를 통과한 그들의 논문이 실리게 된다. '범고래의 감금과 모기 매개 바이러스에 대한 취약성Orca (Orcinus) Captivity and Vulnerability to Mosquito-Transmitted Viruses'이라는 제목의 논문에서 그들은 칸두케와 타쿠의 사인을 파헤쳤다. 그들은 모기 물림 때문에 발생한 씨월드 범고래의 기괴한 사인을 비추는 한편, 씨월드 범고래가 직면한 여러 문제를 상세히 기록했다. 범고래들의 치아 상태에서부터 그들이 막대한 양의 강렬한 태양 복사열에 노출된 사실까지 조목조목 짚으며 '면역 억제제' 효과를 불러올 수도 있는 실태를 환기시켰다. 그들은 햇볕에 탄 등지느러미도 종종 목격했으며 이것이 아마도 씨월드에 감금된 수컷 범고래의 등지느러미를 구부러지게 만드는 요인일 것이라고 밝혔다. 이 논문으로 내가 일하면서 목격한 것들이 확실해졌다.

과학은 내가 감정에 휩쓸리지 않고 이성적으로 결정하는 근거가 되고, 내 결정의 본질을 파악하는 데 보탬이 되었다. 그러나 나의 가슴은 이 판단으로 카타르시스와 감정에 휩싸이게 되었고, 영혼을 변화시키는 격동에 뛰어든 것만 같았다. 씨월드로부터 병가를 얻어 낸 후, 내 생이 다다른 이 단원이 영원히 끝날 것이라는 사실을 깨닫고 평온을 되찾기까지 3주가 걸렸다. 병가를 얻는 과정은 순탄치 않았다. 인사 담당 부사장에 맞서 연방법에 보장된 휴가의 권리를 행사하기 위해 변호사를 고용해야 했다. 그러나 일단 평정을 되찾은 후에도 범고래들을, 타카라를 잃게 된다는 사실은 피할 수 없었다.

생각이 거기까지 미칠 무렵, 나는 홀로 집에 있었다. 나는 침대에 누워 가장 친한 친구 웬디 라미레스와 통화하기 위해 전화를 들었다. 웬디는 나의 깊은 상실감에 진정으로 공감할 수 있는 유일한 사람이었다. 수화기 너머로 그녀의 전화벨이 울리는데 하염없이 눈물이 흘러내렸다. "웬디, 전화 좀 받아 줘. 제발." 전화는 음성사서함으로 넘어갔다. 나는 간신히 입을 떼고 말했다. "지금 당신이 꼭 필요해. 난 타카라를 보내고 말았어. 내가 타카라를 잃게 될 줄은 몰랐어. 가 버렸어." 나는 전화를 끊고 침대에 쓰러져 손에 얼굴을 파묻었다. 11년 전과 똑같이, 창자가 끊어질 듯한 심정으로 한동안 그렇게 울었다.

씨월드가 범고래를 어떻게 취급하는지 밝히기에 앞서 분위기가 어떤지 파악했다. 오르카네트워크 측은 제프리 벤터와 〈아웃사이드Outside〉 잡지의 팀 짐머먼Tim Zimmermann에게 익명의 조련사가 접촉하고자 한다는 사실을 알렸다. 나는 결국 팀에게 내 신분을 밝혔고, 그는 나를 씨월드의 범고래에 관한 다큐멘터리를 만들고 있던 가브리엘라 카우퍼스웨이트에게 연결해 주었다. 그녀와 팀은 나 같은 배경의 인물이 참여한다면 영화에 엄청난 보탬이 되리라고 기대했다. 씨월드 조련사로 20여 년을 일한 후 경력을 마감하려던 나는 최신 정보의 출처로서 적격이었다. 알렉시스와 돈의 사망 사건이 일어날 당시 나는 씨월드에서 일하고 있었다. 나의 경력이 영화 제작 시기에 가장 가까이 닿아 있었기 때문에 씨월드의 범고래 프로그램이 어떤 계획과 절차에 따라 진행 중인지 증언할 수 있었다. 〈블랙피쉬〉에 출연한 전직 조련사 캐럴 레이Carol Ray는 다큐멘터리의 뉴욕 공식 시사회가 끝난 후 이렇게 말했다. "나는 당신이 씨월드에서는 더 이상 그런 일이 벌어지지 않는다고 증언하기를 간절히 바랐어요. 다 바뀌어서 범고래들도 지금은 잘 살고 있다고 말해 주기만을 기대했어요. 하지만 실제로는 더 나빠졌을 뿐이라는 것만 확인하고 말았지요." 그녀는 자신이 기억하는 1980년대와 1990년대의 열악한 상황은 다 지난 일일 뿐, "이제 그런 일은 벌어지지 않는다"고 내가 확인시켜 주기를 학수고대했다. 그녀의 눈은 이내 큰 슬픔에 잠겼다.

하지만 실행에 옮기기는 쉽지 않았다. 처음에는 협조하기로 동의

했으나 덜컥 겁이 나서 급기야 촬영을 불과 며칠 앞두고 발을 빼고 말았다. 나는 아직 준비되지 않았고 씨월드 측의 보복이 두려웠다. 씨월드에 있을 때 이곳을 떠나 입을 열면 범고래들이 상처를 받을 것이며, 그렇게 되면 그들의 삶에 그나마 낙이라 여겼던 나와의 접촉을 막을 것이라는 이야기를 듣고 또 들었다. 그렇게 되면 그들의 삶의 질도 형편없이 떨어진다는 것이었다. 그것은 악순환 같은 논리였으며 감정을 뒤흔드는 협박으로는 대단히 효과적이었다. 그들의 심리적 조건화는 내 안에 가시처럼 깊숙이 박혀, 그 사악한 논리에도 불구하고 완전히 뽑아내기가 어려웠다.

결국 나는 씨월드로 돌아가지 않겠다고 마음먹었다. 영화사에서는 다시 나와 접촉을 시도했다. 이번에는 나도 물러서지 않겠다고 다짐했다. 한 주 후에 나는 씨월드에 사표를 내고 〈블랙피쉬〉에 담길 인터뷰를 위해 시애틀의 어느 곳에 앉아 있었다.

아주 멋진 날이었던 걸로 기억한다. 인터뷰를 앞두고 나는 잠을 이루지 못했다. 너무도 많은 기억이 머릿속을 스치고 지나갔다. 그들이 범고래를 착취한 것과 똑같이 나의 적들에게 마냥 이용당하고만 있고 싶지 않았다. 그러려면 적절한 매체와 적격의 언론인을 찾아 밝히는 것이 중요하다고 생각했다. 그만큼 내 관점이 정확히 반영되기를 바랐다. 나는 자신을 믿고 과감히 뛰어들었다. 내가 알고 있는 사실을 모두에게 숨김없이 밝히리라. 씨월드도 낱낱이 듣게 하리라.

가브리엘라와 조명 스태프가 느긋하고 편안한 분위기를 만들어 주었다. 나는 한자리에서 장장 네 시간 반 동안 질문에 답했다. 보통 나는 긴장하면 물을 많이 마시는 편이다. 그날 인터뷰가 끝날 무렵 무려 여섯 내지 여덟 병이나 되는 물을 마신 것으로 기억한다. 인터뷰를 마친 후, 나는 이제 돌아올 수 없는 다리를 건넜다는 생각이 들었다. 제프리 벤터도 그렇게 말했다. "각오는 되어 있겠지? 나가는 문은 없어."

가브리엘라와 팀은 비평가 대상 상영을 마칠 때까지 〈블랙피쉬〉에 내가 참여했다는 사실을 비밀에 부치기로 했다. 다큐멘터리에 출연한 씨월드의 다른 전직 조련사들조차 이제 막 씨월드를 그만둔 노련한 조련사가 등장한다는 사실을 몰랐을 정도였다. 그게 바로 나라는 사실을 알아차린 사람은 그 업계에 아무도 없었다. 그 의문의 조련사가 남자인지 여자인지, 혹은 어느 공원 출신인지 아무도 몰랐다. 〈블랙피쉬〉가 후반 제작에 들어가기 전 가브리엘라의 마지막 인터뷰 대상이 나였다. 영화사 측은 선댄스영화제 출품을 가장 중요한 목표로 두고 마감 시간을 정해 두었다. 영화배우 로버트 레드퍼드가 1978년에 설립한 이 영화제는 독립영화를 대상으로 매년 열리는 선망의 판촉 무대로 통한다. 내게는 마치 성배 전설처럼 비현실적으로 들리는 이야기라 나는 애써 마음에 두지 않으려고 했다. 〈블랙피쉬〉가 얼마나 큰 성과를 거둘지 당시로는 감도 오지 않았다. 상영의 기회를 잡지 못하고 곧장 DVD로 나오는 건 아닐까? 아니 거기까지라도 갈 수 있을까? 동물의 왕국이나 내셔널지오그래픽 같은 케이블 방송에 나오면 좋겠다는 게 나의 바람이었다. 혹은 일이 잘 풀려서 최대 유료 케이블 채널인 HBO에 나오면 더 좋겠지. 물론 나에게는 크나큰 두려움이 하나 있었다. 씨월드가 모든 변호사를 동원해 들이닥쳐 영화 상영을 막아 아무도 볼 수 없는 상황이 될까 두려웠다.

　11월 말이 되자 마치 영화 산업 단기 특강에 온 것 같은 상황이 전개되었다. 팀이 전화를 걸어 〈블랙피쉬〉가 선댄스영화제 공식 초청작에 오른 사실이 언론에 보도될 예정이라고 알렸다. 엄청난 소식이었지만 나는 애써 들뜬 티를 내지 않으려고 했다. 선댄스에서 우리 영화가 어떤 평가를 받을지는 아무도 모르는 일이었으니까. 입소문이 나기는 할까? 아니면 무관심 속에 조용히 묻힐까? 영화제 출품 자격을 인정받고 나면, 적격의 사람들에게 선보이고 판매되어 마침내 배급 계약을 맺는 것이 그 영화를 제작한 사람들의 목표가 된다. 우리는 행운이 따르고 좋은 성과가 나기를 기원했다.

　선댄스영화제에서 〈블랙피쉬〉는 원래 두 차례 상영만 계획되어 있었다. 그러나 입소문이 나면서 세 번째 상영이 추가되고 이어서 네 번째, 다섯 번째, 그리고 여섯 번째 상영으로까지 이어졌다. 예정에 없던 추가 상영은 영화제 측의 요구로 이루어진 것이었다. 여기저기서 우리 영화 이야기가 들리기 시작했다.

　2013년 1월 19일 토요일에 열린 선댄스영화제 공식 시사회 입장권은 매진되었다. 사람들은 대기자 명단에라도 오르기를 기대하며 영하 12도의 강추위 속에서 거의 세 시간이나 줄을 섰다. 틸리쿰이 돈 브랜쇼를 죽인 상황, 그리고 그런 일이 벌어지기까지 범고래가 견뎌야 했던 끔찍한 감금 생활이 관객의 마음을 움직인 게 분명했다. 해양테마파크의 볼거리로 들이기 위해 어린 범고래를 어미와 떼어 놓는 장면에서는 특히 가슴이 미어졌다. 영화에 대한 관심은 빠르게 배급권 경쟁으로 이어졌다. HBO에서 영화 배급을 희망했고 IFC 필름IFC Films을 비롯해 나중에 우리를 깜짝 놀라게 할 두 업체도 경쟁에 뛰어들었다.

이틀 뒤, 나는 엔터테인먼트 뉴스업계에서 일하는 절친 조지프 캡시Joseph Kapsch의 문자에 잠이 깼다. 그는 〈블랙피쉬〉가 매그놀리아 영화사Magnolia Pictures와 CNN 필름에 막 팔렸다는 소식을 전했다. 영화는 매그놀리아의 배급망을 타고 여름에 극장에서 상영되고 가을에는 CNN의 전파를 타고 황금 시간대에 방영될 예정이었다.

당연히 씨월드도 영화 소식을 접하게 된다. 가브리엘라가 씨월드 측에 자기 입장을 대변할 수 있도록 영화에 출연할 기회를 제안했었다. 당시 씨월드는 협조를 거부했다. 그러나 시사회가 다가오면서 그들도 내가 그 영화에 출연했다는 소문을 듣기 시작했다. 아직 씨월드의 조련사로 있던 내 친구들은 씨월드의 경영진이 시사회 전날 그들을 불러 내가 〈블랙피쉬〉에 등장하는지 캐물었다는 사실을 전했다. 내가 이런 사태를 미리 내다보고 한마디도 하지 않았기 때문에 아는 사람은 아무도 없었다. 시사회 당일 아침, 씨월드는 내가 영화에 출연했다고 확신하여 영화에서 건드리는 내용이 무엇인지 알아내려고 혈안이 되어 있었다. 그들은 내용을 확인하고 나서 불쾌한 기색을 드러냈다.

그들은 영화를 깎아내리기 시작했고, 영화에 등장해 씨월드를 비판한 전직 조련사도 모두 흠잡았다. 마찬가지로 나의 씨월드 경력도 흠집을 내려 했다. 내가 그들의 반대편에 서기로 한 것에 격분하여, 회사 내부에는 '성격상의 결함'이라는 애매한 이유를 들어 내가 프랑스에서 돌아온 뒤 씨월드 샌디에이고에 재고용되지 못했으며, 또 내가 씨월드에 충성하지 않았다는 거짓을 교묘히 주입했다. 정말 그렇다면 씨월드는 도대체 어떤 기준으로 나를 씨월드 샌안토니오에 재고용했단 말인가? 게다가 그 이후 거듭 승진을 시킨 것은 또 무슨 기준으로 그런 것인가? 씨월드는 또 내가 쏟아지는 스포트라이트에 취하고 대중의 관심과 레드카펫의 매력에 흠뻑 빠져 헤어 나오지 못하는 것이라고 깎아내렸다.

그러나 그들은 내가 이룬 것들을 얕잡아 볼 수 없었다. 무엇보다도 나는 그들의 작품이었다. 나는 씨월드의 두 군데 공원에서 14년에 이르는 경험을 쌓아 올렸다. 그들이 나에게 던진 가장 구체적인 비난은 내가 종종 2분 내지 5분가량 지각했다는 것, 그리고 내가 까다로운 사람이라는 것이었다. 뒷부분의 지적은 그들 말이 맞다. 나는 그들과 모든 일에 대립했다. 그 거대한 범고래들을 겨우 2.5미터 깊이도 안 되는 수조에 볼거리를 위해 가두고, 거대한 지배적 암컷을 강제로 인공수정시키고, 자식을 어미에게서 떼어 낸 것, 모두. 맞다. 나는 함께 일하기 까다로운 사람이었다. 그 세월을 거친 후 범고래를 향한 충심에서 그 모든 관행에 점차 내 목소리를 높였기 때문이다. 그들이 생각하는 성격상의 결함이 이것이었다면 나는 오히려 흡족하다.

하지만 씨월드는 내가 사랑한 사람들의 삶도 어렵게 만들었다. 처음으로 비판의 목소리를 내기로 마음먹으면서, 나는 많은 친구를, 혹은 친구라 여겼던 사람들을 잃게 되는 상황을 각오했다. 나는 씨월드를 그만두고도 여전히 충성하는 예전 동료들과 아직 그 업계에 남아 있는 동료들이 나와 거리를 둘 것이라는 점을 받아들이고 이해했다. 나와 진정 가깝고 진심으로 나를 사랑한 이들은 계속 나의 편에 남으리라는 것도 알았다. 관계가 껄끄러울 때도 있었지만 진정 내 친구였던 이들은 내 삶에 머무르고자 했고 나도 그들의 삶에 남았다.

여전히 씨월드에 남아 있던 친구들은 감시당하고 있다고 알려 주었다. 그중에는 고위 경영진에게서 "조심하라"는 경고를 받거나, 경계심에 페이스북 계정에서 '친구 끊기'로 나를 삭제한 친구도 있었다. 윗선에서는 페이스북의 친구 목록을 조사하며 나와의 관계를 확인할 정도였다. 웬디도 전화해 나의 이름을 페이스북에서 지웠다며 울먹이는 목소리로 사과했다. 나는 그저 담담하게 받아들였다. "당신도 자신을 보호해야지. 당신이 자신을 잘 지켰으면 좋겠어."

사실 그것은 전혀 뜻밖의 변화였다. 웬디와 나는 20년에 걸쳐 우정을 쌓으면서 무엇이든 터놓고 지내는 사이였다. 시시콜콜한 잡담에서부터 범고래, 씨월드, 그리고 우리의 삶까지. 이제 더는 그럴 수 없었다. 우리 둘 사이에는 침묵만이 흘렀다. 통화가 끝나가면서 이제 끝이라는 걸 직감한 순간, 그녀가 말했다. "좋았던 시절을 잊지 말아 줘. 우리가 카사트카, 오키드, 타카라와 함께하던 듀엣 공연을 잊지 마. 그 시절을 기억해 줘."

아직 씨월드에 조련사로 남아 있는 친구들이 일을 버리고 나오기만 기대할 수는 없다. 그들에게는 부양해야 할 가족이 있다. 내가 할 수 있는 말은 그저 사랑한다는 것, 그리고 조직 안에서 범고래들을 위해 싸우되 부디 몸조심하길 바란다는 것뿐이다.

내가 코르키와 공연 도중 얼굴이 찢어진 사고는 씨월드가 나를 공격한 전형적인 사례에 속한다. 그 사고로 상처 입은 모습이 〈블랙피쉬〉에 나왔다. 씨월드는 사고에 관한 내 설명의 신뢰도를 깎아내리는 데 열을 올렸다. 나의 입장이 이제껏 일관된 것과 달리, 씨월드는 그동안 네 가지 완전히 다른 사고 경위를 언론에 부려 왔다. 첫 번째 입장에서 씨월드는 범고래가 그 사고와 전혀 관련이 없으며 나 혼자 수조의 얕은 슬라이드오버 구역에 다이빙한 것뿐이라고 했다. 씨월드 올랜도의 전직 조련사로 나를 알지도, 나와 일한 적도 없는 사람이 "거기에 연루된 범고래는 하나도 없고 그가 스크린으로 걸어 들어갔다"고 말했다. 나는 스크린으로 걸어 들어가지 않았으며 씨월드조차 내가 그런 식으로 다친 건 아니라고 시인하며 그의 발언을 신뢰하지 않을 정도였다. 두 번째 입장에서는 내가 실제로 범고래와 공연했다고 인정했으면서도 그 말을 뒤집고 내가 무대를 가로질러 혼자 미끄러진 것이라 말해 자가당착에 빠졌다. 그다음에는 웬디를 '〈블랙피쉬〉의 진실'이라는 그들의 웹

페이지 영상에 등장시켰다. 영상에서 웬디는 그 사고에 어떤 범고래도 연루되지 않았으며 "존이 뛰다가 콘크리트 바닥으로 뛰어든 것"이라고 말했다. 씨월드는 그 영상을 내가 캘리포니아주 의회에서 증언한 다음 날 걸어 두었다. 이제 네 번째 입장으로 가면 내가 범고래 한 마리와 공연을 펼쳤으나 범고래 조종을 제대로 하지 못하는 바람에 부상을 자초했다고 말한다. 그것은 수조에서 사건이 일어나면 조련사의 탓으로 돌리는 고질적인 행태와 들어맞는다.

나에게는 샤무 스타디움의 전직 관리자와 수석 조련사, 카메라 기사의 증언 말고도 의료 기록이 있다. 게다가 그날 샤무 스타디움에 있었던 6000명의 관객도 배놓을 수 없다.

웬디와 나와의 관계는 급속도로 변했다. 이제 우리 둘 사이의 통화는 거의 사라졌고 그마저도 정적으로 채워진다. 그녀는 이제 차장급 자리에 올라 씨월드를 보호하는 임무를 맡았다. 우리의 우정은 이제 예전으로 돌아갈 수 없을 것이다.

내가 가장 사랑하고 존경했던 사람 중에 샌안토니오 수습 조련사 시절 함께 일한 전직 조련사가 있다. 그녀는 이 책에 자기 이름을 밝히지 말아 달라고 요청했다. 하지만 나는 그녀에게서 많은 가르침을 받았다. 그녀의 단란한 가족은 동성애가 나쁜 것이라고 교육을 받은 독실한 기독교 집안이었다. 그런 배경에도 불구하고 그녀는 씨월드 샌안토니오에서 내가 게이임을 아는 극소수일 정도로 나와 아주 좋은 친구로 지냈다. 그녀는 나를 결코 이상한 사람 취급하지 않았다. 그녀와 남편은 나를 한결같은 마음으로 대했고, 나는 그들에게 크게 감동했다. 그때가 1990년대, 그것도 보수적인 남부였다. 마크 맥휴가 나를 게이로 의심해 거의 채용하지 않을 뻔했다는 말의 충격이 아직 완전히 가시지 않은 시절이었다.

이후 나는 씨월드 샌디에이고가 있는 캘리포니아로 떠났고 그녀는 조련사를 그만두고 가족을 돌보는 데 전념했다. 하지만 그녀는 씨월드가 동물의 이익을 최우선 가치로 삼고 있다고 믿어 여전히 회사의 지지자로 남아 있었다. 적어도 그녀는 조련사들이 범고래를 사랑한다는 사실은 알았다. 그녀는 언제나 범고래를 비롯한 씨월드의 동물 편이었다. 물속 염소와 오존의 수치가 높은 탓에 바다사자의 눈이 머는 실태부터 범고래의 새끼들이 제대로 보살핌을 받는지 여부를 두고 경영진과 싸웠다.

〈블랙피쉬〉가 공개된 지 오래지 않은 어느 날 밤, 나는 그녀와 긴 논쟁을 벌였다. 그녀는 씨월드가 벌이는 좋은 일을 내가 충분히 인정하지 않는다고 여겼다. 그리고 '급진적인 동물권 활동가' 운운하며 내가 그들에게 너무 물들었다고도 말했다. 그녀의 논리는 조련사들이 오랫동안 동물 편에서 옳은 일을 해 왔다는 요지로 거듭 귀결되곤 했다. 나는 이 싸움의 대상이 절대 조련사들이 아니며, 〈블랙피쉬〉는 조련사들을 결코 악당으로 다루지 않는다고 그녀를 납득시키려 했다.

나는 그녀에게 씨월드가 샤무쇼로 얻는 이득이 과연 윤리적이라 생각하는지 물었다. "당연하지. 신께서 우리에게 세상 모든 동물을 다스릴 권세를 주셨으니까." 그녀의 대답이었다.

나는 신학자가 아니기에 그 주제에 대응하지 않았다. 대신 질문을 하나 던져 다시 원래의 논점으로 돌아갔다. "아이들을 데리고 씨월드에 가서 쇼가 끝난 후 샤무 스타디움 가장 높은 곳에 올라 수조들과 범고래들이 있는 시설들의 크기를 내려다 보세요. 범고래 대부분이 움직이지도 못하고 수면에 떠 있는 모습을 보면 그게 진심으로 범고래들에게 좋은 일이라는 생각이 드나요? 우리가 그들에 관해 아는 모든 사실과 그들의 욕구에 비추어도 과연 그럴까요?"

그녀는 간단히 대답했다. "그건 아니지."

2012년 5월 말 내가 병가를 떠난 후, 씨월드는 돈 브랜쇼 사망 사건의 여파로 직업안전위생관리국OSHA이 내린 결정에 항소한 결과를 받았다. OSHA는 씨월드가 직원들의 안전보다 자사의 금전적 이해를 더 우선시했다고 단정했다. 행정법원 판사 켄 웰시Ken Welsch는 OSHA의 결정과 벌금이 타당하다고 확인했다. 부과된 액수는 25억 달러에 달하는 씨월드의 재산 가치에 비하면 크게 약소한 7만 5000달러에 불과했다. 그러나 돈 브랜쇼를 위험에 빠뜨리고 죽음에 이르게 한 책임이 결국 씨월드에 있다는 OSHA의 주장을 지지하는 판결이라는 점에서 이 패배는 뼈아픈 것이었다. 씨월드는 이 소송을 고등법원으로 이어 갔다. 노동부의 독자적인 직업안전보건위원회가 씨월드의 항소 청취를 거부한 이후 2014년 4월 14일, 연방 고등법원도 OSHA의 조치가 타당함을 확인했다.

두 법정의 판사는 씨월드에게 가차 없었다. 행정 판결에서 판사 웰시는 틸리쿰이 돈에게 한 행동을 '공격'으로 묘사하지 않기 위해 씨월드가 안간힘을 썼다고 꼬집었다. 판결문 세부 내용에서 그는 이렇게 말했다. "틸리쿰이 돈 브랜쇼를 죽인 것이 공격성 행동이 아니라면 범고래의 행동을 구분하는 일은 아마도 무의미한 것으로 보입니다. 그 동기가 무엇이든, 범고래의 예측할 수 없는 행동에는 그와 밀접하게 접촉하며 일하는 조련사에게 언제든 사망이나 심각한 부상을 초래할 가능성이 숨어 있습니다." 사건을 오도하려는 씨월드의 법적 시도는 수포로 돌아갔다.

판사 웰시는 씨월드의 다른 몇몇 관행도 조련사의 안전을 지키는 데 부적절한 조치임을 짚어 나갔다. "조련사는 관객 앞에서 공연 중이라는 사실을 염두에 두고 어떤 전조가 보일 때 이를 판독, 찰나의 순간에 적절한 반응을 택하게 되어 있습니다." 그리고 씨월드의 책임 공방전에서 지는 쪽이 누구인지 명확히 간파했다. "범고래가 바람직하지 않은 행동에 가담해도 조련사의 실수 탓으로 돌립니다." 그는 일이 잘못될 때 쇼를 계속 진행시켜 관객이 최대한 눈치채지 못하게 만드는 씨월드의 우선 조치 또한 적나라하게 들추었다. 그러면서 1999년 카사트카와 피티 사이에 벌어진 사건 후 마이크 스카퍼지가 남긴 사내 통신문을 인용했다. 당시 스카퍼지는 쇼가 중단된 사실에 화를 냈다. "쇼를 갑자기 중단할 필요는 없었습니다. 그 때문에 부정확한 행동에 불필요한 관심을 일으키고 범고래도 통제를 받게 되었습니다. 우리는 쇼를 취소하기에 앞서 동원 가능한 수단은 무엇이든 모두 가용한다는 기존 정책을 거듭 밝혀 왔습니다."

판사는 여전히 비판조로 말했다. "씨월드는 범고래와 가까운 위치에서 하는 작업 때문에 발생할 수 있는 위험을 인지하지 못했다고 주장합니다. 본 법정은 이를 믿을 수 없다고 판단하며 분별 있는 사람이라면 누구도 그렇게 결론짓지 않을 것입니다. … 조련사들이 수중공연을 위해 입수해 범고래와 함께 수영했든, 혹은 물 밖에서 이루어지는 공연을 위해 수조 둘레나 슬라이드오버 구역에 서 있든, 씨월드는 조련사들이 범고래에 부딪히거나 익사할 위험에 처해 있다는 사실을 알고 있었습니다."

연방 고등법원의 판결은 판사 웰시보다 간결했지만 씨월드를 보는 관점은 역시 명확했다. 판사 주디스 로저스Judith Rogers는 OSHA가 씨월드를 상대하면서 월권행위를 하지 않았다고 결론 내리며 판결문을 읽었다. "씨월드 경영진의 진술로는 씨월드의 안전 수칙과 훈련으로 범고래가 안전해졌다는 사실이 드러나지 않습니다. 오히려 씨월드도 조련사들과 상호작용하는 범고래들이 위험하다는 점을 인식했음이 드러납니다." 판사는 이어서 씨월드가 "무책임하게 행동"하고 "고용주로서의 의무를 위반했다"고 명시했다.

씨월드는 이어서 〈블랙피쉬〉의 충격에 직면해야 했다. 영화에는 엄청난 호평이 쏟아졌다. 〈뉴욕타임스〉는 "영화에서 이야기하는 틸리쿰과 감금 때문에 틸리쿰이 받은 고통이 마음을 예리하게 도려낸다"고 평했다. 영화평론 웹사이트 로튼토마토의 신선도 지수는 무려 98퍼센트에 달했다. 〈워싱턴포스트〉는 영화에 묘사된 해양테마파크 업계의 범고래 취급 행태를 "극악무도"하다고 평했다. 〈블랙피쉬〉는 18~23세의 시청자 층에서 역대 최고 시청률을 끌어내며 2013년 CNN에서 가장 많이 시청한 방송으로 꼽혔다. 영화는 아카데미상에 필적하는 영국 아카데미 영화상 BAFTA에서 최우수 다큐멘터리 후보에 올랐다. 미국 아카데미 시상식에서도 여러 부문 최종 후보 명단에 올랐다.

〈블랙피쉬〉가 사회와 경제 분야에 끼친 파장은 매우 컸다. 먼저 평범한 대중이 행동에 나섰다. 세계 시민청원 웹사이트인 체인지닷오알지 change.org에 청원이 쇄도하여 고객에게 씨월드 입장권의 할인 혜택을 주는 타코벨의 판촉활동을 끝내는 데 중요한 역할을 했다. 타코벨은 씨월드와 맺은 제휴 관계도 끝낸다고 발표했다. 사우스웨스트 항공사가 씨월드와 26년간 이어 온 상호 홍보 프로그램을 끝내도록 결단한 것도 체인지닷오알지에 올라온 또 다른 청원의 영향인 것으로 보인다. 영화를 본 유명 음악인들은 씨월드 공연을 취소했다. 마르티나 맥브라이드 Martina Mcbride, 베어네이키드 레이디스Barenaked Ladies, 서티에이트 스페셜38 special, 알이오 스피드웨건REO Speedwagon, 칩 트릭Cheap Trick, 트리샤 이어우드Trisha Yearwood, 하트Heart, 윌리 넬슨Willie Nelson, 트레이스 앳킨스Trace Adkins, 비치 보이스가 이 운동에 동참했다.

유명 인사들의 공개 발언과 트위터 메시지는 〈블랙피쉬〉 제작에 참여한 모든 이의 사기를 높였을 뿐 아니라 변화를 요구하는 운동의 추진력이 되었다. 하트의 앤 윌슨Ann Wilson은 다음과 같은 글을 올렸다. "사람들이 범고래가 끼얹는 물세례에 흠뻑 젖는 사진을 보면 재미있어 보이지만 그 밑을 들여다보면 어두운 진실이 보인다. 그들의 행위는 노예제다. 간단명료하다." 가수 셰어Cher는 씨월드를 "악독한 기업"이라며 "그 경영진이 수익에만 몰두하고 동물 복지에는 무관심하다"고 비판했다. 씨월드 공연을 취소한 윌리 넬슨도 CNN에 출연해 자기 의견을 밝혔다. "그들이 동물을 대하는 태도에 동의하지 않기 때문에 공연을 취소하는 건 그다지 대수롭지 않았습니다." 코미디언 러셀 브랜드Russell Brand는 씨월드를 가리켜 "오락을 가장해 인간성을 더럽힌 오점"이라고 꼬집었다. 음악계의 거물 프로듀서 러셀 시먼스Russell Simmons도 동참했다. "우리는 범고래들도 우리와 똑같이 고통을 느끼는 존재이며 우리와 마찬가지로 자유를 원한다는 사실을 깨달아야 한다."

정치인들은 어느 이슈가 대중적 관심을 끌지 알아본다. 주 정부에서 수도 워싱턴 DC에 이르기까지 정치인들도 변화를 요구하는 풀뿌리 운동에 동참했다. 2014년 4월, 씨월드 제국의 본거지 캘리포니아에서 주 의회의 민주당 소속 의원 리처드 블룸Richard Bloom이 "범고래복지안전법The Orca Welfare and Safety Act"이라는 이름의 법안 AB2140을 발의했다. 이것은 씨월드의 행태에 근본적으로 종지부를 찍을 조치가 담긴 법안이었다. 이 법안이 통과된다면 "야생에서 포획되거나 인공 번식으로 자란 범고래를 … 공연이나 오락의 목적으로 감금하는 행위, … 공연이나 오락에 동원할 목적으로 주州 수역에서 범고래를 포획하거나 다른 주에서 들여오는 행위, 감금된 범고래를 번식시키거나 임신시키는 행위, 또는 제공된 경우를 제외하고 인공수정을 목적으로 감금 범고래의 정액, 다른 생식체나 배아를 수출, 수집하거나 다른 주에서 들여오는 행위는 불법"으로 규정된다2016년 통과되었다.

2014년 범고래를 가둔 해양공원이 없는 뉴욕주의 공화당 소속 상원의원 그레그 볼Greg Ball은 뉴욕주의 경계 안에서 범고래 감금을 완전히 금지하는 법안을 발의했다. 법안은 상원에서 만장일치로 통과했다. 볼이 주도한 입법 조치는 상징적이기는 하나 〈블랙피쉬〉로 촉발된 정서가 해양테마파크라고는 가 본 적도 없는 미국인에게까지 영향을 끼칠 정도로 전국에 퍼졌다는 증거다. 나는 볼의 지원 요청을 받아 주도 올버니에서 뉴욕주의 상원의원들에게 내 경험을 이야기할 수 있어 영광이었다.

나는 나오미 로즈 박사와 데버라 자일스 박사 같은 전문가들과 함께 블룸을 지지하여 캘리포니아에서 공동 후원을 하고 증언에 나섰다. 씨월드 측이 범고래 새끼를 어미로부터 떼어 놓는 사실을 계속 부인한다는 소식에 나는 크게 분노했다. 앞서 이 책에서 밝혔듯이 범고래 새끼들이 어미들과 이별하고, 암컷은 비정상적으로 어린 나이에 임신에 임신을 거듭한다는 사실은 의심의 여지가 없다.

2014년 6월에 캘리포니아주의 하원의원 두 명이 감금 범고래의 복지, 특히 수조 크기를 비롯한 생활 여건에 대한 연방법 개정안을 발의한다는 뉴스가 나오자 〈블랙피쉬〉의 제작에 참여한 많은 이들은 놀라움을 감추지 못했다. 게다가 미국 농무부가 감금된 해양포유류 관련 규정을 20년 동안이나 개정하지 않아 이를 규탄하는 캘리포니아 사람들의 서한에는 의원 40명이 이름을 올렸다. 이런 순간이 올 것이라 예상한 사람은 아무도 없었기에 우리는 모두 열광했다. 개정안은 만장일치로 통과되었다.

한편 씨월드는 이 문제를 연구하는 데 100만 달러의 예산을 책정하자는 의회의 제안에 의문을 제기했다. 씨월드는 대중홍보상의 이유로 과학적 조직인 것처럼 행세하기를 좋아한다. 그러나 과학계에서는 거의 존중받지 못한다. 씨월드는 범고래의 등지느러미 구부러짐 현상이 자연에서도 흔하다고 주장하면서 그 근거로 매번 뉴질랜드의 저명한 범고래 전문가 잉그리드 비서 박사의 연구를 거론한다. 비서 박사는 씨월드 측에 자신의 연구를 오인용하지 말아 달라고 거듭 요청해 왔다. 씨월드는 박사가 관찰한 범고래 중 23퍼센트의 등지느러미가 구부러졌다고 주장한다. 박사는 그 수치에는 등지느러미 구부러짐도 들어 있지만 대부분은 등지느러미의 모양이 손상되거나 뒤틀린 경우를 언급한 것이라고 반박했다. 박사가 야생에서 완전히 구부러진 등지느러미를 본 것은 단 한 건에 불과하다. 그렇다면 올바른 통계 수치는 0.1퍼센트가 되었어야 맞다.

2013년 1월 선댄스영화제 첫 상영을 계기로 〈블랙피쉬〉가 대중에게 폭넓게 영향을 끼치기 시작했지만, 씨월드는 영화의 효과가 어떤 식으로든 미치고 있음을 인정하지 않았다. 아마도 일종의 금융 공학이 개입했기 때문으로 보인다. 씨월드는 불과 석 달 뒤로 임박한 기업 공개를 대비하고 있었다. 씨월드 엔터테인먼트SeaWorld Entertainment Inc.라는 새 이름으로 단장한 공개 기업으로서 기업 공개를 성공적으로 마치기 위해서는 재무적으로 건전하다는 인상을 주고 비판을 잠재울 능력이 있음을 입증하는 것이 관건이었다.

    씨월드는 그간 여러 번 주인이 바뀌었다. 샌디에이고의 최초 설립자들은 1976년에 씨월드를 출판 기업 하코트 브레이스 조바노비치HBJ에 매각했다. HBJ는 1988년 올랜도와 샌안토니오의 시설까지 포함하여 맥주 기업 앤호이저부시의 자회사인 부시 엔터테인먼트 코퍼레이션 Busch Entertainment Corporation에 매각했다. 2009년 부시 엔터테인먼트는 씨월드와 부시 가든을 블랙스톤 그룹Blackstone Group에 23억 달러를 받고 넘겼다. 이름난 투자 은행인 블랙스톤은 씨월드를 공개하여 이익을 챙길 준비에 들어간 상태였다. 처음 27달러로 시작한 주가가 한 달 새에 거의 40달러로 뛰었으니 기업 공개는 명백한 성공이었다. 〈월스트리트저널〉의 라이언 디젬버Ryan Dezember와 마이클 워스트혼 Micael Wursthorn은 블랙스톤이 기업 공개에 따른 주식 매출로 거의 5억 달러에 이르는 수익을 거두었다고 분석했다. 같은 기사에서 씨월드의 최초 주식을 구매했던 플로리다주 연금관리위원회, 텍사스주 교원연금, 캘리포니아주 교원연금을 기업 공개의 또 다른 수혜자로 추측했다. 씨월드와 그 범고래들에게서 수익을 올리고 그들을 빨아 먹고 사는 금융 생태계는 참으로 기묘하다.

씨월드가 거둔 확실한 실적에도 불구하고 〈블랙피쉬〉로 촉발된 대중의 압력은 공개 기업으로 전환한 씨월드의 재무 건전성보다 억세게 오래 이어졌다. 2014년 8월 13일까지도 씨월드는 영화가 사업에 끼친 악영향을 여전히 인정하지 않았다. 그러나 영화에 고무되어 시의적절하게 발의된 캘리포니아주 의원 블룸의 법안으로 관객 동원에 타격을 입은 사실은 인정했다. 증권거래위원회의 규정에 따라 상장 회사가 제출해야 하는 분기별 경영실적 보고서에서, 씨월드는 2014년의 수입이 6~7퍼센트 감소할 것이라 예측했다. 일찍이 수입 증가를 내다보던 회사였다. 부진한 실적이 탄로난 결과, 씨월드의 주가는 그날 33퍼센트나 급락한 19달러 밑으로 장을 마감했다.

이틀 뒤 씨월드는 자사 시설의 수조를 넓히고 범고래의 주거 시설 개선에 투자하겠다고 발표했다. 이에 비평가들은 씨월드가 재정적 타격을 입고 나서야 대중적 이미지 개선에 나섰지만 범고래 문제에 관한 근본 해결책 없이 뒤늦게 돈으로만 해결하려 든다고 꼬집었다. 2014년 8월 19일 씨월드가 OSHA의 판결에 반발해 연방 대법원에 항소하지 않을 것이라는 사실이 드러났다. 이제 씨월드는 OSHA의 명령에 따르고 조련사들이 범고래와 안전하게 일할 수 있도록 조치해야 한다. 한편, 씨월드의 주가는 계속 곤두박질쳤다. 2014년 12월 초, 주가는 역대 최저치인 15.32달러를 기록했다.

세상이 씨월드에 등을 돌린 것처럼 보였다. 이제 승리가 가까워진 것일까?

감금 범고래의 미래

씨월드의 재정적 하락세 전망에도 나는 마냥 기쁘지 않다. 그곳이 탐욕으로 움직이는 곳이며 범고래와 조련사를 착취해 왔을지 몰라도, 그곳이 소유한 서른 마리 범고래에게 가장 큰 희망은 역설적이게도 씨월드이기 때문이다.

범고래 복지 보장을 위한 법안을 두고 범고래 보호론자들과 대립한 상황에서, 씨월드는 무엇보다도 사업체로서 종의 보존보다는 자사의 자산과 이익 보존에 관심이 더 있다는 사실을 스스럼없이 드러냈다. 캘리포니아주의 범고래 법안을 위한 증언에서 씨월드를 대변하는 로비스트는 민주당 의원 블룸이 발의한 법안이 통과되면 씨월드는 더 이상 캘리포니아주에서 수익을 올릴 수 없으니 범고래들을 주 밖으로 옮겨 버리면 된다고 말했다. 한술 더 떠 캘리포니아주가 씨월드의 범고래 정책을 바꾸라고 강요하면 그 비용은 캘리포니아주가 감당해야 한다고 위협하기까지 했다. "못 하게 하려거든 사들이던가."

씨월드는 캘리포니아를 떠나기로 마음먹을 경우 샌디에이고 지역이 입는 경제적 손실을 입증하기 위해 증인들을 줄 세웠다. 씨월드가 현상 유지를 위해 동원한 주장의 핵심은 재정과 경제에 초점이 맞추어져 있었다.

　씨월드는 여기서 기회를 놓치고 있다. 씨월드가 진정 미래를 내다보는 식견이 있다면 소유한 서른 마리 범고래 전부가 아니더라도 그 대부분을 돌볼 여력이 있는 유일한 조직이 바로 씨월드라고 내세울 수 있을 것이다. 그들이 가둔 범고래는 야생에 방류할 수 없기 때문이다. 오랫동안 감금되었던 그들의 범고래들은 야생에서 제 기능을 할 수 없어 그 상태로 자연에 내보내면 살아남지 못할 것이다. 그들은 비정상적인 방향으로 사회화되었으며, 자연에서라면 절대 생기지 않을 혼종 범고래다. 게다가 그들 사이의 근친교배가 점점 늘고 있다. 감금 범고래를 자유롭게 해 준다고 했을 때 할 수 있는 책임 있는 행동은 포획 당시 원래 속해 있던 가족 단위로 돌려보내는 것이다. 그러나 지금 구조 안에서 그런 식으로 포획된 범고래는 소수로, 카사트카, 카티나, 울리세스, 코르키, 틸리쿰뿐이다. 나는 그들과 혈통이 같은 무리의 기록에 그들을 어디로 보내야 할지 판단할 수 있는 정보가 남아 있는지 알지 못한다. 그 가족들이 그들을 다시 받아들일 것인지조차 알 수 없다. 하물며 카사트카의 어미가 그녀를 잃은 상실감을 딛고 여전히 생존해 있는지 아무도 모른다.

　그들 외 남아 있는 범고래들은 감금 상태에서 태어났다. 씨월드가 암컷 범고래의 가임 주기를 함부로 조작한 탓에 그들은 비정상적으로 어린 나이에 임신한다. 그 결과 가모장제를 이루는 야생 범고래 사회에 결코 적응해 살 수 없을지도 모른다. 더욱이 씨월드의 범고래들은 자기 먹잇감을 사냥하는 법을 모르기 때문에 그들이 진정한 자유를 누리기까지는 어려운 적응이 필요할 것이다. 또 그들은 행동에 따른 보상이라는 복잡한 시나리오를 바탕으로 인간과 상호작용하도록 심리적으로 조건화되었다. 그 영향으로 야생의 바다에 통합되어 산다는 것 자체가 무서운 상황이 될 수도 있다. 그들의 건강은 심하게 망가졌다. 치아의 상태는 특히 심각하다. 치아에 생기는 농양을 완화하기 위해 우리가 했던 치수절단술을 지속적으로 하지 않는다면, 감염에 더욱 취약해지거나 굶주림과 영양실조로 죽게 될 것이다. 감금 생활에서 온 병고에 세심한 주의를 기울일 인력과 노하우를 갖춘 곳은 씨월드뿐이다.

문제는 씨월드가 그렇게 주장하고 나설 수 없다는 데 있다. 그렇게 되면 씨월드가 자기 관리하에 있는 범고래의 자애로운 보호자라 표방하는 자사 이미지와 상충할 것이기 때문이다. 씨월드의 범고래가 자연으로 돌아가지 못하는 모든 이유는 그들이 감금 생활 때문에 심리적·신체적으로 피해를 입었다는 데서 기인한다.

그렇다면 씨월드는 과연 무엇을 할 수 있을까? 자사의 사업에 책임을 지고 미국과 전 세계의 자라나는 세대에게 호소할 수 있도록 사업 모델을 혁신하는 것이다. 어린 세대도 범고래를 비롯해 모든 동물을 감금하여 구경거리로 삼는 것은 도덕적으로 윤리적으로 그릇된 행위라고 확신하는 추세다. 씨월드는 캘리포니아주의 범고래 법안에 따른 조치에 응하고, 감금된 삶으로 고래류Cetaceans가 어떻게 변하는지 확인할 수 있도록 바다 우리sea pen를 설치해 대중의 방문을 유도할 수 있다. 물론 대중의 방문에는 입장료를 매기면 된다. 바다 우리는 바다의 바닥에 고정된 넓은 바다 울타리로 범고래에게는 자연에 훨씬 가까운 환경을 조성한다. 감금 때문에 삶과 행동 방식이 망가진 범고래를 위해 인간이 지을 수 있는 최선의 보호구역인 셈이다. 씨월드는 자신이 저지른 죄의 결과를 완전히 되돌릴 수 없지만 적어도 속죄할 수는 있다. 그리고 속죄의 의미로 나머지 인류가 자신의 과오를 보고 배우게 하면 된다.

최소한 감금된 모든 외톨이 범고래를 모으려는 노력은 해야 한다. 다시 말해 범고래를 한 마리만 소유한 각지의 해양테마파크에서 홀로 남은 범고래를 모아 사회적인 환경을 마련해야 한다. 카사트카와 타카라 모녀 둘을 임신시키는 데 사용된 정자의 주인 크샤멩크가 바로 그런 외톨이다. 그는 아르헨티나 부에노스아이레스의 외곽에 있는 해양테마파크 문도 마리노Mundo Marino에서 홀로 지낸다. 마이애미 시쿠아리움의 롤리타, 캐나다 온타리오에 있는 마린랜드의 키스카Kiska도 홀로 지내는 범고래들이다. 그들을 가둔 수조는 비좁기 그지없으며, 이들 외톨이 범고래가 사는 여건은 끔찍하기 짝이 없다. 모두 탐욕의 결과다 롤리타는 고향 시애틀 인근 바다에 마련된 바다쉼터로 돌아갈 예정이었으나, *2023년 8월 추정 나이 57세에 죽었다. 세상에서 가장 외로운 범고래'로 불린 키스카는 함께 지내던 범고래들이 죽어 2011년부터 혼자 지내다가 2023년 3월 추*

정 나이 47세에 죽었다. 죽기 전에 감금 생활의 스트레스로 수조 벽에 머리를 부딪히는 이상 행동을 보였다.

한때 나는 바다 우리가 가능할 것 같지 않다고 여겼으나 그런 구조물이 정말로 실현 가능하다는 논의를 점점 많이 접하고 있다. 범고래를 보살피는 전문 영역은 분명 존재한다. 전부는 아니더라도 지금 범고래를 돌보는 일에 종사하는 사람 대부분이 바다의 이 거대한 보호구역에서 범고래 보살피는 일을 이어 갈 수 있다.

범고래는 더 이상 구경거리로 전락하지 않아도 된다. 현재 벌어지는 샤무쇼에는 교육적 내용이 없다. 점점 더 많은 관심이 쏠리는 그 화려함에 비하면 유익한 정보는 있다고 하더라도 하잘것없는 수준이다. 범고래 쇼에 존엄이란 없다.

나는 인공수정 프로그램이 중단되기를 바란다. 지금 갇혀 지내는 범고래들이 감금 범고래의 마지막 세대이기를 바란다. 씨월드를 비롯한 모든 해양테마파크는 나머지 세계가 이 교훈에 눈뜨도록 힘을 보태고 생존한 감금 범고래의 삶을 개선하는 과정에서 수익을 거둘 수 있다. 그렇게 시간이 흐르다 보면 대중에게 해양 생물, 그리고 자유의 몸으로 태어나 자유를 누리며 사는 범고래의 진짜 삶을 교육하며 그로부터 새로운 사업의 길을 닦을 수 있을 것이다.

씨월드는 과연 그 길을 가려고 할까? 얼핏 수년간의 비판에 한 걸음 크게 물러난 듯 보이는 범고래 주거 환경의 확장 발표 후에도 씨월드의 CEO 짐 애치슨Jim Atchison은 변치 않는 입장을 밝혔다. "우리는 우리가 하는 일 혹은 우리가 하는 방식에 대해 사과할 용의가 없습니다."

애치슨은 수조 확장 계획이 〈블랙피쉬〉보다 앞서 진행된 것이라고 주장했다. 어떻게 그런 말을 할 수 있는지 나로서는 이해할 수 없다. 씨월드 샌안토니오에서 우리는 범고래들이 2.4미터 깊이의 의료용 수조에서 장시간 대기하지 않을 수 있도록 회사 측에 조그만 후면 수조 하나를 더 짓게 해달라고 무려 5년 동안이나 요청했다. 그렇게만 되었다면 샌안토니오의 시설은 샌디에이고와 플로리다의 시설과 맞먹는 수량을 보유했을 것이다. 하지만 우리의 요청은 거듭 거절당했다.

씨월드는 잘못된 것이라 판가름 난 결정, 즉 감금 범고래의 처우에 대한 비판 여론에 맞선다는 결정을 분명 월스트리트가 좋아할 만한 모양새로 덮고 있다. 씨월드가 이제 상장 회사라는 사실은 다투어야 할 압력이 여기저기에 또 있음을 뜻한다. 우선 매 분기 이익을 내야 하며 그렇지 않으면 가장 중요한 청중인 주주들이 더 만족스러운 투자 대상을 찾아 주식을 처분할 것이다. 그런 정황을 감안하면 수조를 넓히겠다는 결정은 대중 홍보는 물론 투자자 홍보에 적격이며 공원 입장 수입이 크게 떨어지는 것을 방지하기 위한 전략적 조치로 보인다. 애치슨으로서는 씨월드의 정책이 결코 잘못되지 않았다는 입장을 고수하는 것도 마찬가지로 중요했다. 그런데 씨월드 주가가 하락세를 이어 가면서 그 전략은 기대에 어긋나고 말았다. 2014년 12월 11일, 애치슨은 자리에서 물러난다고 발표했다.

씨월드 상부에서부터 변화가 시작될 것이라고는 쉽게 낙관할 수 없다. 고위 경영진에서 이미 해외로 씨월드를 확장 운영하는 방안을 모의 중이라는 정황이 포착된다. 아마 러시아, 중국, 중동 국가에 새로 들어설 해양테마파크에 새끼 범고래를 팔아넘기려는 계획도 포함될 것이다. 실제로 기업 공개에 앞서 증권거래위원회에 제출한 기록물에서 씨월드는 "우리의 브랜드와 동물학적 전문성, 운영상의 전문성에 제3자 자본을 결합해 국제적 확장을 가능케 할 잠재적 합작투자 기회를 물색 중"이라고 밝혔다. 이런 와중에 야생 범고래가 러시아인에게 포획되었다는 뉴스는 우려를 자아낸다. 범고래 포획은 범고래를 원하는 새 시장의 등장을 부추기고 유전자 풀의 확장으로 이어질 것이다.

씨월드는 이미 로로 파르케에 있는 어린 암컷 범고래 모건Morgan의 문제로 논쟁에 휘말려 있다. 모건은 네덜란드 해안에서 건강 이상으로 구조되어 보살핌 끝에 건강을 회복했다모건은 *2007년에 태어나 2010년에 구출되었으며, 2011년에 로로 파르케로 옮겨졌다.* 모건은 법적으로 바다로 돌려보내야 한다. 하지만 당시 그녀를 데리고 있던 수족관 측에서 그녀가 속해 있던 무리를 찾는 데 어려움을 겪는 바람에 씨월드의 스페인 제휴사인 로로 파르케에 갇히는 처지가 되었다. 씨월드가 모건의 소유권을 주장하자 동물권 활동가들이 그녀를 바다로 돌려보내려는 싸움에 나섰다. 잉그리드 비서 박사는 "그녀의 소유권이 어떻게 해서 씨월드로 넘어갔는지 명확하지 않다"고 밝혔다. 박사는 지난 4년 동안 프리 모건재단Free Morgan Foundation과 공동으로 모건을 돌려보내기 위한 법정 투쟁을 벌이고 있다. 비서 박사는 모건의 소유권에 얽힌 배경을 알려 주었다. "모건은 해양동물 감금 업계에 근 20년 만에 처음으로 등장한 신인이었어요. 그래서 당시 수조에 갇힌 범고래 가운데 가장 귀한 존재가 된 것이겠지요." 씨월드는 그 이후로 모건을 케토와 짝짓기시키려 한다고 비서 박사는 밝혔다. 케토는 알렉시트 마르티네스를 죽게 한 범고래다. 모건에게서 나온 자손은 모두 씨월드의 소유가 될 것이며, 여기서 "씨월드가 그토록 소유권에 매달리는 이유가 단적으로 드러난다. 애초에 구조는 구실이었을 뿐 번식을 위한 가치가 전부였음이 명백하다"고 비서 박사는 설명했다. 한편 로로 파르케에서 모건이 지내는 시설의 상황은 평화와 거리가 멀다. 비서 박사는 모건이 씨월드의 제휴사인 로로 파르케로 넘겨진 지 불과 일곱 달밖에 되지 않는데 구멍이 나고 물린 자국 320군데 이상을 관찰했다고 밝혔다모건은 *2011년부터 로로 파르케의 범고래 쇼에 동원되어 지내며, 철문을 머리로 들이받거나 공연 중에 무대 위로 올라와 자살을 시도하는 듯 10분 동안 미동 없이 눕는 등의 이상 행동을 보였다.*

나는 씨월드가 해외로 사업을 확장할 것이라 내다보고 있다. 해외에서라면 국회와 여론의 눈치를 더 이상 살피지 않아도 될 것이다. 종의 보존을 내세워 돈을 번다는 씨월드의 전제는 1960년대와 1970년대 이후 변하지 않았다. 그리고 미국인들이 "교육을 통한 보존", "종에 대한 의식 고취", "인간의 보살핌 아래"와 같은 문구에 숨은 의도를 간파한다 해도 해외에는 여전히 씨월드의 거짓 신화에 혹하는 순진한 관객이 있을 것이다.

씨월드가 일부 주주에게서도 질책을 당하는 양상은 흥미롭다. 한 소송에서 투자자 권리 전문 법률 회사인 로젠Rosen 로펌은 씨월드가 기업 공개 등록을 위해 증권거래위원회에 제출한 기록에 자사의 범고래들을 "부적절하게 돌보고 학대"한 점, 틸리쿰을 등장시키고 번식시킨 점을 명확히 밝히지 않았다고 짚었다. 그리고 "결과적으로 가족 지향적인 공원의 입장객 동원에 불리한 영향을 끼칠 수도 있는, 기업 공개 시점에 존재하는 중대한 불확실성과 위험을 초래"했다고 주장했다. 소송에서는 씨월드가 특히 〈블랙피쉬〉에서 제기된 혐의를 부인하면서 "중대한 허위 진술을 했다"는 주장이 제기되었다(이 글을 쓸 당시 씨월드는 그 소송에 대한 해명을 거절했다).

씨월드에 앞을 내다볼 수 있는 리더가 있다면, 주가 하락세가 시장에서 더욱 중대한 상황이 전개되고 있다는 증거임을, 즉 잠재적 관객의 동물권 감수성이 더 높아졌음을 인지할 것이다. 씨월드는 새로운 시대 정신에 눈뜨고 변화하는 대중의 도덕관념에 부응한다면 장기적 이익, 그리고 대중의 호감도를 강화할 수 있다. 사회적 문제에 관한 한 우리는 모두 진일보하고 있다.

씨월드에 비판의 목소리를 내면서 나는 개인적 갈등에 직면했다. 씨월드의 조련 방식을 변론하기 위해 지명된 임원 중에는 내가 존경하는 사람, 한때 친구이자 든든한 지원자였던 사람도 있었다. 켈리 플래어티클라크는 나를 언제나 친절하게 대해 준 사람이다. 이제 우리가 범고래를 둘러싼 공방전에서 서로 다른 편에 섰다고는 해도 그녀를 향한 존경의 마음은 변함없다. 그녀는 씨월드에 충성하는 입장이었지만 직업안전위생관리국 청문회에서 돈 브랜쇼가 틸리쿰과 있던 그 절체절명의 순간에 어떤 규칙이나 훈련 절차도 어기지 않았다고 증언했다. 그녀의 증언은 씨월드가 내세운 감정인 제프 앤드루스의 증언과도 상충하는 것이었다.

씨월드에 비판의 목소리를 내기로 마음을 정한 순간, 씨월드의 동물조련부문 부사장 척 톰킨스와 반대편에 서게 된다는 깨달음은 가장 극복하기 어려운 시련으로 다가왔다. 내 조련사 경력 내내 항상 든든하게 지지해 주었던 그였기에 나는 그를 배신하는 것 같은 감정마저 들었다. 나도 그가 범고래들을 사랑한다는 사실을 안다. 어느 범고래에게 문제가 생기면 항상 그가 나타나 도움의 손길을 내밀었다. 타카라의 딸 사카리가 턱을 다쳐 나를 포함한 샌안토니오의 조련사들이 우려할 때, 척은 그 어린 것이 사고 후 48시간이 지나도록 제대로 먹지 못하거나 턱을 벌리지 못할 경우에 대비한 계획을 마련해 우리를 안심시켰다. 조련사와 범고래가 맺는 관계를 논할 때 그는 뛰어난 상담 전문가였으며 우리에게 범고래를 절대 과소평가하지 말라고 당부한 인물이기도 했다. 그리고 내가 마침내 씨월드의 반대편에 섰을 때, 그는 다른 임원들과 달리 나를 향한 악의적인 공격에 가담하지 않았다.

신이 인간에게 모든 동물을 다스릴 힘을 주었다고 믿는다면, 우리에게 막대한 책임감 또한 부여했다는 사실을 잊지 말아야 한다. 우리는 동물에게 해를 입히고 고통을 주고, 또 그로부터 이익을 얻는 데 이

힘을 써서는 안 된다. 씨월드 범고래의 미래를 위한 싸움은 인류와 지구 나머지 거주자의 관계 맺기에서 연유한 윤리적 논쟁의 일부다. 이를 두고 TV 언론인이자 저술가, 동물권 활동가인 제인 벨레즈미첼Jane Velez-Mitchell은 "이것이 21세기에 떠오르는 사회 정의"라고 말했다.

무엇보다 바라마지 않던 직업이 산산이 부서진 꿈 앞에 비통의 장으로 변해 가는 과정과 함께 내 삶과 이력도 네 가지 단계를 거치며 점차 진화해 왔다. 그 첫 단계에서 나는 완전히 순진무구한 존재였다. 정상과 비정상, 건전과 불건전을 구별하지는 못해도 범고래와 관련한 모든 것이 놀라울 따름이었다. 범고래 곁에만 있어도 짜릿했고 그 곁에 있는 것이 무엇보다 우선이었다. 그다음, 두 번째 단계에 접어들었다. 이제 씨월드가 항상 옳기만 한 것은 아님을 깨달았다. 하지만 이와 관련해 무엇이든 행동으로 옮기기에 나의 지위는 아직 너무나 미약했다. 나는 여전히 꿈에 그리던 직업에 매료되었고 범고래와 사랑에 빠져 있었다. 그리고 씨월드도 범고래와 나에 관해 같은 심정일 것이라 믿었다. 이내 모든 것이 거짓임을 깨닫는 순간이 왔다. 하지만 나는 여전히 희망을 버리지 않았다. 씨월드 쪽에는 실은 범고래나 나를 위한 마음은 하나도 없으며, 모든 게 돈에 좌우된다는 것을 알았다. 하지만 이제 나는 조련사로서 높은 지위에 올랐고 그릇된 행위에 맞서 싸우고 내부로부터 변화를 이끌 수 있으리라 믿었다. 그러나 그럴 수 없었다. 이 책은 내가 네 번째, 즉 떠남의 단계에 이르는 여정의 기록이다. 범고래와 나누었던 복잡한 관계를 뒤로하고 떠나는 것, 나의 정체성을 버리는 것이 바로 이 단계이다. 나는 나 자신을 늘 범고래 조련사로 여겨 왔었다. 이제 더 이상 그럴 수 없는 시기가 왔다. 조련사라면 모두 자신이 어느 단계에 있다고 느낄 것이다. 나는 지나간 이력을 두고 비통에 잠기는 마지막 단계에 접어들었다.

씨월드를 떠난 오늘의 나는 과연 무엇인가? 삶의 여정 네 번째 단계에 접어들 때만 해도 나는 씨월드가 그토록 혐오하는 급진적 동물권 선동가처럼 보이기를 원치 않았기에 활동가라는 딱지가 붙는 것이 조심스러웠다. 〈블랙피쉬〉 제작진과 한 팀이 되었을 때 그런 감정은 더욱 강화되었다. 영화 홍보 당시 제작진은 '활동가' 영화라는 딱지가 붙지 않도록 의식적인 노력을 기울였다. 우리는 동물권 진영에서 거대하고 꼭 필요한 지지를 받는다 해도 '활동가'로 분류된다면 비판 세력을 터무니없는 비주류 급진주의자라며 불신을 부추기는 씨월드의 전략에 말려들 것이었다. 씨월드는 그런 사상에 물든 이들이 동물을 도우려 한다고 주장하면서도 정작 그 동물을 다치게 한다고 늘 주장해 왔다.

'활동가=급진주의자'라는 꼬리표는 씨월드의 전 동료들 사이에서도 즉각적이고 사려 없는 반응을 일으켰다. 내가 2013년 7월에 출연한 〈리얼 타임 위드 빌 마Real Time with Bill Maher〉는 차분하고 진지한 분위기였다고 생각했는데, 그들 중 다수가 이 인터뷰를 보고 나를 가리켜 선을 넘었다, '과격한 극단주의자'가 되었다고 비난했다. 그때 우리 사이에 오간 대화를 엿들은 사람이라면 내가 9.11 테러범이라도 되는 줄 오해했을 것이다.

그렇다면 나 자신을 무엇이라 정의해야 하는가? 나는 스스로 확성기를 들고 앞에 나선 사람으로 여기지 않는다. 물론 그렇게 나서 주는 사람이 있다는 것은 분명 고마운 일이다. 나는 내가 스스로 목소리를 낼 수 없는 이들, 자신을 위해 목소리 높일 수 없는 이들을 대변하는 사람이라 여긴다. 목소리 낼 수 없는 그들이 바로 범고래다. 여기에 가장 어울리는 말이 있다면 바로 '옹호자advocate'일 것이다. 법을 바꾸고 대중의 마음을 얻기까지 아직 해야 할 일이 많다.

이제는 동물권 옹호자로 전향한 전직 조련사이자 동료 존 제트와 제프리 벤터는 씨월드의 전직 조련사 캐럴 레이와 서맨사 버그Samantha Berg와 함께 웹사이트 '범고래의 목소리Voice of the Orcas'를 만들었다. 여기에는 해양테마파크 업계에서 일어나는 일에 관한 귀중한 정보와 통찰이 담겨 있다. 나 또한 보탬이 되고 싶다. 자기 직업을 어떻게 감당해야 할지 의구심을 품고, 또 자신이 하는 일에 관해 수년 동안 쌓여 왔을 의구심에 어떻게 대처해야 할지 모르는 현직 조련사들에게 조언하는 역할이 그런 보탬에 부응하는 일일 것이다. 나도 그들의 옹호자가 되고 싶다.

범고래 문제를 다루는 인터뷰를 많이 하다 보니 대답이 거의 자동으로 나올 정도였다. 그러나 대답을 멈추고 곰곰이 생각하게 한 질문이 하나 있었다. 영국에 소개될 예정인 이메일 인터뷰 질문지가 왔는데, 열세

개 질문 중 아홉 번째 질문이었다. "지금 알고 있는 사실을 그때도 알았다면, 그래도 조련사가 되기로 결심했을까요?" 이 질문에 명확히 대답하기까지 3주가 걸렸다.

  내가 범고래와 지낸 세월은 소중하게 남아 있다. 나는 범고래를 사랑했다. 조련사라는 직업이 아니었다면 나는 그 업계의 실체를 폭로하는 데 보탬이 되지 못했을 것이다. 범고래가 실제로 얼마나 똑똑하고 놀라운 동물인지 알려 줄, 내가 직접 겪은 증거를 모으지 못했을 것이며, 동시에 그들이 감금 상태에서도 번성하고 건강히 살 수 있도록 그들에게 필요한 모든 것을 주기 위해 우리가 기울인 그 모든 노력이 얼마나 부적절한 것이었는지도 깨닫지 못했을 것이다.

  단순히 "아니오"라고 한다면 내 꿈을, 그 범고래들을 포기하는 것이나 다름없을 것이다. 내게 그 기억은 값을 매길 수 없을 만큼 소중하다. 그러나 "아니오"라는 대답이 이 범고래들이 자유롭게 살 수도 있었고, 씨월드의 좁은 수조에 갇힌 삶을 살지 않아도 되었을 것이라는 사실을 의미한다면 이렇게 대답할 것이다. "아니오. 그렇게 하지 않았을 겁니다."

  내가 자주 접하는 질문 가운데 대답하기 까다롭지만 중요한 것이 하나 있다. "나를 우러러보고 크면서 나와 같은 사람이 되고자 하는 아이들에게 무어라 말할 수 있습니까?" "그 아이들이 여전히 같은 꿈을 키우는 게 좋을까요?" 커서 범고래 조련사라는 꿈의 직업을 갖게 된 그 소년은 지금 오늘 같은 꿈을 꾸는 다른 아이에게 무어라 말해야 할까?

내 경력의 마지막 시기를 텍사스의 샌안토니오에서 보내고 있을 때, 어느 엄마와 딸이 내게 찾아오곤 했다. 그 어린 소녀는 나와 판박이였다. 항상 샤무쇼를 보고 싶은 마음으로 가득 차 있었다. 모녀는 수많은 의문의 답을 얻고자 쇼가 끝난 후에도 남아 있곤 했다. 과거의 나처럼. 소녀는 될 수만 있다면 빨리 범고래 조련사가 되고 싶었고, 모녀는 그렇게 되기 위해 필요한 것은 무엇이든지 할 각오가 되어 있었다. 소녀가 내게 처음으로 물어보기 시작한 게 아마 열한 살 무렵이었을 것이다. 그 아이가 꿈을 이루기 위해 쏟는 열정을 보며 내 어린 시절이 떠올랐기에 나는 망설임 없이 내가 할 수 있는 모든 격려와 조언을 해 주었다. 나는 그들이 가장 좋아하는 조련사로 꼽혔고 그들은 내가 등장하는 쇼를 보기 위해 씨월드에 와서 그 모습을 사진에 담아가곤 했다. 그것은 순수한 우정의 관계였다.

이윽고 내가 씨월드를 떠나 그 반대편으로 전향한 순간이 왔다. 〈블랙피쉬〉가 선댄스영화제에서 처음 공개되었을 때, 나는 그 모녀가 느꼈을 혼란을 헤아려 보았다. 그때는 소녀가 열다섯 살이었으니 필요한 교육과정을 찾고 방과 후 자원봉사 활동과 훈련을 하며 이 분야에서 일하기 위한 실질적인 계획을 세우기 충분한 나이였다. 그래서 나는 소녀의 엄마에게 전화를 걸어 딸과 통화할 수 있는지 물었다. 엄마는 딸에게 전화를 넘겨 나와 통화하게 해 주었다. 먼저 소녀더러 내게 질문하라고 하자 바로 질문이 나왔다. 이미 범고래에게 끈끈한 애정을 품은 사람에게서만 나올 수 있는 질문이었다. "어떻게 타카라를 떠날 수 있어요? 타카라가 보고 싶어요? 다시 씨월드로 돌아갈 거예요?"

나는 소녀에게 진실을 알려 주었다. 타카라가 몹시도 그립지만 이제는 돌아갈 수는 없는 처지가 되었다고. 나는 범고래와 함께 지낼 수 있어 복 받은 사람이었고 범고래와 함께 한 나의 경력은 믿을 수 없을 만큼 놀라운 것이었다고 말했다. 이런 말도 전했다. "나는 너나 다른 어느 아이한테도 나와 같은 꿈을 꾸는 건 옳지 않다고 말할 자격이 없단다. 다만 내가 겪은 이야기를 나누고 내가 일하는 동안 목격한 옳고 그른 모든 것을 정확히 말해야 할 책임이 있단다." 지금 나의 일은 진실을 말하는 것이다. 그 진실이란 여느 성공담에 나오는 기운을 북돋우는 이야기이기도 하고 범고래와 조련사를 착취하는 기업에서 연유한 괴담이기도 하다.

만약 범고래 편에 선 나의 의도가 그 목적을 이룬다면 조련사는 더 이상 필요 없어지게 될까? 그에 대한 대답은 확실히 "아니오"일 것이다. 우리가 씨월드의 번식 프로그램을 중지시킨다 해도 앞으로 수십 년 동안은 여전히 갇혀 지내야 하는 범고래가 있을 것이다. 감금 상태에서 태어난 범고래들이 남아 있기 때문이다(지난 2년 동안 몇 마리가 태어났다. 그중에 칼리아는 2013년 7월, 여덟 살밖에 되지 않은 나이에 인공수정으로 임신하여 2014년 12월 2일에 새끼를 낳았다). 그들은 남은 생을 인간의 보살핌 아래에서 보내게 될 것이다. 그렇더라도 지금 씨월드에서 보내는 삶보다는 더 높은 질이 보장된 서식지에서 지내길 바랄 뿐이다. 그런 범고래들을 떠올리면 나는 혼란에 휩싸인 내 어린 팬과 같은 아이들이 장차 커서 수행할 역할이 있다고 믿는다. 이 범고래들은 바라건대 그들 편에 서서 싸워 줄 보호자가 필요하게 될 것이다.

이 책의 주 무대는 물이었다. 그러나 씨월드를 떠나 그에 맞서면서부터 나는 불 속에 발을 들여놓았다. 논쟁거리를 공개적으로 밝히고 그 한가운데에 휘말리는 일은 신념의 도약이자 나를 정화하는 느낌이 들 정도의 전향적 경험이었다. 나는 말하지 않았다는 후회를 안은 채 나이 들고 싶지 않았다. 조련사로서 나는 너무도 많은 사실을 알고 있었고, 씨월드가 내세운 이데올로기를 실행하며 살아 온 세월 동안 품은 의구심으로 내 마음은 너무도 무거워졌다. 나는 진실을 말해야 했다. 그것이야말로 내가 범고래들에게 진 빚을 갚는 일이었다.

함께 일하고 헤엄치고 사랑을 나눈 범고래들을 위해 내가 할 수 있는 일이 제한되어 있다는 점을 생각하면 회한이 사무친다. 충분한 시간과 동물권을 옹호하는 이들의 노력이 있다면 범고래들은 지금보다는 더 나은 삶을 살 수 있을지도 모른다. 그렇더라도 인간이 그들에게서 빼앗아간 것은 결코 경험하지 못할 것이다. 무엇보다도 인간이 그들에게서 무엇을 빼앗을 권리는 전혀 없다.

나로 말하자면 내 마음은 언제나 범고래 타카라의 곁을 맴돌고 있을 것이다. 타카라는 자유롭다는 것이 무엇인지 결코 모른 채 살게 될 것이다. 그 때문에 나라는 존재의 일부도 영영 자유롭지 못할 것이다.

에필로그

타카라 없는 삶

내 삶에 모순이 하나 있다면, 동물을 사랑하는 마음이 그토록 큰데도 불구하고 어른으로서 반려동물을 키워 본 적이 없다는 사실이다. 일상이 불규칙하고 종종 장시간 일해야 하는 씨월드 업무의 특수성 때문에 반려동물과 지내는 것은 거의 불가능했다. 반려동물이 12시간 내지 14시간이나 나를 기다리며 홀로 집에 있게 할 수는 없었다. 그건 참으로 잔인한 짓이다.

    내가 반려동물을 키우지 않은 데는 그보다 훨씬 감정적이고도 감상적인 이유가 있다. 반려동물과 이별하고 싶지 않아서다. 앞서 이 책에 남겼듯이 나는 일을 찾아 프랑스 마린랜드로 갈 때 카사트카와 다른 범고래들과 헤어지며 울었고 가슴 아파했다. 그리고 이내 범고래 옹호자가 되어 타카라를 떠날 때도 아픔을 겪어야 했다. 내 집에 동물을 들인다는 생각이 떠오를 때마다 나는 걱정이 앞섰다. 개와 고양이의 수명은 짧다. 그래서 한 생명을 내 삶의 일부로 받아들여 가족을 이루며 살다 결국 먼저 보내고 싶지 않았다.

하지만 베어울프가 그런 내 삶에 들어와 모든 것을 바꾸어 놓았다. 2009년 혹은 2010년이었을 것이다. 내가 한 해군과 만나던 시절이었다. 그는 다른 군인 네 명과 같이 살았다. 그중 하나인 톰은 핏불과 달마티안의 피가 반씩 섞인 베어울프라는 개의 주인이었다. 스칸디나비아의 전설에 나오는 영웅의 이름을 땄지만 베어울프는 수컷이 아니었다. 하지만 뿌리칠 수 없는 매력덩어리였다.

내가 베어울프를 처음 만난 것은 그들이 아직 캘리포니아주의 몬터레이에 주둔할 때였다. 톰은 베어울프를 사랑했으나 강아지 태를 벗으면서 공격성을 보이기 시작해 다른 개들과 싸움이 붙곤 했다. 하루는 톰이 베어울프를 산책시키러 나갔다가 일이 벌어졌다. 베어울프는 전기 목줄로 충격을 보내는데도 멈추지 않고 자전거 탄 사람을 공격했다. 그에게 달려들어 들이받고 자전거에서 떨어뜨리더니 물고 늘어졌다. 전기의 세기를 가장 강하게 올렸는데도 베어울프는 그를 놓아 주지 않다가 톰이 잡고 나서야 떨어졌다. 톰은 베어울프를 몹시 아꼈으나 법적·의료적 책임을 감당하기 두려워졌다. 베어울프의 성질을 어찌해야 할지 몰라 애태우는 와중에 공격성은 더욱 심해졌다. 마침내 그는 안락사시켜야 할 때라고 마음을 정했다.

톰의 사정이 내게도 전해졌다. 베어울프를 잘 몰랐지만 안락사라는 방법은 결코 마음에 들지 않았다. 나는 톰을 설득해 베어울프를 석 달 동안 내가 있는 텍사스로 데려가기로 했다. 베어울프의 문제가 무엇인지 파악해 공격성을 통제하고 다시 돌려보낼 생각이었다. 톰은 내 말에 동의하고 베어울프를 비행기에 태워 내게 보냈다.

    마침내 약속한 석 달이 지나 톰이 전화했을 때 나는 무슨 말을 해야 할지 몰라 난처해졌다. 나는 그사이 베어울프를 사랑하게 되었고 그가 베어울프를 돌려받으려 할까 봐 마음을 졸였던 것이다. 다행스럽게도 톰은 내게 베어울프를 키우고 싶은지 물어보았다. 무슨 말이 더 필요하단 말인가? 나는 위험한 동물에 끌리는 사람이다. 우리는 둘도 없는 짝꿍이었다.

    공격성은 언제나 베어울프를 따라다닐 것이다. 나는 그 아이가 특정 동물과 사람들에게 적의를 보이지 않도록 교육할 수 있었다. 하지만 훈련하면서 베어울프가 각각의 대상을 따로따로 참아 내게 해야 했다. 만약 상대의 존재를 받아들이도록 서서히 접근시키며 훈련을 진행하지 않으면 베어울프는 참아 내지 않을 것이다. 베어울프는 결코 상냥한 개가 되지 못할 것이다. 그래서 대개는 사람들에게서 떨어뜨려 놓는다. 베어울프도 나하고만 다닌다. 다른 사람을 받아들이도록 훈련하지 않는 한 나 말고는 밥을 줄 만큼 가까이 갈 사람이 없으니, 나는 며칠 이상 집을 비울 수도 없다. 여행을 다닐 때 베어울프는 내 곁을 지킨다. 우리는 캘리포니아와 텍사스에서도 살았고 지금은 뉴욕시에 산다. 내가 어떤 상황이 되더라도 베어울프는 나와 함께 있을 것이다. 나는 베어울프를 결코 버리지 않을 것이다.

베어울프는 물을 보면 푹 빠져든다. 물에 들어가면 몇 시간이나 헤엄치며 빠른 물살도 잘 헤쳐 나간다. 공이며 나무 막대기, 혹은 갖고 놀던 무엇이든 던지면 물에 뛰어들어 건져온다. 베어울프는 또 다른 위험 동물, 다시 말해 나에게 전부가 되었다.

범고래와 마찬가지로 공격성은 동물이 나쁘다는 것을 의미하지 않는다. 다만 그들이 복잡한 존재임을 의미할 뿐이다. 베어울프는 바로 그 열쇠로 내 마음을 열고 들어왔다. 베어울프는 까다롭지만 나를 받아 주었고, 내가 곁에 있는 것을 허락해 주었다. 타카라와 그녀의 엄마, 그리고 다른 범고래들이 그랬던 것처럼.

사랑하는 나의 베어울프.

© John Hargrove

저자 후기

이 책의 출간으로 나에게는 두 가지 커다란 대가가 따랐다. 우선 나는 막강한 기업의 표적이 되었으며, 한편으로는 삶에 혁신적인 목표가 새로 생겼다.

씨월드는 지체하지 않고 공격을 개시해, 이 책이 서점에 선보이기 전부터 내게 협박 편지를 보냈다. 이어 대중의 눈을 가려 내가 이 책에 폭로한 진실을 보지 못하게 하려고 미디어 홍보전에 필사적으로 매달렸다. 하지만 씨월드가 거금을 들여 제작한 홍보 세례에도 불구하고 범고래 감금을 끝내려는 운동은 더욱 드센 기세로 퍼질 뿐이었다. 생면부지의 사람들, 특히 젊은 독자들로부터 쏟아지는 지지에 기쁘면서도 놀라울 따름이다. 미국과 전 세계는 다른 종의 권리에 눈을 뜬 인간의 지각에 있어 철학적 혁명의 한복판으로 들어섰으며, 씨월드 범고래의 계속되는 고난은 이 논쟁에서 가장 뜨거운 이슈로 떠올랐다. 한때 나의 가장 큰 소망은 범고래 조련사가 되는 것이었다. 이제 나는 이 행성을 공유하는 다른 존재를 생각하는 우리의 사고방식을 바꾸고 씨월드의 범고래 해방에 앞장서고 있다는 사실에 크나큰 자부심을 느낀다.

이 캠페인은 모든 기업의 최우선 과제, 바로 수익이라는 측면에서 씨월드에 타격을 주고 있다. 이미 〈블랙피쉬〉의 여파로 타격을 입은 씨월드는 매 분기 실적보고에서 매출과 순이익, 입장객 감소를 기록하며 주가 하락을 이어 가고 있다. 이에 씨월드는 공원 입장객 수를 늘릴 묘책으로 공짜 표를 뿌리는 등 다양한 수법의 동기부여 프로그램을 가동했다. 그러나 분기를 넘겨도 계속 떨어지는 입장객 수에서 알 수 있듯이 그 효과는 전혀 없다.

그 모든 공세를 펼치고도 씨월드는 수세에 몰려 있다. 2014년 8월, 주가가 33퍼센트 급락한 지 불과 이틀 후, 씨월드는 1억 달러를 들여 샌디에이고의 수조를 확장한다는 계획을 발표했다. 나는 그 계획이 기업 홍보를 노린 명백한 기만책이라 보고, 캘리포니아해안위원회California Coastal Commission에서 내 입장을 밝히기 위해 '동물의 윤리적 처우를 지지하는 사람들PETA'의 변호사 재러드 굿맨Jared Goodman과 함께 몇 차례 출장을 다녔다. 위원회는 씨월드의 확장 계획에 필요한 허가를 담당한 기관이었다. 나는 위원회의 회의에 참석하여 씨월드의 진정한 의도를 들추었다. 수조 확장은 범고래의 삶의 질에 유의미한 개선책이 될 수 없고 범고래를 더 많이 번식시켜 이익을 내려는 장기적 목표에만 보탬이 될 뿐이었다. 표결 당일인 2015년 10월 8일, 나는 다른 사람들과 함께 위원들 앞에서 정식으로 증언했다. 그리고 씨월드를 일대 충격에 빠뜨릴 결과가 나왔다.

위원회는 씨월드의 확장 계획을 허가하겠다고 했다. 그러나 여기에는 충격적인 조건이 하나 있었다. 씨월드가 범고래의 번식과 인공수정, 인공수정에 이용되는 범고래 또는 그 유전물질을 샌디에이고 시설 안과 밖으로 이동하는 행위를 끝내야 한다는 조건이었다. 위원 데이나 보시코Dayna Boschco의 제안에 영향받은 조항이 하나 더 추가되어 만장일치로 결정이 났다. 여기서 진실을 감추려는 씨월드의 시도가 또 다시 탄로 나고 말았다. 씨월드는 그 결정에 유감을 표시하고 범고래를 더 이상 번식시킬 수 없다면 더 큰 수조를 새로 짓지 않겠다고 발표했다. 한술 더 떠 위원회가 씨월드를 멈추게 할 법적 권한이 없다고 주장하며 이제 위원회를 고소하겠다고 발표했다. 씨월드 샌디에이고의 사장 존 라일리John Reilly는 그 근거로 다음과 같이 주장했다. "번식은 동물의 삶에서 자연스럽고 근본적이며 중요한 부분인데, 사회적 동물에게서 번식의 권리를 빼앗는 것은 비인도적입니다."

그런데 라일리는 씨월드가 이미 몇몇 범고래의 번식 활동을 막고 있다는 사실은 밝히지 않았다. 세 사람을 죽게 해 대중의 압박을 받게 하고 씨월드로 이목이 쏠리게 한 올랜도의 틸리쿰은 이미 씨월드 내에서 너무도 많은 범고래의 아버지가 되었기에 번식이 허용되지 않았다. 샌안토니오에 있는 운나는 가임기가 올 때마다 임신을 막기 위해 수컷들에게서 격리되었다. 씨월드는 범고래를 좁은 공간에 가두어 잠재적으로도 실제적으로도 근친교배가 만연할 수 있는 여건을 조성한 셈이다. 자연 번식, 범고래의 진정한 번식은 씨월드 수의사의 유전적 중매가 아니라 실제 자유 속에서만 일어날 수 있다. 씨월드에서처럼 근친교배와 교잡으로 태어난 범고래는 자연에서라면 존재하지 않는다. 운나는 평생 병을 앓고 계속 약 처방을 받으며 살다가 2015년 12월 21일 겨우 열여덟 살의 나이에 죽었다. 운나의 때 이른 죽음에서 자사 소유의 범고래가 야생의 범고래와 마찬가지로 제 수명을 누린다는 씨월드의 주장은 거짓임이 여실히 드러난다.

라일리와 달리 나는 금융 전선에서든 법정에서든 씨월드와 맞서 범고래의 진정한 권리를 찾기 위해 노력할 것이다. 그 일환으로 범고래복지안전법이라는 이름의 법안 AB2140을 지지하는 전문가로서, 2016년 봄에 중간 연구 결과가 나와 그 법안이 입법부에서 다시 논의에 부쳐지면 공동 후원과 증언을 이어 나갈 계획이다. 캘리포니아주 의회의 민주당 소속 의원 리처드 블룸이 발안한 이 법안이 통과되면 범고래의 번식, 주 경계 밖에서 이루어지는 인공수정을 목적으로 한 범고래 또는 그 유전물질의 이동뿐만 아니라 오락을 목적으로 한 감금도 금지될 것이다. 또 연방 차원에서 새로 입법을 추진 중인 법안, 특히 '범고래에대한책임과돌봄증진법ORCA Act, Orca Reponsibility and Care Advancement Act의 통과를 위해 힘을 보태고 증언할 수 있기를 희망한다. 캘리포니아주의 민주당 소속 하원의원 애덤 시프Adam Schiff가 제출한 이 법안이 통과되면 캘리포니아에 국한되지 않고 전국 모든 감금 범고래를 전시하고 번식시키는 행위가 단계적으로 금지될 것이다.

범고래를 구하기 위한 원정에서 어제의 적이 오늘의 동지가 되었다. 한때 씨월드의 충직한 직원이었던 나는 사이비 종교 집단이 주입하는 것 같은 믿음에 세뇌되어, PETA가 씨월드가 범고래를 위해 벌이는 조치를 파괴하려 날뛰는 급진주의자들의 패거리라고 여겼다. 이랬던 나에게 2015년 11월 9일 PETA의 회장 잉그리드 뉴커크Ingrid Newkirk는 이 단체의 오랜 후원자 낸시 알렉산더Nanci Alexander가 주최한 시상식에서 "씨월드가 감금 범고래에게 저지른 학대를 고발하여 드러낸 공로"로 나에게 '용기와 신념상'을 수여했다. 그 일은 나를 겸허히 돌아보게 하는 경험이자 내 삶에 찾아온 놀라운 전환점이었다.

맞다. 씨월드에서 나온 이후 나에게는 내부 고발자라는 이력도 생겼다. 먼저 나는 직업안전위생관리국 OSHA이 조련사 안전 문제로 마이애미 시쿠아리움에 제기한 소송에 연방정부 측 감정인으로 나섰다. 그 다음 2.4미터 깊이의 의료용 수조에서 조련사들이 범고래들과 수영하는 동영상이 있다는 제보를 받고 캘리포니아 직업위생안전관리청Cal/OSHA에 알렸다. 그것은 Cal/OSHA가 금지한 행동이었다. 그 결과 Cal/OSHA는 샌디에이고의 샤무 스타디움을 여러 차례 조사하고 범고래와 일하는 조련사의 적절한 보호와 관련하여 다양한 안전 조치 위반 사항을 적발해 씨월드를 고발했다. 이 중 세 가지는 안전 조치를 심각하게 위반한 것으로 분류되었다. 씨월드는 직원들이 "보복이 두려워 위험"을 보고하지 못하도록 비밀 유지 각서에 서명을 요구한 혐의로도 고발당했다. 이에 씨월드가 Cal/OSHA를 고소하자 주 정부는 나를 그 사건의 증인 명단에 올렸다. 2016년 1월 6일, 씨월드와 Cal/OSHA는 합의점을 찾았다고 발표했다.

나는 씨월드의 국제적 행보에 주의를 불러일으키고 미국 밖의 대중도 동물 감금의 해악성을 깨닫도록 하는 데 힘을 보태고 있다. 이런 노력은 범고래에만 국한되지 않는다. 씨월드와 조지아 아쿠아리움은 몇 해 전 제휴를 맺고 러시아에 벨루가 18마리를 포획하도록 주문했다. 포획한 벨루가의 대부분은 씨월드로 보내질 예정이었다. 국립해양대기국NOAA, National Oceanic and Atmospheric Administration이 허가를 거부하자 조지아 아쿠아리움 측은 이에 고소했다. 그러나 NOAA의 결정을 뒤집을 수 없다는 사실이 점점 확실해지자 씨월드는 자신들의 사업도 '진화'했기 때문에 이미 포획된 벨루가를 더 이상 받지 않겠다고 홍보 성명을 냈다. 그런 와중에 씨월드의 벨루가 두 마리가 2015년 7월과 11월에 죽었다.

한편 거물 서커스단 링링 브라더스 앤드 바넘 앤드 베일리 서커스 Ringling Brothers and Barnum & Bailey Circus는 역사에 남을 결단을 내려 씨월드를 무안하게 만들었다. 2015년 초, 서커스단은 소비자가 보고자 하는 내용의 변화가 있다는 사실을 인정한다고 발표했다. 이에 따라 서커스단 소유의 모든 코끼리를 2018년까지 은퇴시켜 보호구역으로 보낸다고 선언했다. 서커스단은 약속한 시한을 18개월이나 앞당겨 공연에 동원된 코끼리들은 2016년에 은퇴시킬 예정이다서커스 동물 학대 인식, 관객 감소에 따른 경영난 등이 겹쳐 *2017년 마지막 공연을 했으나 2023년 가을부터 동물이 등장하지 않는 쇼를 재개한다고 발표했다.*

나는 씨월드가 주가 상승에 필사적으로 매달리는 상황에서 사업을 해외로 확장하여 그 상승을 도모할 것이라 전망한다. 사업 확장은 다른 해양테마파크에 범고래 유전물질을 판매하거나 자사 소유 범고래가 포함된 공동 프로젝트를 진행하는 방식이 될 것이다. 이제 세상에 진실을 알리는 노력이 그 어느 때보다 중요해졌다. 나는 2015년 3월, 본프리재단Born Free Foundation의 초대로 영국에서 열린 고래 축제에 참석해 목소리를 냈다. 축제는 이틀에 걸쳐 1만 5000명을 끌어들여 관련된 행사로는 세계 최대 규모를 기록했다. 나는 여러 인터뷰에 응하고 본프리재단과 세계고래연맹World Cetacean Alliance, 여기에 유럽의 회의 의원까지 합세한 패널 토론에 참여했다. 영국이 범고래를 공개적으로 전시하지 않는 국가라는 점에서 이 대의에 쏟아진 모든 지지에 가슴이 더욱 벅차오른다. 우리는 씨월드가 비윤리적인 관행을 확대하고 해외로 진출하도록 내버려 둘 수 없다.

2015년 7월 중순, 나는 12년 만에 처음으로 프랑스 남부에 돌아왔다. 하지만 그곳에서 함께 일했던 범고래들에게 여전히 정이 많이 남아 있었기 때문에 앙티브로 돌아가는 것을 두고 적잖은 고민을 했다. 게다가 2014년, 전 남자 친구 쿠엔틴이 38세의 나이에 심장마비로 갑자기 세상을 떠난 슬픔에서 완전히 벗어나지 못하고 있었다. 우리 둘은 프랑스 남부, 그리고 처음 만난 파리에서 함께 지냈다. 아직 상처가 채 아물기 전이었다. 그러나 나는 칸 해변에서 예정된 인터뷰와 책 사인회에 참석하기 위해 프랑스로 향해, 먼저 앙티브의 마린랜드에 항의하는 시위에 참가했다. 마린랜드 반대 시위로는 역대 최다인 800명 이상이 참가하여 나도 무척 고무되었다. 돌고래 조련사에서 보호 활동가로 전향한 릭 오베리Ric O'Barry돌고래 보호 단체 돌핀 프로젝트Dolphine Project 설립자. 아카데미상 수상 다큐멘터리〈더 코브The cove〉에 출연해 일본 타이지 마을에서 매년 벌어지는 돌고래 대량 학살과 포획, 거래 실태를 고발했다와 프랑스의 '국경 없는 범고래Orca Without Borders' 설립자 피에르 로베르 드 라투르Pierre Robert de Latour도 그 자리에 같이 모였다. 나중에 우리는 저녁 식사와 인터뷰, 책 사인회가 예정된 칸 해변으로 자리를 옮겨 칸의 부시장, 그리고 그의 사랑스러운 아내와 자리를 함께했다. 그 모든 경험을 하면서 나는 다시 프랑스 남부에 푹 빠지고 말았다.

하지만 내가 프랑스에 도착하기 전에 슬픈 소식이 날아왔다. 2015년 6월 20일, 프레야가 추정 나이 32세에 죽었다. 마린랜드는 사인이 심장마비라고 밝혔다. 아이슬란드 근해에서 태어난 프레야는 물살을 자유로이 가르며 사는 삶이 어떤 것인지 여전히 잊지 않고 있었으리라. 프레야가 죽은 건 심장마비가 아닌 상심 때문이라 해도 전혀 이상하지 않게 들렸을 것이다.

미국으로 돌아오자 더욱 심각한 소식이 들려왔다. 2015년 10월 중순 앙티브 일대를 덮친 돌발 홍수가 마린랜드를 집어삼키고 이때 쓸려 들어온 토사에 여과 시설이 막혀 버렸다. 나는 소식을 듣자마자 마린랜드의 대표인 베르나르 잠파올로Bernard Gaimpaolo에게 서신을 보내 범고래들을 대피시켜 달라고 요청했다. 잠파올로는 내가 짚은 점을 언론에 직접 해명하면서 나의 우려를 일축하고 그와 직원들이 모두 잘 관리하고 있다고 주장했다. 그러나 48시간이 채 지나지 않아 프레야의 아들, 웅장한 크기를 자랑하던 발렌타인이 죽고 말았다. 당시 발렌타인은 겨우 19세였다. 우리 둘 사이에는 언론을 통한 진실 공방전이 며칠 새 오갔고, 잠파올로는 결국 해고되었다.

 2015년 7월 나는 산후안제도San Juan Islands에서 1주일을 보내며 마침내 신과 자연이 뜻한 대로 존재하듯 자유를 누리는 야생 범고래들을 보았다. 그곳에서 책 사인회에 참석하고, 다른 연구자와 저자들이 자리한 가운데 발표하기로 되어 있었다. 바다로 나간 첫날, 나는 그림처럼 완벽한 모습의 K무리 범고래 일곱 마리를 보았다. 둘째 날의 경험은 훨씬 경이로웠다. J·K·L무리에 속한 야생 범고래 45~46마리가 진정한 거대 무리를 이루며 장관을 연출했다. 이 범고래들은 완벽히 곧게 솟은 등지느러미를 드러낸 채 여러 줄의 대형을 이루어 수백 킬로미터를 이동 중이었다.

 범고래들이 자연 서식지에서 본래의 가족과 어울리며 자유롭게 이동하는 모습이 내 마음과 정신에 심원한 영향을 끼치고 내 경력의 전개에 결정적으로 작용하리라는 것을 나는 믿어 의심치 않았다. 그래서 나는 두 배에 나누어 타고 바다에 나갈 때 누구와 함께 있을지 매우 신중했다. 잉그리드 비서 박사, 아르헨티나의 연구자 후안 코펠로Juan Copello, 오르카네트워크 대표 하워드 개릿, 범고래 활동가 제프 프리드먼Jeff Friedman, 그리고 모두 씨월드의 전직 조련사이자 〈블랙피쉬〉

의 출연진인 친구 서맨사 버그와 캐럴 레이, 제프리 벤터 박사와 존 제트 박사, 딘 고머솔Dean Gomersall, 이들과 함께하는 것이 나에게는 대단히 중요한 의미가 있었다. 나는 그들을 존경했으며, 그들이라면 내가 목격한 것을 흡수할 수 있도록 여백을 넓혀 주어 나를 지켜 주리라는 것도 알고 있었다. 그들은 그 광경으로 확장되는 감정의 규모를 이해하는 사람들이었다.

    배 위에 있으면서 나는 두 가지 사유에 골몰했다. 이 광경을 보고 나서 과연 어느 누가 감금 범고래에게 일어나는 일이 도덕적으로 윤리적으로 받아들여질 수 있다고 믿을 수 있을까? 이윽고 나는 두 번째 생각에 사로잡혔다. 우리는 지금 모든 범고래를 위한 이 싸움에서 승기를 잡고 있지만, 내가 사랑하고 나에게 모든 것을 안겨 준 그 범고래들은 내가 이 배 위에서 목격한 자유를 결코 알지 못하리라. 씨월드는 용서받을 수 없는 죄를 저지르면서 그들의 자유를 영영 앗아가 버리고 말았다.

감사의 말

여동생 미시 하그로브Missy Hargrove에게
나는 동물 사랑이라면 양극단의 스펙트럼이 존재하는 집안의 출신이다. 그 한쪽 끝에는 동물을 향한 잔혹성을 드러내 자기가 기르던 개를 죽인 친척이 있다. 개를 죽이면 어떤 기분일지 궁금했다는 게 이유였다. 그 반대쪽 끝에는 내 여동생 미시 하그로브가 있다. 미시는 모든 동물을 향한 사랑과 공감대가 나와 일치한다. 늘 반려동물과 지내며 인정이 많아 뱀이라면 죽을 만큼 무서워하지만 막상 덫에 걸린 뱀을 보면 구해 준다. 비에 맞아 날개가 흠뻑 젖어 날 수 없는 각다귀도 손가락으로 집어 날아갈 수 있을 만큼 날개가 마를 때까지 입김을 불어 준다. 미시, 네가 없었으면 나는 어디서 어떻게 지내고 있었을까? 우리는 좋은 일이 있을 때나 나쁜 일이 있을 때나 항상 가까이에서 서로를 위해 주었지. 모든 동물에 마음을 열고 사랑으로 대해 준 너에게서 나는 큰 영감을 받았단다. 네가 나의 동생이라 무척 자랑스럽구나. 가장 큰 사랑을 보낸다!

쿠엔틴 엘리아스Quentin Elias에게
내가 가장 사랑한 사람. 우리가 파리와 프랑스 남부에서 함께한 삶은 동화

책에서나 나올 법한 이야기였습니다. 20대 후반의 우리는 무서울 게 없었고 모든 걸 다 가진 듯했습니다. 2014년 뉴욕에서 서른여덟의 나이에 맞이한 당신의 비극적인 죽음에서 나는 아직도 벗어나지 못하고 있어요. 당신은 곁을 떠나지 말아 달라 했고, 나는 결코 당신 곁을 떠나지 않습니다. 집에 가면 만나요.

출판사 폴그레이브 맥밀런 Palgrave Macmillan Trade**에게**
엘리자베스 디세가드Elisabeth Dyssegaard, 캐런 울니Karen Wolny, 로런 로핀토Lauren LoPinto, 로런 야니크Lauren Janiec, 크리스틴 카타리노Christine Catarino, 로라 애퍼슨Laura Apperson, 미셸 피츠제럴드Michelle Fitzgerald, 범고래들과 함께한 제 이야기를 믿어 주어서 고맙습니다. 또 변화를 원하는 사람들이 제 이야기에 귀 기울여야 한다고 믿어 주어서 감사합니다. 여러분 모두 제게 정성을 다했으며 여러분이 제 이야기에 생명을 불어넣어 주어 자랑스럽고 또 다행이라 생각하고 있습니다.

저작권 대리인 팔리 체이스 Farley Chase**에게**
맨해튼의 사무실에서 처음 만났을 때, 내 경험과 비전을 단 10분간 설명했는데도 완전히 이해해 주었습니다. 애써 주어 감사하고 또 제 이야기가 꼭 전달되어야 한다고 믿어 주어서 고맙습니다.

공동작가 하워드 추아이언 Howard Chua-Eoan**에게**
나의 10년 지기, 하워드. 이 책을 쓰도록 나를 가장 먼저 압박해 주었고, 이 책이 나올 수 있도록 재능을 보태 주어 고맙습니다. 하워드는 이 프로젝트를 진행할 수 있도록 시간을 내준 〈블룸버그 비즈니스위크Bloomberg Business

week)의 조시 터렁기엘Josh Tyrangiel과 엘런 폴록Ellen Pollock에게 감사의 말을 전하고 싶어 합니다. 또 조언을 해 준 필 빌드너Phil Bildner, 지원을 아끼지 않은 댄 매튜스Dan Mathews, 커피를 제공한 브렛 개릿Brett Garrett 에게도 고맙다는 말을 전해 달라고 했습니다.

톰 위헤라Tom Wihera와 존 라핀John Laffin에게

제가 아는 가장 강인한 두 사람입니다. 두 분의 회복력과 군에서 이룬 업적에 존경심을 보냅니다. 두 분은 진정한 롤 모델입니다. 우리의 우정은 빠르게 다가와 순조롭게, 그리고 정말로 이루어졌습니다. 〈블랙피쉬〉가 개봉한 주말에 뉴욕에서 보여 준 두 분의 응원은 개인적으로 큰 의미가 있었습니다. 톰, 아름다운 아내 크리스티나와 함께하게 된 것을 축하드립니다. 저에게 '가장 큰 재능'을 준 것도 축하할 일입니다.

리사 기진스키Lisa Gisczinski에게

20년 넘게 친구로 지내 온 제 곁을 지켜야겠다는 용기를 보여 주었습니다. 그것으로 당신의 모든 것을 알 수 있습니다. 사랑합니다.

아직 씨월드와 함께하면서도 여전히 저를 응원하는
모든 친구와 전 동료에게

동료들의 우정을 모두 잃고 나니, 여러분의 지지가 제게는 세상을 의미합니다. 우리는 옳고 그름을 구분하고 실제로 여기에서 무슨 일이 일어나고 있는지 알고 있습니다. 경영진의 보복이 두려워 자신을 보호하고 침묵을 지켜야 하는 여러분의 심정을 이해합니다. 모두 각자의 여정이 있습니다. 부디 안전하게 지내세요. 사랑합니다.

데이비드 세페David Sepe에게

우리의 역사는 10년이 넘습니다. 2003년에 모였다가 2014년에 같은 사람 때문에 다시 모였지만 이번에는 비극으로 이어졌습니다. 잃어버린 세월이 더 이상 없기를.

라이언 버클리Ryan Buckley에게

CNN은 당신이 있어 행운입니다. 영원한 미스터 선샤인과 4/4가 있으니 행운이 아닐 수 없죠. 모두가 라이언을 사랑합니다. 저를 지지하고 좋은 친구가 되어 주어서 고맙습니다.

채드 앨런 라자리Chad Allen Lazzari에게

나의 20년 지기. 나는 당신의 커다란 업적과 한 사람의 인간으로 항상 당신 모습 그대로 남아 준 것이 매우 자랑스럽습니다. 우리의 역사가 너무 자랑스럽습니다. 당신은 나에게 가장 가치 있는 사람 중 한 명입니다. 당신과 당신의 어머니, 그리고 당신의 할머니에게 사랑을 전합니다.

조지프 캡시Joseph Kapsch에게

로스앤젤레스에서 파티 생활을 하면서 그렇게 크게 웃거나 재미있게 보낸 적이 없습니다. 우리가 처한 모든 상황에서 우리가 어떻게 살아남았을까요? 게다가 우리는 최고의 유머를 발휘하며 살아남았습니다. 당신은 정말로 저의 최고의 친구 중 한 명입니다. "이 빛이 우리를 미치게 하네요."

마크 샤피라Mark Schapira에게

최고의 친구 중 한 명인 당신은 항상 저를 응원해 주었어요. 그리고 우리는 로스앤젤레스(그리고 뉴욕)에서 가장 즐거운 시간을 함께 보냈어요. 사랑해요, 마크.

존 애칠리John Atchley에게
13년 이상 친구로 지내며 나에게 관대하고 한결같은 마음과 지지를 보내 주었습니다. 모든 것에 감사드립니다.

브루스 마틴Bruce Martin에게
저는 열여덟 살이었고, 돈도 재산도 없는 도망자 신세였습니다. 운명과 직감에 끌려 적절한 시기에 좋은 사람들을 만나게 된 저는 운이 좋았습니다. 당신이 가장 순수한 의도로 제공한 보호와 안내는 제가 가장 필요로 할 때 왔습니다. 당신은 항상 저에게 특별하게 기억될 것입니다.

범고래와 지내면서 겪은 모든 부상 때문에 수년간 제 곁을 지켜 준 모든 의사와 전문가에게
여섯 명의 정형외과 의사들에게, 범고래와 지내는 직업을 끝내라는 조언을 받아들일 준비가 되지 않은 것을 죄송하게 생각하며, 과학계에 알려진 모든 것을 주사로 넣어 주며 범고래들과 지낼 시간 3년을 더 벌어 준 분에게 감사의 인사를 전합니다. 그 덕에 그 시기를 잘 마무리할 여유가 생겼습니다. 뉴욕시에 있는 훌륭한 부비동 전문의, 통증 관리 전문가, 그리고 제 발의 골절을 진단하고 (계속 미루고 있는) 수술이 필요하다고 말해 준 모든 의사에게 고맙습니다. 마지막으로 제 등과 목을 수도 없이 맞추어 준 의료진과 맨해튼 스포츠 메디슨 그룹Manhattan Sports Medicine Group에 감사드립니다.

직업안전위생관리국OSHA**과 라라 파젯**Lara Padgett**에게**
고용주들이 안전하고 건전한 일터를 제공할 수 있도록 해 주어서 감사합니다. 우리는 샤무 스타디움에서 수십 년 동안 심각한 안전 문제를 겪었으며, 여러분의 인내가 결실을 맺기 전까지 우리를 보호해 주고 피고용자로서 누려야 할 권리를 보장해 줄 노조 없이 외로이 싸웠습니다.

에릭 밸푸어 Eric Balfour**와 에린 치아물론**Erin Chiamulon**에게**
이 문제로 캘리포니아주 의회 의원들에게 이야기할 때 여러분이 우리와 함께해 주고 열정과 지식을 전해 주어 큰 보탬이 되었습니다. 여러분은 멋진 사람들입니다. 두 분과 함께할 수 있어 즐거웠습니다.

'범고래복지안전법' 통과를 위해 캘리포니아주 의회에서 증언하는 동안 우리를 지지하기 위해 새크라멘토까지 온 코틀러 가족을 포함한 그 모든 분에게
좌석이 부족한 법정 안으로 수백 명의 사람이 복도에서 밀려 들어오는 것을 지켜 보았습니다. 여러분들은 캘리포니아 곳곳은 물론 다른 주, 심지어 다른 나라에서도 와 주었습니다. 여러분의 지지를 보여 주려고 단 10초 동안 마이크를 잡기 위해서였지요. 그 순간 저에게는 겸손한 마음과 영감이 솟았으며 제가 옳은 결정을 내렸다는 사실을 알았습니다. 감사합니다.

리처드 블룸 주 의원(캘리포니아주, 민주당)과 그 보좌진에게
역사적인 법안 AB2140, '오르카복지안전법'을 입안해 주셔서 감사합니다.

뉴욕주 그레그 볼 상원의원과
제임스 테디스코James Tedisco 주 의원(뉴욕주, 공화당)에게
'블랙피쉬 법안Blackfish Bill'이라는 이름으로 뉴욕주에서도 유사한 법을 입안해 주셔서 감사합니다.

하워드 개릿, 나오미 로즈 박사, 데버라 자일스 박사,
로리 머리노 박사, 잉그리드 비서 박사에게
여러분의 지식과 경험, 연구가 저를 포함한 우리 모두에게 야생에서 자유롭게 사는 범고래의 실제 삶을 알게 해 주었습니다. 제 책에 보탬을 주어서 감사합니다.

가브리엘라 카우퍼스웨이트
저는 당신이 정의감에서 〈블랙피쉬〉를 만들어 냈다는 사실을 알고 있습니다. 그리고 당신은 이 해묵은 논쟁을 주류의 인식 전면으로 끌어올렸습니다. 이 문제와 저에게 마음 써 주고 저를 항상 윤리적으로 대하며 익명성을 지켜 주어서 당신과 제작자 매니 오테이자Manny Oteyza에게 감사드립니다.

팀 짐머먼과 엘리자베스 배트Elizabeth Batt에게
언론 윤리를 지키기 위해 노력을 기울이는 한편, 이 문제에 대한 인식을 끌어올리기 위해 지치지 않고 힘을 보태 주어서 감사합니다.

세타-베이스Ceta-Base에게
감금 범고래에 관한 귀한 자료와 통계를 제공해 주어 보탬이 되었습니다. 감사합니다.

나를 진정 사랑하고 지지해 준 가족에게
리키와 폴린 하그로브, 지니와 브루스 알렉산더, 에이프릴과 트레이 킹 그리고 그의 가족, 잭과 달린 틴들 그리고 그의 자녀인 잭과 트레이시와 가족, 린과 린다 브래킨, 그들의 자녀와 가족, 제이미 브래킨세몬, 그녀의 가족, 그리고 그녀의 어머니 린다에게 감사드립니다.

돌아가신 조부모 월터와 멀 브라킨Walter and Merle Brackin에게
두 분이 항상 가족을 지켜 줄 것이라는 사실을 알고 무조건적인 사랑의 힘을 느낀 것이 얼마나 큰 힘이 되었는지 모르겠습니다. 두 분과 가족이 된 것은 우리에게 축복이었습니다. 두 분 모두에게 사랑과 그리움을 전합니다.

달린 틴들(시씨 이모)Darlene Tindel과
트레이시 틴들 그린Tracy Tindel-Green에게
여러분은 저의 조련사 시절 내내, 그리고 가장 중요한 지금 저에게 엄청난 지지를 보내 주었습니다. 제가 자라면서 두 분을 얼마나 사랑했고 두 분 곁에 있고 싶어했는지 아실 거예요. 두 분 곁에서 제가 사랑받고 있으며 안전했다는 사실을 알고 있어요. 저를 품어 주어서 감사합니다. 사랑합니다.

에이프릴 하그로브킹April Hargrove-King에게
사촌이라기보다 여동생으로서, 완전한 광기의 세월을 보내는 동안 내 곁을 지켜 주고 결코 흔들리지 않았어. 그 점에 정말 감사를 보낸다. 너는 〈블랙피쉬〉가 뉴욕에서 개봉할 때 나의 완벽한 데이트 상대였어. 그리고 개봉 전에 코니아일랜드에서 함께한 날은 참으로 완벽했단다.

나를 항상 지지해 준 다음의 친구들에게
감사의 마음을 전합니다.

크리스티나 프리드먼Christina Freedman, 라나 거스먼Lana Gersman, 프랭크 산티자리오Frank Santisario, 베로니카 로스마닌호Veronica Rosmaninho, 헤지 임바Hezi Imbar, 팀 프리즈Tim Friese, 데이브 렌던Dave Lendon, 대릴 콜런Darryl Colen, 마르코스 프롤로Marcos Prolo, 켈리 컬킨Kelly Culkin, 셰릴 셈서Cheryl Semcer, 매튜 워커Matthew Walker, 팀 브록Tim Brock, 토니 매리언Tony Marion, 주어 클레픽Jure Klepic, 후안 카를로스 구티에레스Juan Carlos Gutierrez, 론 린치Ron Lynch, 미셸 기요Michelle Guillot, 랜디 머스그로브Randy Musgrove, 킴 클래먼스Kim Clemons, 제니퍼 파크허스트Jennifer Parkhurst와 그녀의 아름다운 아들 인디Indy.

알렉스와 그레그 브루엘러Alex and Greg Bruehler,
그들의 일곱 살배기 딸 카일리Kylie에게
2009년 10월, 갓길에서 2인승 자전거를 타다가 시속 110킬로미터가 넘는 속도로 달려든 트럭에 사망한 알렉스와 그레그를 추모합니다. 둘은 슬하에 일곱 살배기 딸 카일리를 두고 떠났습니다. 알렉스와 나는 씨월드 샌디에이고에서 조련사로 함께 지냈으며 그녀의 남편 그레그는 동물 보호소에서 일했습니다. 두 사람에게 사랑과 그리움의 마음을 전합니다.

캐럴 레이, 서맨사 버그, 존 제트 박사, 제프리 벤터 박사,
그리고 딘 고머솔에게
우리는 다른 시기에 다른 씨월드 공원에서 일했지만, 과거와 현재를 평행하게 이어 주는 경험으로 영원히 연대하고 있습니다. 여러분은 인식 향상에 기

여한 멋진 사람들입니다. 힘을 모아 싸울 때 우리는 가장 강력합니다. 우리는 1987년부터 2012년까지 모든 씨월드 공원의 상황을 모두 꿰고 있으며, 씨월드는 이 점을 극복하기 매우 어려울 것입니다.

나의 다른 형제자매들에게

리어노라 하그로브Leonora Hargrove, 실라 아출레타Sheila Archuletta, 애슐리와 매트 하그로브Ashely and Matt Hargrove, 그리고 그들의 가족에게 사랑을 전합니다.

아버지 스티브와 아내 엘시Steve and his wife Elsie에게

20년 이상의 시간이 완전히 흘렀지만 가장 중요한 건 오늘입니다. 우리 둘만 아는 이유로 2010년부터 당신이 제게 해 준 일과 지지에 감사합니다.

어머니 앤Anne에게

제게 사랑스럽고 행복한 어린 시절을 안겨 주어서 감사합니다. 어린 소년으로서 어머니를 지극히 사랑했던 그 모든 세월을 기억할 것입니다.

베어울프에게

최고의 순간에도 최악의 순간에도 나를 사랑해 주는 나의 반려견이자 최고의 친구. 캘리포니아, 텍사스, 뉴욕시에서 함께 지낸 너. 범고래 조련사 시절은 물론 지금도 나와 함께 있는 너. 너는 〈블랙피쉬〉가 상영된 모든 영화제 기간 동안 뉴욕으로 돌아가기까지 머무른 호텔 생활을 참아 주었다. 내가 책을 쓸 때도 너는 내 옆을 지켰구나. 내가 너의 생명을 구했을 수도 있지만 너는 내 생명을 구했단다. 너는 나의 '가장 큰 선물'이란다.

참고문헌

씨월드가 구축한 환상
Friedersdorf, Connor. "The Fantastical Vision for the Original SeaWorld." 〈Atlantic〉 March 21, 2014.

범고래의 자연사와 자연스럽지 않은 역사
Garrett, Howard / Giles, Deborah / Marino, Lori /Rose, Naomi 이메일 교신 내용.
Rose, Naomi. "Killer Controversy: Why Orcas Should No Longer Be Kept in Captivity." Animal Welfare Institute, Washington, DC, 2014.

새끼 낳는 기계, 인공수정의 목적
Robeck, T.R., K. J. Steinman, S. Gearhart, T. R. Reidarson, J. F. McBain and S. L. Monfort. "Reproductive Physiology and Development of Artificial Insemination Technology in Killer Whales(Orcinus Orca)." 〈The Society for the Study of Reproduction〉 2004.

범고래의 탈선, 그리고 틸리쿰
Marino, Lori. 이메일 교신 내용.
Marino, Lori, Chet C. Sherwood, Bradley N. Delman, Cheuk Y. Tang, Thomas P. Naidich and Patrick R. Hof. "Neuroanatomy of the Killer Whale (Orcinus orca) from Magnetic Resonance Images." 〈The

Anatomical Record〉Part A 281 no. 2 (2004): 1256 –1263.

믿음을 잃다

Montero, M. A. "La orca 'Keto' sí atacó y causó la muerte de Alexis, el adiestrador del Loro Parque," October 4, 2010. www.abc.es/20101003/coumunidad-canari-as/orca-keto-ataco-causo-20101003.html.

전향

California Bill AB2140. The Orca Welfare and Safety Act.
Dezember, Ryan, and Michael Wursthorn. "The Blackstone-Blackfish Connection." Moneybeat. Blogs.wsj.com. 〈Wall Street Journal〉 December 24, 2013.
Jett, John and Jeffrey Ventre, "Keto and Tilikum Express the Stress of Orca Captivity." The Orca Project. January 20, 2011.
Jett, John, and Jeffrey Ventre. "Orca (Orcinus) Captivity and Vulnerability to Mosquito-Transmitted Viruses." 〈Journal of Marine Mammals and Their Ecology〉 5, no. 2 (2012): 9-16.
Judith Rogers statement. united States Court of Appeals for the District of Columbia Circuit. No. 12-1375. SeaWorld of Florida, LLC, Petitioner v. Thomas E. Perez, Secretary, united States Department of Labor, Respondent.
Ken Welsch statement. Secretary of Labor, Complainant, v. SeaWorld of Florida, LLC, Respondent. OSHRC Docket No. 10-1705. united States of America Occupational Safety and Health Review Commission.

감금 범고래의 미래

Rosen Law Firm. Class Action Cases: SeaWorld Entertainment. www.rosenlegal.com/cases-335.html.

역자 후기

세상의 모든 틸리쿰들에게

2017년 1월 6일 범고래 한 명이 숨을 거두었다. 겨우 두 돌을 넘긴 나이에 인간에게 잡혀, 죽을 때까지 33년을 비좁은 수조에 감금되어 오락거리와 정자은행 노릇을 했던 그의 이름은 틸리쿰이다. 인명 사고 두 건에 연루된 과거가 있는 데다가 2010년에 조련사를 숨지게 하면서 그의 이름은 세상에 알려지기 시작했다. 다큐멘터리 영화 〈블랙피쉬〉에서 그의 '살인' 배경에 야생 동물의 잔인한 포획과 비윤리적인 감금이 있음이 밝혀져 충격을 주었다.

〈블랙피쉬〉에 담긴 포획 과정은 끔찍했다. 사냥꾼들은 다루기 쉬운 새끼를 표적 삼아 가족생활을 하는 범고래 무리를 몰았다. 어른 범고래들이 사냥 보트를 다른 곳으로 따돌려도 사냥꾼들은 비행기까지 띄우며 치밀하게 추적한 끝에 결국 아기 틸리쿰을 생포하고 말았다. 곁에서 가족들이 구슬피 우는 가운데 사냥꾼들은 같이 그물에 걸려 죽은 어른 범고래의 배를 가르고 돌을 채워 수장했다.

　틸리쿰의 수난은 계속 이어졌다. 조련사는 어린 틸리쿰을 이미 길들인 어른 범고래 둘과 같이 훈련하면서 서툴 수밖에 없는 그가 실수하면 모두 함께 굶겼다. 그러면 시킨 대로 해냈지만 먹지 못한 범고래들은 그를 이로 마구 긁어 대며 화풀이했다. 나고 자란 바다에 따라 언어가 다르니 의사소통도 되지 않았다. 공연이 끝나면 이들은 폭 6미터, 깊이 9미터의 수조에 함께 갇혔다. 감금 생활의 스트레스가 극에 달한 상황에서, 그것도 견디기 힘들 만큼 비좁은 공간에서 어린 틸리쿰은 동네북이었다. 밤새 들들 볶이다가 아침이 되면 상처투성이로 수조를 빠져나왔다. 비좁은 공간에 말이 안 통하는 범고래들을 모아 가두고, 생존에 필요한 먹이로 위협하니 감금 범고래들은 온갖 정신적 문제에 시달렸다. 첫 사망 사건에 연루되면서 틸리쿰은 씨월드로 팔려 가 외톨이로 지냈다. 쇼 마지막에 등장해 객석에 물을 끼얹은 정도의 역할을 마치고 나면 감방 같은 수조에 홀로 남아 외로움과 무기력, 배고픔에 몸과 마음이 병들었다. 그러다 조련사 돈 브랜쇼를 공격해 숨지게 한 사건이 일어났다. 그 사건의 진실을 알려면 포획 당시의 트라우마와 감금 생활의 학대로 얼룩진 틸리쿰의 심리를 헤아려야만 한다.

　사람이 죽은 사건을 두고 씨월드 측은 잔인한 감금 생활은 감추고 사람의 실수 탓으로 돌렸다. 범고래가 감금 스트레스 때문에 위험해졌다는 사실이 밝혀지면 기업의 거짓이 들통나고 수입이 급락하기 때문이다. 그러면서도 쇼에서 별 역할이 없는 틸리쿰을 계속 남겨 둔 것은 그의 번식력 때문이었다. 야생 범고래 포획이 금지된 이후 씨월드는 인공수정으로 범고래 수를 늘렸다. 씨월드에서 태어난 범고래 가운데 무려 21명이 그의 자식일 정도로 틸리쿰은 최고의 정자 제공자였다. 틸리쿰은 그렇게 쓸쓸히 지내며 모욕적인 번식 프로그램에 동원되다가 삶을 마감했다.

틸리쿰 사건으로 고래류의 감금과 그 비윤리성이 세상에 드러났다. 그리고 '비인간 인격체non-human person'라는 개념이 공감을 얻으면서 고래류 해방운동은 전기를 맞았다. 이 용어에는 동물이라는 말로 인간과 차별화하지 않으며, 생물학적으로 사람은 아니어도 인간 고유의 특성이 있기에 인격적 존재로서 대한다는 의미가 담겨 있다. 도구 사용과 언어 구사가 가능할 정도의 높은 지능, 상대의 고통에 공감하며 사회적 연대가 가능한 상호 협력, 여기에 자의식이 있으면 비인간 인격체로 인정받는다. 고래류와 유인원, 코끼리가 이에 해당한다고 여겨진다. 돌고래가 거울 속 자기 모습을 인식한다는 사실이 확인되었으며, 본 책에서 뇌전증을 앓는 동료가 발작으로 다치지 않도록 보살펴 주는 범고래처럼 동료애를 보이는 고래류의 사례도 많이 보고된다. 자살을 시도한 범고래 모건의 사례는 고래류의 자의식이 얼마나 강한지 보여 준다. 모건은 병든 상태로 바다에서 구조되어 스페인의 로로 파르케에 갇혀 지내다 공연 도중 10분 넘게 물 밖 무대 위에 올라 꿈쩍하지 않고 버텼다. 전문가들은 물 밖에 오래 있으면 내부 장기가 큰 무게에 짓눌려 죽는 범고래의 그런 시도를 감금 스트레스에 무너져 스스로 삶을 포기하려는 행동이라 풀이했다.

인격체적 특성이 있는 존재의 감금에 따르는 비윤리성이 대중의 양심을 건드리면서 감금 고래류의 해방을 촉구하는 목소리가 점차 커졌다. 여론의 질타와 정부의 규제에 굴복한 씨월드는 범고래쇼와 번식 프로그램을 중단하겠다고 발표했다. 세계 여러 나라에서도 고래류의 전시·공연을 금지한다는 조치가 잇따랐다. 우리나라도 시민단체의 활동과 압력에 힘입어 고래류 보호와 해방운동에 마지못해 결을 맞추기 시작했다. 그리하여 법 개정을 통해 돌고래 대학살로 악명 높은 일본 다이지 돌고래의 수입과 반입을 중단했다(2018년 '야생생물 보호 및 관리에 관한 법률 시행령' 개정). 그리고 비교적 최근 "관람 등의 목적으로 노출 시 스트레스 등으로 인한 폐사 또는 질병 발생 위험이 있는 고래류의 수족관 신규 보유"를 금지했다(2023년 '동물원 및 수족관 관리에 관한 법률' 개정안 시행). 그러나 법의 사각지대에 있는 감금 돌고래들은 여전히 공연과 전시에 동원되며 시름시름 앓다 죽어 가고 있다.

2024년 4월 기준 전국 다섯 곳에서 20명의 감금 돌고래가 쉼 없는 공연 노동에 혹사당했다. 그러던 중 최근 거제씨월드의 큰돌고래 줄라이와 노바가 잇달아 사망했다. 이미 '죽음의 돌고래쇼장'이라는 오명을 얻은 거제씨월드에서는 2014년 개장 이후 10년간 총 14명의 돌고래가 사망했다. 전문가들은 이런 추세라면 남은 돌고래들도 죽어야 수조를 벗어날 것이라 전망한다. 롯데월드 아쿠아리움은 전시 벨루가 세 명

중 둘이 죽자 남은 한 명인 벨라를 방류하겠다고 약속했으나, 이를 이행하지 않고 있다. 아쿠아플라넷 여수에도 같이 지내던 동료를 잃고 혼자 남은 벨루가 루비가 있다. 두 기업은 노르웨이의 북극해에 조성 중인 자연보호구역에서 제안한 벨루가 이주를 외면하고 있다. 이윤 추구에 눈먼 기업들은 이들 비인간 '공연노동자'의 복지에 눈 감고, 이를 감독해야 할 행정 기관은 그들의 죽음과 고통을 방관하고 있다. 사회적 동물임에도 외톨이로 지내야 하는 벨라와 루비, 그리고 인간으로 치면 관이나 다름없는 비좁은 수조에 갇힌 감금 고래류는 지금 보호와 해방의 손길을 기다리고 있다.

감금 동물의 해방은 비인간 인격체에만 그쳐서는 안 된다. 비인간 인격체 담론의 대상은 인간 고유의 특성을 공유하는 고등동물에 한정되어 있기에 인간중심주의에서 벗어나지 못한다는 한계가 있다. 보호받고 존중받을 가치는 모든 동물에게 있다. 탈출을 감행해 세상을 놀라게 한 말레이곰 꼬마와 얼룩말 세로, 타조 타돌이, 열악한 사육 환경에서 위엄을 잃고 비쩍 마른 '갈비뼈 사자' 바람이, 결국 사살되고 만 탈출 퓨마 보롱이. 그 외에도 우리 눈에 포착되지 않은 채 야생의 서식지로 돌아가지 못하고 좁고 열악한 철장에서 고된 삶을 사는 생명은 헤아릴 수 없이 많다. 최상의 시나리오는 그들이 야생의 서식지로 돌아가는 것이지만, 포획된 지 너무 오래되어 본능과 건강을 잃거나 포획 후 번식으로 태어나 야생의 복귀가 위험한 동물에게는 야생의 조건에 최대한 가까운 보호처를 마련해 전시·공연에 시달리지 않고 남은 생을 살도록 해야 한다.

갇힌 동물의 해방과 아울러 동물의 포획과 감금을 부추기는 종차별적 문화도 변화가 필요하다. 마침 사회 각 분야에서 차별적 언어를 개선하자는 인식이 커지면서, 비인간 동물과 인간을 차별하는 '종차별적 언어'를 개선하자는 움직임이 일고 있다. 언어 습관 때문에 인간은 우월하며 동물은 열등하다는 인식이 강화되고 비인간 동물에 가하는 억압과 폭력이 정당화될 수 있다는 자각에서다. 이에 따라 비인간 동물에 쓰이는 '마리', '암컷', '수컷', '물고기', '도축' 등의 언어를 각각 '명命', '여성', '남성', '물살이', '살해' 등으로 바꿔야 한다는 주장이 힘을 얻고 있다. 종차별적 언어는 그 외에도 수없이 많지만, 이를 대체할 종평등 언어는 부족하고 그 쓰임은 아직 낯설게 느껴지는 형편이다. 당장 이 책 전체에 종평등 언어를 담기에도 생경하게 느껴질 여지가 있어 저자의 한국어판 서문과 본 글에는 그러한 의식을 담아 적용했다.

이 책은 세계 최대 해양테마파크에 몸담았던 전직 수석 조련사의 내부 고발 이야기를 담고 있다. 해양 생물의 '종보존'이라는 거대 기업의 선전에 세뇌된 저자의 전향 과정과 양심 고백이 담겨 있다. 우리나라에서 버젓이 진행되는 돌고래 감금과 전시·공연 행위, 그들의 수난 소식이 잇달아 들려오면서 관련 책을 발굴하고 번역을 기획하게 되었다. 전국에 감금된 비인간 인격체의 해방에 이 책이 보탬이 되기를, 비인간 인격체를 넘어 야생의 서식지로 돌아가지 못하고 좁은 우리와 수조에 갇힌 모든 생명에게 해방의 손길이 미치기를 바란다.

2024년 봄 성미산 자락에서

옮긴이 오필선

찾아보기

ㄱ

가모장(제) 122, 173, 174, 178, 179, 182, 185, 187, 343
가브리엘라 카우퍼스웨이트 184, 321
갈매기(괴롭히기, 가지고 놀기) 96, 145, 146, 177
갈퀴질 130, 152, 179, 180, 199, 203, 251, 298, 299
감금 범고래
    나무(남성) 53, 54, 55, 61, 62
    나카이(카사트카의 아들) 230
    날라니(카티나의 딸) 174, 175
    누트카(여성) 172
    롤리타(여성) 194, 344
    모건(여성) 347, 348
    모비 돌(남성) 54, 55
    발렌타인(발, 프레야의 아들) 121, 122, 123, 128, 372
    사카리(타카라의 딸) 205, 207, 236, 238, 350
    샤무(여성) 52, 53, 56, 57, 62, 63
    쇼우카(여성) 256, 262~267
    스플래시(남성) 139~144, 147~149, 159, 164, 172, 189, 243, 244
    오르키(남성) 165
    오키드(칸두의 딸) 97, 14~149, 159, 165, 172, 299, 300
    운나(여성) 135, 136, 164, 202, 366, 367
    울리세스(남성) 53, 68, 159, 227, 305, 306
    카사트카(여성) 카사트카 참조
    카이유킷(카이, 남성) 201, 202, 203, 297
    카티나(여성) 53, 174, 75, 239, 342
    칸두(여성) 165, 180, 246
    칸두케(남성) 39, 172, 319
    칼리나(여성, 원조 '아기 샤무') 139

칼리아(카사트카의 딸) 227, 239, 356
케일라(여성) 298
케토(남성) 174, 270~276, 318, 348
코르키(여성) 코르키 참조
코타르(남성) 68, 172, 198, 224
코하나(타카라의 딸) 161, 174, 175, 200, 234, 235, 239
크샤멩크(남성) 236, 344
키스카(여성) 344
키아누(여성) 246
키이트(남성) 53, 99, 100, 101, 202, 211, 212, 227, 308~311
킴(남성) 267
타이마(여성) 236
타카라('티키', 여성) 타카라 참조
타쿠(카티나의 아들) 139, 174, 234, 319
투아르(남성) 201~203
트루아(타카라의 아들) 201, 234, 289
틸리쿰(남성) 틸리쿰 참조
프레야(여성) 18~24, 121~124, 128, 204, 210, 260~262, 267, 371
할린(여성) 190
감시원 60, 147, 151, 152, 214, 273, 281, 301, 305, 311
공격성(범고래의 탈선)
공격성의 징조 127~129, 208~209

샤론과 카사트카, 울리세스 305~306
쇼우카 사건 262~266
야생 범고래의 공격성과 사회화 179~182
케토와 알렉시스의 죽음 270~277
코르키 사건 244~245
틸리쿰과 돈 브랜쇼의 죽음 277~287
프레야 사건 18~23, 260~262
교미 174, 175
국경 없는 범고래 371
국제해양동물조련사협회 73
권태(범고래의) 120, 133, 136, 140, 231, 251, 295
〈그랑블루〉(영화) 38, 47
그레그 볼 336
그레그 스트라이커 90
기억력(범고래의) 209~210
기업 공개 338, 339, 347, 349

ⓛ

나오미 로즈 173, 177, 183, 336
뇌전증 140

ⓓ

대니얼 듀크스 155, 278
대왕고래 168, 169, 176
댄 데커 277

댄 브라운 283, 291
댄 블라스코 40, 41, 46, 48
더그 액턴 310
데버라 자일스 181, 336
돈 브랜쇼 26, 58, 227, 232, 245, 250, 268, 316, 331, 332, 350
돈 오첸 90
돌고래 34, 37, 55, 168, 169, 190, 274, 307
돌고래 스타디움 47, 48, 64, 65, 66, 92, 307
동물복지법 120
동물의윤리적처우를지지하는사람들 (PETA) 224, 365
등지느러미 169~171
    구부러짐 68, 320, 337
    햇빛 노출 119, 320

ⓛ ㄹ

라이언 디젬버 338
러셀 브랜드 335
러셀 시먼스 335
로라 수로빅 291, 295
로로 파르케 6, 234, 235, 270, 271, 274, 277, 296, 347, 348
로리 머리노 169, 248~251
로빈 시츠 78, 148, 149
로재나 아켓 38

뤼크 베송 38
리사 휴굴리 78, 152
〈리얼 타임 위드 빌 마〉 352
리처드 블룸 335, 336, 339, 341, 367
릭 오베리 371
린지 루빈캠 255

ⓛ ㅁ

마린랜드(캐나다, 온타리오) 344
마린랜드(프랑스, 앙티브) 38, 121, 254, 258~260, 268, 269, 358, 370, 371
마이애미 시쿠아리움 194, 344, 368
마이크 스카퍼지 253, 255, 270, 271, 275~277, 288, 300, 306, 332, 333
마이클 워스트혼 338
마크 맥휴 44, 49, 66, 67, 330
먹이 124~125
    기록 128~129
    보상 84, 103~107, 123, 242
    제한 126
    준비 69~72, 74
    탐색(사냥) 187~189
멸종위기종보호법
모기(물림) 139, 160, 319, 367
《모비 딕》 54, 166
모성 204, 234, 235
몸단장(그루밍) 192
문도 마리노(아르헨티나) 344

물밖공연(물 밖에서 이루어지는 공연) 27,
  333
물범 39
밀턴 셰드 56, 57

ㅂ

바다사자 34, 44, 78, 88, 89, 90, 93,
  177, 330
허큘리스 90, 91
바다사자스타디움 64, 89, 90, 91, 92
바다코끼리 56, 87~89, 93
반향정위 142-143, 213
발바닥 밀기 80, 122, 123, 267, 301
발성
  심리 상태의 표현(발성 패턴) 105, 107,
    117, 127, 152, 153, 162, 208
  의사소통 166, 171, 175, 179, 191,
    192, 264
배색(흑백 얼룩무늬 배색) 170, 171
범고래복지안전법(AB2140) 367
범고래에대한책임과돌봄증진법 367
범고래의 뇌 116, 169, 247~248,
  250~252
범고래의 목소리(Voice of the Orcas)
  353
범고래의 심리 99
베르나르 잠파올로 371
벨루가 168, 369

본프리재단 370
부시 엔터테인먼트 코퍼레이션 338
북방형과 남방형(북방·남방 정주형) 172,
  173, 175, 191, 192, 193
브라이언 로키치 273~276
브리지(보상 예고 신호) 101-103
브리칭 59, 101, 188
〈블랙피쉬〉(영화) 5, 26, 113, 183, 232,
  277, 285, 321~325, 328, 329, 330,
  334~339, 346, 349, 352, 355, 365

ㅅ

사교 187, 191
살인고래 54, 168
상어 170, 176
샘 뷰릭 54
생식기 11, 19, 219, 221, 224, 227, 299
생태형 171, 172
샤론 베이즈 304-307
샤무 스타디움
  샤무쇼(수중공연) 27, 58~59, 65~7,
    97, 101, 107
  수습 조련사 63-71
  수조 깊이 47, 66
  수질 관리 357-258
  씨월드 입사 49-50
  조련사의 급여 302-303
샤무와 함께 식사를(식당) 120, 134,

144, 232, 245, 280, 286, 292
서맨사 버그 353, 373
성행위 190, 225
세계고래연맹 370
셰어(가수) 335
수렵 188, 189, 220
수명(기대수명, 평균수명) 10, 193~195
수영 테스트 41, 44, 47~49, 65~67, 71, 315
수의사 69, 137, 140, 203, 219, 222, 223, 259, 299, 300
수조
 가시도 308
 깊이 47
 바다 우리 344, 345
 수온 65
 수조의 크기 119
 의료용 수조 119
수중공연(waterwork)
 급속 동작 159
 등에 올라타기 108, 159
 로켓 도약 79, 82, 108, 115, 272, 277, 298
 무대 오르기 107, 273
 스파이홉 올라서기 108, 114, 159, 212, 272, 273, 309
 스파이홉 올라서기 더블 212
 에일리언 동작 225

인간 장애물 246
지퍼 209
TNT 동작 271
하이드로 도약 78, 79, 82, 98, 100, 108, 159, 272, 277, 310
활 모양 솟구치기 59, 73, 74, 197
스테이시 코네리 307
스티브 아이벨 253, 297
슬라이드오버 243, 244, 301, 333
시랜드 오브 더 퍼시픽 155
씨월드의 사명 69, 131, 348

◉

알렉시스 마르티네스 270, 288, 316, 348
애니타 레니헌 43~45
애덤 시프 367
앤 볼스 162
앤 윌슨 335
앤호이저부시 245, 338
얕은 물 실신 65~66
어거스트 부시 303
어미 범고래
 사산과 유산 12, 194, 205
 새끼(양육) 거부 175, 235
 이별 7, 200, 234, 235, 239, 336
 임신 165, 190, 197, 200
 젖 46, 205, 206, 207

출산 (타카라의) 204~206
〈오르카〉(영화) 37, 38, 53, 97
오르카네트워크 57, 181, 193, 252, 321, 372
오르카프로젝트 318
옹호자(범고래의) 353, 358
웬디 라미레스 92, 159, 319, 320
윌리 넬슨 334, 335
의료용 수조 119
이동형(범고래) 176, 177, 179, 189
인공수정 인공수정 11~12, 218~240
잉그리드 비서 24, 178, 180, 337, 347, 348, 372

조련사의 급여 302~303
조앤 웨버 246
조지프 캡시 325
존 실릭 247
존 제트 139, 318, 319, 353, 373
좌초해양포유동물구조네트워크 46
주디스 로저스 333
줄리 시그먼 238, 239
직업안전위생관리국(OSHA) 27, 245, 247, 284, 285, 290, 331, 332, 333, 339, 368
진화 168~170, 191
짐 솔로몬스 283
짐 애치슨 6, 345, 347

ㅈ

자궁축농증(호르몬 불균형) 63
잠(휴면) 116~118, 186
장마르크 바 38
재러드 굿맨 365
정주형(범고래) 172, 173, 175, 176, 177, 179, 185, 189, 191, 192, 193, 250
제니 매럿 292
제인 벨레즈미첼 351
제프 앤드루스 285, 351
제프리 벤터 139, 319, 321, 323, 353, 373
조너선 스미스 246

ㅊ

척 톰킨스 239, 247, 283, 285, 289, 350
천공성 궤양 140, 251
초사회적 특성 248
치수절단술 137, 343
충치 미세균 139

ㅋ

카사트카(여성 범고래) 11, 97, 138, 143, 145, 149~157, 161~163, 164, 165, 172, 179, 197, 198, 200, 218~240, 305
캐럴 레이 321, 353, 373

커티스 리먼 78
켄 '피티' 피터스 78, 151~163, 243,
　　244, 263, 301, 302, 309, 332
켄 노리스 57
켄 웰시 331, 332, 333
켈리 플래어티클라크 283, 291, 292,
　　293, 294, 349
코끼리 181~182, 369
코끼리물범 56
코너 프리더스도프 56, 57
코르키(여성 범고래) 38, 53, 68, 97~115,
　　116, 164~165, 172, 179, 180, 194,
　　243~245, 300~301

(ㅌ)
타마리 톨리슨 147-149
타샤 보그든 90
타카라(티키, 여성 범고래) 73, 86~87, 105,
　　107, 138, 150~154, 161~163, 164,
　　172, 196~217, 234~239, 252~253
태반 출혈 236
테드 그리핀 53, 55, 56, 61, 62
토드 로벡 223, 229, 230, 237
토미 리 224
틸리쿰(남성 범고래) 10, 26~27, 68, 155,
　　164, 172, 223, 224, 227, 241~287,
　　288~294, 296, 297, 303, 318, 332,
　　334

팀 짐머먼 321

(ㅍ)
파일럿고래 56
페인트(갉아먹기, 벗겨 내기) 135, 136,
　　140, 150, 231
프리모건재단 347
〈플리퍼〉(TV 시리즈) 55
피에르 로베르 드라투르 371

(ㅎ)
하워드 개릿 57, 180, 193, 252, 372
하코트 브레이스 조바노비치 245
해달 34, 78
해양테마파크 56~58
행동심의위원회(BRC) 88, 107
행동주의 심리학 25, 85, 87, 90, 94, 95,
　　99, 102, 226, 236,
　　강화 28
　　맥락 전환 256
　　물 때리기 83~84
　　보상 21~23, 84, 101~106
　　최소 강화 시나리오(LRS) 272
향유고래 168, 169, 177,
허먼 멜빌 166
헬프알에스(HELPRS) 129
호루라기 21, 22, 83, 102, 103, 264,
　　265, 283
호흡(범고래의) 69, 142, 186, 187

슬픈 수족관
감금 범고래는 왜 조련사를 죽였을까

BENEATH THE SURFACE : Killer Whales,
SeaWorld, and the Truth beyond Blackfish

지은이　존 하그로브, 하워드 추아이언
옮긴이　오필선

1판 1쇄 펴낸날　2024년 6월 10일

펴낸이　전은정
펴낸곳　목수책방
출판신고　제25100-2013-000021호

대표전화　070.8151.4255
팩시밀리　0303.3440.7277
이메일　moonlittree@naver.com

블로그　post.naver.com/moonlittree
페이스북 인스타그램　moksubooks
스마트스토어　smartstore.naver.com/moksubooks

디자인　studio fttg
제작　야진북스

BENEATH THE SURFACE by John Hargrove and Howard Chua-Eoan
Copyright © 2015 by John Hargrove
All rights reserved.

This Korean edition was published by Moksu Publishing Company
in 2024 by arrangement with John Hargrove through KCC (Korea
Copyright Center Inc.), Seoul.

이 책은 (주)한국저작권센터(KCC)를 통한 저작권자와의 독점계약으로
목수책방에서 출간되었습니다. 저작권법에 의해 한국 내에서 보호를 받는
저작물이므로 무단전재와 복제를 금합니다.

ISBN　979.11.88806.54.6　03330
가격　25,000원